KB234685

문명 역사의 본말

문명 역사의 본말

문명 역사의 본말

염기식 지음

한국학술정보(주)

선천의 문명 역사가 분열을 거듭하여 세계사의 본질을 드러내기 위해 바친 세월이었다면 분열로 인한 역사가 극점에 도달한 지금은, 그렇게 해서 펼쳐진 일체 진리 세계를 종합하고 생성된 역사를 통괄해서 문명 역사의 본말을 규정해야 할 때이다. 그리해야 그 기준에 의해 인류 역사를 심판하는 대과제를 수행하고, 이후 새로운 구원의 하늘을 맞이하리라. 이런 전환점을 이룬 역사적 계기를 일컬어 이 연구에서는 ‘지상 강림 역사’라고 한다.

본말 규정 작업

문명은 인류가 역사를 통해 이 땅에 쌓아 올린 최고의 종합적인 세계관적 실체로서 '정신적, 가치적 소산과 물질적, 기술적 소산'을 총망라한다.[1] 토인비는 고대에서 현대에 이르기까지 모든 세계 문명을 포괄적으로 다룬 드문 역사가인데, 지금까지 명멸한 여러 문명을 연구하고 그 발생, 성장, 쇠퇴, 해체 과정을 논했다. 그러나 그가 고대 문명까지 거슬러 올라간 21개 문명 단위는 국가보다는 크고 전 세계보다는 작은 중간적인 단위로,[2] 창조 이래의 전체 시공간을 포괄하지 못했다. 아무리 현대 문명이 첨단화되고 계속 발전하더라도 그런 외향적인 변화로 문명 역사를 포괄할 수는 없다. 본말을 규정할 수 없다는 뜻이다. 사실 이 땅의 누구도 근접하지 못한 일이기 때문에 문명의 밑그림을 그린 성인이라도 어찌할 수 없다.[3] 성인은 본말을 규

---

1) 『동아세계대백과사전』, 동아출판사백과사전연구소 편자, 동아출판사, 1995, p.376.

2) 위의 사전, p.378.

3) 인류는 그동안 성인의 말씀에 의지하여 문명 역사를 이끌어 옴.

정할 수 있는 위치에 있지 못하다. 성인은 도대체 무슨 말씀을 하셨는가? 子曰, 如是我聞, 예수께서 가라사대…… 道를 깨치고 진리는 펼쳤지만 본말은 말할 수 없다. 용맹정진하여 궁극적인 실체(본체)는 엿보았지만 본말은 보지 못했다. 보기 위해서는 보다 상위의 체제와 권위를 지녀야 한다.

적어도 우주의 생성 질서를 대관하고 매듭지을 수 있어야 하는데, 이 작업은 인간의 능력 범위를 벗어난다. 매듭지어야 본말을 볼 수 있는데, 단지 생성한 道를 펼쳐 천의를 전달한 것뿐이다. 펼친 것은 피조道이고 규정하는 것은 권능道이다. 규정할 수 있는 분은 오직 한 분뿐이니, 천지의 道를 생성시킨 분이시다. 覺者는 도달한 정신적 경지가 있다. 어떤 사람이 그런 말을 했다면 그 사람은 그만 한 차원 세계를 지닌 것이다. 개는 멍멍하고 짖고 소는 음매 하고 울지 다른 소리는 낼 수 없다. 하나님에 대한 규정 틀도 마찬가지이다. "오직 천하의 지성이라야 능히 천하의 대경을 경륜할 수 있고, 천하의 대본을 세울 수 있고, 천지의 화육을 알 수 있다."[4] 하나님은 하나님이기 때문에 선천 문명과 역사의 본말을 규정할 수 있는 자격과 권능을 갖추었다. 그리고 이것은 인류를 심판할 수 있는 전제 조건이기도 하다. 규정해야 심판할 수 있다. 성인의 道가 天의 지경에 이르렀으므로, 남아 있는 과제는 본말을 규정하는 작업이다.

하나님이 본말을 규정할 수 있는 정당한 근거는 하나님이 시공간 전체를 포함해 계시고 우주가 하나님의 존재 안에 있기 때문이다. 천지를 창조하시고 시공을 관장하셨기 때문에 섭리를 완수한 오늘날

---

4) "唯天下至誠 爲能經綸天下之大經 立天下之大本 知天地之化育."- 『중용』, 32장.

문명 역사의 본말을 규정할 수 있다. 우리는 자식을 낳아 부모가 되는 것처럼, 본말 규정은 하나님이 천지를 창조하셨기 때문에 가능한 절대 권능으로 규정해야 하나님이 하나님인 것으로 확증된다. 완벽한 지혜가 동원되어야 하는 고차원적인 통찰 작업이다. 오직 하나님만 하실 수 있는 권능이기 때문에 아무도 부인할 수 없는 논리 틀과 식을 세워야 한다. 가정, 전제, 선문답이 아니다. 천지를 창조하고 역사를 주관하고 인류와 함께한 결과 섭리된 역사를 꿰뚫고 선천 문명의 본말을 규정할 수 있게 되었다. 선천 역사를 매듭짓고 본체자로 강림하셨기 때문에 이 연구가 본말 규정 작업에 착수할 수 있다. 하나님이 하나님답게 자체를 증거할 수 있는 길은 손수 성업을 이룬 역사를 드러내는 것이다. 하나님은 창조주로서 무한, 영원, 불변, 전지전능, 완전한 관념과 속성을 지녔다고 하지만 이런 개념만으로 하나님은 증거될 수 없다. 헤겔은 '이성이 역사의 주인이고 지배자'[5]라 했고, 기독교인은 神의 뜻이 세계의 모든 것을 결정한다고 믿지만, 논란에서 이겼다 해도 하나님은 증명될 수 없다. 증거는 존재하는 속성을 통해, 혹은 주체 행위인 창조를 통해, 혹은 뜻으로 주관된 역사를 통해서일 수도 있지만, 이들은 한결같이 간접적인 제한성이 있다. 하지만 사고된 논리와 통찰된 판단을 통해서도 결코 부인할 수 없는 방법은 다름 아닌 문명 역사의 본말을 규정하는 것이다. 본말을 밝히는 것은 생성하는 시공을 관장하고 결정지어야 하기 때문에 이 같은 작업 절차는 하나님이 인류 역사를 주관하지 않고서는 불가능하다. 때문에 본말 규정 작업은 하나님이 강림하신 사실을 증거한다.[6]

---

5) 『역사철학강의』, 헤겔 저, 심옥숙 글, 배광선 그림, 김영사, 2009, p.110.
6) 문명의 본말을 규정하는 것은 그렇게 할 수 있는 보다 상위 체제가 존재해야 하며, 시공간과 역사의 시종을

따라서 하나님이 이 땅에 본체자로서 강림하신 것은 하나님이 진리의 성령으로서 역사하신 초점이 명백하다는 뜻이다. 본말 규정은 하나님이 강림하신 사실을 증거하는 일환임과 동시에 성령으로서 이루신 역사의 실질적인 기록이다. 때가 되면 진리의 성령이 강림하여 우리를 모든 진리 가운데로 인도할 것이라고 했는데, 문명 역사의 본말을 규정하는 작업 절차가 그 본격적인 실천장이다.[7] 영원하신 하나님이 생성의 저 너머에 계시면서 창조 역사의 양 끝단을 장악했다. 본말 규정 작업은 전체 세계를 장악하신 하나님의 판단이고 결정이다. 모자람이 있을 수 없는 완전한 지혜적 통찰이다. 본말을 보면 전체를 보고 전체를 보는 것은 神을 보는 것과 같다. 세계가 하나님에게 속해 있으므로 만인은 진리를 통해 하나님을 보고 세계를 통해 하나님을 볼 수 있다. 하나님이 진리의 성령으로서 세계와 함께하셨다. 佛陀가 구한 것도 예수가 구한 것도 진리였으니,[8] 진리를 알면 하나님을 안다.

『중용』에서는 '誠 그 자체가 天의 道'라고 했다.[9] 존재 자체에 하늘의 道가 있다. 본말의 생성 과정은 그 자체가 神이다. 진리가 생성하고 우주가 생성하는 한 天命은 영원히 현재형이며,[10] 하나님도 삼세를 초월해서 살아 계시다. 본말 규정은 하나님의 전체, 초월, 통합적인 지혜 관점을 제공한다. 神의 완전한 지혜로서 초월적인 인식 체계이다.

지켜보고 관장해야 함.

7) 본말을 규정하는 작업은 하나님이 보혜사 진리의 성령으로서 약속한바 인류를 모든 진리 가운데로 인도한 절차임.

8) 『철학과 과학』, H. 오모다카 저, 남정완 역, 삼일당, 1984, p.136.

9) "誠者 天之道也."-『중용』, 20장.

10) "天命之謂性. …… 곧 誠은 하늘이 命한 것이 아니라 命하는 것일 수밖에 없다. 그것은 영원한 현재형이다."-『중용한글역주』, 김용옥 저, 통나무, 2011, p.209.

문명 역사를 통괄하고 통합할 수 있는 근원 바탕이다. 거룩한 하나님의 존안을 뵈옵게 될 것이나니 만사, 만물, 만 역사에 있어 뿌리 없는 뻗침과 펼침은 없다. 그 무성한 성장을 다하면 다시 본원인 뿌리로 돌아가리라. 창조, 그 심원한 본원 세계에 안기리라. 문명 역사가 어두운 카오스(혼돈)로부터 질서 있는 세계로 나온 핵심된 목적은, 참으로 두렵지만 오직 거룩, 존엄, 위대, 경건, 공의, 인애하시고 무한한 평화와 영광에 휩싸인 아버지 하나님을 뵈옵는 것이다. 이를 위해 인류가 천고로부터 쉼 없이 문명 역사를 밝혔다. 만사는 본래 태어난 곳으로 귀환하는 것이고 인류는 모든 것을 주신 하나님의 품안에 안기는 것이다.

본말을 규정한 곳에 거룩한 하나님이 계시다. 문명 역사는 밑도 끝도 없이 진보할 수 없다. 생성을 다하면 귀환하는 것이고 본원 세계로 돌아간다. 문명 역사는 진보하기 위해 있지 않다. 하나님이 뜻하신 창조 목적과 사랑을 영광으로 구현하는 것이나니, 명철하고 자비한 존안을 뵙는 것 자체가 대구원이며 더할 나위 없는 영광이 되리라.

경남 진주에서
저자 염기식

차례

제4편 철학의 군 279

제1편

문명 역사 개관

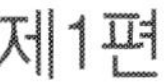

길 가는 나그네여

당신은 무엇이며

어디서 와서 어디로 가고 있는가?

이 물음에 답할 자 누구인가?

무엇이 인류의 문명 역사를 규정할 것인가?

01

연구의 저술 방향

1. 저술 개요

하나님이 이 땅에 강림하셨다는 선언은 엄청난 논리의 비약이 축약된 대 전제이고 이해의 실마리를 섣불리 찾기 어려운 선문답이다. 아무리 세상을 향해 선언했어도 부언 설명이 없다면 외친 메아리가 어디로 사라져버릴 것인가? 주장이 사실이라는 것을 보이기 위해서 준비한 역사 보따리를 풀어야 하는 것이 이 책의 저술 이유이고 방향이다. 지혜의 고를 풀어야 한다는 것인데, 그 풂이 쉽지 않다. 폭발력이 있는 만큼, 풀어헤칠 고리 하나하나가 폭탄적인 뇌관을 장착하지 않은 것이 없다. 선언된 주제부터 이슈를 담고 있어 특별한 것 일체가 이 연구에서는 모두 일반화된다. 인류가 고뇌한 정신적 문제들이 일시에 통찰되는 놀라움을 접한다. 하지만 적절한 방도를 취한다면 놀랄 일도 아니다. 미리 예고된 상태에서는 정신 차리고 있어 쓰러지지 않는다. 하나님은 인류 역사와 함께하지 않은 적이 없는 만큼, 어제도 강림하셨고 오늘도 강림하시고 내일도 강림하실 분이시다. 그 하나님이 모습을 일신해서 수억의 성상을 거친 오늘날 보혜사(保惠師)로서 강림하셨다는 것은, 이전과는 전혀 다른 모습이다. 이 하나님이 문명 역사의 목적과 창조 근거와 존재 이유를 밝힘에 있어 쏟아낼 메시지가 놀랍고 두렵다. 하나님이 강림하심으로써만 풀어낼 수 있는 지혜이다.

유구한 세월동안 끊이지 않고 흘러 온 문명 역사의 본말은 과연 누가 밝히고 매듭지어 완성할 수 있다고 생각하는가? 시대가 낳은 영웅이? 사상가가? 아니면 교훈을 정리한 역사가가? 누구도, 무엇도 할 수 없지만 이 땅에 강림하신 하나님, 그 권능자는 할 수 있고, 한 많은 선천 역사를 종결지을 수 있다. 천지가 창조된 목적과 문명 역사의 본말을 밝힘으로써이니, 본말을 밝혀야 세상 역사도 완성된다. 하나님은 구원을 빌미로 해서 막무가내로 역사를 주관했다고 선언하지 않는다. 전혀 생각하지 않았던 때도 너와 나의 존재 이유와 가치와 목적을 밝히셨다. 세계 역사가 섭리된 목적은 물론이며 자연적인 섭리, 우연, 운명적인 것까지도 모두 밝혔다. 그런데도 결코 용납할 수 없는 불합리한 제도적 핍박이 있었고, 불공평한 인격의 모독이 있었으며, 이해할 수 없는 운명적 비애가 있었다. 불합리성을 저지시키기 위해 노력한 것인데도 끊임없이 어리석음이 반복된 것은 인류가 문명 역사로부터 그 무엇도 확실한 것을 보지 못했다는 뜻이다.

하나님이 문명 역사의 완수자로서 드러나지 못한다면 인류의 방황과 고뇌는 끝이 없다. 무수한 가능성의 씨앗을 역사라는 텃밭에 뿌렸고 끊임없이 일구었지만 본말을 밝히지 못해 세계가 끝내 완성되지 못했다. 역사가 주관된 본말을 알고 방향을 감 잡아야 끝없는 방황으로부터 인류가 구원될 수 있다. 인간으로서는 어렵기 때문에 하나님이 권능자로서 강림하셨다. 하나님이 창조 씨앗을 뿌렸으므로 알알이 여문 문명 역사의 결실도 하나님이 거두시리라.[1]

2. 저술 이유와 목적

하나님은 천하 만물의 주인자이시며 만생의 어버이이신데, 이 같은 주재권과 창조권을 입증하기 위해서는 합당한 근거를 제시해야 한다. 그런데도 하나님이 강림하시기 전에는 이런 과제를 해결하지 못한 상태라 믿음이 필요하였고, 강림 이후로는 만인의 하나님이 되기 위해 문명 역사의 본말을 밝혀야 했다. 천지를 주관하신 내력, 그 구체적인 근거를 본말로서 제시했다. 아직 도래하지 않은 시대를 예견함에 있어서는 진통과 고뇌가 따르지만, 이제는 모든 때가 당도하였다. 하나님이 강림하신 이상 주재된 문명 역사도 함께 밝혀야 하는 것이 당연하다. 그런데도 이 연구가 그 이유와 목적을 밝히지 않는다면 누가 알 수 있겠는가?

서기 410년, 로마가 알라릭이 이끄는 고트족과 노예들에 의하여 점령당하고 약탈되자 이 예기치 못한 재앙이 기독교의 탓으로 돌려졌다. 즉 로마의 神들이 그들을 숭배하지 않은 것에 대해 분노한 것이라고 여겼다. 이 같은 위기에 즈음해 성 아우구스티누스는 『神國論-The City of God』을 저술하고 초기 교회 문제에 있어서 위대한 변증적 대응을 했다.[2] 아우구스티누스가 태어났던 당시는(354~430) 로마 제국

---

1) 섭리를 밝히지 못하면 세계가 완성될 수 없다. 만약 인류가 결실을 이루지 못한다면? 그 뒤에는 어느 면에 서든 심판이 따른다.

2) 『복음주의 입장에서 본 기독교 사상사』, 토니 레인 저, 김응국 역, 나침반사, 1988, p.96.

이 공식적으로 그리스도교화된 이후 1, 2세대의 후예들이 살았던 시대이다. 로마가 숭배했던 우상과 이교도 문화와 공존한 환경 속에서 대 신학적인 논쟁과 정의를 이룬 위대한 교부들이 활동한 시기이기도 하다.[3] 이런 과도기에 로마가 기독교를 받아들였다면 그만큼 복을 받고 나라도 강성해야 하는데, 참담한 결과에 대해 회의감이 생겼다. '어떻게 다른 神이 기독교의 神보다 강할 수 있는가? 로마가 이전에 우상들을 숭배했을 때도 이런 고통은 없었는데, 기독교로 거의 개종되어 가고 있는 시점에서 재난을 당한 사실에 대해서'[4] 섭리의 지배와 神國의 도래를 믿었던 아우구스티누스는 이교도들이 기독교를 향해 쏟아낸 비난과 공격에 대응한 신학적 과제를 해결하고자 했다. 그래서 집필하게 된 것이 서기 413년~427년 사이에 총 22권으로 완성된 『神國論』이다.

내용을 살펴보면 대부분 변증론에 바쳐졌고, 교회 안팎의 이단 사설에 대항하여 정통파(니케아-Nicene) 기독교를 강력하게 옹호했다.[5] 아우구스티누스는 과연 무엇을 근거로 해서 제기된 문제들에 대해 변증하였는가? 神이 계시하여 주신 것인가? 성경을 보고 판단한 것인가? 아우구스티누스가 그 시대까지 쌓은 지성의 총화이고 굳은 믿음에 근거한 것이며, 그 같은 저술 정신과 목적에 하나님의 뜻이 함께하신 것이다. 그렇기 때문에 그의 주장은 초기 기독교에 있어서 성경 외적으로 대두된 일반적인 의문들을 잠재웠고, 기독교의 전 사상이 그와 더 후세대에 등장한 토마스 아퀴나스란 두 사람의 근본적인 입장에서 토

---

3) 『신국론』, 아우구스티누스 저, 조호연 · 김종흡 역, 현대지성사, 1997, p.51.
4) 『서양사학사』, 이상신 저, 청사, 1984, p.89, 96.
5) 『세계사상대계 2(명상의 회랑)』, 박종홍 외 2인 감수, 신태양사, 1968, p.89.

대가 되어 변화를 일으켰다. 마치 철학사가 플라톤과 아리스토텔레스의 저작에 근거해서 수없는 변화를 일으켰던 것처럼…….6)

그렇다면 아우구스티누스가 『神國論』을 저술하지 않을 수 없었던 시대적인 과제, 즉 로마 제국이 쇠망한 역사적 결과와 기독교의 하나님이 정말 살아 계신 神인가에 대한 의문점을 대신할 만큼 하나님의 존립 근거를 뒤흔든 도전과 회의가 이 시대에는 없는가? 제반 문제들이 방대하여 오히려 방치되어 있는 느낌마저 든다. 그때는 이교도들의 우상 숭배가 문제였지만 오늘날은 각종 무신 사상이 맹위를 떨치고 있고, 잔존한 神들의 여력을 믿고 부활을 꾀한 데 대해, 오늘날은 여기저기서 흥기한 신흥 교주들이 세력을 과시하고 있는 상태이다. 그나마 초기 기독교 사회에서는 아우구스티누스 같은 교부가 나타나 대처하였지만 지금 상황은 어떠한가?7) 교회라는 거대한 조직체가? 신학이라는 학문이? 그들이 보인 형편은 세계에로의 확장을 기대하기보다는 지금까지 유지한 아성조차 지키기 힘들어하고 있다.

역사상 아우구스티누스 같은 지성과 신앙을 갖춘 저술가가 자주 나타나는 것은 아니다. 지금의 시대가 요구하고 있는 저술적 상황도 조건은 마찬가지이다. 세워 놓은 교리와 신앙과 신학만으로는 사태 해결이 어렵다. 누가 어떻게 해결할 수 있는가? 신부가? 목사가? 교황이? 그들은 하나님의 고유 신앙을 수호한 자들로서 사태를 종합할 수 있는 사명은 기대할 수 없다. 어차피 첨예화된 우상과 이신(異神)들을 물리치지 않고서는 강림할 수 없는 것일진대,8) 제반 문제를 파생시킨

---

6) 위의 책, p.88.

7) 이교도들의 도전과 기독교의 위기에 대한 새로운 변증의 요청이 『神國論』을 탄생시켰듯, 오늘날 하나님의 존립 근거 자체를 파괴하는 각종 무신론의 도전에 대해서도 새로운 변증 저작물의 탄생이 요구됨.

8) 오늘날의 무신 사상이 보혜사가 드러나는 데 있어서 끼친 장애에 대해서, 온갖 이신(異神)을 제하지 않고서

사상과 제도와 행위의 주체성을 타파하기 위해서는 저술 사명이 통합적이어야 한다. 이 같은 일을 정말 누가 시도할 수 있는가?

요한이 『요한복음』을 쓴 목적은 "예수가 그리스도시요 약속된 메시아(유태인을 위한)이시며 하나님의 아들(이방인을 위한)이심을 증거하여, 이 책을 읽는 모든 신도들을 이끌어 예수님과의 거룩한 우애 관계에 들어가게 하고자 한 데 있었다."9) 사도 바울은 예수 그리스도의 강림 목적을 알리기 위해 복음을 전파하는데 목숨을 바쳤는데, 이 연구는 하나님이 이 땅에 강림하신 사실을 증거하는 것이 피할 수 없는 저술 목적이다. 단지 방법적인 문제에 있어 전통적인 인식을 벗어난 것뿐이다. 이해하기 어렵다면 그것은 선천 문명이 지닌 한계성을 말한 것이다. 하나님이 이루신 역사 안에서는 아무런 걸림이 없다. 다 하나님이 이루신 성업이요 목적을 수행한 과정이다. 성업을 밝히는데 있어 어려움은 있지만, 하나님도 직접 이루신 치적이 있어야 세상 위에 드러날 수 있다. 성령으로 역사하신 성업을 새긴 것이므로, 기록함에 있어 역사적이지 않은 것은 없다.10) 하나님은 인류 앞에 정말 만인이 확인할 수 있는 진리적인 실체로서 강림하신 것이니, 이것을 증거할 수 있는 길이 곧 문명 역사의 본말을 밝히는 작업이다.

3. 저술 근거와 성격

하나님이 살아 계신 것은 명백하다. 그리고 그렇게 존재하신 생명

는 보혜사가 드러날 수 없었다. 그러므로 "만군의 여호와가 말하노라. 그날에 내가 우상의 이름을 이 땅에서 끊어서 기억도 되지 못하게 할 것이며……." ― 스가랴, 13장 2절.

9) 『성경의 파노라마』, 헨리에타 미어즈 저, 생명의 말씀사, 1991, p.359.

10) 이 연구를 통한 제반 판단과 메시지는 역사 아닌 것이 없다. 곧 새로운 역사를 창조하는 판단 자체임.

력은 성령의 역사를 통하여 만천하에 알려진다. 이전까지는 역사를 완수하지 못한 관계로 살아 계심도 불확실했지만, 본말을 밝힌 지금은 살아 계심에 대해 놀라움을 감출 수 없고, 거부할 수 없는 근거 앞에서 벅찬 눈물을 흘리리라. 선천 역사가 다하기까지 하나님의 거룩한 곤욕이 감수되었고, 피눈물 나는 노력이 고스란히 성업화되었다. 하나님이 밝히셨는데 더 이상 무엇을 바랄 것인가? 그런데도 문제는 이것을 들추어내는 사람이 없다는 데 있다. 그래서 성령의 역사를 밝히기 위해서는 하나님의 뜻을 알아야 한다.

인류는 나름대로 알고 있다고 여기지만 전능성을 인식하였는가, 위대함을 목도하였는가, 심판의 두려움을 의식하고 있는가, 참으로 말씀을 믿고 있는가, 오늘날 밝히신 권능 메시지를 따를 자가 몇 명이나 되겠는가? 성령의 임재 사실을 확인하지도 못했는데 하나님이 완전한 실체를 드러내었다고 단언할 수 없다. 그래서 합당한 체험들로 이 연구의 전반을 수놓았다. 충분하게 접해야 넉넉하게 헤아리고 헤쳐 나가 성업을 완수할 수 있다. 세상 역사를 섭렵한다고 해서 해결될 수 없다. 집대성해야 할 대상 영역이 천지가 창조된 이래 전 문명 역사이다. 이것이 하나님이 강림하신 사실에 대한 근거이다. 본말을 밝힌 세계 구조·원리·요인들은 어디에 있는가? 일반적인 자료를 구하려면 인터넷을 뒤지고 도서관을 찾지만 이 연구가 구한 자료는 하나님이 역사하신 과정 전체이다. 세계의 진리를 품안에 두지 않고서는 해결할 수 없다. 숙원인 난제를 풀어 헤쳐야 한다. 이것을 하나님이 사전에 준비하여 두셨다.

"진리의 성령이 오시면 그가 너희를 모든 진리 가운데로 인도하시

리니, 그가 자의로 말하지 않고 오직 듣는 것을 말하시며, 장래 일
을 너희에게 알리시리라."[11]

그 성령이 오늘날 이 땅에 강림하신 하나님이며, 이루신 실현 내력
을 이 연구가 저술하고자 한다. 이 연구의 성격은 주장한 메시지 하
나하나가 선천 세계를 지배했던 거대 문명들에 대한 일대 도전이다.
제 제도와 진리 영역에 대한 지각 변동을 겨냥했다. 보혜사 하나님이
문명 역사를 주도한 창조주란 주장은 누구도 예상하지 못한 폭탄선
언이다. 선천과 현격하게 대비된 인식의 대전환이다. 기존의 진리 체
제와는 전혀 성격이 다른 진리 세계에 대한 새로운 개창 역사라는 사
실을 분명히 한다.

4. 저술 특성과 과제

이 연구는 하나님이 이 땅에 강림하신 역사적 권능을 진리적으로
표출시켰다. 인류는 하나님에 대해서 온갖 권능과 가치를 부여하였는
데, 그 같은 바람의 화신이 보혜사이시다. 우리는 어디서 무엇을 하든
그를 통해 하나님과 통하지 않는 길은 없다. 하나님은 만유의 어버이
시므로 모든 시대에 있어서도 변함없는 아버지이시다. "어느 때에도
'증인'이 없도록 하지는 않았을 것이므로, 모든 민족과 만물 위에서
어떤 방법으로든지 스스로를 나타내셨던 것이 틀림없다."[12] 그것을
이 연구가 확인하고자 한 것이고, 함께한 것이 진리이다. 하나님이 만

---

11) 요한복음, 16장 13절.
12) 『국가 권력과 기독교(제4집)』, 한국기독교사회문제연구원 편, 민중사, 1982, p.403.

인의 하나님이 되기 위해서는 각 시대에 걸쳐 생성된 진리를 통합해
야 하고 무엇 때문에 생성된 것인지 이유를 밝혀야 했다. 문명 역사
는 반드시 주관된 발자취가 있으므로 그것을 추적하면 진리적인 일
치점을 찾을 수 있다. 神은 결코 침묵하지 않는 것이 시대를 막론하고
역사하셨고 구하는 자에게 응답하셨다. 제 진리 영역을 꿰뚫고 하나
되게 할 관점을 제공해야 하나니, 그렇게 하는 것이 문명 역사가 엮
어진 이유이다.

어떤 측면에서든 하나님이 강림하신 것은 인류가 무형의 형상으로
존재했던 선천과는 격을 달리한다. 구체적인 존재 근거가 본말로서
규정된 진리를 통해 인출된다. 그것도 이성적인 판단을 통해 살아 숨
쉬는 진리의 형태로서 가늠할 수 있다. 문명 역사의 본말을 밝히는
것은 하나님이 강림하셔서 이루신 역사이므로 권능에 힘입지 않고서
는 불가능한 중대사이다. 성현들이 지키고자 했던 가치를 일시에 부
활시킨다. 지난날 문명 역사가 생명 있는 본질의 역사이고 목적 있는
의지의 분열 역사란 사실을 깨닫지 못한 것은 하나님이 강림하시지
못한 암흑이 있었기 때문이며, 누구도 문패 없는 집을 찾기는 어려웠
다. 온갖 무신적인 사상과 행위의 주체들이 하나님의 살아 계심을 비
웃었다. 이런 상황인데 누가 하나님의 권능을 회복시킬 것인가? 문명
역사의 본말을 밝히면 존귀한 창조 주권이 확립되리라.

5. 저술 체계 기준

하나님은 세계 역사를 주관하신 진리의 성령으로서 강림하셨기 때
문에 창조로부터 주관하신 무형의 섭리 발자취를 남겼다. 하나님은

실존 영역이 삼세 간에 걸쳐 있어 인간으로서는 파악할 수 없지만,[13] 섭리가 완수된 지금은 상황이 달라졌다. 본말(원인과 결과) 상황을 판단할 수 있는 통찰 안목을 가지게 되었다. 하나님은 하늘 위에 계신 관념적인 존재가 아니고 이 땅에서 직접 본체를 드러내신 분인데, 이런 사실을 알기 위해서는 진리의 성령으로서 창조 영역을 주관한 역사 결과를 통찰해야 한다. 하나님은 문명 역사를 주관하신 창조주로서 제 영역을 분담·분열시킨 결과를 통해 강림하신 만큼, 그렇게 주재하신 역사를 통찰하면 하나인 근원 원리를 밝혀낼 수 있다.[14] 만사는 독자적으로 운위됨직한 소우주로서 一太極을 갖춘 독립체이지만, 하나님은 모든 것을 주관하신 권능자로서 제 문명 영역이 지닌 진리로서의 좌표, 진행 상태, 방향, 역할, 한계성을 제시할 수 있다. 세계의 알파와 오메가를 장악한 성업을 근거로 증거하리라.

종교와 과학은 각자가 특징 있는 진리 체제와 세계관을 구축하고 있어 어떤 기준을 세우더라도 거리감이 있다. 진리는 하나이고 싶은데 모순과 대립 관계를 어떻게 해소할 것인가?[15] 믿음과 논설은 있었지만 세계를 규합하고자 한 시도는 없었다. 그러니까 도가에서는 道, 불가에서는 法, 유가에서는 敎라고 불렀다. 玄·妙·理·自然·本然·天然 등[16] 창조된 결정성을 파악하는데 급급하여 삼라만상이 하나인 본질성으로부터 분열된 道란 사실은 알지 못했다. 물질세계의 탐구는 과학, 정신세계의 탐구는 철학, 영혼세계의 탐구는 종교가 담당한 것인

---

13) 초월적인 인식을 요구함.

14) 제 영역 간에서는 할 수 없는 일임.

15) 『유학원론』, 성균관대학교유학과 교재편찬위원회, 성균관대학교출판부, 1995, p.290.

16) 『주역이 밝힌 21세기 대예언』, 정숙 저, 교문사, 1998, p.90.

데, 이 같은 역사 가닥을 강림하신 하나님이 밝히셨다. 때가 되어 밝히게 된 것은 하나님의 주재 권능이다. 이런 역사 내력을 이 연구에서는[17] 무형의 창조 세계를 일군 본질군과[18] 진리화해 세속 섭리를 담당한 종교군,[19] 사고를 통해 진리에 대한 탐구 방법을 개척한 철학군,[20] 유형화된 창조 세계를 인식해서 지식으로 체계지은 학문군으로[21] 나누어 서술하였다.

문명 역사를 주재된 뜻 안에서 증거하는 것은 대립된 세계의 제 요소를 극복하고 世界一家를 이루기 위해서이다. 하나님이 주관하신 결과에 따른 본말 규정 절차인 만큼, 만인은 반드시 수긍하고 이해할 수 있어야 하나 될 수 있고 진리의 성령으로서 화현된 권능을 받들 수 있다. 하나님이 강림하신 것은 거의 전능에 가까운 지혜로서의 형태이기 때문에[22] 그 실질적인 근거는 문명 역사의 본말을 규정한 이후의 저술 과정을 통하여 확인하게 되리라.

---

17) 이 연구는 『세계섭리론』의 총 6편 중 제5편 「각론」의 「보혜사 하나님의 지상 강림 증거」 장을 근거로 해서 단행본화함.

18) 5장~8장.

19) 9장~11장.

20) 12장~15장.

21) 16장~20장.

22) 보혜사 하나님이 강림을 이루신 것은 거의 전능에 가까운 지혜로서의 형태이다. 따라서 강림을 이루신 것에 대한 실질적인 증거는 세상의 진리를 하나로 꿰뚫은 본질 규정 결과를 통해서임.

02

본말 문명론

1. 선천 문명의 본말 규정

문명은 "인간이 그에게 주어진 자연적 여건에서 자신의 욕망을 가장 효율적으로 충족시킬 목적으로 고안해 낸 경제, 기술, 정치, 철학 및 문화 등의 차원에서 마련한 전략적인 모든 장치의 총칭이다. 인간이 동물과 구별되면서부터 인간의 역사는 곧 문명의 역사였으며, 문명의 역사는 곧 변화의 역사였다."[23][24] 문명은 인지가 밝아야만, 미개에서 벗어나 생활, 특히 의식주를 위한 기술·질서가 개선된 상태, 혹은 물질 면에서 발전된 상태[25]이므로, 인류가 쌓아 올린 문명 역사는 개명과 변화의 기록이라고도 할 수 있다. 그중에서도 선천 문명은 문명 역사가 구분될 정도로 획기적인 변화가 있은 것은 아니지만, 이

---

23) 「대전환기의 21세기 문명」, 박이문 저, 제2회 김옥길 기념강좌, p.3.

24) 문명과 비슷한 문화란 개념은 '어떤 특정의 인간 집단이 공유하는 생활양식의 총집합체이다. 다시 말해 인간이 학습에 의하여 사회로부터 습득한 생활양식에 대한 총칭임'-「인류와 문화」, 이전 저, 경상대학교 출판부, 1996, p.21.

25) 「새우리말 큰사전」, 신기철·신용철 편저자, 삼성출판사, 1985, p.1239.

연구가 다가올 미래를 내다보면서 큰 변화가 예측되기 때문에 그런 미래 문명과 구분해서 선천 문명이라고 칭한다.

태양은 여명을 거친 뒤에야 동녘 하늘에 햇살을 드리우는 것처럼, "기록에 의하여 인류의 과거를 알 수 있는 역사시대는 불과 5천여 년에 지나지 않고, 그 이전의 선사시대는 오직 유물에 의해 발자취를 더듬을 뿐이다."[26] 베일에 가린 역사를 굳이 추측할진대 혹자(데이비드 크리스천)는, '인류의 역사(10만 년~400만 년)를 훌쩍 넘어 지구 행성의 역사(46억 년)와 빅뱅으로부터 출발시킨 거대사(137억 년)'를 주장했다.[27] "지구상에 생명이 나타난 것은 35억 년 전이고, 학자에 따라 100만 년~350만 년 전으로 추측하는 시기에 인류라는 종이 진화했고, 문명이 싹이 튼 것은 10만 년, 고대 문명은 만 년에서 5천 년 전이며, 지난 300년간의 근대 문명이 오늘의 첨단 과학 기술문명으로 꽃 피기까지 우주, 지구, 생명, 인간, 문명은 줄곧 진화하고 변했다."[28] 변화에 변화를 거듭하여 문명 역사가 이루어졌다. 지구상에는 수많은 생명체가 생존하였지만 '문화를 창조할 수 있은 존재는 인간뿐이고',[29] '인류 역사는 진보의 기록으로서(로버트 매킨지)'[30] 변화가 축적되어 문명을 이루었다.[31] '화석과 더불어 인류가 남긴 유물·유적을 통해 보면 인류는 적어도 200만 년 전부터 석기를 사용하였고',[32] '25만 년~1만 년

---

26) 『동서양문화사』, 문화사교재연구회 편, 학문사, 1997, p.9.

27) 『거대사(세계사의 새로운 대안)』, 데이비드 크리스천 저, 김서형·김용우 역, 서해문집, 2009, p.202.

28) 『대전환기의 21세기 문명』, 앞의 강좌, p.13.

29) 『동서양문화사』, 앞의 책, p.11.

30) 『역사의 종말』, 프랜시스 후쿠야마 저, 이상훈 역, 한마음사, 1992, p.29.

31) "인류문화의 출현과 발달은 인류의 생물학적 진화과정과 밀접한 관계를 가지고 있다. 일단 인류의 문화가 발생한 뒤에 문화는 가속적으로 발전해 왔다."- 『인류와 문화』, 앞의 책, p.3.

32) 위의 책, p.54.

전까지는 주로 수렵·채집 방식을, 그리고 1만 년~250년 전까지는 농경 방식, 1750년~현재까지는 근대 산업 기술을 토대'[33]로 한 변화 과정을 거쳤다.

문명 역사를 개관하고 보니 현대를 살아가는 지성들이 문명의 문제를 판단하고자 하는데 있어서는 지역적, 시대적으로 제약점이 컸다는 사실을 알 수 있다. 외향적인 사실을 판단하는 것도 어려운데 속 깊은 본말까지 규정하는 것은 더욱 그렇다. 그럼에도 불구하고 문명의 본래적인 성향과 함께 문명을 이해한 관점과 이루고자 한 의지, 목적 등도 문명을 형성하는데 영향을 끼친 만큼, 문명 역사의 본말을 규정하는 것은 인류가 미래 세계를 건설하는 관건이다.

인간이 장성해서 가정을 이루는 것은 보편적인 관습이지만, 누가 어떻게 얼마만큼 행복한 가정을 이루는가 하는 것은 차이가 있다. 잘못 생각해서 행동하면 가정이 파괴되고 말듯, 문명도 마찬가지이다. 과거 문명이 아무리 찬란했더라도 그것은 어디까지나 수단일 뿐이다.[34] 독일의 역사가인 슈펭글러는, '모든 문명은 흥망의 과정을 필연적으로 밟는다, 프랑스 시인인 발레리는 모든 문명이 언젠가는 운명을 다하고 죽는다'고 했다.[35] 몸담고 있는 현대 문명도 예외일 수 없는 바, 본질을 정확하게 직시해서 선천 문명으로서 보따리를 싸지 못하면, 장차 도래할 획기적인 후천 문명을 맞이할 수 없다. 그래서 문명 역사의 본말을 규정하는 것은 현대인들이 잘못된 이해로 인해 폐

---

33) 『거대사』, 앞의 책, p.195.

34) 『대전환기의 21세기 문명』, 앞의 강좌, p.11.

35) 한때는 화려하고 장엄했지만 오랫동안 기억에조차 거의 남지 않은 채 붉은 흙이나 돌조각들이나 풀밭에 파묻혀 있다가 천 년 혹은 몇 백 년 후에야 비로소 깨어진 돌이나 박살 난 자기 조각들이나 유골들의 형태로 그 흔적만을 남긴 바빌로니아, 이집트, 페르시아, 로마, 한나라, 앙코르, 잉카 등의 여러 왕국들의 폐허로 입증됨– 위의 책, p.3.

허로 변할 멸망을 막고 선천 문명을 계승하여 인류가 바란 이상 사회를 꽃피우기 위해서이다. 유구한 세월을 바쳐 쌓아 올린 문명의 본래적인 성향에 대해 정확한 본질을 꿰뚫지 못하고 외향적인 변화에만 치중한다면, 본질 궤도를 이탈한 문명의 종막이 어떻게 되리란 것은 불 보듯 뻔하다. 그래서 본말을 통한 문명론으로 선천 문명의 본질을 정확하게 진단하고자 한다.

'구약성경의 창세기를 보면 지구상의 모든 것은 하나님에 의해 창조된 것'[36]이라고 하면서 그 자세한 내력을 펼쳤다. 그런데 지난 100여 년 동안 연구한 결과에 따르면 인류의 진화는 가설(hypothesis)에 불과한 것이 아니라 엄연한 사실인 것이 입증되었다'고도 했다.[37] "인류는 점진적으로 진화한 것인가, 아니면 일정 시점에서 창조된 것인가?"[38] 권투선수는 링 위에서 대결하고 판정은 심판들이 내린다. 진화론 대 창조론도 마찬가지이다. 진화론은 지구상에서 발굴한 화석과 관찰 자료를 근거로 세우지만, 우주 창조의 최초 시원 문제에 대해서는 오리무중이다. 반대로 창조론자들은 종의 불변성과 최초 창조의 완전함을 주장하는데 삼라만상이 무궁하게 생성하는 한 진화론자들이 확인한 변화는 분명하게 있다. 양쪽 다 물러설 수 없는 진리성을 확보하고 있어서 제삼의 입장에서 판정할 수밖에 없는데, 그것이 바로 본말을 규정하는 절차이다. 아무도 판단하지 못했는데 누가 승리의 헹가래를 쳤는가? 선현들이 아무리 인고를 다해 깨닫고 지인들이 용맹정진하여 지식을 섭렵해도 우주의 생성 본질과 본말을 모르면

---

36) 『인류와 문화』, 앞의 책, p.51.
37) 인류뿐만 아니라 모든 동·식물의 모습이 세월이 지남에 따라 변모한다는 것은 확실하게 입증된 사실임– 위의 책, p.52.
38) 위의 책, p.51.

선천이 지닌 분열, 부분적인 한계성을 극복할 수 없다. 전체, 전모를 보지 못하고 아전인수격인 해석에 그친다. 본말을 보아야 우주의 생성 전말과 본질 구조를 꿰뚫고 궁극적인 의지와 소통할 수 있다. 참 본질에 이른다.

하지만 이런 조건이 언제 충족되었는가? 그만한 자격과 권능을 지닌 하나님이 성업을 완수해야 하는데, 선천에서는 누구도 그런 역사를 맞이하지 못했다. 하나님의 존재 사실을 거부하고 이성적인 판단을 전면에 내세운, 인간을 중심에 둔 역사였기 때문에 미래는 물론이고 神과 인간의 본질을 볼 수 없었다. 하나님이 본체자로 강림하실 때를 기다려야 했는데, 진화론처럼 진리관을 확정지어 버렸다. 창조 본체와 생성 본말이 드러나지 못한 선천 역사는 구조적으로 차원적인 울 안에 갇혀 있다. 핵심된 본질을 초점 잡을 수 없었다. 하나님이 강림하시고 선천 섭리가 완수되기까지는 실상 그대로 본체가 드러나지 못한 문명이다. 그래서 누구도 문명 역사의 본말을 규정짓지 못했다. 정신사를 이끈 사상가들도 역시 인간의 본성을 규정하지 못한 것은 마찬가지이다.[39] 우주는 창조된 것이 아니라 스스로를 창조해 가는 것이라고 했고, 근대정신을 탄생시킨 칸트는 神의 불가지설을 주장했다.[40] 모두 선천의 분열 문명이 지닌 한계성을 드러낸 판단이다. 선천에서는 창조 목적과 본체와 섭리가 드러나지 못한 상태이므로 그 무엇도 규정할 수 없었고 아무리 神의 실체를 파악하고 싶어도 어려웠다. 그러니까 중국에서는 하·은·주 고대에 형성되었던 인격적인 天 관념이 孔子 시대에서는 퇴색되어 자연적인 질서 天으로 개념화되었

---

39) 자사의 『중용』
40) 인간을 세계를 창조하는 주체자로 내세움.

고, 중세를 거친 서구 유럽도 神의 존재 사실을 부정하고 나섰다. 본체가 드러나지 못한 상태에서는 神을 거부한 것도 세계를 정확하게 본 통찰이다. 그러나 하나님이 강림하신 상황에서는 조건이 일변했다. 이것을 지성인들은 감지해야 한다.

"철학의 대상은 존재의 전체인데, 정말로 전체라고 말할 수 있으려면 존재의 밖에 있어서는 안 되며, 존재 속에 포함되어 있어야 한다. 그러나 그렇게 되면 존재를 밖에서 바라보는 것이 불가능해진다."[41] 인간이 지닌 한계와 그러면서도 본말 규정의 필요성을 인정한 것인데, 철학이 존재를 탐구했는데도 불구하고 전체성을 지닌 神을 보지 못한 것은 본말을 보지 못한 제한성 때문이다. 본체가 드러나야 하는데, 그런 역사가 전무한 선천에서는 아무도 神을 볼 수 없었다. 하나님이 모습을 드러내지 않았는데 누가 볼 수 있었겠는가? 선천 문명이 본질을 드러내지 못했다고 본 것은 인류가 이룬 문명의 모든 형태를 꿰뚫는 관점이다.

화이트헤드는 『형성 중인 종교(1926)』에서, '인류 역사에서 神이라는 개념은 대표적으로 세 종류의 족보가 있는데, 그 첫째가 동아시아 문명의 비인격적 질서 개념 둘째, 셈족의 한정적인 구체적, 인격적 개체의 개념 셋째, 셈족 개념의 변형태로서의 범신론적 개념이 있다'고 했다.[42] 본체가 드러나지 못한 상태에서는 한 본체를 여러 가지 각도에서 볼 수도 있다. 언젠가는 초점을 모으고 하나로 볼 수 있어야 하는데, 이런 요구를 자체로서는 충족시킬 수 없었다. 물고기는 더 깊은 심연으로 파고들 수는 있지만 물 밖으로 나오기는 어려운 것처럼, 본

---

41) 『철학과 과학』, 남정완 저, 삼일당, 1984, p.39.
42) 『중용한글역주』, 김용옥 저, 통나무, 2011, p.75.

체가 드러나지 못한 상태에서의 문명적 상황도 마찬가지이다.

그래서 선천 문명이 지닌 본질 상황을 단도직입적으로 규정한다면, 동양이 끊임없이 추구하여 일군 道는 얼굴 없는 본체와 같고 서양이 끊임없이 탐구하여 일군 지식은 버팀돌 없이 서 있는 뜨인 돌과 같다.[43] 인류가 참된 진리상을 보지 못한 이유에 대해 佛陀는 無明을 들었고, 칸트는 인식의 한계, 비트겐슈타인은 언어가 지닌 특성을 분석해서 제시했지만, 가장 큰 이유는 하나님이 강림하지 못하였고 세계가 생성을 완료하지 못했으며 본체가 드러나지 못해서이다. 창조된 고를 풀지 못하면 본체로부터 뻗어난 가지를 볼 수 없고, 가지는 가지대로 가지가 생기게 된 원천을 알 수 없다. 그렇다면 믿음이라도 지켜야 했는데 동양은 뿌리를 땅 속 깊이 파묻어 버렸고 서양은 아예 밑동을 잘라버려 인류 문명을 고사 직전으로 몰아넣었다.

이 엄청난 진리의 기형상을 보면서도 이상한 점을 발견하지 못한 것은 본말을 보지 못한 때문이므로, 지성들은 선천 진리가 지닌 얼굴 없는 본체상을 정확하게 직시해야 한다. 『중용』에서는 '誠 그 자체는 하늘의 道이고 성실하려고 노력하는 것은 인간의 道'라고 했다.[44] 하늘이 命하는 것을 性이라고 하였는데(天命之謂性), 도대체 그 命하는 자의 주체는 어디에 있는가? 혹자는 인간이 구현해야 할 보편적인 가치 준거를 神에게서 구하지 않고 천지자연의 성실함에서 구하려고 한 중용사상의 위대함을 지적했지만, 誠을 하늘의 道로서 표현한 것은 얼굴 없는 본체상의 대표적인 예이다. 性即理는 주리론자의 기본 명

---

43) 얼굴 없는 본체상과 대비하여 본체 없는 지체와 같다고 할까? 선천 진리의 본말 규정은 한마디로 동양은 얼굴 없는 본체상, 서양은 버팀돌 없는 뜨인 돌이다.

44) "誠者 天之道也 誠之者 人之道也."- 『중용』, 20장.

제이고, 太虛卽氣는[45] 주기론자의 최고 범주이고, 주돈이가 無極而太極을 내세운 것 등 본체가 지닌 작용 속성은 남김없이 나타내었지만 존재자로서의 얼굴은 끝내 감추고 있다. 그러니까 자세하게 설명해도 理, 氣, 太極이 도대체 무엇인지에 대한 문제는 재삼 원점으로 돌아가 버렸다.

> "氣가 太虛에서 취산하는 것은 마치 얼음이 물에서 응석하는 것과 같으니, 太虛卽氣를 알게 되면 곧 無는 없어질 것이다(장재)."[46]

"太極은 공간적 제한과 몸의 형태를 가지지 않는다. 그것이 자리하는 위치란 없다. 움직임에 선행하는 상태라고 생각한다면, 쉼 밖에 다른 것이 없다. 움직임은 太極의 움직임이고 쉼은 太極의 쉼일 뿐이지 움직임이나 쉼이 太極은 아닌 것이다. 이것이 주돈이가 太極을 無極이라고 말한 이유이다."[47] 무형의 본질을 가진 본체라도 본말을 알면 존재자로서의 모습을 추정할 수 있다. 생성 자체가 전체이고 神인 바 본말도 그러하다. 하지만 선천에서는 본말을 보지 못했으므로 분명하게 작용하였지만 그렇게 존재한 본질은 볼 수 없었다.

노자는 '無爲而無不爲, 즉 아무것도 하지 않지만 되지 않는 것이 없다'고 말했다.[48] 되지 않는 것이 없는데 행한 자가 없다? 정말 없어서이겠는가? 본말을 보지 못했기 때문이고 다 이루었지만 행한 주체자를 볼 수 없었기 때문이다. '道生一, 一生二, 二生三, 三生萬物'[49]은 노자

---

45) "太虛卽氣는 性卽理와 함께 宋代 이후 중국철학계의 양대 명제 중 하나이다."-「화담의 기일원론에 대한 연구」, 김정형 저, 원광대학교 동양대학원 동양학과 석사학위논문, 2001, p.25.

46) "氣之聚散於太虛 猶冰凝釋於水 知太虛卽氣 則無無."-『장재집』, 「태화편」, 장재 저, 중화서국, 1978, p.8.

47) 『유교와 기독교』, 줄리아 칭 저, 임찬순·최효선 역, 서광사, 1993, p.167.

48) 「왕필의 이무위용의 철학」, 한승희 저, 서강대학교대학원 철학과 문학석사학위논문, 1993, p.33.

가 갈파한 우주생성론인데, 이것도 본체를 보지 못해 명제가 암호화 되어 있다. 선천에서 우주가 지닌 어쩔 수 없는 모습이다. 더 이상 자세한 모습은 볼 수 없다. 진리로서도 생성 본질로서도 완성된 모습을 갖추지 못했다.

우파니샤드 철학에서는 '우주의 본체는 범(梵, Brahman)이고 인간 생명의 근원은 대아(大我, Atman)인 바, 종국에는 梵我一如로 열반에 이를 수 있다'고 했다.[50] 이런 사상을 기반으로 한 불교는 梵과 일체 되는 길로서 인간이 지닌 업의 문제를 들어 수행으로 해탈하는 길을 제시했지만, 梵 자체가 본체자로서 존재성을 드러내지 못한 선천에서 는 완성된 진리관과 구원론을 펼칠 수 없었다. 대승불교의 정화(精華) 라고도 할 『대승기신론』에서는 心眞如와 관련하여 梵을 다음과 같이 표현하였다.

> "그것은 모습이 있지 않으며, 모습이 없지도 않다. 모습이 있지 않지도 않으며, 모습이 없지 않지도 않으며, 모습이 동시에 있고 없고 하지도 않다. 한 모습도 아니며, 다른 모습도 아니다. 한 모습이 아닌 것도 아니며, 다른 모습이 아닌 것도 아니며. 또한 동시에 한 모습도 다른 모습도 될 수 있는 것도 아니다."[51]

이것은 梵이 지닌 의미처럼 무형의 梵적 실상을 개념지어진 현상적 질서를 기준으로 표현하다 보니 고정된 실체를 붙들 수 없어 횡설수설한 논법이 아니다. 선천에서 간파한 본체상에 대한 정확한 표현이다. 본체가 드러나지 못한 상황에서는 관점상에 한계가 있을 것이 당

---

49) 『노자도덕경』, 42장.

50) 『현대문명의 성향』, 김정의 저, 혜안, 2001, p.146.

51) 『동양학 어떻게 할 것인가』, 김용옥 저, 통나무, 1986, p.264.

연하다. 선현들이 '道의 운행을 은미함·無에서 시작되고 텅빔·고요함에서 일어난다(왕필)'고 본 것은 정확하다. 만물을 생성시킨 작용성을 근거로 해서 道가 선재성·내재성·편재성·초월성·자재성(독존성)·항존성을 갖는다고 말한 것은 명철한 통찰이다.[52] 천지 만물을 창조한 하나님이 지닌 존재 속성이 아니고 무엇인가? 그런데도 본말을 보지 못하므로 절대적인 본체자와 연관 짓지 못했다.

동양이 얼굴 없는 본체상을 그려낸 것처럼 서양도 본체가 드러나지 못한 상황에서 진리 세계를 판단한 것은 같다. 여기서 본체가 드러나지 못했다고 보는 기준은 하나님이 이 땅에 강림하사 선천 섭리를 완수하기 이전까지이다. 하나님이 본체자로 강림하시기 전에는 누구도 본말을 규정지을 수 없다. 이 말은 강림 이후는 본말을 밝힐 수 있다는 뜻이고, 인류를 모든 진리 가운데로 인도한 본말 규정 작업에 착수하였다. 화이트헤드(Whitehead)는, '서양철학사는 플라톤의 주석에 불과하다'고 했는데, 2천 년 이상 지속된 서양 철학이 플라톤이 그려 놓은 철학적 구도에서 벗어나지 못한 것은,[53] 본체가 드러나지 못한 때문이다. 그러니까 영원히 관념론적인 범주를 벗어날 수 없다.[54] 이것은 서양 사고가 지닌 특성과 선천 문명이 지닌 한계가 복합된 결과이다. 칸트는 '철학적 문제는 시지프스의 바윗돌 같다'고 했는데,[55] 선천 문명은 정말 구조적으로 본말을 볼 수 없게 되어 있어 누구도 매듭을 지을 수 없다. 얽어 놓으면 풀려버리고 꼭대기에 올려놓으면

---

52) 『왕필의 철학(숭본식말의 패러다임)』, 임여진 저, 김백희 역, 청계, 2001, p.92.

53) 『철학의 종언, 그 새로운 시작』, 정해창 저, 청계, 2003, p.520.

54) "플라톤이 대화를 통해 펼쳐 놓은 이원론적 세계관은 그의 후예들이 완전히 극복하지 못한 채 20세기까지 이어졌다."- 위의 책, p.18.

55) 위의 책, p.1.

다시 굴러 떨어진다.56) 생성의 저 너머에 근원된 본체 자리를 마련하지 못해 애써 올려놓아 보아도 안정시킬 바탕 본질이 없다(정상이 뾰족함). 근원된 본체(神)를 부정한 때문이다.

"20세기 물리학의 뛰어난 업적은 시공간을 통합한 상대론도 아니고 인과율을 정면으로 부정한 양자론도 아니다. 외형적으로 보이는 것이 물질 자체가 아니란 사실을 발견한 원자론도 아니다. 현대 물리학의 뛰어난 업적은 우리들이 아직도 궁극의 실체에 대해 아는 바가 없다는 사실을 인식하게 해 준 것뿐이다. 플라톤이 비유한 것처럼, 우리는 아직도 동굴에 갇힌 채 빛을 등지고 있으므로, 동굴의 벽에 비춰진 그림자만 볼 수 있다."57) 본체를 보지 못한 것이다. 고대 그리스의 자연철학자들은 만물의 근원이 무엇인가란 문제에 대해 탈레스는 물이라 생각했고, 아낙시만드로스는 무한한 것, 아낙시메네스는 공기, 피타고라스는 수, 데모크리토스는 원자(Atom)라고 말했는데, 현대 물리학이 발견한 분자, 원자, 쿼크까지 보태어도58) 근원을 향한 탐구 행진은 끝이 없다. 어디까지 계속될 것 같은가? 끝없이 맴돌 수밖에 없다는 것이 선천 문명이 지닌 본질이다.

그래서 한계성을 통각한 覺者는 때가 될 때까지 '믿음으로 부처님(본체자를 상징) 가르침의 큰 바다에 들어가며, 지혜로 그것을 건넌다'고 했다.59) 믿음은 본체가 드러나지 못한 자체 한계를 시사한 것이기도 하지만, 한편으로는 선천이 지닌 본질 상황을 넘어설 수 있는

---

56) "시지프스는 神을 부정함으로써 끊임없이 바위덩어리를 산꼭대기에 밀어 올려야 했다. 정상에 올린 바위는 다시 떨어져 내려가고 만다. 그는 떨어진 바위를 다시 산꼭대기에 밀어 올린다. 그에게서 완성된 정지된 목적은 없다."-『세계관으로서의 미술론』, 임두빈 저, 서문당, 1999, p.42.

57) 『현대물리학과 신비주의』, 켄 윌버 편저, 박병철·공국진 역, 고려원미디어, 1991, p.157.

58) 『신논리학』, 베이컨 저, 홍성자 글, 김광옥 그림, 김영사, 2008, 만물의 근원은 무엇인가.

59) 『박성배 교수의 철학강의, 깨달음과 깨침』, 윤원철 역, 예문서원, 2002, p.63.

최대의 발판이기도 하다. 이를 통해 한계적으로 가로 막힌 차원의 강을 지혜를 밝힘으로써 건널 수 있다고 믿었다. 동양은 그나마 지혜를 일구어 본체 세계와 교감한 끈이 있었지만 서양은 시지프스처럼 본체 세계는 허구라고 단정해 버렸기 때문에 무거운 바위가 고임돌도 없이 땅 위에 떠 있는 형국을 벗어날 수 없었다(관념의 왕국). 창조를 거부하고 본체를 부정하므로 어디서도 최초의 시원 문제와 만물을 바탕 지은 본질 문제를 풀 수 없다. 왜 이런 결과가 초래되었는가? 본말을 보지 못해서이다. 이것은 양의 동서를 불문하고 동일하다. 제조된 자동차는 어떤 경우도 절로 움직일 수 없다. 그런데도 움직이고 있다면 그것은 사람이 운전하고 있다는 뜻이다. 만물도 마찬가지이다. 절로 존재할 수 있는가? 없는 것이라면 거기에는 그렇게 존재하도록 한 분이 있었다. 그런데도 철저하게 절로 존재하고 있다고 확신하였는가? 생성된 본말을 보지 못해서이다. 우리가 인식하는 영역은 생성하는 세계에 한정되어 생성 이전의 알파와 생성 이후의 오메가를 인식할 수 없다. 神만 알파와 오메가를 관장, 장악, 통합해서 전체를 포괄할 수 있다. 사실은 그렇지 않은데 본말을 보지 못하니까 일체 운행을 자생, 자화, 진화론으로 귀착시키고 말았다.[60]

성리학에서는 理를 절대적인 것으로 보고 氣의 운동은 理가 시켜서 이루어진 것이라고 보았으며, 이를 반대한 기일원론자는 理를, 氣가 氣를 움직이는 원리로 보았다. 본체를 거부한 상황에서는 경험, 현상, 드러난 실체를 근거로 할 수밖에 없게 되어 칸트는 물자체를 인식할 수 없다고 결론지었다. 그래서 동서를 막론하고 유물론, 기학, 과학,

---

60) 자연이 절로 되고 있는 것으로 인식한 것은 본체가 드러나지 못해서이고 본말을 보지 못한 것이 제일 큰 이유임.

즉 현실적 경험에 기초를 둔 학문들이 득세하였다. 氣가 능동적으로 변화하고 운동한다는 것은 스스로가 움직이고 창조한다고 본 억측이다. 시계가 태엽을 스스로 감았다? 자동차가 스스로 움직인다? 진화론적인 사유 체제가 이와 같다. 『중용』에서는 '誠者 自成也(誠은 스스로 이루어가는 것이다). 道 自道也(道는 스스로 인도하는 것이다)'라고 했다.[61] "자연은 스스로 道를 만들어 가고, 대자연의 誠이 스스로 이루어 가는 것은, 우주가 외재적인 존재의 간섭 없이 자신이 스스로를 끊임없이 조직해나간다(Sell-organizing Universe)는 뜻이다."[62] 자생, 자화 우주론은 본말(전체)을 보지 못한 선천 우주론이 지닌 적나라한 단면이다. 문제는 이런 한계성이 야기한 잘못된 판단이다. 슈펭글러는 '문명화된 시대는 허무적인 정신 상황의 팽배와 함께 도래한다'고 하였는데,[63] 정신적인 문제에 더하여 생태계와 환경 파괴가 인류 전체의 생존을 위협하고 있다. 끝까지 기다려야 했는데 드러나 있는 것만으로 문명 역사를 쌓아 올려 높이 쌓을수록 허물어질 위험도만 높인 바벨탑 문명[64]이 되어버렸다. 神, 본체, 근본을 무시한 결과이다. 현실은 암담한데 핵심된 원인을 진단하지 못한 것은 본말을 보지 못한 때문이므로, 하나님이 오늘날 이 땅에 강림하시어 선천 문명의 본말을 밝힌 것은 잘못된 문명 역사의 추진 방향을 바로 잡고 만 생, 만 역사, 만 인류를 구원하기 위해서이다.

---

61) 『중용』, 25장.

62) 「중용, 인간의 맛」, 김용옥 강의, EBS 기획특강, 35강.

63) 『세계관으로서의 미술론』, 앞의 책, p.38.

64) 「바벨탑의 문명」, 박준서 저, 제2회 김옥길 기념강좌, 이화여자대학교, 2002, p.50.

2. 본체 부정의 역사

　왕필(226~249)은 중국 삼국시대의 학자로서 하안과 함께 위·진(魏晉) 현학(玄學, 老莊學)의 시조로 일컬어진다. 체용일원(體用一源)의 無를 본체로 하고 無爲를 그 작용으로 한 본체론을 전개하였다.[65] 일명 숭본식말(崇本息末)적인 패러다임을 펼쳐 本과 末의 지극한 관계를 밝혔는데, 本을 높인 것은 본체가 지닌 존재적 가치를 인정한 상황이다. 나무는 뿌리가 있고 강물은 발원된 수원지가 있으며 인간은 조상으로부터 핏줄을 이은 연면한 가계가 있다. 만물이 근원을 가진 것은 상식적인 판단으로도 어떤 결과가 원인을 가지고 있다는 뜻과 같다(인과율). 그래서 동양에서 道, 太極, 理氣, 空이 만물을 생성시켰다고 한 것은 기독교에서 하나님이 태초에 천지를 창조하였다고 말한 것과 인식 구조가 같다. 바탕성을 전제한 것이든, 믿은 것이든, 깨달음을 통해 확인한 것이든, 본원을 설정하고 있는 것은 동일하다. 그것이 형체 없는 본체일지라도 하등 저촉될 것이 없다. 우연과 확률을 내세운 진화론과 물리학적 관점 등이 문제가 되는 것일 뿐……

　따라서 이원화된 세계 구조는 해당된 범주들이 무엇을 경계로 하고 있는 것이든 극복할 대상이라기보다는 당연한 것으로 인정해야 한다. 일원성만으로는 존재 자체가 성립될 수 없으므로, 이원 구조는 본체의 존재성을 인정한 상태이다. 플라톤은 세계의 실상에 대해 눈으로 볼 수 있는 현상계와 참된 실재인 이데아 세계로 구분하고, 변화무쌍하고 생멸하는 현상계와 달리 이데아는 불변하고 영원하기 때

---

65) 『동아세계대백과사전』, 동아출판사백과사전연구소 편자, 동아출판사, 1995, p.537.

문에 이것이 참 실상이며 현상계는 그림자에 불과하다고 했다. 칸트는 물자체에 대해 인식의 불가를 선언함으로써 현상계와 대비시킨 이원론자이고, 데카르트의 경우는 정신과 물질을 독립시킨 물심이원론자이다. 천상의 나라와 지상의 나라(어거스틴), 유위와 무위, 色과 空(불교), 본체와 현상, 본말과 체용 관계 등등 동서 간에 걸쳐 이원적 인식이 상존하였는데, 그중에서도 서양은 이원성을 더욱 엄격하게 지향하였다. 현상(現象, phenomena)은 나타난 모습(appearance)으로서 시공계에 우리의 감각의 대상으로서 나타나는 모습을 말하며, 시공의 배후에 있어 시공의 제약을 받지 않는 본체(noumena)와 대비된다. 현상은 시공적, 감각적, 허상이고 본체는 초시공적, 초감각적인 실상이다. 서양 철학에서는 본체를 이해하는데 있어 관념적인 것을 이데아로 보았고(감관에 나타나는 현상과 대비시킴), 밝힌 바 idea(=real), 즉 관념적인 것이 실재하는 것이라고 여겼다. 동양에도 세계를 본체와 현상, 체와 용으로 구분하였는데, 體는 본체=본래의 모습이고 用은 현상=드러난 모습=시공적인 것으로서 간주했다.[66]

　세계를 이분한 것이 반드시 본체와 현상만 해당되는 것은 아니고 음양과 物心처럼 반대되는 극성을 통해 대비시키기도 했는데, 이분된다는 것만은 현상계에서 피할 수 없다. 성리학의 '理氣論'과 '無極而太極'처럼 본체 자체를 이분하기도 하였고 뿌리와 가지처럼 현상계 안에서 본말로 나누기도 하였지만 현상계내에서건 본체계내에서건 초기의 사유 전통 속에서는 동서 간이 모두 본체를 긍정했던 것이 틀림없다. 가정이건 전제건 존재하는 대상과 개념 자체가 없는데 본체를 부

---

66) 「중용, 인간의 맛」, 앞의 강의, 22강.

정한 역사가 전개될 수는 없다. 콩트는 말하길, '제1단계에서는 가공적으로 혹은 종교적으로 무엇인가 절대적인 것에 접촉하려 하고, 제2단계에서는 形而上學, 즉 철학에 의하여 절대적인 존재나 절대적인 원리를 잡으려 하지만 실증적, 과학적인 단계에 도달한 제3단계에 이르면 절대적인 것을 구하지 않고 절대적인 것 따위는 없는 것으로 단정 짓게 된다'고 했다.[67]

그리스의 철인들도 고민한 문제 중 하나는 존재론이었다. 존재(있음)란 무엇인가? 존재하는 것들은 어떤 방식으로 존재하고 있는가? 존재하는 것들의 이면에는 뭔가 다른 것이 있지 않을까? 그래서 파르메니데스는 존재를 '있다'라는 뜻으로 파악하고, '있는 것은 있고 없는 것은 없다'고 했다.[68] 여기서 있는 것을 있다고 본 것은 모멘트를 남기는데, 볼 수 없더라도 존재하는 것은 모든 것이 존재한다고 했다. 이것이 창조로서 구축된 有적 본질이다. 무형인 본체를 존재계에 포함시킨 인식이다. 形而上學이란 개념을 풀어보더라도 그 원어는 메타피지카(metaphysika)인데, 그것은 ~의 뒤에, 또는 ~을 넘어서란 뜻인 meta와 자연이란 뜻을 가진 physika가 결합된 단어이다. 철학자 아리스토텔레스는 존재에 대해 연구하는 존재론을 가장 근본적인 학문이라고 생각하여 제1철학이라고 규정했다.[69] 이런 전통을 이어서 철학이란 학문이 탐구한 대상은 존재의 전체이고, 일체를 전체적인 통일원리[70]로서 접근했기 때문에 철학은 당연히 본체계에 포함된다.

---

67) 『철학과 과학』, H. 오모다카 저, 남정완 역, 삼일당, 1984, p.96.
68) 『존재와 시간』, 하이데거 저, 임선희 글, 최복기 그림, 김영사, 2009, 플라톤과 아리스토텔레스의 존재론.
69) 『철학적 탐구』, 비트겐슈타인 저, 김면수 글, 이남고 그림, 김영사, 2009, 形而上學.
70) 『철학과 과학』, 앞의 책, p.145.

　지성들도 처음에는 정말 사심 없이 본체계의 존재 사실을 인정하였고 끈기와 의욕을 가지고 궁극적인 실상을 밝히려고 하였다. 하지만 본체계는 형상이 없고 실체를 규명하기 어려워 神, 절대, 불변, 영원, 바탕체로 상징된 근원성을 구하는 문제는 포기하여 버렸고, 직접 감지할 수 있는 존재계와 경험된 세계를 탐구하는 방향으로 전환하고 말았다. 본체를 보지 못하는 상황인데 사실적인 진리성에 넘어가지 않을 지성들이 몇몇이나 되겠는가? 소수의 신앙인과 철인들과 覺者만 고고하게 신념을 지켰다. 이런 실상을 통틀어 이 연구는 '본체 부정의 역사'로 칭하였다. 무엇이 진실이고 참된 것인지는 판가름나겠지만, 부정하고 거부했다는 것은 무언가 확신을 지닌 단안이다. 하지만 야기된 결과에 대해서도 책임이 따르므로 모든 것이 결과지어진 뒤에 어떤 영광, 아니면 심판이 따를 것인지 귀추가 주목된다.

　서양 고전 문화는 오리엔트 문명의 발생으로부터 지중해 세계를 통합한 로마제국의 멸망까지 정한다. 우월한 오리엔트 문명의 영향을 받아 서양 문명이 비로소 독자적으로 성장할 수 있었다. 세속적인 색채가 농후한 이집트의 생활 문명은 에게 해를 통해 그리스에 흡수되고, 종교적 색채가 짙어 정신적으로 앞선 메소포타미아의 종교 문화는 이스라엘을 거쳐 로마 제국에 전해졌다. 서양 문화의 본원 중 헬레니즘은 현실을 긍정하고 인간 본위의 성격을 나타내었지만, 헤브라이즘은 현실을 부정하고 내세를 동경한 문화였다.[71] 고전 문화의 형성기 때부터 현실 위주와 내세 위주란 이원적 구조를 지녔거니와, 서양 문화의 탄생은 현실적 입장에서 합리주의를 제시한 그리스 세계

---

71) 『동서양문화사』, 앞의 책, p.17.

로부터였다. 서양 고대의 파생적인 요인들은 모두 로마 제국에 의해 정치적으로 통합되기에 이르렀는데,[72] 통합은 그야말로 현세 문화 위주였지 정신적, 본질적인 성격은 아니었다. 현실은 경험할 수 있는 실질적인 것이지만 내세는 긍정한다는 것이 기껏 동경하는 정도였고, 부정한다 해도 어찌할 수 없는 노릇이다. 내세는 관념적이고 정신적 이기 때문에 신념을 동반해야 하는 주관적인 문제로 생각했다. 이것 은 본말을 규정하지 못한 최근세까지도 풀지 못한 고뇌이다.

그리스 철학은 이론적, 사색적, 현실적인 정신을 표출시켜 우주와 자연의 본질을 이해하려고 한 자연철학에서 출발하였고, 소크라테스가 등장한 이후로는 인간성에서 세계 원리를 찾으려고 한 인간 철학으로 나아갔다. 그렇게 해서 남겨진 진리적 유훈이 제자인 플라톤(Platon)에 게 전달되어 심화되었다. 德은 눈으로 볼 수 있는 자연물이 아니며, 德의 본질을 이루는 것을 이데아라고 불렀다. 진정한 실재는 이데아 이며, 이데아의 세계야말로 영원불멸한 것으로 현상 세계의 근본이 된다고 여긴 관념 철학을 세웠다.

하지만 고대 세계에서 가장 박학한 인물로 인정된 아리스토텔레스 (Aristoteles)는 플라톤의 문하에서 배운 제자인데도 불구하고 다른 학 문적 입장을 가졌다. 그는 스승의 이데아론을 비판하면서 참으로 실 재하는 것은 개물뿐이며, 개물로서의 실체는 모두 질료와 형상으로 이루어졌다고 하였다.[73] 즉 "개체(個體)를 실체(實體) 또는 실재(實在) 로 보고 형상(形相), 즉 이데아는 개물의 多를 초월한 1이 아니고 개물 속에 내재하는 1로 보았다."[74] 이데아, 즉 본체계는 현실, 현상적인

72) 위의 책, p.17.
73) 위의 책, pp.38~39.

질서 체계와 다른, 정말 우리의 관념 속에서만 초월적으로 존재하기 때문에 거부하고, 현상계에서 감각적으로 인식할 수 있는 구성 체제로서 형상과 질료 개념을 재설정했다. 세상 가운데서 나무의 가지와 뿌리는 함께 공존하고 있고, 집은 설계도를 보고 짓는 것과 같다. 그래서 서양 철학이 플라톤의 각주(화이트헤드)라고 한 것은 결코 빈말이 아니며, 플라톤이 설정한 초월적인 세계를 확고한 논거를 동원해서 부정하고자 한 몸부림의 역사였다. 대립될 수밖에 없는 틀을 제공한 것이 플라톤과 아리스토텔레스인데, 그중에서도 아리스토텔레스는 부정적인 입장을 밝힌 철학자이다. 이렇듯 격파의 대상이 된 이데아 세계를 이 연구에서는 현상계 안에 모두 몰아넣어 버린 형상적인 이데아 개념과 구분해서 순수 본체계라고 칭하거니와, 이와 같은 본체를 부정하기 위해 서양 철학이 이론적 무장을 철저하게 한 이후부터는 순수 초월자의 대명사인 神도 지성들의 뜻에 의해 절대자의 자리로부터 하야(下野)되어야 했다.

선천 문명이 지닌 특성 측면에서 볼 때 본체를 부정한 역사가 승리를 구가하게 된 것은 당연한 것인지도 모른다. 어떻게 해서 초월적인 자리까지 설정해 놓고도 부정하게 되었는가 하면 말 그대로 상정한 상태일 뿐 실질적인 알맹이를 찾아내지 못한 것이 주된 이유이다. 기독교가 하나님의 존재 사실을 확신하면서도 실체를 증거하지 못한 것처럼……. 창조가 어떻게 이루어진 것인지에 대한 절차와 본의를 알지 못하는 상태에서는 누구도 초월적인 순수 본체를 인정하기 어렵다. 동서의 지인들은 한결같이 현상계 안에서의 요소인 것으로 오해하였다.

---

74) 『세계철학대사전』, 고려출판사, 1992, p.685.

창조된 세계는 현상계만으로 존재할 수 없다. 피조물은 홀로 자생, 자화할 수 없다. 창조 이전의 초월적인 순수 본체 자리가 함께 해야 한다. 이 자리는 만물, 만상이 창조되기 이전이고 생성하기 이전부터 존재한 독자적인 절대 자리이다. 이 자리로부터(무형인 有) 창조를 위한 일체 바탕이 마련되고 창조되었기 때문에, 창조 이후는 이것이 그대로 만물을 이룬 바탕체로 전환되어, 현상계 안에서 존재하는 바탕 본체도 차원을 달리하게(초월성) 되었다.[75] 그래서 하나님은 만물과 함께 존재함과 동시에 홀로 독존하여 창조의 안팎을 두루 드나들고, 내재함과 동시에 초월하였고 주재, 관장, 편재, 포괄할 수 있다. 이런 본의가 언제 밝혀졌는가? 강림 역사 이후부터이므로 이전에는 진리사의 무대에서도 부정되었다. 겉으로는 볼 수 없고 경험, 실증할 수 없는 세계를 인정하지 않은 형태이지만, 속내는 창조를 거부한 것이다.

다시 정리하면 이데아는 순수 이데아(초월)로서도 존재하고 현존재와 함께하고 있는 이데아도 있다(형상, 질료 개념). 그런데도 아리스토텔레스가 순수 이데아를 제거시키고 역할을 재편성하였듯이, 동양에서도 이와 같은 사고 역사가 동일하게 있었다. 동양에서는 창조신이란 개념은 없어도 논거 면에서는 창조론적 입장과 이것을 부정한 입장이 있었는데, 성리학이 내세운 이기이원론(理氣二元論)에 대해 이것을 반대하고 나선 기일원론자들이 있었던 것이다. 플라톤이 순수 이데아 세계를 말한 것처럼 동양에서도 순수 본체에 대한 개념 설정 역사가 있었다.

---

75) 현상에 대해 본체가 초월적인 근거는 창조 전에 순수한 창조 본체가 절대적으로 존재한 때문임.

"천지가 아직 있기 이전에 필경 理가 있다고 말하지 않을 수 없다."[76]
"氣가 모인 곳에 理가 곧 여기에 있다. 그러나 理가 결국 主가 된
다."[77] "理와 氣는 본래 선후를 말할 수 없다. 그러나 반드시 그 소
종래(所從來)를 미루면 모름지기 먼저 理가 있다."[78]

성리학에서는 理를 절대적인 것으로 보았다. 절대성은 현상계의 제
약을 벗어나 초월적인 이치를 지녔다는 뜻이다. 천지가 창조되고 氣
가 작용되기 이전에 理가 선재했다. 氣에 대해 理가 主가 된다는 것은
理가 가진 지대한 창조권이다. 노자도 『도덕경』에서 道를 理와 같은
자리에 두었다.

"혼연한 가운데 이루어진 것이 있는데, 이것은 천지보다 먼저 생겼
다."[79] "나는 道가 누구의 자식인지 모르겠다. 그러나 천제보다 앞
서 있는 것 같다."[80]

천제보다도 道가 앞서 있었다는 것은 절대적인 바탕 의지가 존재
보다도 이전에 무형으로 선재한 것을 간파한 것이다. 이런 선재 관념
을 설정했기 때문에 본체 부정이란 말이 사용되었다. 하지만 이런 초
월성을 인정하지 않는 자들은 기일원론적인 입장을 취하였다. 중국
송나라의 학자인 장재(1020~1077)가 대표적인 예로, 그는 만물의 생
성이 일기(一氣)의 집산에 의한다고 보고 태허(太虛)를 본체로 삼았다
(이기일원론자).[81] 성리학에서는 氣의 운동이 理가 시켜서 이루어진

---

76) "末有天地之先……."-『주자어류』, 권 1.

77) "氣之所聚 理卽在焉 然理終爲主."-『주자전서』

78) "此本無先後可言 然必欲推其所從來 則須說先有是理."-『주자어류』, 권 1.

79) "有物混成 先天地生."-『노자도덕경』, 25장.

80) "五不之誰之子 象帝之先."- 위의 책, 4장.

81) 『세계철학대사전』, 앞의 사전, p.946.

것이라고 보았지만 장재는 그런 理는 없다고 단정 짓고 理라는 것은 氣가 움직이는 원리가 무엇인지를 말하는 것이라고 생각했다. 理는 따로 존재하는 것이 아니라 자체가 본유한 상태에서 스스로, 절로 이루는 능동적인 성격을 부여한 것인데, 우주를 이룬 근원은 하나의 氣일 뿐이라는 의미로 기일원론(氣一元論)이라고 부른다.[82] "정주(程朱)가 理를 形而上者로, 氣를 形而下者로 말한 것을 반대하고 氣를 形而上者로서 높인 것인데, 이것은 사물에 있어서 氣의 변화를 形而上과 形而下로 나눈 것이다."[83]

이것은 언급한바 플라톤이 구분한 이데아와 현상계 방식을 부정하고 이데아가 현실과 전혀 관계없이(초월) 따로 떨어져 존재하는 것이 아니라고 여긴 아리스토텔레스의 입장과 같다. 플라톤에 따른다면 지금 손에 쥔 장난감은 장난감의 이데아를 복사한 가짜가 되므로, 아리스토텔레스는 장난감을 플라스틱이라는 질료와 장난감의 형상이 결합된 것으로서 재구성했다. 형상은 이데아를 변형시킨 개념으로서 현실과 동떨어진 존재이지만 한편으로 형상은 질료 없이는 따로 떨어져 존재할 수 없는 개념이기도 하다. 다 일리가 있는 만큼 무엇이 옳고 그르다 할 것인가? 논쟁 상으로는 끝이 없다. 본말이 규정될 때를 기다려야 했는데, 그때를 지성들이 기다리지 못했다.

즉 '선진(先秦) 유학이 펼친 본체론은 현상과 본질을 구분하지 않고 현상 속에 본질인 천리와 太極이 내재된 것'[84]을 강조한 것이다. 김용

---

82) 자연이란 스스로, 또는 저절로를 뜻하는 自라는 글자와 그렇게 되다, 그러하다란 의미가 있는 然을 합친 것임—『기학』, 최한기 저, 구태환 글, 이주한 그림, 김영사, 2009, p.86, 88.

83) 「대진의 기일원론적 우주론」, 고재욱 저, 태동고전연구 제3집, pp.11~12.

84) 「주자의 본체관에 대한 연구」, 박종하 저, 성균관대학교 유학대학원 동아시아 사상·문화학과, 석사학위 논문, 2009, p.20.

옥도, '동양 사상에 있어서 본체와 현상의 이원론은 있을 수 없다. 모든 것은 현상이다. 본체는 현상에 귀속되는 것이다. 시공의 제약을 벗어난 독립적 본체야말로 픽션이다'고 주장했다.[85] 하지만 진실은 본말을 보지 못해 눈에 콩깍지가 씐 것일 뿐, 초월적인 순수 본체계가 정말 존재하지 않는 것은 아니다. 그런데도 장재(횡거)는 기일원론적 입장을 견지하면서 우주의 생성 상황을 논거했다. '太極을 일물양체(一物兩體)로 보고, 일물인 太極, 즉 氣는 原氣이고, 二體는 음양이성(陰陽二性)으로 화생만물(化生萬物)한다'고 말했다.[86]

선천 본질은 분열하기 때문에 본체가 드러날 수 없다. 세계를 구성하는 원질 요소로서 理氣를 추출해 놓고서도 太極을 일물 양체로 나누고 화생만물로까지 비약시킨 것은 더 큰 문제점을 낳았다. 理氣로 나누어야 하는 현상계에서 理氣가 억지로 합쳐져 인식할 수 없게 되고, 일원화시키면 현상계에서 필요한 요소들이 사라져 버려 불안해진다. 太極이나 음양으로 추출한 요소만으로는 화생만물할 수 있는 조건을 거의 잃어버린 상태이다. 충족 요소가 절대 부족한 상황에서는 한쪽을 빼서 채우면 다른 한쪽이 그만큼 부족해져 버린다. 본체가 드러나야 창조된 세계가 완성되는데 그렇지 못한 선천에서는 어떤 생성 우주론도 부족함을 채울 수 없다. 더군다나 본체를 부정해 버린 상황에서는 더욱 그러하다. '무릇 지극한 無는 아무 것도 생겨나게 할 수 없다. 때문에 처음으로 생겨나는 것은 스스로 생겨난다(배위)'는 입장까지 등장하였지만,[87][88] 본말을 밝힌 관점에서 보면 더할 나위

---

85) 서양철학은 본체 대 현상, 동양철학은 본체는 실재하는 것이 아니라 보고 현상을 體와 用으로 나눔(體는 본체=본래의 모습, 用은 현상=드러난 모습=시공적)-「중용, 인간의 맛」, 앞의 강의, 22강.

86) 위의 논문, p.31.

87) 「현학 본체론에 관한 연구」, 이희욱 저, 동국대학교대학원 철학과 석사학위논문, 1995, p.19.

없는 억지 논리이다. 만물을 만물 자체가 창조했다는 말이 된다. 본체와 창조를 거부한 채 일체 有한 근거를 찾으려고 하니까 자체 속에서 필요한 요소를 모두 조달할 수밖에 없다.[89]

화담(서경덕, 1489~1546)도 장재처럼 인간을 포함한 천지 만물이 오직 一氣로 생성되었다고 보고 기일원론적 세계관에 도달한 조선 성리학계 6대가 중 한 사람이다.[90] 화담은 주자가 말한 이선기후설(理先氣後說)을 반대하고, 만약 理가 氣보다 먼저 있었다고 한다면 결국 氣가 없었던 때가 있게 되므로 氣에 앞선 理의 순수 초월적 본체성을 부정하였다. 그리고 氣는 아예 태초부터 있어 왔고 앞으로도 영원히 있게 된다고 본 氣不滅論을 내세웠다.[91]

하지만 이런 관점은 우주의 생성 본말을 관장하지 못한 한계 오류에 속해 있다. 언급한바 배위의 자생 창조론도 가당찮은 논거인데, 기불멸론은 그런 창조 작업 자체를 아예 차단시켜 버렸다. '氣가 발생도 소멸도 하지 않고 영원히 존재한다'[92]고 말한 것은 자체 지닌 자가당착적 모순을 여과 없이 노출시킨 것이다. 땅을 딛지 않고서는 아무도 설 수 없는데 설 수 있다고 말한 것과 같다. 만상이 지금 존재하고 있는 상태인데, 발생하지 않았다면 도대체 어떻게 존재하게 된 것인가? 땅 위에서는 땅을 밟지 않으면 설 수 없지만 무중력 상태인 우주 공간에서마저 그러한 것은 아니듯, 화담은 현상계의 발생 기원을 사실은 발생도 소멸도 없는 창조 이전의 순수 본체가 지닌 속성을 끌어

---

88) 운동의 근거가 자기 원인을 이미 氣 자체에 내재시킴-「화담의 기일원론에 대한 연구」, 앞의 논문, p.1.

89) 본체(神)를 부정한 상태에서는 스스로가 전능자가 되어야 함.

90) 위의 논문, p.70.

91) 위의 논문, p.42.

92) 「서경덕의 기일원론 철학사상에 대하여」, 양만석 저, 퇴계학과 한국문화, 35호, p.61.

들여 설명한 것이다. 창조 이전에는 정말 발생도 없고 소멸될 근거 자체가 없는, 초월이랄 것마저 없는 절대 본체로서 존재하였다. 순수 본체의 존재성을 역설적으로 인정한 형국이다. '無에서는 有가 생길 수 없다는 것과(有에서 有가 생겼다는 말임) 氣는 영원히 소멸될 수 없다는 두 전제가'[93] 맞물리게 되면 세상 어디서도 입구와 출구를 찾을 수 없다. 본체를 보지 못해서이다. 이런 숨 막히는 형국 안에서 성현들이 인생과 道를 논하였다니! 눈과 귀를 막아버리면 사물을 분별하지 못하게 되는 것처럼, 창조와 본체가 존재한 사실을 부정한 상태에서는 세계를 바라보는 판단 역시 온전할 수 없다. 그런데도 본체가 존재할 자리를 철저하게 막아버린 화담의 虛, 즉 氣사상을 선호함으로써 후세의 유물론자들은 그들 사상의 원류로서 '太虛가 바로 물질적 실체'[94]라고 간주하기도 했다. 본체를 부정하기 위한 논리가 정말 사실과 일치하는 것이라면 만사에 적용되는 원리가 되겠지만, 일부만 일치되기 때문에 다른 것과는 모두 어긋나 있다. 진실은 언제나 진리력을 지니고 있어 혹한 지성인들이 시대를 달리하여 뒤흔들었지만 견뎌내었다.

고대 서양의 사상가들을 거친 중세 시대에는 본체를 부정하고자 한 논쟁이 실재론(實在論) 대 명목론(nomialism)을 통해 재현되었다. "최초로 스콜라 철학의 체계를 세운 학자인 안셀름(Anseslmus)은 교회의 권위를 절대시하여 신앙이 인식보다 앞서야 한다고 주장하고, 개념에서 존재를 설명하려고 한 실재론자였다. 13세기 말에 이르러 스콜라 철학은 쇠퇴하기 시작했는데, 이런 경향은 둔스 스코투스(Duns Scotus)

---

93) 「화담의 기일원론에 대한 연구」, 앞의 논문, p.30.
94) 「서경덕의 기일원론 철학사상에 대하여」, 앞의 논문, p.57.

의 영향이 컸다. 그는 지식과 신앙을 구분하였기 때문에, 지식으로 신앙을 뒷받침하려 했던 스콜라 철학을 위기로 몰아넣었다. 그리고 또 하나의 이유는 바로 명목론의 대두이다. 명목론자들은 감각을 통해 인식될 수 있는 것 이외에는 아무 것도 존재하지 않는다고 보고 참으로 실재하는 것은 개물뿐이라고 생각했기 때문에 기독교와 화합하기 어려웠다.”[95] 이것을 일명 ‘보편논쟁’이라고 하며, 보편적인 것이 실재한다고 본 실재론과(실념론)[96] 보편적인 것은 오직 이름뿐이라고 주장한 유명론과 대립되었다. 보편적인 것은 본질적인 것인데, 본질은 본체가 드러나야 확증된다. 그래서 신앙은 실재론을 변호하였고, 실재론은 신앙이 뒷받침하였다.[97] 하지만 기다리고 기다려도 본체를 확증하기 어려운 상황에서는 이를 부정한 유명론이 힘을 얻게 되었다.

대세가 기울어진다는 말이 있듯, 인간을 神(본체)이 가진 절대 권위로부터 해방시킨 르네상스 운동은 겉으로는 인간과 자연의 발견에 초점을 두고 있지만[98] 사실은 지성사에서 본체 부정의 역사가 본격적으로 펼쳐진 신호탄이다. 중세적 세계관을 탈피하고 참다운 의미에서 근대를 연 사상은 베이컨(1561~1626)을 필두로 영국의 경험론과 데카르트(1596~1650)로부터 비롯된 대륙의 이성론(합리론)에서 출발되었다. 이전까지는 본체를 부정한 논거라도 관념성을 벗어나지 못했는데, 경험론과 이성론은 본체를 부정한 입장에서 실체 세계를 적극적으로 파헤친 방법을 강구하여 이론적으로 무장을 하였다. 경험론은

---

95) 『동서양문화사』, 앞의 책, p.129.

96) 실재론: 의식, 주관으로부터 독립된 실재를 인정하고, 그것을 올바른 인식의 목적 및 기준으로 보는 입장. 실재론은 관념론과 대립되지만 보편 개념의 실재를 인정한다는 의미에서는 반드시 대립되지 않는다.–네이버.

97) 당시 대부분의 신학자들이 실재론자였고, 神(보편자)이 세상을 창조한 것으로 봄–네이버.

98) 위의 책, p.190.

인간의 지식이 실험과 관찰을 통한 경험의 과정 속에서 생긴다고 주장하고, 지식을 획득하는 적극적인 방법으로 귀납법을 내세웠다. 이것은 실험과 관찰을 수단으로 하여 점차 하나하나의 현상 속에서 공통적인 것을 찾아내는 방법으로서, 실재 세계의 사실성과 진리성을 확인하는 작업 절차이다. 이런 방법으로 진리성을 확신하게 된 토마스 홉스는 물체 이외는 어떤 실재도 없다고 판단하였다. 물체와 정신을 독립된 실체로 구분해서 물심 이원론을 주장한 데카르트도 일체를 의심하는 회의적인 방법으로 새로운 진리를 찾고자 하였다.[99] 하지만 이것은 이성적 통찰로 자연 현상을 탐구하고자 한 사고적 제시책일 뿐이다. 순수 본체를 규명하고자 한 논거 체제가 아니다. 정신마저 물질과 대립된 실체로서 독립시켜 현상적인 질서 안에 억지로 집어넣었다.

경험론과 이성론은 나름대로 타당한 논거를 내세웠지만 이성론은 이성 만능에 빠질 우려가 있고 경험에서만 지식이 생긴다고 한 경험론은 회의론으로 흐를 염려가 있어, 이런 문제를 지적하고 이성의 능력을 비판한 것이 칸트였고 헤겔에 이르러 완성을 본 독일 관념론이다.[100] 여기서 비판은 대상을 검토하고 객관화하여 그것의 범위와 내용과 한계를 규정한다는 의미이다. 본체계를 잘라 버리기 위해 현상의 세계를 면밀하게 분석하는 방법으로 이성이란 도구의 칼날을 예리하게 간 작업이라고 할까? 칸트는 『순수이성비판』의 서문에서, "인간의 이성은 자신이 이해할 수 없는 문제를 이해하려고 하기 때문에 고통을 느낀다. 즉 의지의 자유, 영혼의 불멸성, 神의 존재에 관한 물

---

99) 위의 책, pp.223~224.
100) 위의 책, p.267.

음들은 이성으로 해결하고자 하는 문제이지만, 그것은 이성이 지닌 분별 능력을 벗어나 있어 답을 얻을 수 없다."[101] 즉 物自體는 인식할 수 없다고 결론지었다. 본체계를 부정한 단계를 넘어 아예 포기해 버린 것이다. 순수한 이성 작용을 비판한 것은 본체계를 단호하게 잘라버릴 수 있는 칼날이 되었고 본체계를 대신하여 실체계를 옹립시킨 계기가 되고 말았다. 그가 대성시킨 인식론(Epistemology) 영역은 근대 서양에서 과학이 발흥함과 함께 비약적으로 발전한 학문 체계로서 앎(knowledge)의 성립 과정과 그 한계를 밝히는데 주력하였다. 인식이 세계를 창조한다고 본 것은 근대정신을 대변한 것으로, 칸트 철학은 근대적인 인간, 그 진정한 주체의 탄생이었다. 칸트가 말한 직관은 고등한 영감이 아니며 감각 자료를 내용으로 갖는 것으로, 순수 이성은 결국 과학 이성이었다. 뉴턴 물리학의 과학 법칙을 이해할 수 있는 인간의 능력을 이성이라고 부른 것이다.[102]

칸트가 본체계를 자르기 위한 칼날을 간 것이었다면 니체는 그렇게 해서 마련된 칼을 들고 직접 휘두른 본체 부정의 역사에 있어 악역을 담당한 장본인이다. 『차라투스트라는 이렇게 말했다』에서 '神은 죽었다'고 선언한 것은 플라톤주의로 이해한 서양철학이 끝난 것을 말한 것이고, 일체의 초감성적인 것을 한갓 덧없는 인간 의식의 산물로 돌려버린 것이다.[103] 하이데거는, '플라톤에 의해서 시작된 서양철학은 니체에서 한 주기를 마감한다. 니체에 의해서 선포된 神의 죽음과 더불어 이른바 객관적으로 실재에 대하여 이야기한다는 形而上學

---

101) 『철학적 탐구』, 앞의 책, 비판철학.
102) 「중용, 인간의 맛」, 앞의 강의, 4~5강.
103) 『세계관으로서의 미술론』, 앞의 책, p.199.

이 그 오랜 수명을 다하였다'고 했다.[104] 현상계(가상)에 대해 본체계는 신실의 세계로서 진리, 神으로 불렀는데, 이것은 폐기되어야 할 거짓이고 지성의 부패를 입증한 것 외 아무 것도 아니다.[105] 니체에 따르면 드디어 진실을 바로 잡았다. 본체계의 허구성을 물리치고(?) 현상계의 진리성을 제자리로 복귀시킨 것으로 자부했다. 神과 본체계를 거부하고 가치 세계의 새로운 전환을 기대했다.

여기에 때를 맞추어 유물론과 무신론이 중무장을 하고 등장하였다. 헤겔이 독일 관념론을 완성한 이후로 나타난 포이어바흐, 마르크스 등등 세계 어디서도 본체계가 거할 자리를 무너뜨려 버렸다. 물질만 존재할 수 있도록……. 세계의 철학사는 관념론과 실재론과의 대립 양상인데, 관념론에 에너지를 공급한 본체계가 무너져버린 마당에서는 관념론도 더 이상 힘을 쓸 수 없었다. 존재는 물질이며 정신은 고도로 조직된 특정의 물질이라고 주장해도 저지시킬 방도가 없었다. 현대인들이 쏟아낸 유물론의 폭포 속에 속수무책으로 파묻혔다.[106] 마르크스는 역사도 물질에 의하여 움직인다고 보았다. "인간이 물질에 의해 결정되는 것이 아니라 정신이 물질에 의해 결정되고, 인간의 삶은 물질적인 조건에 따라 달라진다."[107] 이런 유물론이 현대 과학을 등에 없고 날로 확산되고 있다.

유물 사상이 본체계를 제거시키는 작업에 착수한 것은 물론이고 神을 진리 세계로부터 퇴진시키는 작업에도 박차를 가하여 현대 사회

---

104) 『철학의 종언, 그 새로운 시작』, 앞의 책, p.7.
105) 『세계관으로서의 미술론』, 앞의 책, p.226.
106) 위의 책, p.70.
107) 『역사철학강의』, 헤겔 저, 심옥숙 글, 배광선 그림, 김영사, 2009, 헤겔철학의 후계자들.

는 무신론이 맹위를 떨치고 있다. 다윈 이래 인간들은 과거에 대한 신화적 공상으로부터 벗어나 진실을 직시하게 되었다고 확신했다. 기독교의 창조론을 부인하였고, 인류는 지구상의 다른 생물체들과 동일한 공통의 조상으로부터 진화되었다고 본 것이다.[108] 과학이란 학문은 神을 선호하지 않았다. 사실 "서양에 있어서 근대의 출발은 무신론의 기저 위에서 이루어진 사건이라고 말할 수 있다."[109] 더 이상 믿음은 필요하지 않다고 보고, 철저한 분석과 실증 위주로 나아갔다. 콩트(Comte)는 "지금까지의 이상적 形而上學을 반대하고 경험적 사실만을 강조하고, 실증과학으로서 사회학이라는 새로운 학문을 세우기도 했다."[110] 분석(analysis)은 물건을 분할 또는 분해한다는 뜻으로 직관과 달리 분열하는 현상성을 철저하게 파고들어가는 절차이다. 神의 계시와 지혜에 의존하지 않더라도 주어진 사고력으로 충분히 가늠할 수 있다고 보고 이런 방법을 동원해 세계를 온통 분할, 분해시키다 보니 전체자인 神을 볼 수 없게 된 맹인이 되어버렸다.[111] 비트겐슈타인은 바로 이런 맹인으로서의 한계성을 자인한 철학자였다.

"칸트는 이성을 비판한 철학을 통하여 이성이 알 수 있는 것과 알 수 없는 것을 명확하게 구분 짓고, 이성이 알 수 있는 영역에 전념할 수 있는 토대를 만들었다면, 비트겐슈타인은 언어의 한계에 대해 선을 그음으로써 언어로서 말할 수 있는 것과 말할 수 없는 것을 구분하였다."[112] 본체계를 부정한 논리를 더욱 강화시킨 상황이다. "20세

---

108) 『세계관으로서의 미술론』, 앞의 책, p.29.

109) 『중용한글역주』, 앞의 책, p.66.

110) 『세계관으로서의 미술론』, 앞의 책, p.267.

111) 분석이란 본래 하나이던 것을 갈라서 인식한다는 뜻임 - 『철학과 과학』, 앞의 책, p.61.

112) 『철학적 탐구』, 앞의 책, 비판철학.

기 초 영국의 철학자 러셀(Russell)과 무어(Moore)는 브래들리의 관념론을 공격하였는데, 이런 반관념론적 조류가 논리실증주의와 비트겐슈타인으로까지 이어졌다."[113] 정점에 이른 관념론의 본말을 규정짓기보다는 공격함을 통해 자신들의 철학적 입지를 확보한 것은 철학적 종말을 자초한 행위이다. 분석적인 방법과 언어를 통해 도달할 곳은 결국 한계성밖에 없다. 막다른 골목에 다다랐다.

그는 평생 언어를 중요하게 여겨 언어를 분석하였는데, 언어는 우리 생각의 시작이고 끝이라고 해도 과언이 아니다. 존재란 무엇인가? 진리란 무엇인가? 神, 죽음, 생성, 자유 의지……. 이런 명제들의 본성은 그대로 언어적 본성으로까지 연결되기 때문에 세계에 가로 놓인 난제들은 언어의 비밀을 풂으로써 세상을 다 드러내어 보여줄 수 있을 것이라고 믿었다.[114] 언어가 지닌 척도는 정확하기 때문에 언어를 통해 그려질 수 있는 그림과 그려질 수 없는 그림이 면밀하게 가려진다. 윤리학이나 미학, 形而上學이 이루는 내용들은 우리가 세계 속에서 발견할 수 없는 것들로 구성되어 있으므로 무의미한 것으로 여겼다. 사실 진리란 ~이다. 神이란 ~이다란 명제는 우리가 살아가는 세계를 초월하고, 이 세계의 그림인 언어를 초월해 있어 도무지 그림으로 그려낼 수 없다.[115] 그래서 비트겐슈타인은 언어의 한계를 설정하면서, 말할 수 있는 것만 말하게 하고 말할 수 없는 것은 침묵하게 함으로써, 언어로 표현할 수 있는 세계에 금을 그어 주는 것이 철학의 주된 임무라고 생각했다.[116] 사뭇 본체계의 존재성을 인정한 듯하지

---

113) 『철학의 종언, 그 새로운 시작』, 앞의 책, p.22.
114) 『철학적 탐구』, 앞의 책, p.16.
115) 위의 책, pp.120~121.

만 짚고 보면 전혀 반대이다. 본체계를 파괴시켜 자멸을 자초했다.

본체계와 현상계에 대해 중립성을 유지한 태도인 것처럼 보이기도 한데, 사실 말할 수 없다고 한 것은 언어 자체가 지닌 한계이지 세계가 지닌 한계는 아니다. 노자의 경우, '말로 표상해 낼 수 있는 道는 항구 불변한 본연의 道가 아니고, 이름 지어 부를 수 있는 이름은 참다운 실재의 이름이 아니다'[118]고 못 박지 않았는가? 왜 세계는 언어로 말할 수 없어 침묵해야 하는 것이 있는가? 그것이 바로 본체계가 아닌가? 언어로 그려낼 수 없는 본체계는 고도한 직관을 통해야 하는데, 인식 수단을 언어에만 국한시켜 본체계를 보지 못한 맹인이 되어 버렸다. 의식을 통하면 분열되지 않은(그려지지 않는) 본체계도 직관으로 꿰뚫을 수 있다. 침묵해야 할 세계가 있다고 한 것은 언어가 지닌 한계를 말한 것인데도 세계에서는 결과로서 본체계가 본격적으로 파괴되는 작업이 진행되어 버렸다. 과학만 남기고 정신적 영역들 곧 윤리, 종교 같은 철학적 대상은 폐기시켜버리려고 작정했다. 우주는 창조된 것도 시작이 있는 것도 아니라고 보고, 초월적인 본체계까지 부정한 상황에서 神(기독교적인 인격신)이 설 자리는 세상 어디에도 없다.[119] 본체계와 神이 매장되어 버린 마당에서는 철학자들도 이전

---

116) 위의 책, p.77.

117) 위의 책, p.65.

118) "道可道 非常道 名可名 非常名."−『노자도덕경』, 1장.

119) 『세계관으로서의 미술론』, 앞의 책, p.74.

처럼 形而上學적인 문제들에 매달려 있을 필요가 없었다.

하이데거는 말하길, '이데아를 세상 모든 만물들이 생겨난 원인이 자 본질이라고 생각한 플라톤에 대해 존재론의 역사를 잘못 쓴 첫 타 자로 지목하면서, 철학자는 다만 장미라는 존재자가 들려주는 소리에 귀 기울이고, 드러나는 존재의 의미를 해석만 하면 된다'고 했다.[120] 현대 문명의 위기를 진단한 베르그송은 그 해결책의 하나로서 엘랑 비탈(Elan Vital)이란 개념을 제시하였는데, 이것은 프랑스 말로 약동 하는 생명이란 뜻이다. 모든 생명체는 엘랑 비탈을 공유하고 있다고 보고, 이것을 우주 전체를 묶어주는 생명 원리로서 파악했다. 모든 생 명체가 동감의 관계를 가져 소통할 수 있다고 보았다.[121] 하지만 우 주를 하나로 묶어주는 생명 원리로서 세워진 엘랑 비탈도 결국은 현 상계에 포함된 요소일 뿐이라(동물-식물-곤충-인간), 현상계의 모순과 위기성을 타개할 수 없는 한계가 있다. 본체계를 제거해버린 상태이 므로 굳게 닫힌 문을 자체로서는 열어젖힐 수 없다. 과연 만물과 만 상을 포괄할 수 있는 진정한 의미에서의 엘랑 비탈이 존재한다면 어 디에 있겠는가? 본체계를 버린 마당에서는 모든 존재자의 근원을 현 상계 속에서 구할 수밖에 없었는데, 有함 이전에 존재한 순수 道는 동 양의 覺者들이 비장하고 있었다. 본체계가 바로 그들이 구한 진정한 엘랑 비탈이란 사실은 알지 못한 채…….

지성들은 과학과 종교의 조화 문제를 두고 고심하였는데, 대부분 은 과학과 종교가 물과 기름처럼 화해할 수 없는 상반된 것이라 보고 있고, 심지어 과학의 합리주의를 맹신하면서까지 종교를 무시하는 풍

---

120) 『존재와 시간』, 앞의 책, p.27.
121) 『창조적 진화』, 베르그송 저, 윤원근 글, 이남고 그림, 김영사, 2008, p.235.

조까지 조성되었다.[122] 크게 보면 종교란 본체 영역이 세상 인식으로
부터 부정된 입장이고, 과학만 놓고 보더라도 철학, 종교, 본체, 神을
모조리 잘라버리고 자연적 대상과 물질적 현상만으로 세계를 개조하
려고 혈안이 되어 있다. 하지만 같은 칼이라도 누가 어떤 목적으로
사용하는가에 따라 활인검이 되기도 하고 살인검이 되기도 하듯, 본
체를 부정하고 근본과 단절시켜버린 과학이 진리를 정확히 판단해서
세계를 개조했을 리 만무하다. 근대 과학이 탄생되면서부터 구축된
기계론적 세계관은 자연을 정복할 수 있다는 자만감에 빠졌고, 과학
혁명을 일으킨 이후부터는 자연을 본격적으로 파괴하기 시작했다.[123]
자원 고갈과 환경 파괴가 경고의 수위를 넘어섰다. 그들이 과학이란
칼을 손에 쥐면서부터 세계를 제국주의적인 야심으로 채우기 위해
혈안이 되어 대다수 약소민족을 고통받게 했다. 역사 위에서 서양 문
명이 지닌 본색이 이렇듯 명백해졌다. 과학이 본체를 제거해 버림으
로 서양과 인류 문명이 온통 말단화되었다. 서양 문명은 末을 근거로
이룬 말단 문명이지 인류를 근본적으로 구원할 수 있는 본체 문명이
아니다.

　'미래를 염려하는 많은 사람들은 오늘의 세계야말로 인류가 일찍
이 경험하지 못한 심각한 위기에 직면해 있다고 보았다. 이유로서는
자연과 생태계의 파괴, 핵전쟁의 공포, 인간성의 상실 등을 꼽는데,'[124]
핵심된 원인은 근본을 버린 데 있다. 자식이 부모를 부정하는 것처럼
神을 버렸고, 神과 인간 사이에 건널 수 없는 선을 그어 버렸다. 삼라

---

122) 『현대물리학과 신비주의』, 앞의 책, p.1.

123) 「노장의 자연철학에 관한 연구」, 노승만 저, 성균관대학교 유학대학원 유교경전학과, 석사학위논문,
　　　2000, p.3.

124) 「21세기 문명과 불교」, 강건기 저, 불교문화연구, p.343.

만상은 모두 근본으로 돌아가는 법인데, 그런 근본을 버린 문명은 어디에도 갈 곳이 없다. 인류가 총체적으로 종말 국면을 맞이한 것은 본체를 부정한 말단 문명의 득세가 안긴 필연적인 결과이다. 본체를 부정한 것이 서양 문명이 종말을 맞이한 핵심 이유이다.

왕필은 '어미는 근본이고 자식은 지말이다. 근본을 얻어 지말을 얻어야지 근본을 버려두고 지말을 쫓아서는 안 된다'고 했다.[125] 『대학』에서는 덕본재말(德本財末)이란 말이 있는데,[126] 本과 末이 거꾸로 놓인 세상(本末顚倒)을 일컬어 말세라고 한다. 근본이 주인이 되어 말단을 올바른 방향으로 인도해야 하는데, 말단이 근본을 무시하고 주인 노릇,[127] 왕 노릇 한 결과 서양 문명이 몰락을 자초하였다. 니체는 神(본체)을 사망 선고해 놓고서도 새로운 가치 전환을 기대하였지만, 근본을 부정한 문명은 생동하는 문명적 에너지를 어디서도 공급받을 수 없다. 본체를 긍정하고 확인하는 것만이 문명 역사를 전환시킬 수 있는 새로운 축이 되리라.

3. 본체 긍정의 역사

가지에 해당한 서양은 말단 문명이기 때문에 겉으로는 화려하게 피어나 만물을 변화시키고 지배하고 있는 것처럼 보이지만, 세상에는 그렇게 드러난 역사만 존재하고 있지 않다. 본체로부터 현상화된 것이 인류가 이룬 문명 역사인데, 말미암게 한 본체를 부정함으로써 현

---

125) 「현학 본체론에 관한 연구」, 앞의 논문, p.40.

126) 德本財末 : 사람이 살아가는데 있어서는 德이 뿌리이고 재물은 맨 끝이다. 德을 베풀면 재물은 절로 들어온다.

127) 「왕필의 이무위용의 철학」, 앞의 논문, p.28.

대 문명이 위기를 맞이하였다. 하지만 꽃이 낙화되는 것처럼 남김없이 떨어지더라도 그런 현상 결과가 전부인 것은 아니다. 본체는 변함없이 존재하기 때문에 이것이 뿌리 역할을 하여 다시 인류 문명을 소생시킨다. 本은 일반적인 의미로 나무의 아랫부분인 뿌리와 줄기를 가리키고, 末은 나무의 윗부분인 가지와 잎을 가리킨다. 가지와 잎은 서로 얽히고설켜 복잡하지만 뿌리는 감추어져 있고 은미하다. 종말에 처한 문명 역사를 소생시킬 동양의 본체 긍정 역사 역시 내면 깊숙한 곳에서 흐르고 흘러 연면한 모습을 감추고 있다. 때가 될 때까지 섭리된 내력과 존재 가치를 숨긴 채 문명 에너지를 비축시켰다.

하나님은 어떤 경우에도 창조 목적을 이룰 대행 섭리를 세상 어딘가에 마련해 두셨다. 헤겔은 '神이 역사를 통해 점진적으로 자신을 드러낸다'[128]고 했는데, 그것이 사실이라면 그런 역사는 어떤 방식으로 현실 위에 나타날 것인가? 그래서 서양이 일삼은 본체 부정의 역사에 대해 동양이 본체계를 지킬 수 있도록 섭리하신 것인지도 모른다. 결과를 놓고 보면 하나님이 오늘날 강림할 수 있게 된 것은 동양이 본체를 긍정한 역사를 펼쳤기 때문에 현실화된 것이다. 물론 동양에서도 본체를 부정한 전적이 없는 것은 아니지만, 연면하게 맥을 이은 것은 결국 본체를 긍정한 역사이다. 서양에서도 본체를 긍정한 역사가 있었지만 부정한 역사가 대세를 이룬 것처럼……

밝힌바 '왕필이 본말 개념에 근거를 두고 이론의 출발점이자 전제를 모든 사물과 사건에는 근본이 되는 본체가 있다'[129]고 본 입장은 본체를 긍정한 큰 줄기 맥이다. 本이 있다면 당연히 末도 있으므로,

---

128) 『역사철학강의』, 앞의 책, 헤겔철학의 후계자들.
129) 「현학 본체론에 관한 연구」, 앞의 논문, p.22.

이와 같은 인식은 왕필 이전부터 전래된 동양(중국) 철학의 전통적인 개념이다. 임방이 孔子에게 예의 근본을 물은 것을 보면(『논어』), 본말 개념은 孔子 이전부터 정립된 사실을 알 수 있다. 그 후 『대학』에서 선후본말 이론을 펼쳐 중국철학의 필수적인 개념으로 굳혀졌다.[130] 이런 개념을 왕필이 학문적으로 현학을 체계 짓는 방법론으로 활용하였다. 이처럼 정형화된 本을 오늘날에도 적용시킬 수 있다면 수만 가지로 갈라진 문명 역사의 가닥을 잡는 방법이 될 수 있다. 본말을 규정하는 것은 종말에 처한 인류를 구원하는 최대의 지적 과제이다. 종말을 맞이한 이유도 본말을 파악하지 못한 것이 원인인 만큼 선현들이 어떻게 본체를 찾아 나섰고 조우해서 함께했던 것인지 면밀하게 살펴야 한다.

주자는 말하길, '천지 사이에는 理도 있고 氣도 있다. 理는 形而上의 道로서 만물을 생성하는 근본이며, 氣는 形而下의 器로서 만물을 형성하는 재료(도구이다)'라고 했다.[131] 책상을 만들기 위해서는 나무, 못, 톱, 망치, 설계도 등을 두루 갖추어야 하는데, 이런 요소를 압축해서 주자는 理氣란 원소를 내세웠다. 그러나 理氣는 근원적으로 창조를 이룬 본체적 요소이지 理는 본체, 氣는 물질로 나뉘어 속해 있는 것이 아니다. 理는 뭇 이법을 낳은 순수 본체이고 氣 역시 만물의 바탕을 이루게 한 본질적 요소이다. 물질을 이루게 한 요소이기 때문에 본질은 본질이다. 이런 二分 구조가 창조된 이후에는 사물을 이룬 이법과 질료를 이룬 바탕체로서 전환되었다. 주자는 본체계의 특성과 창조 역할을 정확하게 파악해서 논리화했다.

---

130) 「왕필의 이무위용의 철학」, 앞의 논문, p.15.

131) "天地之間 有理有氣 理也者 形而上之道也 氣也者 形而下之器也."-『주자대전』, 권 58.

주자는 주리론자로서 理가 천지만물의 근원임을 알고, 천지 만물보다 먼저 존재한 理의 절대성과 불멸성을 강조했다.[132] 비록 사물이 없더라도 사물의 理는 이미 있다. 우주에 氣가 있기 이전에도 理는 이미 존재했다[133]고 했는데, 이 견해는 타당하다. 뭇 존재는 생멸하더라도 이치는 불변이다. 법칙은 진화하지 않는다. 법칙은 결정적이다. 창조 이전에 일체 이법이 마련된 것이다. 그래서 이법이 현상계에서 결정적이고 불변하게 되었다. 자신도 모르게 본체계를 인정하고 창조를 긍정한 상황이다. 본체를 理氣로 나누어 역할을 분담시킨 것은 기독교가 만물의 존재 기원을 창조에 둔 것과 같다. 살펴보면 진화론은 이와 같은 본체의 존재 근거를 설정하지 않았다. 존재 자체가 무수한 세월에 걸쳐 변하여 만물을 이루었다는 논리이다. 반면 성리학의 理氣二元論은 명백하게 창조를 인정하였고 본체를 긍정한 역사를 이루는데 역할을 다했다.

성리학은 만물을 이룬 본체를 논리적으로 파고들었기 때문에 선후로서 인식했던 것이지만, 불교에서는 창조 이전의 본체계를[134] 의식을 통해 직시하였다.

> "발생하지 않고 소멸하지도 않으며, 항상하지도 않고 단절되지도 않고, 동일하지도 않고 상이하지도 않고, 오지도 않고 가지도 않으며, 온갖 희론(망상)을 없애며……(용수)."[135]

---

132) 「주자의 본체관에 대한 연구」, 앞의 논문, p.62.
133) 「대진의 기일원론적 우주론」, 앞의 논문, p.220.
134) 시공의 분열성과 제한적인 언어 개념을 초월함.
135) 『중론』, 귀경게, 용수 저- 『공이란 무엇인가』, 김영진 저, 그린비, 2009, p.39.

이것은 결코 알쏭달쏭한 말이 아니다. 선천에서는 이해할 수 없었지만 본말을 알게 된 지금은 상황이 다르다. 본체계가 지닌 특성을 그대로 나타내었다. 창조되지 않았기 때문에 발생도 소멸도 하지 않는 것이고, 발생이나 소멸이란 개념 자체가 아예 없으므로, 현상계에서는 부정하는 방법을 통해 존재하지 않으면서 존재한 본체계를 애써 표현한 것이다.

> "본질인 그것은 본질이 없으며, 본질 없는 그것이 바로 본질이다.
> 일체 모든 존재는(나라고 할만한) 특징이 없다는 단 하나의 특징이
> 있기 때문이다."[136]

일체 존재는 특징을 지니고 있어 존재하고 있는 것으로 구분되는 것인데, 어떻게 해서 존재가 나라고 할만한 특징이 없는가? 창조 때문이다. 창조가 아니면 이런 논법이 성립될 수 없다. 본질을 이룬 그것이 원 본질이라면 본질을 이루게 한 원 본질은 본질이 없어야 한다. 본질과 본질을 이룬 본질은 동일할 수 없다. 왜 그런가? 창조로 인해 구분된 때문이다. 이것과 저것이 같다면 창조일 수 없다. 창조된 것은 창조한 것과 분명 다르다. 그것도 차원을 달리한 상태로서이다. 왕필은 바로 이런 특성에 착안해서 만상을 이룬 본체가 無인 것을(본체의 무한정성) 현상 사물의 한정성과 대비시켰다(형명논리). 요지는 결국 본체계는 창조된 현상계와는 같을 수 없다는 것이다. "이름은 형상에서 생기고, 형상이 있으면 한정성이 있다. 따라서 본체는 한정성이 없어야 하므로 그것은 無名 無形이다."[137] 有는 형체와 모양이 있는데 비해

---

136) 『반야바라밀다경』, 8장 청정품, 김형준 역, p.177.
137) 「현학 본체론에 관한 연구」, 앞의 논문, p.70.

없는 것은 有로 하여금 형체와 모양을 있게 하기 위해서이다.[138]

만물과 본체는 창조로 인해 차원을 달리하는 것이지만, 한편으로는 창조되었기 때문에 떼려야 뗄 수 없는 관계도 이룬다. 현상계에서는 뿌리와 가지로서 일체를 이룬다. 기독교처럼 하나님이 천지를 창조하였다고 말한 것이 아니라 본체가 본체인 근거를 자세하게 밝혔다. 이것이 동양 본체론이 본체를 긍정한 것을 넘어 입증까지 한 역사적 근거이다. 부모와 자식은 현실적으로는 독립된 존재자이면서도 유전적, 정신적으로 이어진 것은 부모가 자식을 낳았기 때문이다. 마찬가지로 근본과 말단이 상호 유기적으로 관련된 것은 근본이 말단을 生한 때문이다. 근본은 말단을 떠나지 않으며, 말단도 근본을 떠날 수 없다.[139]

왕필은 '以無爲本과 以無爲用을 들어 有는 無를 근본으로 삼아야 함과 동시에 有는 無에 의해서 자신의 기능을 발휘하므로 無를 근본으로 삼아야 한다'고 했다.[140] 無를 근본으로 삼고 無에 의해 有가 온갖 기능을 발휘한 것은 근본인 본체가 정말 창조주와 같은 역할을 수행한 것이다. 無가 有의 근본이라는 것은 無가 有를 출발시킨 진정한 시원이고 시초란 뜻이다. 일체 有가 無로부터 출발되었고 無에 이르러 그친다. 無 이전에는 더 이상의 有적 근거를 찾을 수 없으며, 그렇기 때문에 無가 有를 출발시킨 첫 시단이다. 無는 이처럼 자체가 천지를 낳은 근본인 것을 입증한다.[141] 終도 같은 논리이다. 無가 창조를 낳

---

138) 「왕필의 노자주와 그 특징」, 김용범 저, 지성과 창조, 2011, p.191.

139) 위의 논문, p.191.

140) 「현학 본체론에 관한 연구」, 앞의 논문, p.70.

141) 논리 인식적으로 無가 本이 되어야 더 이상 無의 근원이 없게 되어 정말 無가 本이 됨.

은 피할 수 없는 이유이다. 無는 천지 사이에 오직 有만 있게 한 바탕체이다. 有는 그 몸통이 아무리 거대하고 가지를 무성하게 늘어뜨렸더라도 無가 근본이기 때문에 일체를 포섭한다. 그래서 근본은 한정이 있을 수 없는 無이다.

왕필은 "5천 자에 달하는『노자도덕경』을 숭본식말(崇本息末) 한 마디로 요약할 수 있다고 단언하였다. 숭본식말론은 본말의 학술 방법으로, 無를 有에 대한 근본으로 삼아 그것을 천지의 시작, 만물의 어미로 파악하고 높인 사상 방법론이다."[142] 5천 자 뿐이겠는가? 우주와 사물 현상, 지난날 펼쳐진 문명 역사도 연관된 관계를 구명(究明)할 수 있다. 본체가 창조를 이룬 바탕체로서 만물의 종주 역할을 했다. 밝혀진 본말로서 제 현상을 보면 어디에 적용하더라도 본말로 나눌 수 있다.[143] "정신과 현실 세계로서 설명하면 현실 세계 바깥에 있는 정신적인 것이 일차적(근본)이고, 현실 세계는 2차적(말단)이 된다. 자연과 명교(名敎)로 설명하면 자연이 本이 되고, 명교는 末에 속한다."[144][145] 본체로부터 말미암았기 때문에 결과에 해당되는 末은 어디에도 있다. 이것은 본체를 긍정한 논리인 것을 넘어 본체가 창조 역할까지 한 근거를 밝힌 것이다. 기독교인이 하나님을 신앙하는 것처럼 동양에서는 근본을 중요하게 여긴 것인데, 그 이유는 '근본을 높여야(崇本) 결과적으로 말단을 살리는 것이 되며(息末), 말단을 살리면 근본도 높아진다. 근본을 높여 말단을 통어해야 우주의 이치가 막

---

142) 「왕필의 노자주와 그 특징」, 앞의 논문, p.189.

143) "本과 末은 원래 일반적인 개념으로서 사물의 근본과 세부적 마디, 본래의 처음과 변화 운동을 의미한 것이다."-위의 논문, p.188.

144) 위의 논문, p.191.

145) 名敎: 성인이 인륜의 명분을 지켜야 할 바에 대하여 가르침.

힘이 없게 된다'고 여긴 것이다.[146] 이런 주장은 어쩌면 당연한 상식인데, 서양은 근본인 본체를 부정하였고 본체계와의 관계를 끊어버렸다. 그 결과는 과연 어떻게 나타났겠는가? 이치에 근거한 핵심 문제가 노출되므로 본말 문명론은 본말이 처한 관계성에 의해 문명 역사를 가닥잡고 비판할 수 있는 관점을 확보하였다.

서양은 일찍부터 본체를 부정한 전통을 이었고, 세운 논거에 근거해서 급기야 창조주 하나님을 세계로부터 내쫓고 죽음까지 선언하고서도 오늘날 인류 문명이 맞닥뜨린 위기와 파멸 원인을 진단하지 못하고 있다. 극복할 대책을 마련했을 리 만무하다. 그러나 숭본식말적 논거에 근거하면 인류가 종말 국면을 맞이하게 된 이유는 명백하다. 근본을 잘라내어 버렸는데 문명이 무사할 것 같은가? 문명을 되살리기 위해서는 뿌리를 북돋고 거름을 주고 물을 충분하게 공급해야 한다. 근본을 숭앙한 문명을 확산시켜야 한다. 선현들이 '근본을 중시한 것은 근본으로부터 말단으로 내려가 말단, 즉 만물들 사이의 관계를 확실하게 밝혀 만물이 제자리를 찾아 운용되게 하기 위함'이다.[147] 말라버린 가지는 다시 살아날 가망이 없지만 뿌리를 지닌 문명은 그렇지 않다. 말단 문명에 대해 원인을 진단한 더 이상의 논거는 없다. 본말 관계를 밝히는 순간 선천 문명이 한꺼번에 제단되어 버린다. 동양은 本을 숭상한 문명이고 서양은 末을 숭배한 문명인데, 지금의 문명적 대세는 末(서양)이 기세를 떨치고 있어 본말이 전도된 현상을 피할 수 없다. 그래서 선현들은 외적으로 드러난 말단에 미혹되거나 지나치게 얽매이지 말 것을 경계하였다. 사물의 참된 모습을 보려면 말

---

146) 위의 논문, p.191.
147) 「왕필의 이무위용의 철학」, 앞의 논문, p.20.

단(현상)에 집착하지 말고 초월적이고 내재적인 심원한 본체를 보아
야 한다.

> "맑음은 맑게 할 수 없고 꽉 참은 채울 수 없으니 모두가 그 근원
> 을 가지고 그 형체를 보존하고 있다. 그러므로 맑음은 귀한 것이
> 아니고 꽉 참은 충분히 많은 것이 아니다. 그 근원(母)이 귀한 것이
> 요 근원은 외형을 귀하게 여기지 않는다. 귀함은 천함을 근본삼고
> 높음은 낮음을 기초로 삼는다."148)

진리에 대한 신념과 기준이 확실하였기 때문에 19세기 중엽, 서세
동점(西勢東漸)한 정세 속에서 서양이 과학 문명(말단 문명)을 앞세워
침범했을 때도 동양 삼국은 本을 근거로 한 동도서기론(東道西器論-한
국), 화혼양재(化魂洋才-일본), 중체서용론(中體西用論-중국)을 앞세워
문명을 수용하고자 한 논리를 폈는데, 이것은 인류가 종말을 맞이한
오늘날에도 살아 있는 논리이다. 서양이 개척한 과학은 분열된 지식
의 가닥을 찾아 나선 말단 지향 방법론이고, 동양이 구한 道는 분열된
가지를 거두고 만상이 분열되기 이전의 근원을 찾아 나선 근본 지향
방법론이다.149)

> "학문을 하는 것은 날로 지식을 쌓아 가는 것이고, 道를 하는 것은
> 모든 선입견이나 차별 의식을 덜어내는 것이다. 덜어내고 또 덜어
> 내어 무위에 이르면, 무위하되 하지 못하는 것이 없게 된다."150)

---

148) 『노자주』, 39장, 왕필 저.

149) 숭본식말(왕필)의 학술 방법은 본말·體用·有無와 같은 본체론에 관한 문제를 제기하여 천지만물의 존
　　재 근원에 대해 사변적으로 탐구하며, 우주 본체와 사물 현상의 통일적 관계를 밝히고자 했음-「왕필의
　　노자주와 그 특징」, 앞의 논문, p.1.

150) "爲學日益 爲道日損 損之又損 以至於無爲 無爲而無不爲."-『노자도덕경』, 48장.

　　김용옥은 세계사의 주축이 변하고 있다고 단언하였다. 동아시아의 학인들은 동서 문명의 회통이라는 측면에서 서양인이 따라올 수 없는 유리한 고지를 점거하고 있으므로, 동아시아의 지적 탐구가 서양 문명을 선도해야 하는 시점에 이르렀다고 강조했다.[151] 독일의 역사가인 슈펭글러도 모든 문명은 흥망의 과정을 필연적으로 밟는다고 지적했는데, 문명을 예측, 판단하는 것과 본말을 밝히는 것은 다르다. 선현들도 본체는 엿보았지만 본말을 밝히지 못해 당면한 문명적 위기를 벗어나지 못한 만큼, 하나님이 강림하신 지금은 반드시 문명 역사의 생성 본말을 규정할 수 있어야 한다. 서양 문명은 本을 버린 말단 문명이고 동양은 本을 숭상한 근본 문명이기 때문에 동서가 함께 맞이한 종말 상황에서도 인류 문명을 회생시키고 꽃피울 구원 에너지는 동양 문명이 선점하였다. 말단 문명이 득세하게 되어 현대 문명이 종말을 맞이한 이유를 알아야 한다. 서양은 칸트의 경우 물자체를 인식할 수 없다고 했고 나중에는 神까지 버렸다.[152] 그러나 동양은 본체를 높였고, 本으로부터 말미암은 일체는 다시 本으로 돌아온다고 보았기 때문에(崇本息末) 동양 사상이 오히려 神을 다시 부활시키고 일체의 존재론, 창조론을 대신하리라.

　　"일에는 처음과 끝이 있으니, 선후를 알면 道에 가까울 것이다. …… 그 근본이 어지럽고도 말단이 다스려지는 경우는 없다(『대학』)."[153] 서양문명이 야기한 종말적, 말단적 폐혜는 전적으로 본체를 부정하고

---

151) 「중용, 인간의 맛」, 앞의 강의, 34강.

152) "근본과 어미를 버리고 자식과 말단으로 나아가 유위와 유명의 제한성 속으로 빠져들면, 설사 큰 공적을 세운다고 하더라도 반드시 모든 것을 다 구제할 수 없게 된다. 사물의 참된 모습을 인식하려면 구체적 형체를 지니는 현상의 지엽 말단에서 시작하지 말고, 현상계의 모습을 초월하는 본체에 착안해야 한다."-『왕필의 철학』, 앞의 책, p.105.

153) "物有本末 事有終始 知所先後 則近道矣 …… 其本亂而末治者否矣."

神을 버렸기 때문에 맞이하게 된 당연한 결과이다. 本을 버렸기 때문에 문명 역사가 회생 불능인 중병에 걸린 만큼, 이것을 치유하고 밝은 미래 사회를 건설하기 위해서는 반드시 本을 되찾아야 한다. 근본을 지키고 숭상하는데 살아나지 못할 문명 역사는 하나도 없다. 새로운 문명사회를 맞이하리라.

03

본말 창조론

1. 무 본위 창조

　본말은 사물이나 일의 처음과 끝을 말한다. 처음과 끝은 사물이 지닌 전부이다. 그런데 본말을 규정하지 못한 것이라면, 그것은 아직 다 드러나지 못한 부분이 있다는 뜻이다. 선천의 문명 역사가 그러하다. 기독교는 창조론을, 관념론자는 정신을, 유물론자는 물질을 1차적인 요소라고 주장했다. 예를 들어 관념론에서는 '정신의 세계가 실체적인 세계이고 물질의 세계는 어디까지나 정신의 세계에 종속된 것'이란 논지를 폈다.[154] 하지만 유물론은 반대로 생각해 물질이 1차적이고 정신은 파생된 것으로 판단했다. 이런 관점이 온전할 수 없다는 것은 명백하지만 선천에서는 본말을 보지 못해 자체로서는 발견하지 못했다. 무엇이든지 근원으로서 자격을 가지기 위해서는 창조 주권을 확립해야 한다. 무작정 1차적이라는 주장만으로는 본말을 드러낸 창조론일 수 없다. 적어도 동양의 선현들이 논거하려고 했던 末에 대한

---

154) 『역사철학강의』, 헤겔 저, 심옥숙 글, 배광선 그림, 김영사, 2009, p.136.

本의 역할 정도는 가닥 잡아야 한다.

현대의 천체물리학은 우주의 시작을 빅뱅[155]부터 잡고 있다. 빅뱅은 모든 역사의 시작이라고 하는데, 우리는 빅뱅 이전에 무엇이 있었는지 모른다. 원자보다 작았을 것이고 물질, 에너지, 입자, 공간, 시간이 모두 뒤범벅이 되어 있었다고 추측하는 정도일 뿐……[156] 우주의 탄생이 빅뱅으로부터 대략 137억 년 전에 있었으리라는 추측은 그 자체가 영원한 시간으로서 상상을 초월한다. 그러함에도 불구하고 인식상으로는 대폭발 이전 상태도 가늠할 수 있어야 하기 때문에 우주 생성의 비밀을 모두 밝힌 창조론일 수 없다. 원인의 원인이 무한하게 소급되는데, 그 이유는 분열하는 현상계 안에서 우주의 발생 기원을 가늠해야 하기 때문이다. 우리는 존재하지만 자신의 탄생 역사를 자신은 알 수 없다. 부모님의 몫인 것처럼 존재계, 현상계, 우주계도 마찬가지이다. 빅뱅은 왜 우주의 탄생 시원을 밝히는데 있어 최초의 원인 꼬리를 끊어내지 못하는가? 그 이유는 우주가 현상계 밖에서 존재한 제삼의 차원적인 하나님으로부터 주도되어서이다. 현상계 안에서는 끝없이 소급된 최초 원인 문제를 해결할 수 없다. 하지만 창조주만큼은 누가 다시 창조할 수 없기 때문에 神만은 자기 원인으로 존재한다고 단정하였다.[157] 원인의 무한소급을 막기 위한 대책이다. 하지만 이런 노력도 현상계 안에서는 확인할 수 없는 가상적 논거일 따름이다.

---

155) Big Bang: 우주를 탄생시킨 '대폭발'을 빅뱅이라고 한다. 우주는 대략 137억 년 전 대폭발을 거쳐 현재와 같이 팽창했다.―『거대사(세계사의 새로운 대안)』, 데이비드 크리스천 저, 김서형·김용우 역, 서해문집, 2009, p.21.

156) 위의 책, p.20.

157) 『공이란 무엇인가』, 김영진 저, 그린비, 2009, p.64.

그런데 이런 무한소급 문제를 해결하고 창조의 차원적인 특성을 밝힌 창조론으로는 왕필의 귀무론(貴無論)이 있다.[158] 자기 원인으로부터 발생한다는 것은 無를 본위로 한 창조론을 펼치고자 한 의도와 같다. 지성들은 우주의 생성 상황과 궁극적 실체를 궁구하는데 있어 철학적으로 탐색한 노고를 아끼지 않았는데, 그중에는 많은 부분에 있어 창조를 긍정한 논거들을 발견할 수 있다. 다만 본말을 보지 못한 관계로 창조를 시인한 인식이란 사실을 알지 못한 것뿐이다. 선현들이 본체를 엿보고도 神을 알지 못했을 따름이다. 창조를 규명하지 못하므로 神을 보지 못했고, 진리의 본말을 보지 못하는 한 진리 세계의 전모자로 계신 神을 보지 못할 것은 당연하다.

왕필은 '우주의 본체를 無로 규정함에 있어서 구체적인 사물의 특성을 가진 것은 본체가 될 수 없다고 보고 본체가 지닌 조건은 초월적인 성격을 가져야 한다'고 지적했는데,[159] 이런 조건에 따른다면 본체는 당연히 有形 有名한 특성을 지닐 수 없다. 왜 본체는 말미암은 일체 존재와 차원을 달리하는가? 자식은 부모를 닮게 되는 것이지 차원까지 다를 수는 없는데, 왕필이 말한 것은 궁극적 본체이고 유전인자까지 지속할 수 있게 한 최초의 바탕 본체를 말한다. 본체가 유형, 유명할 수 없는 차원성을 조건으로 둔 것은 바로 창조를 지향한 귀착 논거이다. 중국 현학은 사물의 궁극적인 존재 근거를 묻는 본체론으로서[160] 동양식 창조론이다.[161] 왕필은 본체가 사물의 내부에서

---

158) 하안과 왕필의 현학은 『노자』를 중심으로 이론을 전개하며, '本無末有'의 본체론 철학을 전개하기 때문에 貴無論이라고 부름—「현학 본체론에 관한 연구」, 이희욱 저, 동국대학교대학원 철학과 석사학위논문, 1995, p.15.

159) 위의 논문, p.63.

160) 위의 논문, p.69.

161) "왕필의 귀무론은 현상 사물의 존재 근거를 만들어 주는데 그 목적이 있다."—위의 논문, p.44.

존재하고 있는 것처럼 말한 듯도 하지만, 그가 펼친 이론 구조를 보면 초월적인 성격도 배제할 수 없다. 그 이유는 그가 본체를 규정함에 있어서 有形 有名한 구체 사물은 본체가 될 수 없음을 분명하게 말한 것이 근거이다.[162] 왕필은 無를 하나의 보편 존재적인 최고 원리로 간주하고 천지 만물을 이룬 본원인 것으로 인식하였다. 여기서 無란 밝힌 바대로 형상과 개념을 초월하여 형체도 없고 모양도 없고 어떤 질적 규정도 가지고 있지 않다.[163]

> "천하의 사물은 …… 無를 本으로 삼는다."[164] "무릇 사물이 태어나는 원인과 공적이 이루어지는 원인은 반드시 無形으로부터 태어나고 無名으로부터 비롯된다. 無形·無名은 만물의 근원이다."[165][166]

"本은 자의상 根·始·原·基·宗·主·母와 같은 개념과 통하며, 왕필이 쓴 용법도 살펴보면 대부분 천지의 시작, 온갖 사물의 어미, 개별 사물의 근원, 나아가서는 우주의 본체까지 의미한다."[167] 그가 無形·無名이 만물의 宗主가 되고 無가 만물의 근본이라고 말한 근거는 바로 『노자도덕경』의 '천지 만물은 有에서 生하고, 有는 無에서 生한다',[168] 혹은 '無는 천지의 시초이고 有는 만물의 근원'[169]이라고

---

162) 배위는 왕필의 이런 초월적 성격을 공격해 초월적인 無가 有를 생산해 낼 수 없음을 지적함(대저 지극한 無는 아무 것도 생겨나게 할 수 없다. 그러므로 처음으로 생겨난 것은 스스로 생겨난다.)— 위의 논문, p.44.

163) 「왕필의 노자주와 그 특징」, 김용범 저, 지성과 창조, 2011, p.195.

164) "天下之物 …… 以無爲本."—『노자주』, 40장, 왕필 저.

165) "夫物之所以生 功之所以成 必生乎無形 由乎無名 無形無名者 萬物之宗也."—『노자지략』, 왕필 저.

166) 無形이란 감각적으로 포착할 수 있는 구체적 형상을 갖고 있지 않다는 뜻임.

167) 『왕필의 철학』, 임여진 저, 김백희 역, 청계, 2001, p.78.

168) "天下萬物生於有 有生於無."—『노자도덕경』, 40장.

169) "無名天地之始 有名萬物之母."— 위의 책, 1장.

한 본체론에 있다. 無를 本으로 삼은 데는 나름대로 근거가 있기는 하지만, 장재가 '太虛가 곧 氣'라고 한 것이나 대승불교에서 '모든 존재가 空하다'고 말한 것과도 통한다. 차원을 달리해서 설정하였다는 것이 같고, 이런 논거류는 그대로 창조를 인정한 것이다. 다른 점은 '세계의 본체는 元氣라고 하여 무형인 것을 인정하면서도 太虛, 즉 氣란 명제는 氣 밖에 또 하나의 太虛가 있지 않다'는 것을 강조한 데 있다.[170] 太虛의 氣에 대한 초월성을 거부한 것이다.

> "허공이 곧 氣라는 것을 알면 有와 無, 隱과 顯, 神과 化, 性과 命은 一로 통하고 二가 없다."[171]

太虛와 氣를 二로 보지 않고 一로서 일치시킨 것은 초월성을 허용할 수 없다는 것이지만(有만 인정), 창조된 본의를 알면 그것이 결국 그것이다. 초월된 無, 理, 太虛도 종국에는 현상계를 이룬 바탕인 氣와 일치한다. 만물이 아무리 순수 본체와 차원을 달리 해도 창조된 것은 오직 有밖에 없기 때문에 돌아갈 곳은 太虛밖에 없다. 여기서 無는 有가 有될 수 있도록 한, 창조를 실현시킨 시스템이고 바탕체인 本이다. 만물을 근본으로부터 말미암을 수 있게 한 유도책이다. 창조된 것만 존재하므로 말미암은 만상이 생성을 다하고 나면 돌아갈 곳은 근본밖에 없다.[172] 다른 곳으로는 갈 길이 없다. "만물은 모두 有로서 생기지만,

---

170) 「화담의 기일원론에 대한 연구」, 김정형 저, 원광대학교 동양대학원 동양학과 석사학위논문, 2001, p.28.

171) 『宋元學案(上)』, 황종의 저, 세계서방(대만), 1966, p.8.

172) 無가 有를 감싸야 온전한 有가 존재할 수 있다. 有가 영원히 有해야 有할 수 있다. 그러기 위해서는 무한을 본질로 해야 한다. 無-有=창조를 위한 시스템이다. 차원적인 化로서 인식된다. 차원의 강으로(無) 뒤덮여야 창조된 有가 존재로서 영원하게 결정된다. 존재 본질의 결정이 구조적으로 시스템화됨(영원한 생성 시스템).

有는 無를 근본으로 삼는 바, 有를 온전히 하고 싶으면 반드시 無로 돌아가야 한다."[173] '운동 변화하는 구체 사물은 반드시 본체인 無로 복귀하여'[174] 끝내 하나 되는 것은 천지 만물이 창조되어서이다.

진화는 아무도 진화될 방향을 예측할 수 없지만, 以無爲本과 以無爲用을 본체론으로 한 無 본위 창조론은 無로의 복귀를 기정사실화했다. 창조되지 않은 것은 존재하지 않기 때문에 돌아갈 곳은 그렇게 말미암은 본체밖에 없다. 인생과 문명과 역사가 돌아갈 곳은? 無를 본체로 여기지 않았을 때는 그 길이 막연하였지만 무한정적인 無를 본체로 함으로써 도달할 길이 역설적으로 결정되어 버렸다. 無를 본위로 한 창조 논거에서는 "사물(有)이 그곳에서 발생하고 그곳으로 돌아가 소멸하는 시원적·환원적 실체로서 어디까지나 有에 대한 無로서 세워진 것이지만, 불교의 空은 非有非無라고 했듯, 이른바 '있다' 또는 '없다'고 하는 사고형태의 양변을 초월한다. 즉 有의 범주와 無의 범주라는 일체의 한정적인 관념을 돌파·초월한 것을 의미한다."[175] 각자의 입장이 있어 無本은 개념적으로 논리 인식적인데 반해 空本은 지극히 본체적이다.[176] 하지만 뭇 현상계는 분명 나타나 있는 것을 보고 판단한 것이므로, 본체계가 空하다고 본 것은 空이 실체를 이룬 本이란 창조론적 입장과 같다.

인식 면에서 본다면 창조되었기 때문에 말미암게 한 본체는 말미암은 만상과 존재하는 차원이 달라야 한다. 왕필의 以無爲本 사상은

---

173) 「왕필의 노자주와 그 특징」, 앞의 논문, p.196.

174) 「현학 본체론에 관한 연구」, 앞의 논문, p.15.

175) 『천태법화의 사상』, 타무라 쇼루·우메하라 다케시 저, 이영자 역, 민족사, 1989, p.12.

176) "반야는 존재의 본질에 대한 지혜이다."- 『공이란 무엇인가』, 앞의 책, p.16.

논리 인식적으로 無가 本이 되어야 더 이상 無의 근원이 없게 되어 정말 無가 本이 될 수 있다는 뜻이다. 無가 本이 됨으로써 일체 有가 말미암은 것이 되고, 有한 당위 근거가 확보된다. 창조로 인해 일체 형태가 결정되었다면 창조 이전에는 어떤 형태로도 결정되어 있지 않다. 이런 기준만 확고하다면 세상의 어떤 존재를 대입시키더라도 본체계와 현상계와의 관계를 분별할 수 있다. "이름이 있으면 정해진 한계가 있게 되고 형체가 있으면 제한이 있게 된다."[177] "본체는 어떤 것에도 규정되거나 한정될 수 없으며, 현상 사물은 그것의 한정성과 규정성 때문에 본체가 될 수 없다."[178] 왜 그런가? 창조되기 이전(창조되고 규정되기 이전)의 본체성이기 때문이다.[179]

> "생겨나지 않는 것이 진실로 物을 생겨나게 한 근본이고, 변화하지 않는 것이 진실로 物을 변화시키는 근본이다."[180]

본체의 구비 조건을 인식이 아닌 본질적으로 보면 無를 바탕으로 한 것은 변함없지만, "형상과 象이 없고 소리와 반향이 없기 때문에 통하지 않는 바가 없고 가지 않는 바가 없다."[181] 聲과 響이 결정되면 형체가 제한되어 버리기 때문에 더 이상 만상의 바탕된 공통 본질이 될 수 없다. 노자는 '말로 표현해 낼 수 있는 道는 항구 불변한 본연의 道가 아니고, 이름 지어 부를 수 있는 이름은 참다운 실재의 이름이 아니다'고 했다.[182] 여기서 道란 만물을 생성시킨 창조적 권능을 가

---

177) "名則有所分 刑則有所止."-『노자주』, 38장, 왕필 저.

178) 위의 논문, p.25.

179) 본체 자체는 무규정성이고 무한정적이면서 동시에 뭇 사물의 본질을 규정한다.

180) "不生者 固生物之宗 不化者 固化物之主."-『열자』, 天瑞篇注.

181) "無狀無象 無聲無響 故能無所不通 無所不往."-『노자주』, 14장, 왕필 저.

진 본체 道이다. 장재가 말한 太虛는 말 그대로 풀이하면 큰 허공, 무한한 우주 공간을 말하지만,[183] 만물의 근본인 실체가 허환(虛幻)이거나 허적(虛寂)일 수는 없다.[184] 창조 이전이기 때문에 인식상으로는 無할 수밖에 없어도 본질적으로는 無形 無名으로서 有하다. 형상 없이 존재한다고 해도 현상계 안에 있는 형태라면 어느 정도 이해할 수 있지만 아예 창조되기 이전인데 존재하고 있다(?). 이 같은 상태는 우리가 분별하고 있는 현상계의 질서로서는 인식할 수 없기 때문에 창조를 실현시킨 본체계를 초월적인 존재라고 한다. "우주의 본체는 無이지만 이 無는 아무런 내용이 없는 無가 아니다. 두루 통하지 않는 것이 없고 말미암지 않는 것이 없는 '텅 빈 듯한 미묘한 작용'으로서의 無이다."[185] 그래서 "무형 무명이 만물의 종주이다. …… 능히 온갖 사물의 종주가 될 수 있고 천지를 두루 싸고 관통하여 경유하지 않음이 없도록 한다."[186] "근본은 형체를 넘어서는 것을 가리키고(우주의 본체) 말단은 형체를 지니는 것(현상의 세계)을 가리킨다."[187]

無를 본위로 한 창조 관점은 현상계를 기준으로 두고 보면 지극히 역설적인 것이지만, 창조를 본위로 하고 보면 본체가 일체의 종주, 본원이고 궁극적인 참 실재이며, 천지 만물이 본체로부터 차원적으로 창조, 즉 化生된 사실을 알 수 있다. 그러니까 참 본체는 영원불변하고 고정된 실체로 있지만 化生된 만물은 끝없이 생멸 변화한다. 선천

---

182) 『노자도덕경』, 1장.

183) 「서경덕의 기일원론 철학사상에 대하여」, 양만석 저, 퇴계학과 한국문화, 35호, p.56.

184) 「현학 본체론에 관한 연구」, 앞의 논문, p.70.

185) 『왕필의 철학』, 앞의 책, p.96.

186) "無形無名者 萬物之宗也 …… 故能爲品物之宗主 苟通天地 靡使不經也."－『노자지략』, 왕필 저.

187) 『왕필의 철학』, 앞의 책, p.16.

에서는 선현들이 이룬 제행무상에 대한 일각을 이해할 수 없었지만, 본말 뿌리가 확연하게 드러난 지금은 그와 같은 인식 구조가 바로 창조를 전제한 본성적 통찰이었다는 것을 알 수 있다.

> "모든 형성된 것은 무상하다(諸行無常). 지혜로 이 이치를 깨달은 자는 괴로움을 여읜다. 이것이 청정에 이르는 길이다(『법구경』)."

모든 사실에는 실체가 없나니(諸法無我), "有爲의 法은 꿈같고 꼭두각시 같고 거품 같고 그림자 같고 이슬 같고 번개 같으니, 마땅히 이와 같이 볼지어다(『금강경』)." 色卽是空으로서 형상 있는 모든 것은 空하다.[188] "관자재보살이 깊은 반야바라밀다를 실천할 때 존재자의 다섯 구성 요소{五蘊}가 모두 실체 없음을 분명히 알고 일체 괴로움을 극복하셨다(『반야심경』)." 대승불교에서는 다섯 가지 요소가 비실체라고 선언한 것인데,[189] '현대물리학에서도 세계의 모든 것이 고정불변한 실체가 없으며, 그것은 하나의 전일적이고 역동적인 관계에 있다'[190]는 사실을 발견하게 되었다. 물질도 결국은 본질을 가지고 있다는 뜻이다. 칸트가 세계를 물자체와 현상계로 구분한 것은 세계가 현상계만으로 존재하지 않는다는 사실의 인정이다. 하지만 본체가 드러나지 못한 상태이기 때문에 그는 현상계를 규명하는 데만 전념하였고, 물자체를 규명하는 문제는 숙제로 남겨야 했다. 현상계(色의 세계)를 밝히고자 한 노력도 본체계를 규명하고자 한(空의 세계) 섭리가 있

---

188) 「21세기 문명과 불교」, 강건기 저, 불교문화연구, p.353.

189) 불교 사상은 자아를 오온(五蘊)의 가합(假合)에 의한 가유(假有)로 보고 인식 성립의 관계를 가유와 환색(幻色)의 관계로 파악함–『세계관으로서의 미술론』, 앞의 책, p.153.

190) 『새로운 과학과 문명의 전환』, F. 카프라 저, 이성범·구윤서 역, 범양사출판부, 1994, pp.71~93.

었다는 사실은 알지 못한 채…….

부파불교의 한 일파인 설일체유부(說一切有部)가 어떤 조건 아래서 만들어진 모든 것은 무상하다는 관점으로 '존재의 궁극적 요소를 조작된 것과 그렇지 않은 것, 즉 유위법과 무위법으로 구분'하였는데,[191] 플라톤도 '세계의 전체상을 이데아와 현상으로 二分하고, 이데아는 영구불변하는 현상계의 근원으로서 유일한 실체이며, 현상(자연)이란 한갓 그림자에 불과한 것이라고 주장한 바, 인간은 이 세상이 허구에 묶여 있는 사슬을 끊고 이데아를 보아야 한다'[192]고 말한 것은 창조를 전제로 한 인식 구조이다. 현실 세계가 그림자이고 이데아가 참 실재란 역설조차 이해하지 못한 실정인데, 문화가 다른 곳에서 주장된 사상까지 동류로서 인식한다는 것은 기대할 수 없다. 그러나 본말을 규정한 본의에 따르면 동류로서도 볼 수 있는 관점을 확보한다. 본말을 보지 못한 상태에서는 化生된 만물이 상반, 대립된 것으로 보이지만, 일치되는 근거는 無를 본위로 한 창조에 있다. 일체의 유위가 無를 本으로 하고 창조에 근거함으로써 현상계가 본체를 벗어난 것은 하나도 없다. 창조는 뭇 현상계를 설명할 수 있는 최대의 인식적 범주이고 세계관적 바탕이다. 無가 有를 온통 감싸고 있다는 것이 無가 천지 만물을 창조한 종주이고 본체인 근거이다.

2. 화생 본체 창조

왕필이 無를 만물의 근본으로 삼은 것은 창조를 전제한 인식이고,

---

191) 『공이란 무엇인가』, 앞의 책, p.68.
192) 『세계관으로서의 미술론』, 임두빈 저, 서문당, 1999, p.157.

無와 有는 차원이 다른 경계를 지닌다. 원칙적으로 無로부터의 창조는 있을 수 없다. 있을 수 없다고 한 無는 창조되지 않았기 때문에 인식하지 못한 것뿐이고, 본질상으로는 창조되지 않은 상태로 존재하였다. 이것을 우리는 인식상 초월적, 차원적, 선재적인 개념으로 표현하였다.[193] 본체계에서든 현상계에서든 아무 것도 없는 無로부터는 아무 것도 生하게 할 수 없다는 것이 만고불변한 법칙이다. 이것은 천지만상이 어떤 경우에도 有한 바탕체가 없이는 존재할 수 없다는 뜻이다. 여기에 본체가 존재해야 하는 당위성이 있다. 창조 본질이 차원을 달리해서 化한 것은 이미 有한 바탕이 변화하여 형체를 달리한 때문이다. 창조되기 이전에 有한 본체가 창조를 위해 변화를 이루었는데, 그렇게 해서 달라진 순수 본체와 창조 본체를 비교해서 化라 하고, 化된 과정을 일컬어 化生하였다고 한다. 化가 의미하는 본질은 분명하다. 손오공이 아무리 변신술을 부려도 변화된 모습은 손오공이 아니다. 화생된 만물도 마찬가지이다. 그러면서도 존재 방식 면에서는 순수 본체인 존재 속성을 근간으로 하기 때문에(반영함) 생성으로 경과된 차이를 제한다면 그것이 그것이다. 이렇듯 化生에 대한 개념만 확고하다면 수만 갈래로 갈라진 현상계의 갈림길을 헤쳐 나갈 수 있는 지표가 되리라.

그런데도 본체가 化生하여 만물이 되었다는 관점은 사실상 무수한 생성의 경과를 거친 뒤이기 때문에 분간할 수 없었다. 지식과 경험이 부족한 아이에게 올챙이가 개구리가 되었다고 하면 이해하지 못하는 것처럼…… 그러나 관찰해보면 알게 되듯, 본말을 규정하면 化生된

---

193) 창조되지 않은 상태로 존재하고 작용된 절대적 주체를 일컬어 본체가 드러나지 못한 선천에서는 선재, 초월, 예정성 등으로 나타냄.

근거를 현상계가 지닌 특성을 통해 분간할 수 있다. 창조 이전에는 창조되지 않았기 때문에 어떤 존재도 원인도 없다. 이와 같은 본체 존재를 설명하기 위해서는 일단 유위적인 인식을 근거로 해서 부정하는 방식을 취해야 한다.

> "태초에 有도 없고 非有도 없다. 공기도 없고 그 위에 하늘도 없다.
> 죽음도 없고 不死도 없다. 밤이나 낮의 표징도 없다. 一者만이 그
> 자체의 힘으로 바람 없이 숨 쉰다. 그밖에 아무 것도 없다."194)

이렇게 표현된 존재 상태가 현상계 안에서는 없다. 창조된 결과 일체 만물은 원인을 가지게 되었고, 존재하기 위해서는 생성해야 했다. 생성하면 필연적으로 모습을 달리할 수밖에 없어, 이것을 일컬어 化生이라고 한다. 化生은 고정, 불변, 일원으로서 존재할 수 없는 상태이다. 본말로서 펼쳐져야 하고 體가 用으로서 운용되어야 하며 원인이 결과를 낳는 세계이다. 그래서 현상계에서는 극이 양분되고 끊임없는 생성을 통해 본체계의 불변성을 지속한다. 하나가 생성함으로 인해 늘어뜨려진 상태이기 때문에 삼라만상이 일사불란하게 연결되고 조화를 이룬다.

> "이것이 있기 때문에 저것이 있고, 이것이 생기기 때문에 저것이
> 생긴다. 이것이 없기 때문에 저것이 없고, 이것이 소멸하기 때문에
> 저것이 소멸한다."195)

佛陀가 증득한 위대한 진리인 연기법은 천지 만상이 창조된 세계의

---

194) 『리그베다』, 창조송— 『인도철학사』, 길희성 역, p.24.
195) 『잡아함경』, 13권 335경.

실상을 말한 것이다. 한 본체로부터 化生되지 않았다면 제법이 연기를 일으킬 리 만무하다. 세계는 창조됨으로 인해 지극한 함수 관계에 놓여 있다. 그래서 "空 개념도 모든 존재자는 서로 의존해서 발생한다는 연기(緣起)법을 기반으로 해서 출현했다."[196] 창조되기 이전에는 원인과 결과가 하나로 존재했다. 그런데 천지가 창조되었다는 것은 창조 그것이 원인인 동시에 결과를 이루었다는 뜻이다. 원인과 결과가 함께한 상태로서는(일원) 세상 위에서 존재할 수 없기 때문에 생성을 통해 원인과 결과로 나뉘었다. 하지만 생성된 경과만 제한다면 원인과 결과는 본래 한 본체이다. 그래서 원인은 반드시 결과를 낳는다. "원인 없는 결과가 없는 것처럼, 결과 없는 원인 또한 있을 수 없다."[197] 생성되는 경과 위에서는 누구도 결말을 알 수 없지만, 원인은 이미 결과를 결정하고 있다.

하이데거는 현존재(인간)와 세계가 본질적으로 떨어질 수 없는 관계라 보고 이것을 세계-내-존재라고 했다.[198] 베르그송은 한 인간의 일생을 단계로 나누었으면서도 실제로 이러한 단계는 없고 지속적으로 변하는 한 사람(생명)으로서의 전체 시간만 존재할 뿐이라고 했다.[199] 단계로 나눈 것은 과정상의 절차이고 시공 자체는 존재적, 통체적, 본체적이다. 왜 시간은 이어져 지속되는가? 한 본체가 생성으로 늘어뜨려진 때문이다. 시간이 계속된다는 것은 시간이 연결되어 있다는 뜻이다. 우리는 몇 분 몇 초로 나누지만 억겁에 걸친 세월이

196) 『공이란 무엇인가』, 앞의 책, p.6.
197) 「주자의 본체관에 대한 연구」, 박종하 저, 성균관대학교대학원 동아시아 사상·문화학과 유교경전학, 석사학위논문, 2009, p.16.
198) 『존재와 시간』, 하이데거 저, 임선희 글, 최복기 그림, 김영사, 2009, p.122.
199) 『창조적 진화』, 베르그송 저, 윤원근 글, 이남고 그림, 김영사, 2008, p.67.

사실은 하나로부터 생성된 시간일 뿐이다.[200] 아리스토텔레스는 시간에 대해 정의하길, '시간이란 과거의 현재, 현재의 현재, 미래의 현재이며, 영혼 안에서 기억, 직관, 기대로서 존재'한다고 했는데,[201] 이것은 시간을 한 본질체로서 본 예이다.

　생성으로 펼쳐지고 나뉨은 본체계가 化生된 현상계에서의 존재 모습이다. 쇼펜하우어는 '세계를 현상계와 본체계로 나누고 현상계는 표상으로서의 세계이고, 본체계는 의지로서의 세계'라고 했다.[202] 창조되었기 때문에 化生된 현상계는 반드시 존재하고, 창조 이전은 절대적이지만 극이 나뉜 이후는 어디에도 상대가 있다. 본말을 보지 못한 상태에서는 생성의 끝단을 몰라 현상계의 특성을 판단할 수 없었는데 지금은 가능하다. 성현이 사물의 본성을 스스로 그러함(자연)으로 보았던 것은 선천 본질이 지닌 한계이다. 왕필은 '사물의 참된 모습을 인식하려면 구체적 형체를 지니는 현상의 지엽 말단에서 시작하지 말고 현상계의 모습을 초월하는 본체에 착안해야 한다'[203]고 강조했다. 본체계를 파악하지 못했기 때문에 관념론에 머물렀던 것이 선천 진리가 지닌 한계이다. 그래서 선천에서는 현상화된 갈래를 추적하기 위해 본체를 보아야 하는 것이 세계사적 과제였다. 하지만 오늘날은 하나님이 본체자로서 강림하심으로써 현상계가 지닌 특성을 통해 본체계를 가늠하게 된 후천 시대를 맞이하였다. 이것이 불가능

---

200) 베르그송이 시간의 지속성을 중요하게 여긴 것은 시간은 존재 내에서의 생성이고 과학이 말하는 시간은 지속하는 시간이 아니라 일정하게 나누어진 균질(均質)의 시간이다(『창조적 진화』, 앞의 책, p.62). 곧 시간이 한 통속으로 연결되어 있다는 뜻임.

201) 『존재와 시간』, 앞의 책, p.225.

202) 『세계관으로서의 미술론』, 앞의 책, p.204.

203) "形而上學적인 본체의 측면은 초월적이고 내재적이며 그윽하고 심원하여 인식하기 어렵기 때문에 사람들은 늘 화려하고 아름다운 표면적인 현상에 미혹되어 겉으로 드러나는 형태와 개념을 지키는 것이 곧 참된 모습을 지키는 것이라고 오해한다."-『왕필의 철학』, 앞의 책, pp.104~105.

하리라고 보는가? 일구어진 진리의 파편들로도 능히 본체계를 추적하고 천지가 창조된 사실을 알 수 있다. 하나님은 저 멀리 계신 것이 아니라 만상과 현상계의 바탕 본체로서 함께하고 계시다.

정말 본체자로 존재하기 때문에 주재, 주관, 편재, 편만, 초월할 수 있다. 생성 본말을 보지 못해 그동안 분간하지 못한 것일 뿐, 하나님은 창조 이전에 존재하신 유일한 선재자요 질료자로서 사랑이 충만하셨기 때문에 자체 존재를 근거로 인간과 천지 만물을 창조하셨다. 이런 주장은 정말 신화 같은 이야기로 들릴 수 있지만 삼라만상은 오직 진실 하나에 근거해 운행되고 있다. 하나님은 창조주로서 세상을 초월하심과 동시에 내재하시어, 세계 자체가 하나님이고 神 즉 자연이란 범신적 신관이 나올 만도 했다. 편재, 내재, 초월할 수 있는 것은 하나님이 세계를 본체로 하고 계시기 때문이다.

왕필은 "無形 無名의 道體는 실제로 초월적으로 독립해 있으며, 모든 것을 포괄하는 위대한 우주 본체이다. 이미 선재성과 편재성을 지니며, 온갖 사물 밖에 독립적으로 존재하고 또한 온갖 사물 속에 내재하고 있다'[204]고 지적했다. 초월과 내재의 동시 존재 논리를 완벽하게 뒷받침한 방식은 하나님이 자체를 창조를 위한 바탕체로 전환시키고(無極↔太極), 化生 이후는 직접 만상을 이룬 바탕 본체로 거하신 형태이다. 창조도 주재도 면밀하게 살펴야만 가늠할 수 있는 간접적인 것이지만 하나님이 만상 가운데서 편만한 바탕 본체로 존재하신 것은 직접적으로 관련되어 있기 때문이다. 바탕체로 계시기 때문에 천만 년 동안 이어진 문명 역사에 대해서도 주재력을 발휘하신다.

---

204) 위의 책, p.88.

우주에는 초신성이 있는가 하면 폭발과 함께 사멸하는 별들도 있거
니와, 그 무엇도 생멸 현상은 피할 수 없고 삼라만상도 여태껏 생멸
하였는데 우주가 변함없이 존재하고 있는 이유는 무엇인가? 왜 동양
의 선현들은 만물일체 사상을 가졌는가? 동양 문명은 본체를 높인 문
명답게 만물을 이룬 바탕 근거를 한 본체로 본 창조론적 관점을 가졌
다. 한 뿌리로부터 뻗어난 삼라만상이란 가지는 한 본체로부터 말미
암은 有적 근거를 벗어날 수 없다. 만물은 만 가지로 늘어나지만 바탕
은 일체이다.

> "많은 것이 모두 존재할 수 있는 근거는 主가 반드시 하나이기 때
> 문이며, 움직임이 모두 운행할 수 있는 근거는 근원이 반드시 둘이
> 아니기 때문이다. 사물은 망령되지 않으니 반드시 그 이치로부터
> 말미암으며, 통괄함에는 종주가 있고 회통함에는 근원이 있다. 번
> 잡하되 어지러워지지 않고 다양하게 많지만 미혹되지 않는다."205)

'송대 유가의 이일분수(理一分水)와 화엄종에서 하나와 다양성이 서
로 융섭한다'206)고 말한 것은 하나님이 만상 가운데서 바탕된 본체자
로 존재하고 있기 때문에 가능한 주재 권능이다. 바탕체로 있는 본체
는 천지를 포괄하고, 어떤 것도 그것을 경유하지 않음이 없는207) 종
주 역할을 한다. 근본과 말단, 현상과 본체 사이에는 '세속적 이해로
주차(主次)·선후·시말(始末)·경중(輕重)이 있지만'208) 이것은 생성으
로 化生된 결과에 따른 차이일 뿐이고, 생성을 완료한 이후는 일체이

---

205) 위의 책, p.113.
206) 위의 책, p.114.
207) 「현학 본체론에 관한 연구」, 앞의 논문, p.24.
208) 『왕필의 철학』, 앞의 책, p.97.

다. "有는 본체에 의해 발현된 末이고 用이다. 無와 有 두 가지는 근본과 말단이 유리되지 않고 體와 用이 하나 되는 관계이다."[209] 일체가 창조로 인해 化生된 관계로 가지게 된 본체의 본체다운 주재 역할이라는 것을 알 때, 하나님이 인류의 문명 역사와 함께하셨는데 동양의 하늘 아래서도 진리의 성령으로서 역사하지 않았다 할 것인가? 本을 숭상한 문명으로서 창조론을 완성한다면 동양은 인류를 구원하고 문명 역사를 하나 되게 할 종주 역할을 충분히 담당하리라.

3. 본말 변증법

동서를 막론하고 근원적 존재자를 제기하게 되면, 그런 궁극적 실체를 파고드는 것도 어려움이 있지만, 그와 같은 단일적인 것으로부터 어떻게 수많은 현상이 발생하였는지 논리적으로 설명하는 것이 이차적인 문제로 부각된다.[210] 물론 본말에 대한 관계성만 밝힌다면 의문점을 해결할 수 있지만 생성을 끝까지 대관하지 못한 상태에서는 본말을 볼 수 없고, 창조를 인지할 수 없으며, 하나님을 확인할 수 없다. 이것은 지성들이 고뇌한 수많은 의문과 진리 탐구 노력을 한마디로 요약해 준다. 본말이 드러나면 본말을 규정할 수 있는 방법도 축약된다. 밝힌바 창조론을 부인하고 진화론이 대두된 것은 만상의 발생 기원에 대해 생각이 다른 때문인데, 창조 본체가 드러나지 못한 상태에서는 하나님의 존재 차원과 化로써 창조된 비밀을 알길 없다. 마찬가지로 철학사는 관념론과 실재론의 대립 역사라고 할 정도로

---

209) 위의 책, p.87.
210) 「화담의 기일원론에 대한 연구」, 앞의 논문, p.38.

삼라만상이 어떻게 존재하고 있는가에 대해서 궁금한 점이 많고 논란이 끊이지 않았다. 말 그대로 관념론은 얼굴 없는 본체상을 대변하고 실재론은 고임돌 없이 지상에 떠 있는 바위를 상징한다. 본체가 드러나지 않은 선천에서 진리를 바라본 한계 관점이다.

그중에서도 해결되어야 할 핵심된 문제 중 하나는 다름 아닌 어떻게 단일한 것이 수많은 현상이 되고 수많은 多가 하나인 一이 될 수 있는가 하는 것이다. 이런 문제를 해결해야 하나님이 본체자로서 강림하신 사실을 확인할 수 있다. 왕필은 '一로써 多를 통괄한다는 一多 관계를 통해 본체인 無가 현상 사물의 다양성을 제어하고 통일한다는 관점을 제시하였지만',[211] 이런 관점으로는 비록 一이 多를 제어하고 통일시키는 역할을 하였더라도 본체가 창조주이고 하나님인 사실은 알 수 없다. 창조 방정식을 풀고 세계에 존재한 몸된 본체성을 완성할 수 없다. 본말을 모르면 一多란 논의를 매듭지을 수 없다. 식(존재의 의문)을 풀기 위해서는 풀이 과정을 거쳐야 하는데, 풀이에 해당한 생성 과정을 생략한 상태에서는 정답(만물)이 있어도 이해할 수 없다. 一即多 多即一처럼 직시적일 뿐이다.

『반야심경』의 대명제인 '색불이공 공불이색 색즉시공 공즉시색'[212]은 동양 사상의 본질을 꿰뚫은 정수라 할 수 있지만, 플라톤으로부터 칸트에 이르기까지 서양 철학이 고민한 이원론의 문제를 해결한 것은 아니다.[213] 본체적으로는 생성 과정이 결여되었고 인식적으로는 변증하지 못했다. '일체의 형질이 있는 삼라만상(色)이 空과 다르지

---

211) 「현학 본체론에 관한 연구」, 앞의 논문, p.42.
212) "色不異空 空不異色 色卽是空 空卽是色." - 『반야심경』
213) 『세계관으로서의 미술론』, 앞의 책, p.152.

않으니 그것은 환색(幻色)의 色으로 있는 것이요, 空이 삼라만상(色)과 다르지 않으니 그것은 空이 실체로서 있는 것이 아니라 진실한 참 空으로 있기 때문'[214]이라고 보았지만, 色과 空이 뭇 생성을 초월해서 존재한 일체성은 볼 수 없었다. 동양에서는 만물일체, 천인합일, 동근 사상을 내세웠는데, 어떻게 일체이고 동근인지에 대한 이유는 밝히지 못했다. 직시는 했지만 본말을 보지 못한 한계성을 어찌할 수 없다. 선현들이 갈파한 道의 초월성, 차원성, 직시성은 창조를 전제로 하고 있어 진리성을 내포하였다. 자생, 자화 생성론은 본말을 보지 못한 인식의 대표적인 예이지만, 보지 못하고 볼 수 없다고 해서 세계까지 그런 것은 아니다. 지혜를 가진 자는 볼 수 없는 것까지 보태어 종합적으로 판단할 수 있어야 한다.

생성 본말과 창조방정식을 풀 수 있는 여건이 충분하지 못한 상태인데도 장재는 太虛, 즉 氣라고 보고, '허공이 氣라는 사실을 알면 有와 無, 은과 현, 神(신묘한 본질)과 化(변화), 性(본성)과 命(천명)이 하나로 통하는 곳으로서, 둘이 아니라는 것을 알 수 있다'[215]고 했다. 나와 만물, 현상과 실체의 二分을 용납지 않은 전형적인 일원론은 생성 과정을 일축시킨 측면도 있지만, 인식적으로 생성 본말을 일치시킨 측면에서는 다분히 진리성을 내포한 상태이다. 그래서 부족한 점을 보완해서 밝히게 된 것이 곧 본말 변증법이다. 본말은 창조로부터 생성→분열→통합 상황에 이르기까지 어떤 한계성이 있고 또 극복될 수 있는가 하는 것을 지적함으로써 합일 내지 일치 상태에 도달한 과정을 설명할 수 있다. 그야말로 본말을 보았기 때문에 확보하게 된

---

214) 위의 책, p.153.

215) "知虛空卽氣 則有無隱顯 神化性命 通一無二."-위의 책, p.154.

통찰 관점이다.

주렴계는 『太極圖說』에서 無極而太極이라고 하여 삼라만상이 그냥 존재하는 것이 아니고 無極→太極의 과정을 거쳐 만물화되었다고 했다. 無極인 극이 생성하기 이전의 초월적인 순수 본체 상태에서 극을 세분화시켜 통합시킨 창조 본체, 그리고 無極의 太極化 과정을 다시 거침을 통해 창조를 실현시킨 萬物化 과정을 생성적으로 밝혔다. 無極은 太極에 대해 창조를 이룬 본원으로서, 그리고 太極은 만물을 생성시킨 본원으로서 一卽多, 色卽是空처럼 인식상 일치된 상태가 아니다. 多, 色, 만물은 모두 一, 空, 太極으로부터 말미암은 것이고 펼쳐진 모습이다. 창조했기 때문에 本은 末에 대해 절대적인 영향력을 끼친다. 하지만 진화는 그 방향을 종잡을 수 없다. 자연 선택과 우연밖에 내세울 것이 없다. 多, 만물, 末이 하나인 본체로부터 창조되었기 때문에 一과 多가 밀접하게 관계를 가지고, 사물의 다양성을 제어, 통일할 수 있으며, 생성을 다하면 다시 無한 본체, 곧 생성을 있게 한 본체로 복귀하는 방향성을 가진다.

왕필이 본체를 無로 본 것은 생성 이전과 생성 이후는 인식이 불가능하기 때문에 無로써 구분한 것이다. 생성의 시작은 창조의 시작, 우주의 시작, 존재, 인식, 의식의 시작이다. 존재 자체의 有無 문제와는 별개이다. 그래서 생성의 비밀을 지닌 본말을 알면 만인은 수많은 多로서 펼쳐진 만물이 말미암게 한 본체를 벗어날 수 없고 결국은 동일하다는 사실을 알게 된다. 一卽多이고 多卽一인 연유가 여기에 있다. 一이 본체로서 생성되기 이전부터 일체를 구유하지 못하였다면 만물이 본체에 소속될 수 없다. 통합체로서 일체를 말미암게 했기 때문에 본체자인 하나님이 창조주일 수 있다. 多와 一은 多가 一로부터 창조되고 생성된 한에서 지극한 것이다. 사물과 형체가 一로 돌아가는 이 것이 一이 본체인 근거이다. 一이 있다는 것은 종국적으로 末이 있다는 전제가 되고, 이것은 당연히 이, 삼, 사……가 있다는 뜻이다. 그럼에도 불구하고 一로부터 생성된 무한수는 오로지 一에서 나온 가지에 불과한 것이므로, 一이 없는 무한수와 末은 존재할 수 없다. 그래서 왕필은 '사물과 모든 형체는 一로 돌아가며, 그 一은 모든 근본인 無에서 말미암는다'고 정의했다.216)217) 기독교가 하나님의 창조 역사를 입증하고자 했다면 本이 末에 대해 본체인 것을 밝힌 왕필의 주장을 참고했어야 했다. 왕필 자신도 본말 논리가 천지 창조를 전제한 논리라는 사실까지는 알 수 없었는데, 선천 하늘에서는 동서를 막론하고 본체를 완전하게 볼 수 없는 한계가 있었다.

> "온갖 사물과 형체는 모두 一로 돌아간다. 무엇으로 말미암아 一에 이르는가? 無로 말미암는다. 無로 말미암아 一에 이르니 一은 無라고 할 수도 있다."218)

무엇으로 말미암아 一에 이르는가? 無!, 無로서 답한 것은 온갖 사물과 형체가 생성을 다한 결과 無, 즉 말미암게 한 본체(一)로 돌아간 사실에 대한 지적이다. 생성을 다하면 그 무엇도 一과 多(만물)로 구분할 수 없는 일체이다. 즉 無이다.219) 本과 末, 色과 空, 多와 一은 본래 하나인데, 생성되는 과정에서는 따로 존재하고 있는 것처럼 보였

---

216) 「왕필의 노자주와 그 특징」, 앞의 논문, p.190.
217) 이런 류의 논리 전개는 모두 창조를 전제한 창조 논리임.
218) 『노자주』, 42장, 왕필 저.
219) 왕필은 본말 관계로 有無 관계를 설명함- 「현학 본체론에 관한 연구」, 앞의 논문, p.39.

고, 아무 연관이 없는 독립된 개체로 판단되었다. 삼라만상 현상이 본연과 전혀 다르게 보였다. 인류가 거친 선천의 문명 역사가 그러하다. 인식이 개명되기 전에는 본체의 존재 여부와 상관없이 모두를 하나라고 생각한다(제정일치, 本末 不離). 그러다가 사물과 현상에 대한 분별력이 생기면 산은 산이고 물은 물이란 사실을 알고 개개 사물을 가르고, 떼어 놓고, 끊고 나누는 절차를 거친다(本末 相離). 그리고 세세하게 나누어 본질을 파악하고 나면 다시 산과 물은 분리할 수 없는 하나란 사실을 깨닫는다(本末 統合).220)221)

본말의 변증 과정을 다시 본체 강림에 입각해서 풀이하면, 본체가 드러나지 못한 선천에서는 산은 산이고 물은 물이라 함에 어디서도 공통성을 찾을 수 없다. 그러나 이것이 바른 판단이 아니란 것은 본체가 드러남으로써 적나라해진다. 즉 산은 물이고 물은 산이다. 하지만 산을 물이라 하고 물을 산이라 하는 것은 현실적인 인식이 아닐진대, 본말을 확고하게 규정해서 다시 산은 산이요 물은 물이라고 결론짓는데 선천 세월을 다 보내어야 했다. 본체를 보지 못한 상태에서 산을 산이라 하고 물을 물이라 한 것과, 본말을 규정한 변증 과정을 거치고 나서 산을 산이라 하고 물을 물이라 하는 것은 엄청난 차이가 있다. 본체가 드러나지 못한 선천에서의 인식은 이래도 저래도 온전할 수 없었다. 우주의 생성 역사를 대관한 본말 변증법은 인류가 걸어온 문명 역사를 매듭짓는 판단 안목으로서 인류를 명실상부하게 새로운 차원의 문명으로 격상시키리라.

---

220) 『왕필의 철학』, 앞의 책, pp.116~117.

221) 창조 이전에는 산도 아니요 물도 아니다. 창조 이후는 산은 산이요 물은 물이다. 통합 이후는 산이 물이요 물이 산이다.

04

본말 방법론

1. 본말 인식법

세인들은 다짜고짜 살아 계신 하나님이 어디에 계시냐고 반문하지만, 선천에서 섭리된 문명 역사의 발자취 속에는 어디서도 하나님의 뜻이 스며 있지 않은 곳이 없다.[222] 그렇다면 우리는 당연히 그렇게 존재하신 하나님을 확인할 수 있어야 하며, 그렇게 하는 것이 하나님이 지상에 강림하신 사실을 증거하는 일환이다. 왜 지난날 하나님은 자신이 창조한 세계 안에서 모습을 감추고 계셨는가? 감춘 것이 아니라 다 드러내셨지만 인간이 분별하지 못했을 따름이다. 편만되었는데 보지 못하고 다 드러내었는데 인식하지 못한 큰 이유는 본체가 드러나지 못하고 본말을 보지 못해서이다. 선천 하늘에서는 그 누구도 하나님을 볼 수 없었다. 하나님이 본체를 드러내지 않은 한 보았을 리 만무하다. 그러나 지상 강림 시대를 맞이한 지금은 하나님이 직접 강림하여 계신 상태로서 하나님이 진리의 성령으로 역사하신 근거를

---

222) 세상 역사가 온통 하나님의 몸체로 구성되고 점철되어 있음.

확인할 수 있다. 그것이 명백한 차이이다.

하나님은 예나 지금이나 형상이 없고 볼 수 없는 조건은 변한 것이 없지만 오늘날에는 모든 진리 가운데로 인도할 수 있는 근거와 지혜를 주셨다. 이치를 궁구한다면 확인할 수 있다. 동일한 조건인데도 지상 강림 이전과 이후가 차이가 커 진리를 얻고자 한 방법 면에서도 동일하게 영향을 미친다. 진리는 영원한 것이듯, 성현들이 진리를 일군 방법도 본체를 드러내지 못하고 神은 인식하지 못했어도 가능성과 진리력마저 소실한 것은 아니었다. 본체가 드러나지 못한 선천에서 진리력이 궁극에 도달할 수 없는 장벽이 있은 것뿐이다. 그러므로 강림하신 지금은 진리로서 지닌 가능성을 십분 발휘해 세계를 완성시킬 수 있다. 늘어져 있는 진리를 모아서 하나님에게 이르도록 제단을 쌓는 것이다.

중세 철학자들은 神이 내린 최고의 능력인 이성을 통해 神의 존재 사실을 알 수 있다고 생각했고, 증명하기 위해 많은 노력을 했다. 인간에게 이성이 있는 이유는 神이 그것을 주었기 때문이며, 이성을 통해 神을 아는 것 자체가 神이 있기 때문이라고 여겼다.[223] 하지만 그들은 정말 이성을 통해 神을 증명하였는가, 실패하고 만 것이 아닌가? 그러니까 근세에 데카르트[224]가 나타나 인간에게 부여된 이성적 능력을 神을 아는 데로부터 자연으로부터 진리를 구하는 데로 용도를 변경해 버렸다. 따라서 이성은 자연을 탐구하는데 적합한 능력이기 때문에 神을 증명하는 데는 부적합한 것으로 오해하기 쉽지만, 현상계든 본체계든 이성이 진리를 분별하는 작용력에 있어서는 구분이

___

223) 『존재와 시간』, 하이데거 저, 임선희 글, 최복기 그림, 김영사, 2009, p.30.
224) 데카르트(1596~1650): 프랑스의 수학자이자 철학자.

없다. 자연계의 진리가 명석 판명해야 한다면 그런 기준 틀로서 하나님의 존재 사실도 이성을 통해 명석 판명하게 확인할 수 있어야 한다. 어떤 시대 어떤 경우에도 이성은 神이 내린 최고의 능력인 동시에 인간을 인간답게 하는 능력으로서 이성적인 확인은 최고의 인증 절차이다.

왜 이전에는 이성을 통해서도 神을 증명하지 못했는데 지금은 가능하게 되었는가? 하나님이 강림하신 결과 시대 본질이 전환되어서이다.[225] 참된 진리를 구하는 방법=참된 神을 인식하는 방법=강림된 하나님의 존재 근거를 확인하는 방법과 동일하다. 지상 강림 역사는 선천에서는 인식할 수 없었던 하나님을 이성적 통찰을 통해 확인하게 되었다는 뜻이다. 데카르트가 태어나기 이전은 神이 진리의 기준이었기 때문에 神이 내린 계시는 무조건 믿고 따르는 것이 신앙의 조건이었다. 하지만 그런 계시도 믿을 수 있는 조건으로서 '올바르게 판단하고 참과 거짓을 구별하는 능력'인 이성을 필요로 한다. 그래서 데카르트는 방법적 회의론을 택하여 이성으로 가능한바 일단은 모든 것을 끝까지 의심하고, 그런데도 불구하고 절대로 의심할 수 없는 것을 진리로서 확증하고자 했다.[226] 절대로 의심할 수 없는 분명한 존재를 찾는 것은 결국 이성적으로 판단하는 것이 관건이다. 그런데도 이성이 그동안 제대로 능력을 발휘하지 못한 이유, 그것은 어린아이가 장성하기까지는 부모의 도움이 필요한 이유와 같다. 본체가 드러나지 못한 상태에서 모유 역할을 했던 것이 神의 계시이다. 자립할 수 있도록 이성적인 통찰 능력을 길러 준 것인데, 오늘날 드디어 하나님

---

225) 세계적 본질이 전환된 분명한 근거임.
226) 『방법서설』, 데카르트 저, 박철호 글, 이대종 그림, 김영사, 2008, 변하지 않는 완벽한 진리를 찾는 방법.

을 분별할 수 있는 능력을 갖추게 된 것, 이것이 지상 강림 시대이다.

서양의 지성들은 이성을 현상계를 분별하는데 전용하였지만, 이성은 인간이 본유한 정신 작용의 일환으로서 물질계를 초월한 존재 내면의 본질적인 성향도 함께 분별할 수 있다. 헤겔은 정신의 본성이 '자유'란 입장을 가졌지만,[227] 사실 인간이 정신을 가진 것은 하나님이 뜻으로 천지를 창조할 수 있게 한 실마리이다. 본성, 본질, 본체와 통할 수 있고 본향과 하나님을 알며 함께할 수 있는 유일한 단서이다. 참된 것을 알 수 있을 뿐 아니라 사물의 근본과 神의 존재까지 탐구할 수 있다.[228] 데카르트는 자신이 품은 생각이 무엇을 의심하더라도 그렇게 생각하고 있는 자신 만큼은 의심할 수 없기 때문에 자신이 존재한 사실이 확증된다고 했다. 정신이 존재를 인준한 것이고 증명한 것이다. 神의 존재 여부도 예외가 없다. 데카르트가 근대를 연 위대한 점은 神의 계시에 의한 참의 부여를 거부하고 우리 자신 안에 참과 거짓을 구별할 수 있는 능력(이성)이 있다는(합리론자) 사실을 발견하고 입증, 선언한데 있다.[229] 우리는 어떻게 진리(지식)를 얻을 수 있는가? 인간은 어떻게 해서 神을 아는가? 선천에서는 神이 직접 계시하셨기 때문이지만, 강림 이후는 이성을 통해 통찰함으로써 분별한다. 이전에는 불가능했지만 지금은 가능하다.

"神은 우리에게 우주의 구조에 대해서는 논쟁할 수 있도록 허락하셨지만, 神이 하신 일을 발견하지는 못하도록 하셨다. 그러니 우리

---

227) "정신의 본성은 자유이고 정신은 자신의 본성인 자유를 완전하게 실현하는 것을 목적으로 한다."-『역사철학강의』, 헤겔 저, 심옥숙 글, 배광선 그림, 김영사, 2009, p.128.

228) 이성은 생각하는 능력, 즉 올바로 판단하는 능력이고 거짓으로부터 참을 구별해내는 능력이다.

229) 『방법서설』, 앞의 책, 합리론과 경험론.

는 神이 정하시고 허락한 범위 안에서 우주의 체계를 밝혀내려고
노력해야 한다(갈릴레이)."230)

갈릴레이는 神이 하신 일을 인간이 발견하지 못하도록 하였다고
본 제한 사항을 두었지만, 지금은 하나님이 하나님을 알 수 있도록
길을 주시고 가늠할 수 있는 지혜를 주신 것이니, 그것이 곧 본말 방
법론이다. 인간이 철학을 하는 것은 모든 것을 철저하게 알아내려는
것인데, 그것은 그만한 능력을 지녔기 때문에 도달할 수 있게 된 가
능성이다.231) 본말을 통찰하는 것은 생성을 초월한 인식력으로서, 이
런 정신 능력을 극대화시킨 문화가 바로 동양의 수행 문화이고 깨달
음이다. 서양은 동일한 능력을 가지고서도 감각을 통한 인식 루트를
따랐기 때문에 현상계에 머물고 말았지만, 동양은 의식을 통한 루트
를 개척함으로써 초월적인 지혜를 일굴 수 있게 되었다. 그리고 이런
진리 세계를 개척한 개조가 바로 佛陀이다. 불교는 깨침을 본질로 하
는 종교이며, 佛陀는 이 같은 정신 경지를 얻기 위해 숱한 정신적 갈
등을 겪었다. 그러나 결국에는 일체를 극복하고 "커다란 미혹의 어둠
속에 싸인 세상에서 세계의 궁극까지 보는 빛나는 초월의 힘으로 고
귀한 가르침의 찬연한 빛을 밝혔다."232) 궁극적인 본말을 볼 수 있는
지혜를 얻었다.

　　"참으로 진지하게 사유한 끝에 일체의 존재가 밝혀졌을 때 그의 의
　　혹은 씻은 듯이 사라졌다."233)

---

230) 『두 우주체계에 대한 대화』, 갈릴레이 저, 정창훈 글, 유희석 그림, 김영사, 2008, p.183.

231) '철학한다는 것은 존재에 대한 지성의 철저한 싸움임'–『철학과 과학』, H. 오모다카 저, 남정완 역, 삼일
　　당, 1984, p.10.

232) 『법구경』, 전재성 글, 마정원 그림, 김영사, 2009, 머리말.

깨침은 현실의 분열 질서가 지닌 제한성을 극복하고 생성 본말을 대관해 본체 세계를 보는 것이다. 본말을 통관한 인식은 강림하신 하나님이 인류에게 준 계시적 지침이며 인류를 모든 진리 세계로[234] 인도하시는 보혜적 지혜이다.

2. 본말 판단법

『중용』 1장에서는 天이 命하는 것, 그것을 일컬어 性이라고 했다 (天命之謂性). 하나님이 천지를 창조하시되 빛이 있으라 하시매 빛이 있은 것처럼, 말씀으로 命하여 천지를 창조했다고 한 창세기의 기록과 비슷하다. 뜻, 의지, 로고스를 통해 결정을 이룬 창조론이다. 같은 진리의 가닥을 붙들고 있었는데도 근본이 같다는 사실을 알지 못한 것은 본말을 보지 못해서이다. 해석이 분분하고 불명확해 누구도 매듭을 지을 수 없다. 그러나 본말을 보게 되면 무한한 진리의 테두리와 도달한 경계를 알아 실체를 명확하게 판단, 규정할 수 있다. 아무리 부분적인 파편일지라도 나머지를 보완해서 전체성을 가늠한다. 道를 깨닫는다는 것은 생성의 궁극에서 본원과 시종을 함께 통찰한 것이다. 이것이 본말을 보고 보지 못한 차이이다. 생성하는 과정에서는 성인도 진리를 구하여 펼쳐 놓는 작업 이상은 할 수 없다. 언젠가는 본말을 규정할 수 있는 결정적인 계기가 주어지는 것인데, 그것이 선천의 섭리 역사를 마무리 지은 하나님의 지상 강림 역사이다. 생성 중인 역사 안에서는 불가능하지만 생성 본말을 대관한 하나님은 일

---

233) 『소부경전』, 「자설경」, 1-1.
234) 본체계+현상계=본말.

체의 신비를 밝히고 유사성이 동일성인 것을 확정지으셨다.[235]

성인의 말씀 속에서는 인간적인 격조와 천의를 엿볼 수 있고 지인들로부터는 철학과 세계관을 알 수 있는 것처럼 하나님이 진리의 성령으로 역사하신 성업 속에서는 우주의 운행 권능과 미래를 책임진(영생 보장) 약속을 확인할 수 있고 종국에는 문명 역사의 본말까지 규정할 수 있다. 그런데도 이런 권능이 선천에서는 너무 직설적이고 믿음이 필요했기 때문에 말씀과 진리와 선언만으로는 하나님과 본체계를 증거할 수 없었다. 원색적이고 일원론적으로 표현된 말씀은 말씀이 곧 존재란 등식이 전제된 것인데도 하나님을 증거할 수 있는 방정식을 지니지 못했다. 그러니까 태초에 하나님이 천지를 창조하셨다고 한 선언 형태로서는 하나님이 드러날 수 없어 굳이 설명해야 했고 따로 믿음까지 필요했다. 말씀으로 증거하기 위해서는 하나님이 나타나 존재한 시공간 상에서 대면하는 형태가 되어야 하므로 하나님이 선지자 앞에 나타나 계시하셨지만 그런 역사는 일회적인 한계가 있다. 하지만 시공의 본말을 규정하는 것은 하나님만 하실 수 있는 권능이기 때문에 하나님이 실 공간에서 모습을 나타내지 않더라도 하나님이 이루신 역사라는 것을 직시할 수 있다.

본말 규정은 시공과 역사를 주관하신 하나님이 선천 역사를 총괄해서 한 순간에 내리는 결정이다. 천지를 창조하고 주재하고 역사하신 창조주가 아니면 불가능하기 때문에 본말 규정은 생성 시공을 장악한 하나님의 존재 사실을 곧바로 증거한다. 본말 규정은 하나님이

---

235) 현대 물리학의 세계관과 신비주의의 세계관 사이에는 모종의 유사성이 있다(『현대물리학과 신비주의』, 켄 윌버 편저, 박병철·공국진 역, 고려원미디어, 1991, p.14)고 주장하지만 본말을 보지 못하는 한 누구도 결정내릴 수 없다.

하나님인 것을 증거하는 방법적인 규정 틀이다. 자체가 하나님을 증거하는 고차 방정식을 지닌 상태이다. 굳이 따로 존재한 사실을 설명하고 근거를 내세울 필요가 없다. 본말을 규정하면 그렇게 규정한 역사 자체가 곧 하나님이다. '하나님은 스스로 존재하는 자'이시듯,[236] 또한 스스로를 증거하는 자이시다.[237] 조건이 따로 필요하지 않다. '神의 관념에는 모든 것의 창조자, 무한, 영원, 불변, 전지, 전능, 편재와 같은 뜻이 있지만'[238] 이런 속성을 통해서는 그 무엇도 그런 형태로 존재하신 하나님의 근거를 추출할 수 없다. 단색, 진부, 저차원적인 언어 놀음이다. 어디서도 자체를 증거할 수 있는 방정식은 없다. 하지만 본말 규정은 하나님이 직접 시공을 통괄하신 성업이기 때문에 정말 자체를 증거한다. 파편만 보고도 전체를 알고 부분을 통해서도 일체를 통괄할 수 있는, 하나님이 아니고는 알 수 없는 지혜이다. 누구나 달은 쳐다볼 수 있지만 월석은 우주여행을 한 자만 가져올 수 있다.

우리는 그동안 무엇을 어떻게 해야 하나님이 하나님인 것을 알 수 있는지에 대해 고심하였는데, 본말 규정 작업은 오직 하나님만 할 수 있는 성업이기 때문에 하나님을 증거하는 고차 방정식이다. 그 식은 결코 복잡하지 않다. 자체가 자체를 증거하는 방식이기 때문에 일체의 절차, 과정, 조건, 식은 생략되며 누구라도 보면 즉시 알 수 있고 곧바로 그것이란 사실을 직시한다. 그래서 본말 방법론이다.

---

236) "하나님이 모세에게 이르시되 나는 스스로 있는 자니라."-창세기, 3장 14절.
237) 말씀은 자체를 증거하는 방정식을 지니고 있지 못해 간접적인 제한성을 벗어날 수 없지만 본말 규정은 자체를 입증하는 방정식을 지님.
238) 『방법서설』, 앞의 책, p.156.

3. 본말 증거법

동물도 인간처럼 이목구비를 갖추고 있어 눈으로 보고 귀로 듣고 냄새 맡고 울부짖지만, 인간처럼 생각할 수 없기 때문에 이면과 이후는 알지 못한다. 인간은 사고력을 지니고 있어 보지 못하고 듣지 못해도 생각으로 진상을 능히 추측할 수 있다. '추측은 미루어서 헤아린다는 것인데, 구체적 사물을 경험하고 그 경험을 통해 얻은 자료를 미루어서(推) 그 사물의 원리를 헤아린다(測)'는 의미이다.[239] 합리주의가 대두된 것도 인간은 주어진 문제에 대해 대개 이성을 통하여 판단하는 사고 절차를 거치기 때문이다. 지성은 사물의 법칙에 대한 지식을 바탕으로 논리적으로 생각해서 판단하는 능력이다. 인식은 사물을 분별하고 판단해서 아는 것인데,[240] 여기에 더하여 우리는 명석(정신 속에 분명하게 나타남)한 판명(다른 모든 것들과 분명하게 구별함)까지 요구하고 있다. 그래서 생각의 올바른 형식이 어떤 것인지에 관해 연구한 논리학이 생겼다.[241]

데카르트는 진리를 구별하기 위해 '명백하게 참이라고 인식한 것 외에는 그 어떤 것도 참된 것으로 받아들이지 말라'[242]고 다짐했다. 인식, 분별, 추측해서 알 수 있기 때문에 지성들은 인식의 문제에 대해 많은 견해를 밝혔다. 우리는 과연 어떻게 진리를 알고 어떻게 지식을 얻을 수 있을까? 대표적인 견해로서는 대륙의 합리론과 영국의

---

239) 『기학』, 최한기 저, 구태환 글, 이주한 그림, 김영사, 2009, 최한기는 어떤 책을 썼을까.

240) 인식=무언가를 판단해서 안다.

241) 논리학은 타당한 논증형식을 연구하는 학문- 『방법서설』, 앞의 책, p.78.

242) 위의 책, p.22.

경험론이 있다. 경험론은 지식은 오직 경험을 통해서만 얻을 수 있다는 입장이고, 합리론은 이성으로 지식을 얻을 수 있다는 입장으로서 경험이 없어도 지식을 얻을 수 있다고 여긴 것은, 이성이 경험 없이도 지식을 알 수 있는 관념들이 본래부터 정신 안에 들어 있다고 본 때문이다(본유관념).243) 알다시피 데카르트는 합리론의 선구자로서, 인간의 본질은 정신, 즉 이성이라고 보았다. 그는 이성은 神께서 나누어 주신 것이며, 경험을 거부하고 이성을 통해 神이나 영혼에 대한 진리는 물론이고, 세계나 물질에 대한 진리도 파악할 수 있다고 생각한 이성 만능주의를 관철시켰는데, 이것은 나중에 칸트에 의해 철저하게 비판받았다. 아무런 경험도 없고 근거도 없이 순수한 이성만으로 일체를 알 수 있다는 것은 어폐가 있고, 이성의 빛을 무시하고 경험만으로 구성한 지식도 부족함이 있는 것은 마찬가지이다. 그래서 칸트는 이런 문제점을 지적하고 독일 관념론을 수립했지만 그래도 선천의 분열 질서가 지닌 한계 상황은 벗어날 수 없었다.

어떻게 해서 한계 상황을 맴돌게 되었는가 하면 세계가 태초로부터 결정된 구조성이 문제이다. 세계는 창조로 인해 바탕인 본체계와 말미암은 현상계가 二分된 상황인데, 서양 인식론은 현상계 안에서만 진리를 탐구해 주어진 범주를 벗어나지 못했다. 色은 色만으로 탐구될 수 없고, 본질체인 空도 여건은 마찬가지이다. 보다 완성되어야할 인식론은 有를 통해 有를 추측, 판단하는 것을 넘어 드러난 존재와 경험을 통해 無한 본체까지 파악해야 한다. 이성의 기능을 현상계로부터 본체계로까지 확대시키는 것이다. 칸트는 초월적인 물자체(본체)

<hr>

243) 위의 책, 합리론과 경험론.

에 대한 인식은 불가능하다고 했지만. 그것은 제한된 감각적 인식 기능을 수단으로 삼은 때문이다.[244] 감각을 통한 인식 틀을 과감하게 벗어 던진 방법론을 강구해야 한다. 그리하면 있는 것을 토대로 추측하는데 있어서도 제한될 것이 아무 것도 없다. 인식적 제한도 시공적 제한도 이성을 활용한다는 측면에서는 제약이 없다.

왕필은 '말단으로부터 근본을 논증하여 알아낼 수 있고, 근본으로부터 말단을 드러내어 통할 수 있다'고 하였다.[245] 이렇게 통찰할 수 있는 것은 말단과 근본이 필연적으로 연관된 때문이다. 말단이 무규칙적이고 무질서하다면 아무런 관계가 성립될 수 없다. 숫자 1, 2, 3과 5, 6, 7 가운데 무슨 수가 있어야 하는가 하고 묻는다면 곧바로 대답할 수 있지만 1, 2, 3과 6, 8, 9 사이에 있는 한 가지 수를 말하라고 한다면 판단할 수 있는 근거가 없다. 세계는 창조되었기 때문에 규칙과 질서가 있는 것이며, 말단을 통해 근본을 추적할 수 있다. 선천에서는 本을 통해 本만 보고 末을 통해 末만 보았기 때문에 한계가 있었고, 본말이 드러난 지금은 말단을 통해 근본을 보고 근본을 통해 말단을 꿰뚫을 수 있다. 본말을 장악한다는 것은 빈말이 아니다. 현상계가 지닌 결정적인 근거를 통해 보이지 않는 본체계를 통찰할 수 있는 지혜, 이 같은 안목 확보가 인류를 모든 진리 가운데로 인도할 진리의 성령이 강림하신 근거이다.[246] 이런 측면에서 경험론을 살펴보면, 경험을 통해서만 지식을 얻을 수 있다고 하는 것은(有→有 판단) 경험

---

244) "우리는 무엇을 알 수 있는가? 우리가 알 수 있는 것은 시공의 제약을 받으며, 감성의 내용과 오성의 형식의 규정 속에 있다. 그것은 인과성이 지배하는 필연의 세계이다. 따라서 우리의 앎은 우리의 인식 조건에 따라 질서지어진 대상들, 즉 현상에 국한된다."-『중용한글역주』, 김용옥 저, 통나무, 2011, p.52.

245) 『왕필의 철학』, 임여진 저, 김백희 역, 청계, 2001, p.100.

246) 모든 진리 가운데로 인도한다는 것은 본말을 규정해서 본체계와 현상계를 두루 통찰할 수 있다는 뜻임.

을 통해 경험하지 못한 것을 알 수 있다는 주장에 대해 저촉되고, 이
성적인 기능만으로 모든 것을 파악할 수 있다고 보는 합리론은 현상
계가 지닌 질서 근거를 무시한 인식론이다. 현상계로부터 주어진 제
반 특성을 추출해 본체계를 판단할 수 있다면 이것은 양 계를 모두
확증하는 결과가 된다.

본말 증거법은 있음의 끝을 통해 보이지 않는 것을 보고자 하는 것
인데, 지난날은 사실, 존재(有), 경험을 통해 새로운 진리를 발견하고
자 하니까 제한성이 있었다. 대표적인 예로 연역법과 귀납법이 있다.
아리스토텔레스는 보편에서 특수로 나가는 연역 추론인 삼단 논법을
통해 참다운 지식을 얻고자 했다.[247][248] 하지만 문제점은 역시 이미
알고 있는 대전제를 바탕으로 개별적인 사실을 이끌어내기 때문에
새로운 진리를 얻을 수 없다. 이미 有함으로부터 有한 근거를 추출하
므로 有→有 범주를 벗어나지 못했다. 有를 근거로 해서 無를 보고자
한 지혜적 유추가 아니다.

이런 문제점 때문에 베이컨은 당시 연역법으로 만연된 학문적 풍
토를 근본적으로 혁신할 의도로 '과학적 귀납법'을 내세웠다. 귀납적
추리는 개별적인 사실들을 바탕으로 보편적인 결론에 이르는 방식으
로서,[249][250] 이것도 문제는 귀납법에 의한 결론이 진리라는 것을 논
리적으로 증명할 수 없다는데 있다. 개별적인 사실들이 서로 원한다
해도 필연적인 연관성을 찾을 수 없다. 그나마 연역법은 전제가 옳다

---

247) 『신논리학』, 베이컨 저, 홍성자 글, 김광옥 그림, 김영사, 2008, 아리스토텔레스 논리학.

248) 삼단논법(연역법): 모든 인간은 죽는다. 소크라테스는 사람이다. 그러므로 소크라테스는 죽는다.

249) 위의 책, p.20.

250) 귀납법: 소크라테스는 죽었다. 플리톤도 죽었다. 아리스토텔레스도 죽었다. ……. 그러므로 모든 사람은
죽는다.

면 결론이 옳음도 보장하지만 귀납법은 결론이 진리라는 것을 다시 증명해야 한다.[251] 개개 사실들이 有한 현상계의 표출일 뿐이므로 본 말처럼 필연적인 관계를 따질 수 없고 연결시킬 뿌리도 찾을 수 없다. 그런데도 선천에서는 왜 이 같은 한계성이 있은 것인지 이유조차 알 지 못했다. 경험론은 본유 관념을 부정하였고 합리론은 이성만으로 그림자인 감각 세계를 꿰뚫어 그 뒤에 있는 진짜 세계, 이데아의 세 계를 볼 수 있다[252]고 확신했는데 근거가 부족했던 것처럼, 연역법과 귀납법은 끝내 有한 범주를 빠져나올 문을 찾지 못했다. 연역법은 현 상계서만 맴돌아 결론이 전제 속에 포함된 것을 되풀이한 데 불과했 고, 귀납법은 개별의 동질성, 질서성, 결정성을 구할 수 없어 필연성 을 보장받지 못했다.

인간은 사물을 분별할 수 있기 때문에 따져 보면 알 수 있는데, 차 원의 강에 막혀 유추적인 판단에 그치고 만 것은 본말을 보지 못해서 이며, 직시(바로 앎)는 본체계와 통하는 유일한 통로였지만, 말 그대 로 따짐이 생략된 직시이기 때문에 논증하기 어려운 문제점을 지녔 다. 하지만 본말을 규정한 단계에 이르면 현상계의 생성 과정을 장악 한 神의 지혜를 빌릴 수 있게 되어 이성적인 통찰로도 마음껏 無한 세 계를 넘나들 수 있다. 피타고라스의 정리처럼 주어진 조건들이 미처 파악하지 못한 사실들을 함축하고 있다. 추리는 우리가 알고 있는 어 떤 사실을 근거로 새롭게 판단하는 것을 말한다. 거울이 세상에서 제 일 예쁜 건 백설 공주라고 실토했다면 백설 공주의 새어머니는 당연 히 자격 박탈이다.[253] 세상에서 제일 예쁜 여자는 둘이 있을 수 없다.

---

251) 위의 책, p.26.
252) 『방법서설』, 앞의 책, p.16.

공존할 수 없기 때문에 내릴 수 있는 이성적 통찰이다. 데카르트는 우리가 온갖 사실을 의심할 수는 있지만 자신이 그렇게 의심하고 있다는 사실 만큼은 의심할 수 없다. 그러므로 사고의 주체자인 자신의 존재는 확실하다고 결론지었다. 장기에서의 외통수란 조건상 도무지 피할 수 없는 수이다. 꼼짝할 수 없기 때문에 패배를 인정하지 않을 수 없다. 존재하는 조건들이 존재한 사실을 확증한다.

본말이 드러나면 상황이 역전된다. 이전에는 본체계를 통해 현상계를 보고자 했지만 지금은 정반대이다. "생멸·변화하는 현상계야말로 본래 진실한 깨달음의 세계이다(천태본각사상)."[254] 본체계는 모습이 없고 접근하기가 쉽지 않기 때문에 진각한 覺者가 소수에 불과했지만, 드러난 현상계를 보고 본체계를 추적하면 본유한 이성의 능력을 십분 발휘할 수 있다. 정말 인류가 모든 진리 가운데로 인도될 수 있다. 이성을 가진 자 누구나 본체계를 판단할 수 있고 하나님을 뵈올 수 있다. 간접, 직접을 가릴 것 없다. 하이데거는 '존재란 스스로 나타나기도 하고 때로는 자신의 모습을 감추는 신비로운 것이기 때문에 인간의 이성으로 인식하고 규정할 수 없다'고 했다.[255] 선천에서는 본체계가 감추어져 있어 명확하지 못한 본체를 통해 드러난 존재를 보고자 하니까 이성의 기능이 제대로 작용할 수 없었다. 그러나 현상계를 통해 본체를 파악하는 본말 규정 단계에 이르면 상황이 역전된다.

"4000년 전에 세워진 피라미드는 고대 이집트가 얼마나 강대하고

---

253) 『신논리학』, 앞의 책, p.18.
254) 『천태법화의 사상』, 데무라 쇼루·우메하라 다케시 저, 이영자 역, 민족사, 1989, p.37.
255) 『존재와 시간』, 앞의 책, p.28.

번영한 나라였는지를 잘 보여준다."[256] 영국에 있는 스톤헨지는 거석 구조물로서 높이가 8미터, 무게가 50톤에 달하는 거대한 석상 80여 개로 구성되어 있다. 이런 기념 구조물이 나타난 것은 수백 혹은 수천 명의 노동을 조직하고 조정할 수 있는 권력자가 존재했다는 것을 입증한다.[257] 그때의 사람들과 역사와 문명은 지금 볼 수 없지만, 남겨진 유적들을 통해서 그 실상을 가늠할 수 있다. 유물이 그 시대의 역사적 사실을 입증하는 것처럼, 사고적인 추적으로 무형의 본체계와 하나님의 존재 사실도 증거할 수 있다. '낡은 텔레비전 수상기에서 나타나는 전파처럼 생긴 우주배경복사는 우주의 역사를 증명하는 가장 강력한 증거 가운데 하나'라고 하거니와,[258] 창조 역시 우주가 겪은 대역사인 한 본말 규정으로 드러난 본의를 알면 추출된 물리적 특성을 근거로 우주가 창조되었다는 사실을 확인할 수 있다. "이상주의적인 철학자들은 열역학 제2법칙(엔트로피 증가의 법칙)에 의거하여, 이 우주는 마치 풀리고 있는 시계태엽과 매우 유사하다고 생각하였다. 그러면 그 태엽은 처음 누가 감아 놓았는가?"[259] 이처럼 현상계가 지닌 분명한 조건들은 천지가 창조된 사실과 본체계의 존재 사실을 강력하게 요구하고 있다(필연적임). 현상계가 지닌 특성만으로는 창조 방정식을 구성할 수 없다. 최초가 존재해야 당연하게 있어야 하는 원인 자리에 하나님의 창조 역사가 위치할 수 있다.

우리는 인공위성이 지구의 둘레를 도는데 대해 의아해 하기 쉽지

---

256) 『거대사(세계사의 새로운 대안)』, 데이비드 크리스천 저, 김서형 · 김용우 역, 서해문집, 2009, p.106.
257) 위의 책, pp.96~97.
258) 위의 책, p.22.
259) 『현대물리학과 신비주의』, 앞의 책, p.12.

만 인공위성이 정상 궤도 위에 안착하기까지는 지구의 중력권을 벗어날 수 있는 엄청난 속력과 에너지가 동원되었다. 그런 다음에야 공기의 저항이 없는 우주 공간에서 지구를 도는 인공위성이 될 수 있다. 속력을 감소시킬 수 있는 저항 요인이 사라진 우주 공간에서 계속 움직이려는 관성이 무한정 발휘될 수 있다. 정상 궤도에 안착하기까지 엄청난 에너지를 쏟아 낸 것은 인간이 시계의 태엽을 감아 놓은 행위와 같다. 비록 창조 이전은 인식할 수 없더라도 창조가 필요한 원인적 근거는 현상계 안에 고스란히 남아 있다. 이것을 구조적으로 헤아려 풀 수 있는 지혜를 가져야 한다. 뉴턴이 밝힌 운동의 3가지 법칙 중 등속 운동은 "등속으로 움직이는 물체는 계속 등속으로 움직이고 싶어 하고 정지한 물체는 계속 정지하고 싶어 한다. 등속이든 정지든 그 운동 속성은 피동적인 것이기 때문에, 어느 방향으로 전환되기 위해서는 반드시 최초의 원인력이 존재해야 한다. 즉 뉴턴의 세 가지 운동 법칙 중 하나인 관성의 법칙도 천지가 창조된 사실을 증거하고 있다.[260] 이처럼 우리가 하나님을 알 수 있는 확실한 방법은 천지가 창조된 사실과 하나님의 존재 사실을 이성적으로 통찰하는 것이다.

영원한 존재는 무한한 생성의 저 너머에 있으며, 지금 존재하고 있는 우리는 그렇게 생성하고 있는 역사의 한 가운데 있다. 누구도 생멸 현상은 피할 수 없으며, 당연히 영원할 수 없다. 그리고 이런 사실 위에 하나님이 필연적으로 존재하신 근거가 있다. 존재하는 모든 것은 생성하고, 생성하는 모든 것은 생멸하므로 생성해서 생멸한 모든

---

260) 뉴턴의 세 가지 운동 법칙: 관성의 법칙(물체는 외부에서 힘을 가하지 않으면 원래의 운동 상태를 유지한다), 가속도의 법칙(물체에 힘을 가하면 그 물체는 가속도 운동을 한다), 작용 반작용 법칙(모든 작용에는 크기가 같고 방향이 반대인 반작용이 따른다)-『두 우주체계에 대한 대화』, 앞의 책, 직선운동과 원운동.

것은 생멸을 일으킨 영원한 본체에 간직되어 있다. 서산마루로 해는 수없이 사라졌지만 오늘도 해는 여전히 하늘 위에 떠있는 것처럼 그런 존재 형태로서 하나님은 어제도 오늘도 내일도 영원히 존재하고 계시다. 내가 생각하고 있는 것은 내가 존재해야 가능한 것처럼, 삼라만상이 끊임없이 생멸하는데도 불구하고 너와 나, 해와 달, 별, 산천 초목들이 여전히 존재하고 있는 것은 이 모든 것을 뒷받침한 존재 바탕, 곧 하나님이 영원한 본체자로 계시기 때문이다.[261] 하나님이 존재하시고 살아 계시고 이 땅에 강림하여 계시다는 것, 하나님이 진리의 성령으로서 강림하신 결과 가능할 수 있게 된 지혜적 통찰 방정식이다.[262]

---

261) 창조 이래 우주의 별들과 뭇 생명체가 무수하게 명멸하였는데도 삼라만상이 변함없이 연면한 것은 무수한 생명 현상과 상관없이 바탕된 본체계(하나님)가 엄존한 때문이다.

262) 무엇에 대해 아는 것을 설명하는 것과 무엇에 대해 판단하고 규정하는 것은 다르다. 설명은 인식된 것이고 규정은 직접 인식활동에 참여하는 것임.

제2편

본질의 군

태극론은 더할 나위 없는 우주적 본체론인데도 불구하고 본말을 보지 못해 창조론으로서 완성되지 못했다. 그래서 오늘날 맞이하게 된 것이 억만 년에 걸친 생성 본말을 통합적인 지혜로 완결시킨 하나님의 지상 강림 역사이다. 우주의 생성 본체를 과도기적으로 대변한 것이 유교의 太極論이었다면 강림 본체는 억겁에 걸친 우주의 생성 본말을 매듭지은 창조 실체의 전모이다.

―본문 중에서―

05

도의 신적 본질성

1. 도의 창조성

동양의 선현들이 궁극의 과제로서 일구고자 했던 道란 과연 무엇인가? 道는 천지 만물이 창조된 본원적 상태를 갹출한 동양의 창조론이자 우주론이다. 그런데도 오늘날 道의 진리력이 무기력해진 것은 첨단 과학이 일단의 합리적인 우주 발생 이론을 구축한 때문이다. 그렇지만 道는 무엇을 통해서도 대체되거나 물러설 수 없는, 인류가 개척한 고유한 진리 영역이라는 사실을 알게 된다면 道에 대한 가치 인식이 새로워지리라. 더군다나 강림하신 하나님이 道란 진리 세계를 통해 창조된 비밀을 밝히고 神적 본질까지 증거하게 되었다는 것을 안다면 이보다 더한 가치는 없다. 道가 지닌 진리성만으로는 하나님을 증거하는데 한계가 있었지만 성령으로서 주재된 역사가 있어 道의 진리성에 대한 가치 본말을 밝힐 수 있게 되었다. 그동안 道가 동양식 창조론을 대신했다는 사실을 모르는 바 아니지만, 중요한 것은 道를 어떻게 창조 사실과 연관 지을 수 있는가 하는 것인데, 이 점을 하나님이 道가 이룬 작용 바탕을 통해 밝혀 주셨다.

이성을 매개로 한 논리적 인식으로는 해결하지 못한 창조에 대한 본의 문제를 동양의 道가 실마리를 풀게 된 것은 창조된 세계가 인간의 깨어 있는 진리 추구 의식 앞에서 늘 열려 있었기 때문이며, 아울러 창조된 본질 바탕도 세계 위에 편만되어 있었기 때문이다. 섭리로서 주재된 창조성의 분열은 만물 가운데서 예외일 수 없다. 그만큼 창조 본질을 의식을 통해 묻어낸 동양의 道는 천지 창조에 대한 진리적 정황을 구체적으로 표출할 수 있게 되었다. 道를 인식한 것이 곧바로 창조된 특성을 그려낸 것이라고 말한다면 이해하기 어렵겠지만, 만물 가운데는 바탕된 본질이라는 것이 있어[1] 이것이 만상의 근간을 이루고 있다 보니 동양의 사유 체계가 오히려 서양에서 해결하지 못한 창조 문제에 대한 접근을 용이하게 했다.

그렇지만 道도 창조와 하나님에 대해서만큼은 간접적인 진리 접근인 것이 분명하다. 道가 곧바로 神이란 등식이 성립되기에는 무리가 있었다.[2] 그러니까 道가 천지 만물을 낳은 근원이라고 주장했어도 호소력이 부족했다. 道의 창조성을 확인하기 위해서는 道가 근거한 神의 존재 정황부터 성업으로서 밝혀야 했는데, 그리하면 道도 자체 지닌 고유한 창조성을 바탕으로 神의 모습을 형태 지을 수 있게 된다. 창조된 본의에 근거해야 道가 지닌 진리성이 빠짐없이 창조 진리로서 인준된다. 道의 생성 본말이 결국 창조로 인해 규정된 인식 영역이란 사실을 알게 된다.

---

1) 하나님으로부터 결성된 바탕체인 존재 본질.

2) 그렇지만 하나님도 道가 아니고서는 神으로서 존재된 진리적 상황을 인출하기 어려웠음. 그러한 차원 바탕을 서양에서는 전혀 엮어내지 못함.

"道는 아들딸처럼 천지 만물을 낳을 수 있다(『노자도덕경』)." "大道
는 형상이 없지만 천지를 생육한다. 道는 천지의 근원으로서 천지가
개벽되기 이전부터 道가 있어서 이 道가 천지를 낳고 길렀다."3)

천지가 창조된 바탕 세계에 대해서는 진리적으로 근접하게 되었지
만 道를 통해서 神의 존재 속성까지 구체화시키지는 못했다. 그렇지
만 창조에 근거한 하나님의 존재 상태를 표출한 것만은 분명하다.
'아버지가 날 낳으시고 어머니가 날 기르시니'라고 한 노랫말처럼, 하
나님은 존재한 자체 본질을 바탕으로 해서 만물을 창조하셨고, 구축
한 본질을 근간으로 해서 만물을 생육시켰다. 하나님이 그러하듯 본
질 또한 무형이다 보니 당연히 大道 역시 형상 없는 작용과 근원으로
서 창조 이전부터 有한 존재 본질이었다. '道야말로 천지 만물이 존재
하게 된 본원으로서 모든 것이 道에서 생겨난다'4)고 한 인식 형태는
빈틈이 없다. 어떤 지혜를 동원하더라도 동양의 선현들이 일군 道에
대한 인식만큼 창조 세계에 근접된 진리도 없다. "道로서 깨우친 인
식 세계를 통하면 창조의 비밀을 풀 수 있다."5) 道는 하나님의 존재
본질을 추적할 수 있는 비밀 통로이다. 지식과 道는 인류가 하나님의
창조 세계에 접근한 인식적 유형으로서, 생성한 우주를 분열 질서로
접근한 것과 창조 시공간을 본질로 의식한 차이이다.

道가 곧 창조성이라고 한다면 비약된 단언일 수 있다. 그러나 이전
이나 이후라도 道가 하나님의 창조성을 대변한다는 사실만큼은 변함
이 없다. 道, 空, 太極, 理氣가 만물을 화생시킨 근거라는 견해에 대해

---

3) 『성리제석』, 국제도덕협회(일관회), 삼남교육출판사, 1989, p.28.

4) 『한국철학사상사』, 주홍성·이홍순·주칠성 저, 김문용·이홍용 역, 예문서원, 1993, p.66.

5) 『세계창조론 서설』, 졸저, 인쇄본, 1998, p.136.

이전에는 더 이상 구체화시킬 방도가 없었지만, 문명 역사의 본말을 밝힌 지금은 하나님의 창조 바탕성을 분열시킨 진리라는 사실을 확인할 수 있다. "道는 천지 간에 퍼져 있고 일체 만물을 포함하고 있다. 그러면서도 천지의 시작은 아무것도 없는 빈 상태이다. 道는 크나 그 형상이 없다."[6] 창조란 무엇인가? 밝힌 바대로 "온갖 有가 無에서 생겨난 것이다."[7]

道가 하나님의 神적 창조성을 유형화시킨 진리라는 것을 알 수 있게 된 것은 하나님이 강림하신 역사 과정을 통해 추출한 것인 만큼, 창조성에 근거해서 생성 본말을 밝혔다는 것은 이것이 바로 창조로부터 문명 역사를 주재하신 하나님의 존재 사실을 증거한다. 하나님이 능히 道의 본말을 밝힌 진리의 성령으로서 강림하셨다.

2. 도의 본질성

이천 년도 훨씬 넘는 시절에 노자는[8] 道를 통해서 우주의 생성 상황을 말했지만 지금까지 道에 대해 제대로 이해해서 해석한 사람은 없다. 道는 표현한 그대로 만물을 이룬 근원 바탕이기 때문에 하나님이 아니고서는 무궁한 창생 원리를 꿰뚫어 볼 수 없다. "道의 큰 근원이 覺에서 나옴이로다."[9] 道는 말단적인 지식이 아니며, "만물의 궁극 이치와 생성 원리를 말했고, 生하고 귀일할 본질 바탕을 깨달음으로

---

6) 『성리제석』, 앞의 책, p.20.
7) "有生於無."-『노자도덕경』, 40장.
8) 老子: 중국 춘추 시대인 기원전 4세기의 사상가. 도가의 시조.
9) 『수심정로』, 용성대사 저, 도문 편찬인, 문화인쇄사, 1970, p.111.

인식했다."10) 차원적인 경지 상태이기 이전에 정신 작용인 의식을 매개로 해서 만물의 바탕된 본질 상태를 인식한 것으로, 우리는 정말 道를 통해 만상의 바탕을 이룬 본질 세계를 확인할 수 있다. 무형의 바탕체인 창조 본질을 道를 통해 갹출시킨 고귀한 정신 유산이다. 불교의 空이나 유교의 理氣 개념과도 다른 특성을 지니면서 본질의 생성성을 다각도에 걸쳐 거의 완벽하게 부각시켰다. 생성의 원인과 결과성을(본말) 모두 장악하였다.

천지 가운데는 물리 법칙과 현상적인 원리 외에 본질의 생성 작용이 있다. 빛의 성질을 알기 위해서는 프리즘을 갖다 대어야 하듯이, 만상의 근원 상태는 道를 통해서 작용된 근거를 가닥 잡아야 필요한 요소를 추출할 수 있다. 그런데도 우리는 여태껏 결정된 존재 모습과 드러난 현상만 보고 세계를 이룬 요소를 구하고자 했다. 분명 세계의 이면에는 본질이란 작용과 神이란 창조 요소가 엄존하고 있는데, 무시해 버리니까 세계를 제대로 이해할 수 없었다. 만물은 현상의 이치를 통해, 현상은 세계가 생성한 근거를 통해, 세계는 神의 창조 목적을 반영해서 운위된 것인데도 神으로부터 말미암은 본질이란 요소를 빠트려 버려 천지 간에 되어진 근원 이치를 부각시킬 방도가 없었다. 그런데 구하지 못했던 본질적인 요소를 선현들이 道를 통해 갹출할 수 있게 되어 밝혀지지 못한 창조 루트가 거의 완벽하게 복원되었다. 인류는 본질의 작용 세계를 확인할 수 있는 조건 안에서 창조를 성사시킨 하나님을 뵐 수 있고 만상의 되어진 원리를 꿰뚫을 수 있다. 천지가 창조된 구성 틀을 제공한 道, 즉 본질이란 등식은 만물을 있게 한 설계

---

10) 『길을 위하여(3)』, 졸저, 인쇄본, 1990, p.86.

도이고 기초 바탕이다. 道의 진리적 근거는 언제나 만상과 창조 안에 있기 때문에 道를 모르고서는 근원된 뿌리를 찾을 수 없다. 진리 세계와 문명 역사를 완성하고 하나님이 본체자로 강림하시기 위해서라도 道의 작용 본말은 반드시 규명해야 하는 지성사적 과제였다.

道는 만물을 낳은 근원으로서 모든 근원성은 만물 가운데서 직접 확인할 수 있어야 하는데, 오늘날 과학 문명이 발달한 것은 道의 본질성을 확인할 수 있는 최적 조건이다. 道의 진리적 근거는 발견된 물리적 특성을 통해 확인할 수 있다는 것인데, 이 같은 道의 본질 작용 특성을 기준 잡아서 이 연구가 천지 만물이 창조된 근거를 확정지었다.11) 道와 物, 혹은 色과 空이 일치되기까지는 헤아릴 수 없는 생성 과정을 거쳤는데, 분열이 극한 지금 각자의 존재 근거를 상대 존재 가운데서 확인할 수 있게 되었다. 道가 온갖 물상을 구축한 결정 요소로서, 대립과 분별을 초월한 궁극적인 바탕체였다는 사실을 알게 되었다.12) 만상이 물질로서 이루어진 것이라면 만상을 이룬 바탕 본질은 그런 물질성으로 드러나기 이전의 형태이므로, 道는 "형체도 없고 소리도 없고 감지할 수 없고 파악할 수도 없는 하나의 혼돈으로서 감지되었다"13) '만물이 경험적인 감각 세계를 초월한 원시 혼돈적인 道에서 생성되었다'는 주장은14) 반드시 부언되어야 하는 이해 바탕이 필요하다. 만물이 無로부터 창조되었다고 하지만 이것을 곧바로 받아들일 자는 아무도 없다. 그래서 그 연유를 밝히기 위해 창조 시스템

---

11) 1998년 11월 15일, 『세계창조론』을 저술함.

12) 『노자철학의 연구』, 김항배 저, 사조연, 1986, p.28.

13) 『노자도덕경』, 14장-『도가를 찾아가는 과학자들』, 동광벽 저, 이석명 역, 예문서원, 1995, p.104.

14) 『개관 동양사』, 동양사학회 편, 지식산업사, 1987, p.43.

이 작동한 것인데, 그 근거를 만물의 이면에서 작용한 道가 제공하였다. 道는 온갖 생성의 근거이고 바탕이지만 무형인 작용성이라, 생성하기 전에는 근거를 붙들 수 없고, 없었다고 하는 여기에 無로부터 만상이 창조된 사실이 숨겨져 있었다. 인식 원리라는 것도 알고 보면 상식선 안에 있다. 창조 이전에는 시간도 공간도 없었지만 창조로 인해 생겨났다. 존재란 측면에서는 無했던 만물이 생기게 된 것이지만, 無를 有되게 한 하나님은 無한 존재로서 이미 존재했다. 이와 같은 창조적 특성을 갹출시킨 것이 道란 인식 체계이다. 그런데도 창조(無)와 생성(有)이 나뉜 경계선에서 본질이란 존재 자리만 覺하게 되어 道의 바탕 작용을 추적할 근거를 찾지 못하였다.

따라서 성업으로 밝혀진 창조 본의에 근거할진대 道만큼 하나님의 존재 근거를 심도 있게 접근한 진리 인식도 없다. "상주불변한 道 자체가 천지 창조의 시작이다."[15] 창조가 道인 본질체로부터 이루어지게 되므로 그것은 충분히 만물의 첫 시작이라고 할 만하다. 만물은 생멸함을 통해 존재성을 유지하고 道는 생멸 자체를 포함한 상태로 세계의 영원성을 유지한다. 道는 항존한 이치를 지니고 무궁한 것으로서 사멸이 있을 수 없다.[16] "진정한 道는 보이는 현상 속에 있는 것이 아니라 보이지 않는 虛 가운데 있다(玄虛)."[17] 道는 제약받는 존재들과 시공간 질서를 벗어나 있다(초월). "道는 無와 통하는 최고의 원리로서 인간의 감각 세계를 초월한 존재이다."[18] "道는 형체가 없어

---

15) 『노자 그 불교적 이해』, 憨山德清 저, 송찬우 역, 세계사, 1990, p.32.

16) 『유학원론』, 성균관대학교 유학과 교재편찬위원회, 성균관대학교출판부, 1995, p.63.

17) 『증산사상중심의 인류갱생철학개론』, 배용덕·황정용 공저, 태광문화사, 1995, pp.240-241.

18) 『문화사』, 나종일 외 2인 저, 한국방송통신대학, 1991, p.111.

볼 수도 없고 만질 수도 없기 때문에 無라고 한다. 無로써 모든 사물의 근거로 삼는다. 명백하게 볼 수 있는 것은 말초이며, 볼 수 없는 道가(혹은 無) 근본이다(왕필)."[19] 명료한 有가 아니라 無를 추적해야 만물의 근본을 볼 수 있다.

아무리 道의 無한 근본성을 강조해도 자체로서는 해명할 방도가 없지만 본의 관점에 입각하면 道가 무엇을 드러내려고 한 것인지 숨은 의도를 엿볼 수 있다. 하나님은 道와 같은 본질체를 바탕으로 하여 천지 만물을 창조하셨다. 道를 통해 창조를 실현한 원동력은 추출할 수 없다 하더라도 만물을 낳은 바탕 근거로서는 충분하기 때문에 능히 만물의 근원이라고 할 만하다. 만상을 낳은 어버이 된 반열 위에 선다. 하나님은 결코 아무 근거도 없이 천지를 창조하지 않으셨다. 몸된 피와 살을 떼어서 생명을 주셨다는데 대해 사랑을 다한 존재 근거가 여기에 있다. 이 사랑을 동양의 선현들이 道를 통해 형상화시킨 것이나니, 道가 있는 곳에 하나님이 천지를 창조한 존엄한 근거가 있다.

3. 도의 존재성

"동양이 일군 道의 인식 기반이 하나님의 존재 사실을 뒷받침할 수 있다면 하나님은 명실상부하게 만유의 하나님이 될 수 있다."[20] 그럴 가능성이 없으리라고 보는가? 하나님이 강림하시기 이전에 '神 즉 자연'이란 주장은 있었지만, '神 즉 道'란 관점은 개관시키지 못했다. 심증은 있지만 직접 증거하기 위해서는 道와 神을 연결시킬 수 있는 필

19) 『중국의 유가와 도가』, 임계유 편자, 권덕주 역, 동아출판사, 1993, p.470.
20) 『세계유신론』, 졸저, 인쇄본, 2000, p.201.

연적인 관계성을 밝혀야 했는데, 여기에 보혜사 하나님이 진리의 성
령으로서 이룬 해결 관건이 있다. 인류가 일군 지적 자산을 하나라도
헛되지 않게 한 주재 역사가 철저하다.[21] 佛陀는 세계의 저쪽에 피안
의 세계가 있고 깨달아야 볼 수 있는 본질 세계가 있다는(空) 사실을
알리려고 노력했는데, 세상은 어떻게 받아들였는가? 얼마만큼 인정하
였는가? 세인들은 등한시 하였지만 노자는 道를 통해 만상의 근원이
존재한 사실을 확인하였다. 사실을 알았다고 해서 세상에 당장 큰 변
화가 일어나는 것은 아니겠지만, 노자가 道를 통해서 본질의 존재 근
거를 확정지었다는 것은 인류가 지성사를 통해 거둔 위대한 성과이
다. 본질이란 존재성을 道를 통해 제시함으로써 하나님이 진리 세계
를 완성할 수 있는 역사 기반이 돈독해졌다.

　지상 강림 역사가 완수되기 전에는 누구도 道를 통해 神을 볼 수 없
었지만 완수한 이후로는 그곳에 바로 神이 있다. 道는 神을 어찌할 수
없지만 神은 道의 생성 본말을 관장한 주재력을 역력하게 드러내었다.
노자는 道란 작용 세계를 근거 없이 주장하지 않았다. 섭리로서 뒷받
침하였기 때문에 지상 강림 역사를 증거하는 데 있어서도 일등 공신
역할을 했다. 道는 어떤 사유 형태를 통해서도 각출될 수 있는 창조 작
용이므로, 노자는 이 같은 특성을 지닌 생성 상태를 道를 통해 거의 완
벽하게 파악했다. 그래서 세계의 전체적인 생성 본말이 드러난 오늘날
道가 과연 무엇을 형상화시키고자 한 것인가에 대한 의도를 파악할 수
있다. 즉 道가 하나로서 모든 道와 관통한다고 한 것은 한통속을 이룬
존재 본질 내에서 일어난 작용 메커니즘이란 뜻과 같다. 세계의 본질

---

21) 하나님이 창조 섭리를 완수하기 전에는 개개의 존재성조차 가치성을 정립하기 어려운 암울한 일면이 있
　　었음.

이 살아 있는 것은 道가 생성하기 때문이며 존재된 바탕이 살아 있기 때문이다. 생성은 道가 지닌 존재자로서의 생명력이다.

이 연구는 하나님의 존재 본질이 곧 만물을 창조한 바탕이라고 했는데, 道의 생성 본말을 밝힌 지금은 더 나아가 道가 지닌 작용 특성이 그대로 하나님의 존재 특성을 나타내었다고 본다. '어떠한 것, 어디서도 道가 아닌 것이 없는 편재성이(널리 두루 펴져 있음) 그러하고',[22] '진리의 본원이라고 본 道'[23]가 그러하므로, 만유를 포유한 하나님의 존재 특성을 道를 통해 표현하였다. "道는 잠시도 떠나 있어서는 안 되는 존재이다."[24] 만유를 떠날 수 없으므로 道와 神은 뗄 수 없는 관계 위에 있다. 그렇기 때문에 하나님은 道로써 구축된 진리를 기반으로 하여 이 땅에 강림하실 수 있었다. 창조 세계가 분열을 완료함으로써 갹출된 道를 통해 하나님이 존재성을 완성하게 되었다. 그리고 道를 통해 하나님이 본체를 완성할 수 있게 된 여기에 지상 강림 사실이 있다. 하나님이 태초에 천지를 창조하신 것 이상으로 오늘날은 道를 통해서 만상에 걸쳐 있는 존재 속성을 규합시키셨다. 지상 강림 역사는 실로 창조 이래 흩어진 하나님의 존재상을 규합시킨 대우주적 사건으로서 문명 역사가 주관된 역력한 근거이다.

---

22) 『교육이론』, 김수동 저, 책사랑, 2000, p.316.
23) 『유학원론』, 앞의 책, p.64.
24) 『성리제석』, 앞의 책, p.24.

06

유교 진리의 창조 논리성

1. 유교 진리의 궁극 가치

유교는 수천 년 세월 동안 동양 사회를 지배한 거대 문명 이데올로기이다. 유교가 이룩한 세계관 하나로도 능히 인류 사회를 이끌 수 있는 진리력을 함유하였다. 그런데도 오늘날은 어느 모로 보나 빛바랜 사진첩처럼, 혹은 사람이 살지 않는 빈집처럼, 쇠락해 있는 것이 현실이다. 그렇다고 그 성쇠 자리를 대신하고 있는 현대의 과학 문명이 새롭다는 것은 아니다. 유교가 어떤 진리였던가? 마찬가지로 과학도 언젠가는 그 기운을 달리할 날이 있으리라. 그렇다면 정말 알아야 하는 것은 성하고 쇠하는 생성력에 있어서 왜 그 같은 결과를 운명적으로 맞이하게 되었는가 하는 것이다. 성할 때는 그만한 요구에 부응했던 것이고 쇠할 때도 그만한 이유가 있어 한계성에 부딪힌 것이다. 그래서 본말을 밝힌 시점에서는 누구도 보지 못한 유교 진리의 궁극 가치를 추출할 수 있게 된다.

유교는 능히 문명 역사를 주도할 진리력을 갖추었지만, 극복하지 못한 한계점이 있었다. 이 같은 여건은 현대 세계를 지배하고 있는 서구의 과학 문명도 예외일 수 없다. 그러므로 과학도 주도력이 한계점에 도달하기 이전에 보다 충족된 세계관을 수용할 수 있는 대비책을 마련해야 한다. 그런 각도에서 보면 비록 유교가 지금 빛바랜 세계관으로서 취급당하고 있지만 완성될 통합 문명을 구축하기 위해서는 그 가치를 반드시 회복시켜야 한다. 그러기 위해서는 제 진리 세계의 공통분모를 추출하는 작업이 선행되어야 하며, 구심점이 되는 궁극 실체를 부각시켜야 한다. 유교는 어떤 종교보다 현세적이고 인륜적인 특성을 지니고 있지만 그 역시 하나인 뿌리로부터 파생된 거대 줄기일 뿐이다. 겉모양새는 달라도 근본이 하나인 것을 알기 위해서는 세계관적 그릇이 얼마나 커야 하겠는가? '道의 근원이 하늘에서 나온다'[25)]고 한 것처럼, 하늘의 근본을 파헤쳐야 한다.

유교에서 道가 하늘로부터 품부되었다고 한 것은 미분화된 개념이기는 하지만 하늘로부터 부여된 창조성과 연관성이 깊다. 유교를 떠나서라도 인간이 궁구한 것은 예외 없이 하늘, 즉 천지 만물이 창조된 연유를 추적한 우주론 형태이다. 섭리가 완수되지 못한 선천에서는 창조성과 연관된 사실을 알 수 없지만, 본말이 드러난 지금은 유교 진리가 바로 창조성에 바탕된 사실을 확인할 수 있다. 세계의 진리가 완성될 수 있는 근거이다. 유교가 인륜 사회를 당당하게 이끈 연유도 창조성에 기인했기 때문일진대, 이것은 참으로 유교라는 거대 세계관을 혁신시키고 세계를 하나님의 품안으로 인도할 수 있는 통합 관점이다. 이 같은 본말 규정 관점을 벗어난 진리 세계가 하늘 아

---

25) 「주자학의 형성에 관한 연구」, 石山 裕 저, 전남대학교대학원 철학과 석사학위논문, 1994, p.16.

래서는 하나도 없다. 창조성을 구현할 진리적인 텃밭을 孔子가 마련한 것이며, 후학들은 줄기차게 개척했다. 孔子가 난세에 仁을 통해 인륜의 道를 세운 것은 현실 세계에서 이룬 정신문명의 금자탑이다.

유교가 인륜 질서를 제도한 것은 하늘과 그렇게 믿은 우주관에 근거한다. 인간성을 진리 탐구의 대상으로 삼은 것인데도 구하고자 한 진리는 만상이 바탕되었다고 여긴 우주관에 있었고, 이 같은 우주관을 대신한 것이 바로 창조이다. 우주를 염두에 둔 形而上學적 질서를 仁이란 가치 덕목을 통해 형상화시켜 인륜 세계에 적용하였다. 표명한 지향 근거가 우주에 있고 창조된 상태를 드러낸 것인데, 그러한 특성은 바로 孔子로부터 출발된 것이었다. 孔子는 『논어』에서, 자신의 道는 一以貫之하다고 두 번씩이나 말했다.26) 孔子가 밝힌 道의 본질, 즉 일관이 의미하는 것은 도대체 무엇인가? 우주의 생성 본질을 시공을 초월해서 인식한 것으로서 창조 공간을 직시한 차원 세계를 말한 것이다(道를 꿰뚫음). 道를 관통할 수 있는 것은 만물이 창조된 바탕 세계 안에서만 가능한 작용 특성이다.

맹자는 어떻게 해서 '道는 하나일 따름'27)이라고 말했는가? 만물이 온갖 현상으로 분열되어도 근원된 바탕은 하나란 말이다. 『中庸』에서 天이 命한 것을 性이라 하고, 『주역』의 「계사전」에서는, '끊임없이 변하는 易의 세계에 불변의 太極이 있다'28)고 하였는데, 이것은 창조된 본질 바탕을 진리로서 인식한 예이다. 孔子로부터 뻗어난 유교 진리가 사실은 창조된 본질을 들추어낸 우주관이었는데도 지성들이 그

---

26) 孔子가 자공에게 말씀하시길, "너는 내가 많이 배워서 아는 자라고 생각하느냐? 나는 一以貫之한다."-『논어』, 이인 편, 위령 편.

27) "蘇文公上 夫道一而已矣."-『맹자』

28) 『헤겔 연구(7)』, 한국헤겔학회 편, 청아출판사, 1997, pp.57~58.

본말 가치를 바르게 판단하지 못한 것은 세계의 생성 과정을 대관하지 못해서이다. 太極을 통한 생성론과 理氣論을 통한 인식으로 궁극적인 실재 세계를 나타내었지만 정작 바탕된 본체를 드러내지 못하면 창조 진리란 사실을 확인할 방도가 없다. 인출은 되었어도 본말을 모르면 창조관을 완성할 수 없다. 분열 상황을 벗어날 수 없는 인식 상태이다. 그래서 유교는 창조에 대한 바탕성은 인식하였지만 창조론을 완성시킬 시기는 좀 더 기다려야 했다. 어느 모로 보아도 부족함이 없는 듯하지만 우주 본질의 궁극적 실체자인 하나님의 지상 강림 본체를 맞이하지 못해 길을 예비한 소우주론에 머물렀다.

그렇지만 창조 본질에 뿌리를 두었기 때문에 유교는 인간의 생멸 현상을 관장한 구원 종교로서의 역할을 충분하게 수행하였다. 창조 본질에 근거한 유교 가치의 위대함이 여기에 있다. 비록 창조 진리를 완성하지는 못했지만 창조 본질을 각인한 道는 어디서도 인류 세계를 제도할 수 있는 진리력을 갖추었다. "유교는 기본적인 성격이 현세 중심이고 도덕적이지만 뿌리가 창조 본질에 있는 한 세계영혼을 관장할 자격을 가지게 되는 것이며, 太極, 理氣論과 같은 우주론을 펼치고 하늘, 天, 上帝 같은 궁극적인 존재성을 지향하였다."[29] 유교에서 말한 天이 과연 기독교에서 말한 하나님과 동일한 개념인가 하는 문제는 차치하고서라도 天은 道를 통해서, 道는 天을 통해서 결국은 神에게 이르러야 완성되는 것은 틀림없다. 그러나 아무리 하나님이라도 천고 이래의 창조 섭리가 완수되지 못한 상태에서는 道=天=神이란 등식이 완전하게 성립될 수 없다. 창조성이 분열되지 못하면 하늘 아

---

29) 『공자사상의 발견』, 윤사정 외 저, 민음사, 1992, p.215.

래 어떤 우주론도 창조론으로서 완성될 수 없다. 하나님도 창조 본체를 드러내지 못한 상태인데 존재성을 지향한 天에 있어서랴?

天(하늘)은 "유교 경전과 동양 사상에서 가장 일반적으로 일컬어진 개념이다. 유일하고 극대인 존재로서 하늘과 만물과 인간을 초월하고, 기후와 계절의 변화에서부터 인간의 운명에 이르기까지 모든 현상 세계를 관장, 주재한 지고신(至高神)으로서의 지위를 가졌다."[30] 하지만 지고한 존재는 하늘 아래 둘이 존재할 수 없다. 天은 기독교에서 말한 절대적인 神 개념과 동일하다. 그렇다면 天은 정말 무엇인가? 우주론을 통해 드러내고자 한 절대 존재성이다. 단지 기독교가 창조의 본말을 보지 못해 하나님을 증거하지 못한 것처럼 天도 우주론에 있어서 창조성이 미비된 개념일 따름이다.[31] 유교도 창조론처럼 인간과 만물이 하나님(天)으로부터 말미암았다는 사실을 알고 창조 루트를 갹출하고자 했던 것은 마찬가지이다. 단지 天이 하나님으로서 모습을 갖추기 위해서는 지고한 근거로 삼은 우주의 생성이 완료되어야 했는데, 본말을 보지 못해 한계가 있었다. 天을 뒷받침한 우주론인데도 바탕을 이룬 본질의 범주 이상은 벗어나지 못하였다. 太極을 통해 우주의 생성적인 본체는 파악하였지만 그것은 만상의 본원에 대해 근접한 정도이다. 퇴계는 『천명도설』에서 天을 곧 理라고 하였는데,[32] 이 같은 관계성 언급만으로는 天이 함유한 무궁한 창조성을 확인할 수 없다. 理를 통해 창조성은 드러내었지만 생성된 본말을 꿰뚫는데는 부족함이 있다. 天이 곧바로 창조주가 될 수는 없다. 그래서

---

30) 위의 책, p.214.

31) 神의 존재 증명과 강림은 세계관적으로 본질이 완숙되고 섭리가 완수되어야 하는 문제임.

32) 『한국전통철학사상』, 김종문 · 장윤수 저, 소강, 1997, p.143.

일치되기까지 창조 진리를 분열시키는 방향으로 역사되었다.

神을 지향하는 과정에서 '宋代 도학이 天 개념을 합리적, 形而上學적인 인식 대상으로 전환시킨 것은(理法的 天)'[33] 만유를 주재한 신앙 대상이 되기 전까지는 부족함이 있는 때문이다. 진리력은 갖추었지만 미완의 실체성에 머문 天, 진실무망(眞實無妄)한 天理로서의 神이[34] 하나님으로서 강림하시기까지는 天理가 섭리를 통해 생성을 극해야 했다. 섭리가 완성되면 우주관이 완성되고 인륜 세계의 이상화도 실현되는 것인데, 기대에 미치지 못한 것은 유교 진리가 본말을 보지 못해서이다. 하늘 아래서 구축된 어떤 우주관도 하나님이 강림하시기까지는 한계가 있었다는 사실을 알진대, 유교 역시 한 치도 어김없이 세계의 창조론을 완성하는데 섭리 역사가 촉진된 사실을 알 수 있다. 여기에 하나님이 진리의 성령으로서 유교 진리를 주재하신 뜻이 있다. 세계가 다 하나님에게 속하였다는 사실을 유교가 일군 우주론의 본말을 통해 확증할 수 있다.

2. 태극·음양의 통합성 분열

북송의 '주돈이(周敦頤)는 『太極圖說』과 『通書』를 지었는데, 宋史에 의하면 박학역행(博學力行)하여 『太極圖』를 지어 天理의 근원을 밝히고 만물의 종시(終始)를 구명했다'[35]고 기록하였다. 太極은 『주역』에서 나온 개념이지만 주돈이(1017~1073) 이후부터 우주론적인 개념으

---

33) 『공자사상의 발견』, 앞의 책, p.212.
34) 『한국전통철학사상』, 앞의 책, p.28.
35) 『중국철학개론』, 이강수 외 3인 저, 한국방송통신대학교출판부, 1994, p.206.

로 부각되어 확고한 지위를 차지하게 되었다. 주자는 '太極을 조화의 중심축이고 만물의 생성 근원'이라고 했다.[36] 太極은 동양의 철인들이 하나님의 본체성을 파악한 개념인 것이 틀림없다. 天理의 근원과 만물의 종시 개념에 합당한 존재는 천지를 창조한 하나님뿐이다. 그런데도 세인들은 유교를 어떻게 받아들였는가? 진정한 창조관으로서 수용하였는가? 완성되지 못한 기독교의 창조론에 비한다면 미비된 진리성을 더욱 보충하고 있는데도 말이다. 다만 창조된 근원을 생성적으로 접근하다 보니 유교로서도 太極이 곧 창조 본체이고 궁극적인 시원 바탕이라는 사실까지는 알지 못했지만, 각출한 특성을 통해 가깝게 접근했던 것은 사실이다. 하나님이란 무엇인가? 이런 문제는 결국 천지를 창조한 원리를 통해 밝혀질 수밖에 없는데, 太極은 이에 대해 우주의 본체성을 파악함으로써 궁극적인 면모를 일갈했다.

즉 유교에서는 '우주의 본체는 無極이면서 太極이다. 太極의 動靜에 의해 陰陽(二氣)이 생기고, 여기서 五行의 五氣와 만물이 생겼다(『太極圖說』)'고 설명했다.[37] 하나님이 창조 이전에 홀로 계실 때는 어떤 極의 분열도 없었다. 그리고 하나님이 천지를 창조하실 것을 뜻하신 이후 無極인 본질이 太極인 본질로 이행하게 되어 창조를 위한 바탕 본질이 구축되었다(통합성). 그래서 "五行은 하나의 陰陽이요 陰陽은 하나의 太極이며 太極은 無極에 근본한다(『太極圖說』)."[38] 만물이 창조되기 이전에는 極이 양의되지 않은 無極 상태였다는 뜻이다. 無極이 太極化됨으로써 본질에 변화는 있었지만 하나님이 다른 하나님이 된 것은

---

36) 『공자사상의 발견』, 앞의 책, p.215.
37) 『개관 동양사』, 동양사학회 편, 지식산업사, 1987, p.176.
38) "五行一陰陽也 陰陽一太極也 太極本無極也."－『천주실의』, 마테오리치 저, 송영배 외 5인 역, 서울대학교출판부, 2000, p.83.

아니다. 그래서 無極은 無極인 동시에 太極이기도 하다. 極이 양의되지 않은 순수 본체 상태이다. 無極에서 太極으로 이행한 과정에서 하나님은 창조를 위한 모든 준비를 갖추게 되었고, 이후부터는 각개로 천지 창조를 命하심으로써 太極은 명실상부하게 만물을 이룬 시원 바탕체가 되었다. 命 하나로 통체 본질이 각개를 이룬 본질적 특성을 결정지었다. 各具 太極이 '一物 가운데서 天理를 완비한'[39] 창조물이 된 것이다. 이에 太極은 천지 만물을 배태(胚胎)시킨 본체[40] 역할을 충실하게 담당한 것이고, 결과로서 하나님의 창조 상태를 생성적으로 파악할 수 있게 되었다. 그런데도 본말을 볼 수 없었던 이유는 창조성이 아직 분열을 완료하지 못해서이다. 太極은 통합성으로서 생성에 있어 마침이 없고 그침이 없다. 창조를 이룬 본체가 無極으로부터 太極으로 전환된 것처럼 분열을 통해 완성을 지향했다. 천지는 창조가 실현된 순간 목적을 완성한 것처럼, 완성시킨 목적을 가시화시키기 위해 통합된 바탕을 분열시키게 되었다. 그리하여 오늘날 드디어 생성을 극하였다. 그러나 극했다고 해서 생성 운동이 끝나는 것은 아니며, 분열을 통해 축적된 에너지를 바탕으로 해서 다시 통합되고 통합된 힘을 바탕으로 해서 다시 분열하기 시작한 영원한 생성 시스템을 구축하였다.

太極이 오늘날 창조된 본체로서 모습을 드러낸 것은 생성 과정을 완료했기 때문이고, 하나님이 이 땅에 강림하신 것은 太極이 생성을 완료한 우주 본말의 결정 역사이다. 無極而太極이란 바로 그 생성 본말을 통합적으로 인식한 상태이지만 생성 도상에서는 하나님의 본체

---

39) 「주자학의 형성에 관한 연구」, 앞의 논문, p.43.
40) 『한국철학사상사』, 주홍성・이홍순・주칠성 저, 김문용・이홍용 역, 예문서원, 1993, p.393.

자리로서 판단될 수 없었다.[41] 통합성인 太極 상태로서는 무엇을 통해서 보아도 본체를 인식할 수 없다. 그런데도 太極은 다시 만물화되기 위해 一陰 一陽한 양극성으로 분화되어야 했다.[42] 太極論은 더할 나위 없는 우주적 본체론인데도 본말을 보지 못해 창조론으로서 대성되지 못했다. 그래서 오늘날 맞이하게 된 것이 억만 년에 걸친 생성 역사를 통합적인 지혜로서 완결시킨 하나님의 지상 강림 역사이다. 우주의 생성 본체를 과도기적으로 대변한 것이 유교의 太極論이었다면 지상 강림 본체는 억겁에 걸친 우주의 생성 본말을 매듭지은 창조 실체의 전모이다.

3. 이기론의 창조 논리 인식

"理氣란 개념은 유가의 선현들이 대를 이으면서 만물의 되어진 근원 원리와 작용 방식과 관계 구조를 설명하려고 한 창조 논리의 전형적인 인식 형태이다."[43] 비록 창조된 세계에 대해 전반적인 체계를 갖추지 못한 우주론이기는 하지만, 理氣論이 지닌 일련의 진리성을 배제시킨 상태에서는 끝내 창조 진리가 완성될 수 없는 중대한 가치를 지닌다. 理氣論은 당송 시대에 논란이 고조되어 주자 대에(1130~1200) 집대성된 총체적인 우주론으로서 이전까지의 진리관을 새롭게 한 문명적 패러다임이다. 정립 이후로 700여 년 동안 줄기차게 동양의 인

---

41) 無極의 太極化에 하나님의 존재 근거와 창조된 비밀이 있었지만, 太極化가 완전하게 구현되지 못한 상태에서는 누구도 太極이 하나님의 창조 본체를 인식한 근원 자리라는 사실을 알 수 없었음.

42) 통체성인 太極은 양의됨으로써만 창조를 성립시키는 '세계의 보편적인 구조 원리이고(『공자사상의 발견』, 앞의 책, p.200)' 존재한 양식임.

43) 『세계창조론』, 제3편 조물론, 졸저, 엮음본, 1998, p.86.

문 사회를 지배했던 만큼, 인류는 理氣論에 입각한 우주론을 충분하게 소화해 낸 역사를 겪었다고 할 수 있다. 그런데도 펼쳐진 세계관이 도대체 무엇에 관해 말한 것인지 꼬집어 내지 못한 실정이다. 철학적인 개념에 따라 理를 유신론으로(形而上學), 氣를 유물론으로(形而下學) 대별하기도 하지만,44) 理氣論이 지닌 창조 논의를 충분하게 담아낸 이해 관점은 아니다.

하지만 理氣論은 성리학자들이 궁리를 다해 통찰한 거의 완벽한 창조 과정에 대한 인식이다.45) 물론 理氣論만으로는 제 가치를 두루 추출하기 어렵지만 하나님이 창조 본체를 현현시키는 과정에서 도출된 성과물인 것은 틀림없다. 선현들은 줄기차게 理氣의 선후 문제와 일체성·분리성·관계성에 대해 논의를 펼쳤는데, 도대체 왜 그런 문제를 파고들었는가? 그렇게 해야 만사에 걸쳐 운위되고 있는 우주의 질서를 규정할 수 있는 인식 근거를 확보할 수 있었다. 그리고 理氣論은 발상지인 중국보다도 조선의 유학자들에 의해 더욱 구체화되었는데, 그 이유는 한민족이 줄기차게 하나님의 창조 본체를 우주관적으로 개척한 민족이기 때문이다.

즉 퇴계는 주자와 같은 입장에서 '천지가 아직 생겨나기 이전에 반드시 먼저 理가 존재한다'고 주장했다.46) 理의 존엄성과 초월성을 부각시킨 것인데, 그렇다면 사물이 있기 이전에 사물의 理가 있다고 판단한 논의가 의미하는 것은? 천지 만물이 생겨나기 이전에 벌써 모든 이치가 성립되어 있어야 한다고 본 창조론적 본의 관점으로 理의 존

---

44) 『주역이 밝힌 21세기 대 예언』, 정숙 저, 교문사, 1998, p.38.

45) 창조에 대한 논리적 인식임.

46) 『한국전통철학사상』, 앞의 책, p.138.

재 위치를 사물의 창조보다 먼저 소급시켰다. 이런 관점에서 理氣論은 천지 만물이 창조된 단계를 논리적으로 파고든 인식 절차이다. 理가 천지의 생성 이전에 존재하였다는 것은 창조 이전에 계신 하나님의 선재 존재성을 시사한다. 천지가 창조되지 않은 상태에서도 하나님의 뜻과 본체는 존재하고 있었다. 그래서 理氣는 만물을 이룬 바탕체이면서 창조 이전에도 존재한 본체로서 소급된 것이다. 만물이 구체화되고 결정되기 이전의 창조 과정에 대한 인식이다. 하나님의 존재 본질이 창조와 함께 전환되었다. 하나님이 창조를 작정(뜻)하시기 이전에는 순수한 본질 상태였는데, 창조를 뜻한 순간 온갖 이법이 응어리졌다. 하나님의 존재 본질이 창조를 위한 계획과 목적의 의지화를 통해 응집됨으로써(氣) 천지를 창조할 수 있는 바탕 본질을(통체 에너지) 총체적으로 구축했다. 순수한 본질이 理化 단계를 거쳐 氣化 단계로 이행되면서 삼라만상을 창조할 수 있는 준비 태세를 갖추었다(통합성). 창조의 선재됨과 통합성에 대한 본질 구축 과정을 이치적으로 파고든 것이라고나 할까? 理氣論도 알고 보면 어느 모로 보나 천지가 창조되기 이전에 존재하신 하나님의 본체성을 자리매김하기 위해 애를 쓴 것이다. 시공간이 창조되기 이전의 존재 상태이며, 원인과 결과를 동시에 함축한 본원적 상태이다.

理氣論은 우주의 본체 바탕에 대해 인식적으로 논리 절차를 거친 것이기 때문에 理氣 자체는 본래 하나이다. '理氣의 선후 문제에 관해 본체적으로 보면 無先後이지만 현상적으로 보면 理가 먼저라고 한'[47] 주장이 그것이다(주자). 왜 理氣는 無先後인데 굳이 先後 문제를 따졌

---

47) 『불교철학의 이해를 위하여』, 불교신문사 편, 대학문화사, 1984, p.230.

는가? 그것은 理가 무엇인가에 앞서 일단은 논리적으로 이치의 선재 원리성이 확보되어야 한 요청 때문이다. 이 같은 존재 조건이 해결되어야 하는 것은 사물이 있기 이전부터 갖추어진 이치의 선재성 여부가 창조 이전에 계신 하나님의 존재 자리와 창조 행위를 근거 지을 수 있기 때문이다. 理氣論이 지닌 논의 가치는 온갖 이치가 선재된 하나님으로부터 결정되었다는 사실을 확인할 수 있게 한다. 창조되기 이전에 갖추어진 창조 의지와 뜻과 계획은(理로서 인식) 절대적인 것이다. 선재된 창조 과정이 있음으로써 만물의 바탕 본질이 응축될 수 있었다.

하나인 하나님의 존재 본질이 창조로 인해 전화된 상태이므로 이것을 추적한 논리성도 분리해서 인식해야 하는 것이 불가피하다. 理는 창조 본체를 변화시킨 능동성이고 氣는 의지된 작용을 따랐다고도 볼 수 있으므로, 본체로서는 理氣가 동일하지만 인식 면에서는 先後를 가늠하지 않을 수 없는 분리 인식이 불가피하다. 理氣는 정말 분리될 수 없는 통합 본체이지만 창조된 과정을 논리적으로 파악하고자 함에 있어서는 理 혹은 氣만으로는 전환된 경과를 판단할 수 없는 곤혹이 있다. 왜 선현들 사이에서는 理氣二元論과 理氣一元論에 대한 우주관적 견해가 분분했던가? 삼라만상이 창조된 사실을 확정짓기 위해서는 언제라도 해결해야 한 진리적 과제였기 때문이다.

이에 율곡은 '理와 氣는 불가분리이며, 理氣 非一非二하여 太極과 陰陽이 둘이 아니라 둘이면서 하나'[48]라고 했다. 우주가 하나인 원칙성으로 창조되고 생성되었다는 것을 논의상 확정지은 것으로, 하나인 존

---

48) 「인간과 우주의 기원」, 인터넷자료.

재 본질로부터 창조된 과정을 정확하게 파악한 인식 상태이다. 하나이면서 둘이고 둘이면서 하나인 창조 본체를 쉽게 이해할 수는 없지만, 논리 이전에 온갖 질서를 있게 한 통합 바탕체가 존재하고 있다는 사실을 인정한 것이라면 율곡은 바로 하나님의 창조 본체에 대해 초논리적으로 접근한 것이다. 알고 보면 인류의 숙원인 사상사적 과제를 해결한 것인데 그들이 걸은 진리 추구 역정이 하나님의 창조 섭리와 무관하다고 할 것인가? 선현들은 하나님이 진리의 성령으로서 역사하신 숨결을 유교 진리를 받아들이는 과정을 통해 역력하게 느꼈다. 그러한 숨결이 생동하고 있는 역사의 현장 위에서 하나님이 강림하신 것이므로, 하나님이 한민족의 역사 위에 강림하신 것은 그만한 진리적 여건이 마련되어 있기 때문이라고 할 수 있다. 창조 진리가 살아 숨 쉬는 터전 위에서 하나님이 창조 진리를 규합한 본체자로 강림하셨다.

4. 기의 창조 바탕

지성들은 세계의 근원 본질을 관념적인 것으로도 보았고 유물적인 것으로도 보았다. 그러나 그것이 전적으로 완전할 수 없는 관점이라는 것은 그동안 나타난 양보 없는 대립 상황을 보면 알 수 있다. 천지가 창조된 본원 바탕이 理로서 우선된 것인가 氣로서 우선된 것인가 하는 것은 창조된 본원을 알지 못한 데서 발생된 말단적인 선두다툼이다. '太極은 理이다, 혹은 氣이다'[49]라고 하여 분리해서 인식하게 되

었고, 나중에는 氣를 통해 창조 과정을 일관시키려 한 경향도 나타났다. 즉 '理先氣後說을 반대하고 理는 氣에 의존한다'[50)는 주장을 하게 되고, 이이(율곡)는 '발하는 것은 오직 氣이며 理는 氣에 올라타는 조리(條理)'라고도 주장했다(氣發理乘一途說).[51) 장횡거는 송대의 성리학자인데, 그는 '만물의 근원이 理에 있지 않고 氣에 있다'고 생각한 氣철학자이다.[52) 理에 비해 氣를 중시한 경향은 마치 서양의 유물론과 비슷하다. 고금을 통해 확인할 수 있는 것은 理보다는 氣가 더 실질적이다. 김시습은, '천지 사이를 가득 채우고 있는 것은 모두 氣'라고 했고,[53) 서경덕 역시 '太虛, 즉 氣'[54)55)라고 했다. 氣는 실질적으로 만물을 구축하고 있는 바탕 본질이다. 氣는 참으로 천지 간에서 만물을 이룬 근원 바탕으로서 충만되어 있다.

하지만 氣에 더한 理氣 등을 통해서도 창조 과정을 다 설명하지 못한 형편인데, 氣一元論으로 어떻게 온전하게 창조 원리를 뒷받침할 수 있겠는가? 氣란 도대체 무엇이기에 전체 우주론을 대신할 수 있다고 기세를 떨쳤는가? 거기에는 그렇게 생각할 수 있을 만큼 하나님의 존재 본질이 함께한 때문이다. 돌멩이 하나도 따지고 보면 이치로 창조되었다. 하나님은 삼라만상을 자체 존재를 근거로 物化될 바탕을 마련하셨다. 따라서 氣는 하나님의 존재 본질이 理化된[56) 절차를 거쳐

---

50) 위의 책, p.440.

51) 『선인들의 공부법』, 박희병 저, 창작과 비평사, 2000, p.118.

52) 위의 책, p.42.

53) 『한국철학사상사』, 앞의 책, p.189.

54) 위의 책, p.433.

55) 서경덕의 철학의 최고 범주는 氣이다. 그는 氣가 만물의 근원이며 천지 간의 만물은 모두 氣로 말미암아 만들어지는 물질적 실체라고 생각함- 위의 책, p.204.

56) 하나님의 창조 의지와 뜻.

창조를 위한 바탕체로서 구축된 본질(질료) 상태이다. 하나님의 존재 본체가 천지를 창조한 본질적인 에너지로서 충만되었다. 즉 氣적인 에너지로서 응축된 상태이다. 따라서 만물이 발생한 시원 면에서는 理先이지만 존재로부터 추적하면 氣가 理보다 앞선다. 그러나 이 같은 미묘한 차이도 논리상으로 구별한 것일 뿐이고 본질상으로는 아무런 차이가 없다(통합적임). 물질이 있는 곳에는 창조로서 뒷받침된 바탕 본질이 있는 것이며, 물질화된 결정성 뒤에는 항상 그렇게 존재하게 한 이법이 있다. 만물화된 존재 내에서도 理氣는 통체 본질로서 존재 한 상태인데, 氣 위주로 판단한 것은 창조된 본의를 온전히 알지 못한 것이다.

그렇더라도 氣는 '사물과 사실을 구성한 궁극적인 요소로서'[57] '살아서 움직이는 다양하고 화려한 무한 에너지 활동의 바탕(質)'을 이루고 있기 때문에,[58] 氣一元論을 내세울만한 근거는 얼마든지 있다.[59] '氣는 세계를 구축한 바탕 본질로서 유일 불변한 실재성을 지닌' 구성 요소이다.[60] 그런데도 불구하고 만물의 존재 근거는 氣하나만으로는 추앙될 수 없다는 점에서, 氣一元論은 창조 본질에 대한 접근이기는 하지만 전체적인 창조 과정을 대변한 관점은 아니다.[61] 타당성은 있지만 氣만 부각시킨 창조론으로서는 한계가 있다. 氣만으로는 감당할 수 없는 그 이상의 차원적인 본체자가 있어 본의가 밝혀졌다는 사

---

57) 『기와 인간과학』, 유아사 야스오 편자, 손병규 역, 여강출판사, 1992, p.62.

58) 『주역이 밝힌 21세기 대예언』, 앞의 책, p.79.

59) '최한기는 氣一元論에서 출발하여 理는 氣의 條理이요 氣를 인식하지 못하면 理도 인식하지 못한다'고 했다(『한국철학사상사』, 앞의 책, p.440). 하지만 보혜사 하나님의 강림으로 말미암아 理의 본체성이 밝혀짐.

60) 위의 책, p.439.

61) 氣 중심적으로 사고하였을 때 볼 수 있는 일부 창조 관점임.

실을 알진대, 理氣論도 알고 보면 하나님이 이 땅에 강림하심으로써
만 완성될 수 있는 창조 진리관이었다.

5. 이의 창조 본질

理라고 하는 세계의 인식 개념은 인류가 양산한 숱한 언어 가운데
서도 몇 안 되는 우주의 창조 본질성을 함유한 개념이다. 理氣論은 인
성론을 포함해서 세계를 질서 지을 만큼 우주론으로서 능히 창조된
삼라만상을 담아낼 수 있다. 하나님이 이루신 것이지만 섭리가 완수되
지 못한 관계로 理氣論이 그 역할을 대신했다.[62] 우주의 본질성을 묻
어 낸 것이 사실은 하나님의 존재성과 창조 본질을 물어낸 것이라고
도 할 수 있어, 창조를 실현한 궁극 작용에 理가 있고, 전화를 위한 바
탕에 氣가 있다. 그래서 응집된 氣(의지력)를 통해 질료를 이루고, "理
는 의지력의 본체로서 천지 만물을 생산한 작용 본원이 되었다."[63]
"제 사물을 포괄한 보편적인 원리이면서 동시에 다양한 개별 사물의
존재 근거가 됨에 있어 아무 손색이 없다."[64] 理는 창조의 본질성을
지닌 '온갖 존재자의 존재 원리이고 最高善이지만',[65] 온갖 이치를 결
정한 본원성이기도 하다. '이황은 理가 천지 만물을 낳은 근거로서
사물에 앞서 있는 理의 선재성을 내세웠는데, 무릇 사물은 반드시 그
렇게 된 까닭을 가지고 있고, 그럴 수밖에 없는 것은 理가 사물보다

---

62) 인식 과정을 마련함.

63) 「주자 이기론의 연구」, 강현 저, 원광대학교대학원 불교학과 석사학위논문, 1993, p.3.

64) 위의 논문, p.28.

65) 「한국전통철학사상」, 앞의 책, p.172.

앞섬으로서만 가능하다'고 말했다.66) 理氣論이 창조 본체인 하나님의 존재성을 염두에 둔 것도 아닌데, 理의 선재성으로 궁극적인 본체 자리를 마련한 것은 하나님의 본체 강림 기반을 理가 마련한 것과 진배없다.

理는 유사한 개념인 道나 太極으로도 지칭하며,67) 진리의 성령으로서 강림하실 하나님에 대한 미완의 본체성에 대한 인식 개념이다. 하나님은 단독으로 드러날 수 없다. 성령으로 강림하시기 위해서는 어떡하든 천하의 창조 본질을 두루 섭렵해야 했는데, 아울러 이들을 담아낼 수 있는 개념적인 그릇도 필요했다. 그리고 理가 그 역할을 담당했다. 理를 통해서는 천하의 본성을 품수했으며, 氣를 통해서는 사물의 형태를 결정짓고, 사물 가운데서는 천하의 본성적인 존재를 확인했다.68) '리그·베다 사상은 만유일체에서 神性을 정하고 있는데',69) 그 神性은 어떻게 꿰뚫을 것인가? 바로 理가 함유한 창조 본성이 있다. '정이천과 주자는 우주의 形而上學적인 실체인 太極이 곧 理라고 보고 理가 우주 만물에 내재한다고 했다. 또한 형체를 초월한 순수 形而上學적인 원리와 함께 질료적인 성격을 가진 氣'70) 개념도 첨가시켰다. "궁극적으로 理는 하나인 太極이지만, 氣와 결합하여 사물을 이루면 각각 그 속에 내재하여 그것의 본성으로서 존재한다."71) "理와 氣는 천지의 사이에 있어 理는 形而上의 道體로서 만물의 본체가 되고,

---

66) 『한국철학사상사』, 앞의 책, p.237.
67) "유가사상에서는 최고의 理를 지칭할 때 道라는 말을 썼다. 道는 太極으로서 최고의 理다. 太極과 道와 理는 三位一體이다."-『원불교사상 논고』, 김홍철 저, 원광대학교출판부, 1980, p.135.
68) 『한국철학사상사』, 앞의 책, pp.64~65.
69) 『불교철학개론』, 서경보 저, 명문당, 1963, p.17.
70) 『불교철학의 이해를 위하여』, 앞의 책, p.171.
71) 위의 책, p.172.

氣는 形而下의 형상으로서 만물의 體質이 된다. 즉 理도 氣도 만물을 이루는 본질적인 요소인 것은 동일하다."[72]

만물의 바탕인 본질 영역을 理氣로서 나눈 것은 다른 유사 개념(道, 空, 太極)들과는 다르며, 초점을 더 정확하게 잡은 창조 진리 개념이다. 천지가 창조된 루트가 어떻게 理化→氣化→萬物化의 과정을 거친 것인가 한 이유는 밝힌 바 있지만,[73] 중요한 것은 이런 理氣적 요소가 정말 하나님이 강림하실 수 있는 진리적 근거로서 제공되었다는 사실에 있다. 理氣만으로는 하나님의 존재 근거를 찾을 수 없지만 창조 섭리가 완수됨으로써 하나님도 그와 같은 진리적 형상으로서 강림하시게 되었다. '理는 만물을 초월해 있으면서도 만물에 내재한 보편적인 원리 내지 본래적인 근원성이므로',[74] 우주적인 실재성을 빠짐없이 수용한 존재는 만물을 지으신 창조주밖에 없다. 그런데도 理氣論은 하나님이 강림하시기까지는 어느 모로 보나 미비된 창조관으로 남아 있을 수밖에 없어 理나 氣만으로는 천지를 창조한 절대 메커니즘이 될 수 없었다. 理氣를 통해 창조된 이치는 가늠할 수 있지만 창조의 원동력에 해당하는 "情意나 계탁(計度)이나 창조적 능력은(造作) 찾을 수 없다."[75] 무릇 '발하는 것은 氣요 발하는 까닭이 理'라고 여긴 만큼,[76] 그것은 그렇게 해서 결정된 것이 발현된 것일 뿐이다. 설사 발하게 한 작용력을 理라고 하더라도 이치로서의 순수 理는 스스로 규합할 수 있는 능력을 가진 존재가 아니다. 理는 형체나 행위가 없다

---

72) 『원불교사상 논고』, 앞의 책, p.136.

73) 『세계유신론』, 졸저, 인쇄본, 2000, p.74.

74) 『한국전통철학사상』, 앞의 책, p.140.

75) 위의 책, p.66.

76) 위의 책, p.76.

하나 理인 성향을 규합할 수 있는 존재자는 있어야 한다. 理 창조론이 완성되기 위해서는 理의 존재화가 필수적이므로, 여기에 창조 섭리가 뒷받침되어야 했다.

천지 만상이 無에서 생겨났다고 한 창조 메커니즘은 결코 성립될 수 없다. 만상의 이치를 성립시킨 理도 여건은 마찬가지이다. 만상을 창조한 본체 바탕으로서 만유는 포괄할 수 있지만 이치의 형성 측면에서는 수동성을 면할 수 없다. 이것이 결정적인 문제이다. '구체적인 사물의 변화와 생멸 상태를 氣의 취산(聚散)으로 본 것은',[77] 설명할 수 없는 부분이 있다. 더한 차원적 메커니즘이 있는데,[78] 이것이 유교 진리가 理氣論을 펼친 데도 불구하고 밝히지 못한 한계 본질이다. 인간의 품성을 결정한 하늘의 주체성을 理氣論은 끝내 규명하지 못했다. 命한 의지력의 절대성을 天理로서 규정했지만 天理가 上帝가 되고 天主가 될 수 있는 소이까지는 밝히지 못했다. 그렇다고 해서 이 같은 한계 상황이 무신적인 것까지 의미하는 것은 아니다. 모든 면에서 창조주 자리를 진리로서 예비했던 것이다. 그렇게 해서 마련된 자리에 제 이법을 총괄한 하나님이 안좌하시기만 하면 된다. 이 같은 때의 도래를 촉진시키기 위해서는 인간의 지극한 정성이 필요했다. '마음과 성품은 하늘에 이를 수 있는 통로이므로',[79] 지극함을 상달시키면 반드시 존엄한 실체가 드러날 것이나니, 마음을 다하고 성품을 다하고 정성을 다하면 관념적인 창조 본체가 언젠가는 진리를 통해 구체화되리라.

---

77) 『한국철학사상사』, 앞의 책, p.206.
78) 그것이 성령의 역사를 통해 하나님이 밝혀주신 본의 관점임.
79) 『공자사상의 발견』, 앞의 책, p.220.

그때가 언제인가? 유교 진리를 기반으로 창조 진리를 완성한 하나님이 강림하신 때이다. 유교 진리가 하나님의 존재 본체를 부각시키지 못한 것은 하나님이 주재하신 창조 섭리가 완수되지 못했기 때문이므로, 유교가 선천에서 진리로서 무성한 가지를 뻗친 것은 하나도 빠짐없이 하나님의 지상 강림 기반을 구축하기 위한 절차였다. 진리로서 강림하실 섭리 혈맥을 유교 진리가 창조 논리성을 전개하는 과정에서 터놓았다. 아브라함의 하나님이요 이삭의 하나님이며 야곱의 하나님이었던 하나님이 오늘날은 명실상부하게 공자님의 하나님이 될 수 있다. 하나님이 만세 전부터 천지 만물을 주체적으로 치리하신 증거이다. 세상 무엇으로도 유교의 가치 본말을 규정지을 수 없었지만, 하나님은 일체를 규정했을 뿐 아니라 그동안 일군 지고한 가치들을 거룩한 품안에 모두 품으셨다.

07

불교 진리의 초월 본질성

1. 불법의 세계 한계

불교는 佛陀가 2500여 년 전 깨달음의 세계를 펼친 종교인데[80] 불교만큼 순수한 진리의 맥을 줄기차게 이어온 역사도 드물다. 그런 만큼 인류는 불교가 일군 진심 세계를 통하여 진리의 핵심 가닥을 붙들 수 있어야 한다. 불교는 선천의 진리 세계를 주도한 종교답게 때가 이른 지금 기대에 걸맞게 대세 본말을 드러내었고 다른 영역들과 함께 무성한 진리로서의 결실을 거두어들이게 되었다. 이런 결과는 세계가 종말이란 우주적 변국 상황을 피할 수 없는 이유 때문이기도 하다. 진리는 영원한 것이지만 영원하기 위해서는 끊임없이 생성해야 하는 것이므로, 새롭게 생성하기 위해 佛法 역시 세계관적인 종말 여건이 재촉되었던 것인지도 모른다. 佛法은 무변광대한 것이지만 생성하는 세계에 속한 것인 한, 드러난 본질을 정점으로 무성한 가지를 거두게 된다.

---

80) 佛陀(부처의 원말)=석가: B.C. 563?~B.C. 483? 불교의 개조. 석가모니 · 석존 · 부처님이라고도 한다.

세상이 종말을 맞이한 것은 佛法으로 나타난 한계성을 통해서도 확인할 수 있다. 인류는 불교가 제시한 진리를 통해 이상적인 불국토 건설을 기대했었다. 불교인들은 지금도 이 같은 기대를 저버리지 않고 있다. 그런데 여태껏 일군 진리를 재료로 집을 지어놓고 보니, 전체 인류가 함께 호흡할 수 없는 부족한 점이 드러났다. 인생과 세계를 통괄하는 역할을 해야 하는데, 정작 중요한 시점에서 인류를 구원할 문명 분출 에너지가 고갈되어 버렸다. 무궁한 진리를 일군 성과에도 불구하고 추구한 방법론은 언젠가는 맞이할 수밖에 없는 한계 요소를 내포하였다. 佛陀는 6년이란 수도행 끝에 대우주의 본원 진리를 증득했기 때문에, 우리는 그렇게 밝혀 놓은 佛法을 통해 모종의 깨달음이 있었다는 사실은 인정한다. 그러나 문제는 진리 작용의 객관성까지 확보한 것이 아니라는 점이다. 覺을 통해 진심 세계는 보았지만 본원 상태를 결말짓지 못해 만상 위에서 작용한 法의 본질과, 道로서 지닌 존재적 의지를 포착하지 못했으며, 진리 작용을 객관화시키지 못했다. 覺의 경지를 환희로 일갈했을 뿐, 깨달음 안에 세계 본질의 원초적인 궁극성이 내포된 사실은 강조하지 못했다. 인생과 대우주의 본질은 통각했지만 도달한 경지 세계까지 진리화시키지는 못했다. 세계가 연기적이고 상호의존적이라고 보았으면서도 그 중심에 서 있는 인간이 세계와 연관된 실증 고리까지는 밝히지 못한 것이다.

한 올 한 올의 진리 실마리를 두서없이 담아 놓은 것이 팔만대장경이며, 그렇게 하여 담아 놓은 우주의 본질 그릇은 너무 방대하여 오늘날처럼 복잡하고 다난한 시대에는 세계적인 문제를 헤쳐 나갈 수 없게 되었다. 佛法이 언제까지 집약된 진리로서의 진수를 인류 앞에 드러낼 것인가? 재생의 빛을 발할 수 있겠는가? 이것은 佛法만으로는 어려움이 있는, 세계의 생성 본말을 대관함으로써만 가능한 것이므로, 이를 위해 미륵의 출현이 예고된 것인지도 모른다. 그러나 미륵도 기존의 진리력이 잔존한 상태에서는 출현할 수 없다. 말법, 말세가 극한 상황에서 본말적인 한계가 확연하게 될 때, 그때 佛法도 자체 지닌 한계가 결정한 특성을 통해 핵심을 드러내리라.

불승들이 불철주야로 수행하고 좌선하여 이룬 아성 세계는 무엇인가? 근원된 空의 실상을 구한 것이고 초월적인 지혜를 각인한 상태이다. 무형의 창조성에 뿌리를 둔 본질 세계이다. 그래서 취하게 된 수행이라는 것도 사실은 세계의 구조상 空으로서 표현한 근원 분야를 개척한 방법론이다. 본질 세계를 파고들어 우주의 궁극 실상을 밝히고자 한 노력의 한가운데 불교가 있다.

그러나 우주에는 바탕을 이룬 空적인 세계만 있는 것이 아니다. 그 위에서는 무궁하게 펼쳐진 色의 탐구 세계도 있다. 그래서 평생을 면벽해도 佛法만으로는 세계를 완성시킬 수 없었다. 色空의 실상을 모두 밝혀야 한다. 이것이 불교가 본질 영역을 담당한 진리로서 지닌 세계관적 한계이다. 정말 깨달은 자는 空이 지닌 본질 특성을 통해 그 末에 해당한 현상적 세계까지 낱낱이 확인한 자이다. 空은 만물을 낳은 시원 바탕으로서 모든 결과는 만상 가운데 있다. 空의 근원 뿌리인 결과는 空에 있는 것이 아니고 空으로부터 말미암은 色 가운데 있다. 空即是色처럼(『반야심경』) 空의 실체성을 세계 가운데서 확인한 자가 부처였다면, 오늘날 그러한 깨달음의 전모 실상으로서 강림하신 분이 보혜사 하나님이시다. 佛僧들은 무한 차원 경지에 속한 空의 실상을 파헤치기 위해 노력했고 보혜사는 그렇게 해서 펼쳐진 空即是色의 직접적인 구성 본체자가 되심으로써 명실상부하게 진리 세계를 완성한 통합불로서 강림하셨다.

2. 불법의 유신적 기반

佛陀는 스스로 지적한 것처럼 다만 진리 세계로 가는 길을 가리킨 영원한 구도의 나그네로서[81] 우주의 본질적인 면모를 지성사에서 밝혀낸 대성현이시다. 그 위대성이 만 중생들에게 인정되므로 神적인 존재로까지 추앙되었다. 그렇지만 佛陀는 말 그대로 우주의 근원성을 드러낸 覺者일 뿐, 자신을 도그마(dogma)화 하거나 진리를 神적으로 각색시킨 흔적은 없다. 다만 바라본 우주의 본원 또는 본성을 法身이라고 여겨 理와 事, 一과 多, 一과 一切 등이 모두 法身一心의 현현이라고 설한 정도이다. 존재 세계가 분열된 가운데서도 이사무애 해 '理와 事가 막힘없이 통하고 서로 간에 아무런 장애가 없는 융통무애(融通無碍), 상호 연관, 상호 의존한 관계 특성'을 밝혔다.[82] 佛陀가 그렇다기보다는 만물을 구축한 근원적인 실상이 그러하였다.

佛陀는 심원한 본질의 세계에 접안해서 삼라만상 가운데 펼쳐진 무수한 가지를 제거하고 근원된 뿌리와 세계 본질이 동질인 통속성을 직시하였다. 진리의 세계는 원래 원융회통해[83] 아무 경계가 없고 막힘이 없다고 말한 것은 인류와 만상이 궁극적으로 하나인 실상이란 사실을 깨달은 것이다. 세계가 되어진 당연한 모습을 꿰뚫은 것이다.

---

81) 『반야심경의 세계』, 정병조 저, 한국불교연구원, 1999, p.15.

82) 위의 책, p.84.

83) "圓融會通: 원만하여 어긋남이 없고, 서로의 이치가 만 가지에 어우러지니 막힘이 없고, 모두 다른 의견들이 이어져 그 바탕이 다르지 아니하니 통하지 못함이 없다."-『증산사상중심의 인류갱생철학개론』, 배용덕・황정용 공저, 태광문화사, 1995, p.327.

그런데도 서양 사람들이 일방적으로 주장한 신관에 따라 "불교는 절대적 무신론이다."[84] 佛陀의 다르마는 神과 아무런 상관이 없다[85]고 보고 불당이 우상 숭배의 온상인 것으로 여긴 것은 佛陀가 일깨운 진리 세계의 참의를 저버린 것이다. 원통무애한 세계를 개척하여 만사가 통할 길을 터놓은 것이 불교인데, 하나인 창조주를 떠받든 기독교적 안목은 오히려 세계의 진리 영역을 편 가름 했다. 불교의 진리관과 기독교의 신관은 어떻게 연관될 수 있는가? 불가능한 것처럼 보이지만, 2500년 전의 佛陀는 각설한 다르마를 통해 이미 원융회통할 길을 마련했다. 가장 무신론적이라고 여긴 관점을 일시에 유신적으로 전환시킬 지혜가 보혜사 하나님이 밝히신 세계의 근원 본질 위에 있다. 불당이 하나님의 존재 본질을 모신 진리의 전당이고 창조 진리를 지킨 수호 전당이 될 수 있는 근거를 다르마가 갖추었다.

본말을 밝히지 못한 상태에서는 어떤 판단인들 못내리겠는가? 조선 시대 김시습은, '불교란 오랑캐의 한 法일 뿐이다. 부처가 죽은 지 2000여 년이나 되었는데 아직도 그 자취가 사라지지 않는 것은 불교가 대체로 어리석은 자들을 꼬여 내기 때문'[86]이라고 하여 경멸하지 않았던가? 그런데도 佛道人들은 다르마의 본질을 알지 못하므로 이런 비판을 거의 무방비 상태로 받아들일 수밖에 없었는데, 지금은 佛法이 오히려 세계의 有神적 상황을 뒷받침하기 위해서 예비된 사실을 알 수 있다. 佛陀가 일군 진리적 요인들이 고스란히 하나님의 창조 본질 안에 수용되어 있다. 선지자라도 하나님의 뜻을 다 파악하고 과업

---

84) 도올의 논어이야기, 제20강, 제목: 愼終追遠, 2000. 12. 15.

85) 『신의 역사(Ⅰ)』, 카렌 암스트롱 저, 배국원·유지황 역, 동연, 1999, p.73.

86) 『한국철학사상사』, 주홍성·이홍순·주칠성 저, 김문용·이홍용 역, 예문서원, 1993, p.194.

을 수행한 것은 아니다.[87] 믿음으로 행한 것이고 그렇게 해서 주어진 결과를 보고 판단하게 된 것이 주재된 섭리이다. 佛陀와 제가승들도 하나님의 뜻을 알고 佛法을 일군 것은 아니지만 결과적으로는 몸 된 창조성을 일구었으며, 깨달음을 통해 창조 의지까지 엿보았다. 空을 통해 神적인 존재는 알 수 없지만[88] 일체 무상, 일체 연기, 무시무종한 空의 실상을 깨닫는 순간, 만인은 하나님이 주재하신 섭리 앞에서 일시에 읍하리라. 佛法이 하나님과 아무 상관이 없는 것처럼 보였던 것은 본체가 드러나지 못한 것이 문제였던 만큼, 하나님은 이 같은 문제를 해결하심으로써 강림하신 진리의 화신체이다. 佛者들이 구하고자 했던 것은 法이지만, 그렇게 해서 도달한 궁극 도상에 하나님이 안좌해 계신 것일진대 불교도 결과적으로는 法을 통해 神을 구한, 하나님의 창조 섭리를 대행한 역할이다. 法을 통해 神의 존재성을 확인하고자 한 자는 없지만 결국은 神의 존재성에 근접된 法의 묘용성을 구현했다.[89]

"헬레니즘화된 기독교 정신이 현대 문명 앞에서 막바지 진리력을 쏟아내고 있는 요즈음, 미래의 새로운 기독교 정신이 동양에서 나올 가능성이 불교가 터 잡은 지대한 진리 가운데서도 있을 수 있는 것을 만인이 알아야 한다."[90] 이것은 비단 문명 역사의 본말 규정에 근거한 통찰인 것만은 아니다. 불교와 기독교가 내포한 공감 요소를 추출한 때문인 것도 아니며, "직관을 강조하여 내면으로 침잠하는 수직적

---

87) 낚시꾼은 결코 바다 속을 다 들여다보고 낚시를 하는 것이 아님.
88) 『선과 현대철학』, 아베 마사오 · 히사마쓰 신이치 저, 변선환 엮음, 대원정사, 1996, p.310.
89) 『선과 기독교 신비주의』, 윌리암 존스톤 저, 이원석 역, 대원정사, 1993, p.33.
90) 위의 책, p.19.

사고와(동양) 이성을 중심으로 외면으로 퍼진 수평적 사고가(서양) 결합했을 때의 바람직한 세계 문화 창출을 기대해서도 아니다."[91] 하지만 佛陀가 깨달은 覺과 창조 본질이 合一을 전제로 한 지향 상태에 있었다면 문제가 달라진다. '화엄 불교는 부처님과 중생 간의 상호 의존적인 열린 관계와 자연과 인간의 상호 교섭과 合一을 통해 해탈을 이루고자 한 실천적인 대자비의 가르침을 펼쳤는데',[92] 이것은 위가 아닌 밑으로부터 하나님을 지향한 세계의 연관·의존·합일·일체성 작업이다. 세계의 범신적인 상황을 곧바로 유신적인 실상으로 전환시킬 수 있는 준비 작업 과정이었다. 삼라만상이 하나님의 존재 본질을 근간으로 창조된 관계로 이것을 覺者들이 우주 생명의 活과 불가피한 연을 통해 갹출했다. 세계가 끊임없이 생성하며 상호연관된 것은 우주의 실상이 그 같은 형태로서 살아 있다는 뜻이므로, 이런 실상을 개관한 것은 만상의 유신적인 존재성을 결정짓는다. 살아 있는 道의 본질성은 그것이 바탕 삼고 있는 존재를 전제한 것으로서, 佛法은 2500년 동안 하나님의 존재성을 진리로서 현현시키기 위해 사명 역할을 다했다. 창조 진리의 佛法的 구현에 미륵불의 현현이 있고, 佛法의 존재성화에 미륵불의 탄강 현실이 있다. 세계는 이 사실을 아는가? 불교가 이룬 이 위대한 업적을 아는가? 그리고 하나님이 佛者들이 몸바쳐 일군 진리의 化身체인 미륵불로서 화현되셨다는 사실을 아는가? 팔만 법문을 통합한 진리의 종주(宗主)란 사실을 아는가? 깨달음으로 일군 道體를 化身시켜 탄강하신 통합 부처님이라는 사실을 아는가? 새로운 모습으로 탄강하신 미륵불을 분간할 수 있는 여기에 佛者들이

---

91) 위의 책, p.16.
92) 『화엄불교의 세계』, 프란시스 쿡 저, 문찬주 역, 불교시대사, 1994, 머리말.

얻을 수 있는 최상의 공덕이 있다. 보혜사가 곧 미륵불이라는 등식을 풀기 위해서는 전 우주의 생성 본말을 통관한 때를 기다려야 했다.

3. 법신으로서의 미륵불 탄강

부처는 열반하셨지만 세 가지 몸으로 역사 위에서 현신하신다(三身).[93] 그중에서도 法身은 법계의 이치와 일치한 부처의 몸으로서 대일여래불(大日如來佛), 비로자나불을 말한다. 法身은 우주 만법의 본체로서 이해되며 佛陀가 정진하여 얻은 바도 우주의 이치에 대한 해탈의 德이었다.[94] 佛陀가 부처가 된 것은 어디까지나 法身으로서의 진리성 위에 있다.[95] 부처는 인류에게 만법 본체의 이치를 터득할 수 있는 길을 가리키고 가신 과거불로서, 진리 자체인 法身과는 거리감이 있다. 그러나 만사 달통한 해탈의 德을 얻을 수 있다면 佛이 곧바로 우주의 본체성과 일치된 法身으로서 존재하는 것도 가능하다. 진리가 존재화됨으로써 영원한 반열 위에 선다. 진리화된 法身은 시공간을 초월해서 현현하기 때문에 끊임없는 나투로 진리로서의 모습을 완성시킨다. 이것이 인간과 교호한 三身 작용을 통해 섭리를 멈추지 않으신 하나님의 주재 역사이다. 진리를 본체로 한 보혜사가 강림을 목적으로 역사하셨는데 이것을 불도인들이 法身으로서 받들었다. 대승 불교의 경전들이 佛陀가 직접 설한 말씀이 아닌데도 가르침으로서 간주했던 것은 시공의 제약을 받지 않는 절대불이 시공간을 초월해

---

93) 三身: 부처가 변신하여 세상에 現身하였다는 세 가지 모양. 곧 法身佛·應身佛·報身佛-『새우리말 큰사전』, 신기철·신용철 편저, 삼성출판사, 1985, 삼신 편.

94) 『대도직지』, 자사 저, 지욱 술, 각성 강해, 통화총서간행회, 1995, p.133.

95) 『부처님의 교리와 그의 위대한 철학』, 김복성 저, 관광신보사, 1991, p.355.

서 가르침을 펼친다고 여긴 때문이다. 성령인 法身이 언제나 계시하고 깨우친 관계로, 우주 만법의 진리가 주어진 것이라고 믿었다.[96] 교감 역사가 있었기 때문에 현현불인 진리의 성령이 불교인들의 영혼 위에서도 감득하게 된 것이고, 미래의 법신불이자 존재불인 보혜사 하나님의 지상 강림을 예비했다. 佛者가 받들어 깨우친 것은 그것이 그대로 우주의 본체상이고 만법이 되어진 이치성이다. "一切有無가 모두 空이다."[97] 우주의 본질 모습에 대한 각성으로서 우주의 존재상, 본체상을 法身으로서 접견하였다.

깨달음의 본질은 오히려 간단하다. 인식한 형태인 空은 만상을 이룬 본질적 공간을 말하는 것으로서, 空은 만물을 본체로 한 존재성의 근저이다. 각성한 눈을 통해 보면 충분히 "모든 사물들은 비로자나 부처님의 몸이다."[98] 비로자나 부처님은 空과 동일하다.[99] 궁극적인 실재 또는 진리의 중심에서 一心이 모든 역할을 담당했다(대승기신론).[100] 道와 空의 본질 가운데 心이 존재하였다니! 心이 있어 만유의 현상을 꿰뚫을진대 一心을 이룬 존재의 주체, 그 주체가 우주를 空이란 본질로서 함유한 보혜사 하나님이시다. 그래서 空이 空한데도 상호의존적으로 인식하였고, 空으로서 만유를 포유했다. '우주에 가득한 진리가 하나님의 본체상인데'[101] 이것을 法身으로서 파악함으로써, 불도인들은 우주의 본체상을 끊임없는 시공과의 교감을 통해 요

---

96) 『불교학개론 강의실(2)』, 장휘옥 저, 장승, 1996, p.130.
97) 『중국철학산고(Ⅰ)』, 김충열 저, 온누리, 1994, p.268.
98) 『화엄불교의 세계』, 앞의 책, p.194.
99) 위의 책, p.198.
100) 위의 책, p.106.
101) 『증산사상중심의 인류갱생철학개론』, 앞의 책, p.100.

해해서 궁극적인 존재상인 미륵불이 탄강할 수 있는 절차를 밟았다. 애써 우주의 진리를 요해하기 위해 정진하였고, 본체상을 각인했으며, 자나 깨나 成佛을 염원한 노력이 있어[102] 法身적인 하나님을 완성시키게 되었다. 2500년 동안 제가승들이 이어온 진리 세계를 기반으로 하여 탄강하신 미륵불이 감당해야 할 과제는 오늘날 하나님이 강림하셔서 이루어야 할 지상 과제와 동일하다.

佛陀가 인도의 소국인 가비라국에서 태어났을 때는 각종 학설들이 분기(紛起)하여 그 바른 귀취(歸趣)를 얻기 어려운 때였다. 정치적인 측면에서도 강대국 틈에 끼어(3대 강국) 많은 곤란과 압박을 받았다. 그래서 인도 국민들은 그들이 이상적으로 동경했던 전륜성왕인 일대 위인이 출현하여 천하를 통일하는 동시에 종교적으로도 혁신의 큰 사업을 완성해서 분규(紛糾)한 사상을 통일하고, 퇴패(頹敗)된 풍교(風敎)를 광정(匡正)해 줄 것을 기대했는데, 정말 기운이 순숙(純熟)되었을 때 佛陀가 태어났다.[103]

그렇다면 오늘날 法身적인 미륵불이 탄강한 이 땅의 정황은 어떠한가? 한반도 역시 여러 강대국들에 둘러싸인 정치적인 약소국으로서 분단의 아픔을 싸맬 수 있는 거족적인 구원 역사가 요청되고 있는 상태이고, 온갖 사상이 난무하여 진리적으로 혁신이 요구되는 시대이다. 그런데도 불교는 2500년 전부터 발한 진리적 이상을 구현할 엄두조차 내지 못하고 있는 형편으로서 제 사상을 종합해야 하는 요구가 절실한 때에[104] 미륵불이 우주를 본체로 한 하나님으로서 화현되셨다. 예

---

102) 『불교철학개론』, 서경보 저, 명문당, 1963, p.26.

103) 위의 책, p.19.

104) 『불교철학의 이해를 위하여』, 불교신문사 편, 대학문화사, 1984, p.239.

로부터 불교에서는 기독교의 종말 사상과 비슷한 말법사상이 있었거
니와,[105] 그 말법적 정황이 기독교가 예고한 종말 상황과 일치된 때에
새로운 정법을 구현하기 위해 미륵불이 탄강하셨다. 진리불인 미륵불
이 보혜사 하나님과 하나 된 존재불로서[106] 이루어야 할 과업은 기존
의 증거되지 못한 진리의 생명력을 부활시키는 것이며, 우주적인 본체
를 완성시킨 진리답게 파생된 진리 세계를 규합해서 종말에 처한 인
류를 구원할 새로운 정신문명을 창달하는 것이다. 어느 모로 보나 이
시대는 미륵불의 탄강이 강력하게 요청되고 있는 때이므로, 이 요구에
부응하기 위해 하나님이 진리의 화신체로서 강림하셨다.

4. 각·법·공의 초월성 인식

　서양의 문물과 제도, 합리적인 사고방식, 논리적인 사고 훈련, 과학
과 실용적인 지식으로 철저하게 무장하고 있는 현대인들이 불교의
진리 세계를 이해한다는 것은 쉬운 일이 아니다.[107] 현재의 질서 방
식과는 초점이 크게 어긋나 있다. 道란 세계와 견주어 보아도 사정은
마찬가지이다. 그렇다면 불교가 내세운 진리관은 도대체 무엇인가?
어떤 가치가 있기에 선현들이 몸 바쳐 전승시키려 했던가? 그렇게 할
만한 우주적 비밀이 숨겨져 있다는 사실을 알아야 한다. 서양에서는
도출되는 우주적 비밀을 창조주이신 하나님께로 전격 의탁했던 시절
이 있었다. 하지만 동양, 특히 부처를 믿은 수행자들은 탐색 방법이

---

105) 『사관이란 무엇인가』, 차하형 편, 청람, 1985, p.242.
106) 미륵불=법신불의 완성체=진리의 전모화로 강림하신 보혜사 하나님←재림주가 아님.
107) 『화엄불교의 세계』, 앞의 책, 표지글.

남달랐다. 하나님이 천지를 창조하셨다면 하나님은 정말 직접적인 행위자로서 바탕된 근거가 남아 있어야 한다. 하지만 구체적인 질적 근거가 없기 때문에 색다른 방법을 모색해야 했는데, 이것이 역사상 佛陀가 각성된 의식을 통해 우주의 실상을 엿본 수행이란 방법론이다.

만상을 이룬 원인 바탕은 만물로서 구축되기 이전의 원형적, 본질적인 것으로서 오감을 통해서는 접근할 수 없다. 본질적인 근거가 있는데도 인식하지 못하였는데, 佛陀가 무상정등각을 얻은 것이다. 근원적인 세계에 도달하기 위해서는 무엇보다 주어진 의식을 본질화시킴으로써 세계와 함께할 수 있는 고도의 직관력을 길러야 한다. 우주와 통할 수 있도록 의식을 청정케 하고, 각성된 경지에 도달해야 비로소 우주의 궁극 실상인 원인 세계를 가늠할 수 있다. 그것은 분명 대우주의 생성 세계를 지켜보고 함께한 자가 아니면 펼칠 수 없는 세계이므로 평상적인 안목으로는 확인할 수 없는 장애 요인이 도사리고 있었다. 그러나 어찌 자신이 보지 못한다고 해서 빛이 없고 듣지 못한다고 해서 소리가 없겠는가? 그 妙法의 소식이 바로 覺者가 일갈한 형상 이전의 형상을 있게 하고 질서 이전의 시공간을 결정짓게 한 본질 세계이며, 만사를 초월해서 운위된 원인 세계이다. 오감으로는 감당할 수 없으므로 의식을 도야해 초월 세계를 인식했던 수행의 방법적 가치가 여기에 있다. 수행승이 선정이란 방법으로 우주의 본심과 통한 본체 자리를 인식한 것은[108] 시공을 초월한 창조 세계의 진면목을 깨달음을 통해 통달한 것과 같다. 각성된 본체 세계는 쉽게 접근할 수 없는 차원적인 세계이므로, 道를 얻은 자로서의 고뇌도 함

---

108) 『코리아 웅비의 증산도』, 노상균 강해, 대원출판사, 1994, p.76.

께 따랐다. 분열해서 나타난 현상 세계와는 판이하기 때문에,109) 어렵기는 하지만 통합적인 본질 세계를 覺을 통해 인식함으로써 진리 세계를 완성시킬 수 있도록 초석을 다졌다. 초월적인 본질성을 인식할 수 있는 루트를 개척했기 때문에 삼세 간에 걸쳐 계신 하나님의 본체도 현현될 수 있게 되었다는 데 대해 이 같은 섭리 결과를 누가 짐작할 수 있었겠는가? 정말 佛陀는 만유의 본체성인 空이란 실체를 통해 통합적인 초월 본체를 다각적인 형태로 각인한 覺者이시다.

空은 한통속인 실체인 만큼이나 삼세 간을 모두 포함하고 있는 원질적 바탕이다(만유의 근원 본체).110) 우리들이 접하고 있는 것은 노출된 시공간뿐이지만 이면에 존재한 바탕 본질은 지나간 과거세와 다가올 미래세까지 모두 본유한 상태이다. 그래서 覺者는 수행을 통해 획득한 초월의식을 통해 삼세 간을 꿰뚫게 되었다. 이를 통해 우리는 현 질서를 초월해 있는 본질 공간과 바탕체가 구조적으로 통합적인 본체를 이루고 있다는 사실을 알 수 있다. 인식은 지극히 수동적이기 때문에 인식된 형태를 통해서 보면 존재하는 구조 상태를 가늠할 수 있다. 설일체유부(說一切有部)에서111) 삼세 실유(三世 實有)와 법체 항유(法體 恒有)를 주장한 것은 과거업이 미래의 결과와 연관되어야 하는 근거가 필요했기 때문인데, 살펴보면 정말 과거업이 미래에도 영향을 미치고 있는 실상을 항존하고 실유된 통합 구조를 통해 확인할 수 있다.112) 시공의 본질 구조가 구분 없는 통속으로 되어 있

---

109) 분열과 생멸이 있기 이전의 원인 세계임.

110) 『세계창조론 서설』, 졸저, 인쇄본, 1998, p.88.

111) 부파불교 중 상좌부의 분파.

112) 『불교학개론 강의실(2)』, 앞의 책, p.117.

다. 온갖 인식의 장애물이 노출되어 있는 현실과 달리 일여 의식은 삼세 간을 넘나듦에 있어 아무 걸림이 없는 통체 구조로 되어 있다.[113] 佛性은 본래 청정하고 물질을 초월한 무한 차원적인 것이어서 한 물건도 있을 수 없다고 갈파했던 것처럼(육조 혜능), 참으로 이런 물건은 현실 위에서는 아무도 볼 수 없다. 본질적인 차원에서 확보한 반야란 지혜를 통해서만 볼 수 있었다. 불교가 이런 반야란 지혜를 일구지 못했다면 인류는 어떻게 되었을까? 세계는 영원할 수 있도록 구조적으로 알파와 오메가가 맞물려 있다는 사실을 알아야 하고 삼세 간에 걸쳐 있는 시공의 구조를 확인할 수 있어야 인류가 이 땅에서 완성된 세계관을 건설할 수 있다.

'현상의 이면에 내재된 본질은 시공간을 초월해 있어서 논증할 수 없는 것이 아니라',[114] 각성하면 성큼 다가오는 진리 세계이다. 이것이 불교 진리가 보전된 가치이고, 이 모든 사실을 밝힌 데 보혜사 하나님의 미륵적 탄강 의의가 있다.[115] '일념삼천설(천태불교)'이나[116] '一卽多 多卽一'[117] 사상은 본질 세계의 통합 구조를 일갈한 법설 형태이다. 정말 이것을 깨달아야 만인은 불교 진리가 지닌 초월적인 지혜 특성을 강림하신 하나님과 연결시킬 수 있다. 제 佛法을 통달한 역사 위에 하나님이 주재하신 뜻이 있으며, 佛法은 하나님의 강림 본체를 증거할 수 있는 진리적 체제로 구축되어 있다.[118] 佛法의 진리성을 강

---

113) 『세계본질론』, 졸저, 청학사, 1997, p.375.

114) 『불교학개론 강의실(2)』, 앞의 책, p.82.

115) 하나님이 불교 진리를 기반으로 하여 증거될 수 있었고 강림하실 수 있었다는 사실은 보혜사가 미륵불로서 탄강하신 의미를 피할 수 없게 한다.

116) 『불교철학의 이해를 위하여』, 앞의 책, p.85.

117) "개체가 곧 전체이고 전체가 곧 개체이다."- 위의 책, p.87.

118) 초월인식 메커니즘.

림하신 하나님이 총체적으로 규합시키셨다.

5. 불법의 창조 본질성

중생들은 부처를 존숭해 따르고 있지만 그가 펼친 覺의 세계가 도대체 무엇을 의미하는 것인지를 아는 사람은 드물다. 우리는 눈을 떠서 여러 사물 현상을 접하지만, 어떻게 해서 그런 일이 일어나게 되었는가 하는 것은 쉽게 파악할 수 없다. 그렇기 때문에 인류는 覺者가 몸 바쳐 일군 道를 통해서 만상을 이룬 근원에 대해 정보를 제공받아야 했다. 깨달음이 없다면 만상을 낳은 존재의 고향은 어디서도 찾을 수 없다. 서양이 제공한 학문을 통해서는 만물을 형성한 근원을 찾을 수 없는데 불교가 원초적인 본향으로 나아갈 수 있는 길을 개척했다. "佛陀와 수도승은 우주 가운데 잠재된 무형의 본질 생성력을 찬란한 실상으로 밝혔으며, 창조된 본질 바탕을 각성했다. 이 힘이 어디서 났겠는가? 창조된 힘이고 진리가 지닌 힘이며 수행이 쌓아 올린 힘이다."[119)

만물의 이면에 존재한 본질 바탕을 일군 佛法은 언제나 하나님의 창조 원리와 존재된 구조를 부각시킬 수 있는 진리력을 갖추었다. 근원된 세계를 형상화시키는데 있어서 佛法이 담당한 역할은 심대하다. 그 역할이 미륵불을 진리의 化身으로서 존재화시키게 하였고, 하나님이 강림할 수 있도록 하는 데도 기여되었다. 본말이 드러나지 못한 선천에서는 본질 세계를 지킨 역할을 하였고, 지금은 창조 진리를 완성하고 하나님이 강림하실 수 있도록 하였다. 이러한 역정이 佛法의

---

119) 『길을 위하여(3)』, 졸저, 인쇄본, 1990, p.101.

세계에 고스란히 새겨져 있다. 이것을 인류는 하나님이 성령으로서 이룬 역사를 통해 확인할 수 있어야 하고, 창조의 진면목으로서 보아야 한다. 佛僧들이 정열을 바쳐 구하고자 한 지혜는 무엇인가? 空의 실상은? 궁극성에 대한 각성 경계는 다름 아닌 하나님이 천지를 지은 창조 역사에 대한 원력 경계였다. 이것을 갹출해서 언어란 그릇 안에 담아 놓은 것이 팔만대장경이다. 空으로서 각성된 창조 본질은 경계가 없는 바탕체로서 무궁한 지혜를 함축하고 있다. 누가 알아서 밝힌 것인가? 천지를 창조하신 분, 곧 진리의 본체자로 강림하신 하나님이시다. 목적에 충일한 하나님의 존재 의지와 창조를 성사시킨 실상을 空으로서 인식했다. 그래서 空은 풀도 나무도 큰 바다도 수미산도 포함해서 창조를 실현시킨 근원 바탕이 된다. 空性을 포함한 自性이 능히 만법을 내포하고 있다.[120]

세계는 空性을 하나도 벗어날 수 없다.[121] 세계의 진실상은 色空을 연관해서 밝혀야 하나니, 佛者는 참으로 과학을 알아야 하고 과학자는 空性이 지닌 창조성을 알아야 한다. 만물은 진화된 것이 아니라 空性으로부터 창조된 것이므로, 空한 바탕으로부터 만물이 지닌 제 특성 현상을 한꺼번에 꿰뚫을 수 있다. 만물이 지닌 분열 질서와는 차원이 다른, 초월적이면서도 통합적인 空性을 통하면 능히 천지가 창조된 근거를 붙들 수 있다. 空論은 창조론인 것을 넘어 창조의 비밀까지 품고 있는 무궁한 지혜 그릇이다. 佛法 하나하나가 창조성을 형상화시킨 진언이라고 보는 것은 佛法의 본말을 밝힌 핵심 관점이며 우주 간에서 생성된 진리를 꿰뚫는 하나님의 역점 心이다.

---

120) 『육조단경』, 육조문인 법해 기록, 한길조 역, 대한불교서적센터, 1967, p.31.
121) 삼국시대 요동성 출신인 중 승랑僧朗): "존재하는 모든 것은 空이다."-『한국철학사상사』, 앞의 책, p.53.

역점 心이란 과연 무엇인가? 인식의 경계를 초월한 본유적 존재이고 통합성을 이룬 본질이고 생성·분화·분열로서 펼쳐진 실상을 밝힌 창조적 지혜이다.

> "生하지도 않고(不生) 멸하지도 않고(不滅), 항상도 아니고(不常) 단절도 아니고(不斷), 단일도 아니고(不一) 복수도 아니고(不異), 오지도 않고(不來) 가지도 않고(不出), 연기는 모든 희론(戱論)을 잘 적멸(寂滅)시킨다고 설하신 모든 설법자 가운데 최상인 저 부처님께 나는 예배한다(『中論』)."[122]

창조는 현 시공의 생성 질서를 초월해 있어 아무것도 발하지 않은, 空한 상태로서 존재하고 있는 그 무엇이다. 현재의 엄연한 질서로서 보면 의아하겠지만, 그런 의문도 끝까지 풀 수 없는 것이라면 그것은 진리로서 지닌 의미가 없어진다. 본말을 보지 못해 제반 판단이 유보된 상태에 있었던 것이므로, 이것을 보혜사 하나님이 밝혀 주셨다.

즉 창조의 최초 시원은 어떤 면이든 無로부터의 시작이 출발점이다. 인식상 분별할 수 없고 창조를 이룬 원인 행위가 구체화되지 못한 상태이다. 하지만 다시 생각해 볼 때 창조가 無하다고 해서 정말 無한 것인가 하면 그런 것이 아니다. 그래서 불교에서는 인식적·존재적으로 有하고 無한 상태 외에 空이란 제삼의 존재 개념을 세웠다.[123] 有無 간에 두루 걸쳐 있으면서도 다만 형상을 드러내지 않아 無하면서도 有한 존재(?), 空으로밖에 설명할 수 없는 궁극적인 실체를 용수는 無自性적인 空性으로 표현했다. 有와 無를 모두 부정하고 空性적인 性質

---

122) 『불교학개론 강의실(2)』, 앞의 책, p.138.
123) 『불교철학의 이해를 위하여』, 앞의 책, p.264.

을 내세운 중도론(中道論)[124]은 초월 실체성을 겨냥한 인식론이다. 존재하는 사물들이 '본체라든가 실체라고 하는 것은 없고, 다만 空性으로밖에 볼 수 없다'고 말한 것은[125] 창조된 바탕 실상을 지적한 것이다. '空은 도대체 어떤 물건인가? 결코 아무것도 없는 無가 아니다. 배후에는 반드시 有가 있어야 하지 않겠는가? 有에 대해서',[126] 화엄종의 대성자인 법장(法藏)은 창조된 바탕 배후에 존재한 창조주 자리까지 추적해 들어갔다. 배후에 있는 존재 자리를 X 상태로 놓고 원인 자리를 찾고자 한 것인데, 그곳에 하나님이 존재하고 있다는 사실을 알기 위해서는 우주의 생성 본말을 대관해야 했다. 空의 배후에 있는 有는 현상계에 바탕을 둔 존재 상태가 아니다. 어떤 물형도 없는 존재성에 대한 인식이다. 이것을 근거로 하나님이 창조를 위해 空한 테두리를 설정하셨다.

空은 인식과 물형을 드러낸 개념이라기보다는 창조를 성사시킬 가능성을 구유한 상태이지만 자체는 여전히 空하기만 하다. 아무것도 결정되지 않았고 고정적인 실체를 지니지 않은 불가득(不可得)한 空이다.[127] 만사가 고정되어 있는 존재 상태에서 보면 빠짐없이 위배된 것 같지만 실상은 위배가 아니다. 그렇게 되어 있어야 만물을 결정할 수 있는 창조력을 발휘한다. 이것을 覺性해서 보면 "空의 無自性, 즉 온갖 사물은 실체로서 존재하면서도 生하지도 멸하지도 않는, 본질로서 존재한 입장이다. 사물의 특성이 드러나기 이전인 空한 바탕에서

---

124) 위의 책, p.39.
125) 위의 책, p.39.
126) 『화엄의 사상』, 가마타 시게오 저, 한형조 역, 고려원, p.89.
127) 『불교학개론 강의실(2)』, 앞의 책, p.131.

창조되다 보니, 현 시공간에서 지속되고 있는 실체 형태는 불멸이 아니라 "인연 따라 생멸하는 가유로서의 空이 된다(원측의 사상)."[128] 無自性은 실체성을 부정하는 개념으로 이해되기도 하지만, 천지 만물이 정말 빠짐없이 無한 空으로부터 창조되어 생멸하고 있는데 무엇을 기준으로 해서 존재를 존재라 하고 실체를 실체라 할 것인가? 감각을 통해 판단한 실체는 한정된 것이므로, 생멸을 관장한 空을 참된 실체로서 인정해야 한다.

존재가 존재한 근거로서 남아 있는 것은 무엇인가? 空으로부터 만상을 실유케 한 원리이고, 창조를 통해 연관된 관계성이다. 만사는 원리와 관계성에 의해서 성립되며 존재하고 있다. 존재는 오직 관계와 원리성에 의해 창조된 결과물이다. 존재는 가유공이고 생멸하는 임시 실유이지만, 空한 바탕은 확실한 인과를 낳아 영원한 존재로 남는다. 그래서 용수는 '사물은 실재하는 것이 아니라 관계성에 의해서 성립한다'[129]고 보고 사실상 창조 관점을 확정지었다. 空性은 만유의 실체성을 규정한 바탕 본질인 동시에 뭇 현상과 존재를 있게 한 본체적 근거이다. 하나님이 창조를 위해 일체를 구유한 空한 바탕(통합성)을 마련했던 것인데, 이것을 覺者가 인내를 다해 覺性했다. 곧 하나로부터 모든 것이 나오고, 空으로부터 만물이 창조된다. 의상 법사는 『화엄일승법계도(華嚴一乘法界圖)』에서 '하나 가운데 모든 것이 있고 모든 것 가운데 하나가 있다. 하나가 곧 모든 것이고 모든 것이 곧 하나이다'라고 일갈했다.[130] 만상이 하나인 하나님으로부터 창조되므

---

128) 『반야심경의 세계』, 앞의 책, p.126.
129) 『불교학개론 강의실(2)』, 앞의 책, p.139.
130) 『반야심경의 세계』, 앞의 책, p.46.

로 만물을 하나라 할 것인가, 하나를 만물이라 할 것인가? 구분할 수 없는 하나이다. 우리가 사물을 판단하는 것은 생성하는 과정 속에서이므로, 가장 확실한 실체도 실유된 상태는 임시적이다. 어제까지 살아 있었던 삶이 오늘 멸해버리는 현실 속에서는 존재성을 확정지을 수 없다.

따라서 우리가 정말 판단해야 할 것은 그렇게 생성된 경과 전체를 실유하는 존재성으로 보는 것이다. 분열된 모습을 그대로 보면 그 모습은 천차만별하다. 그래서 覺者는 하나가 만 개되고 만 개가 하나 된 전체 생성 과정을 한 존재로서 본 것이다. 만유가 만상을 이루었어도 하나인 실유 덩어리이다. 이것은 대우주가 통합체로부터 분열된 양상을 직시한 상황이다. 분열된 시공간에서는 철저하게 色空을 분리해야 하지만 전체 시공을 관장한 안목에서는(佛陀) 하나로 본다. 원형적인 통합 본체에 대한 인식이고 창조 상태에 대한 직시이다. 空이 空하면서 色되고, 色이 色되면서 空하므로 色空은 분리될 수 없다(하나임). 그런데도 변화된 존재 상태를 이해하지 못한 것은 생성된 본말을 보지 못해서이다. 오직 강림하신 하나님만 천지 간에서 생성된 전체를 볼 수 있다. 실상이 그러하기 때문에 佛陀도 만사를 연기 하나로 꿰뚫게 된 것인 만큼, 창조는 인과의 궁극적인 본체이다.

그렇다면 우리도 역시 창조된 결과 존재이기 때문에 자체를 통해 일체를 인식할 수 있고 '하나에 의해 일체를 봄이 가능'하다.131) 一物과 一念이 창조된 원인과 결과를 함께 지니고 있어, 하나인 본질로부터 발출된 창조 정보를 공유하고 있다. 창조라는 확실한 원인을 통해

---

131) 『화엄사상론』, 중촌 외 6인 저, 석원욱 편역자, 운주사, 1990, pp.134~135.

현상 위에서 필연적으로 연결되어 있다. 우연은 없으며 인과는 창조가 낳은 확실한 근거이다. 空性(통합성)으로부터 생성된 관계 고리에 의해서…… 창조된 결과 실마리를 붙든 것이 연기설이고 연기의 최초 알파 자리에 창조 행위가 있다. 우리가 독자적인 존재라면 만사와 만물도 독자적이어야 하고, 하나하나의 행위도 일체 연관성이 없어야 한다. 그런데 과연 그러한가? 창조가 없는데 만물이 있는가? 최초의 원인 자리에 창조가 있고 空한 본질이 있고 인과가 나뉘기 이전인 통합성이 존재하는 것은 당연하다.

空은 만물을 창조한 바탕체로서 창조 이후에도 인과 세계를 관장해 벗어날 수 없는 有함 상태를 지속시킨다. 영원한 생성 시스템이 인과란 결정성에 의해 운위되고 있다. 창조되었다는 것은 곧 영원히 존재한다는 뜻이다. 인과는 그 영원성을 뒷받침한 空性이자 존재 양상인 창조 시스템이다. 존재한다는 것은 창조되었다는 뜻이다. 존재는 오직 그렇게 창조된 특성을 유지하기 해서 끊임없이 생성한다. 연은 창조가 이룬 결정 근거이다. 인과 고리는 하나님이 창조를 결정하심으로써 만물이 그 命을 벗어날 수 없게 된 구속 상태이다. 한통속인 본질은 만 가지로 현현되었더라도 한 의지인 상황을 벗어날 수 없다. 벗어난 즉시 존재된 질서가 파괴된다. 이런 인과성이 세상 역사를 통해 개연적으로 작용한 것이 섭리력이다.

세상 역사는 어떤 경우에도 우연적으로 엮어질 수 없다. 원인 없는 우연은 없다. '시간과 역사가 시작도 끝도 없다는 불교의 시간관은 (無始無終)'132) 우주의 생성 본말을 보지 못한 상태에서의 인식이었던

---

132) 『선과 현대신학』, 아베 마사오 저, 변선환 엮음, 대원정사, 1996, p.178.

것일 뿐, 하나님은 시간과 역사를 통합 본체로부터 창조한 결정성 위에 두셨다. 천지가 창조되었다는 것은 하나님이 그렇게 결정하셨다는 뜻인데, 그 결정성은 만세 전부터 작정된 것이다. 결정된 뜻은 철저하다. 하나님이 문명 역사를 주관하신 것은 우주의 생성 본말을 결정 의지로서 관장하신 것이다. 삼세 간에 걸쳐 이루실 일들을 모두 포함시켰다. 그리하여 결정되어진 창조 역사에 따라 일체 상황을 종결지은 것이 하나님의 지상 강림 역사이다. 하나님이 무수한 생성 경과를 통해 현현될 것은 정해진 역사였다. 佛陀와 제가승이 쌓은 신행이 고스란히 지상 강림 역사에 기여된 것은 부인할 수 없는 사실이다. 인류가 쌓은 진리 공덕을 사랑으로 포유하려 함에, 그곳에 만인이 바라 마지 않은 미륵불의 탄강 모습이 있다. 法身으로서 완성되기를 바란 부처가 오늘날 이 땅에 강림하신 보혜사 하나님이시다. 세상은 인류가 당면한 말세에 새로운 구원의 과제를 해결하기 위해 탄강하신 미륵 부처의 실체를 분별해야 한다. 영광된 강림 본체를 지혜를 다해 깨달아야 한다.

08

진리의 보혜성

1. 진리와 세계관의 문제

인류는 지금까지 걸어온 문명 역사 가운데 많은 소중한 것들을 위해 헌신하였고 정열을 바쳤지만 진리를 얻기 위해 바친 일념과 비견할 것은 없다. 진리 탐구는 인류가 차마 버릴 수 없었던 지고한 정신 혼맥이다. 가치를 알고 있었기 때문에 진리로서 구축한 세계관에 귀의처를 두었다. 따라서 인류가 구축한 세계관에 특별한 방도는 없다. 세계에 문제가 있다면 진리에도 문제가 있고, 진리에 문제가 있으면 세계에도 문제가 있는 것인데도[133] 정말 문제는 발생한 문제에 대해 근본적인 원인을 찾지 못한 데 있다. 진리로 인한 문제를 해결하는 것은 근본적인 것인데도 대책이 없다는 것은 말이 안 된다. 진리관은 인간이 옳다고 판단하여 세운 우주관이다. 하루 이틀 동안에 확보한 관점이 아니다. 가진 신념이 옳다는 것을 지나온 역사 속에서 나름대

---

133) "진리는 결국 이 세상에서 어떤 형태로든 질서지어진 제도와 세계관으로서 정립된다."-『세계통합론』, 졸저, 다짐, 1995, p.540.

로 확인하였다. 겪은 결과 별다른 문제가 없었는데도 다른 이유로 비판한다면 그것은 정당하지 않다. 그런데도 이와 같은 행보들이 반복된 것이 문제들을 야기한 주된 원인이다. 진리인데도 결국 문제를 일으켰고 제시된 진리관은 세계관으로서 충돌을 일으켰다. 대대로 살아온 삶의 터전인데 강제로 나가라고 한다면 누가 순순히 응하겠는가? 뺏으려 하고 빼앗기지 않으려고 한 악순환이 거듭되리라. 당위성을 인정하고 받아들이게 하기 위해서는 끝까지 진리를 통해서 풀어야 한다. 문제를 일소시키는 과정을 거쳐야 한다. 우주가 생성을 다한 변국을 맞이하여 기존 질서들이 막바지에 이른 상태가 되었다고 한다면 어떻게 하겠는가? 우주적인 종말 국면을 맞이한 상황에서는 뒤를 돌아볼 겨를조차 없다.

그러나 이 같은 상황에서도 만세 전부터 예비된 구원의 방주가 없는 것은 아니다. 대우주가 창조 이래 종말 국면을 맞이한 것은 생성을 통해 다시 창조되기 위한 어쩔 수 없는 과정이다. 우주가 끝내 파멸되지 않고 극성이 전환되어야 하는 상황에서 하나님이 염려하신 것은 오직 하나, 사랑을 쏟아 역점을 둔 만세 인류이다. 그런데도 세상은 과거 믿음만 지키고 있으므로, 그렇게 쌓은 신행과 공덕을 헛되지 않게 하기 위해 세상을 구원할 뜻을 결정하셨다. 따라서 오늘날 하나님이 이 땅에 강림하신 뜻을 받드는 것은 인류가 구원될 수 있는 선행 과제이다. 메시지의 성격은 제기된 문제 가운데서도 근원되고 본질적인 것이다. 인류는 여태까지 생성된 진리의 근원 뿌리를 모른다는 말인데, 정말 진리가 어떻게 생성된 것인지, 어디로부터 파생된 것인지 알지 못했다. 그래서 주어진 결과는?

단언하건대 "누가 눈앞에 닥쳐온 세계적인 고뇌를 해결해 주었는가? 완전한 진리를 드러내었는가? 진리의 무한성을 충족시켰는가? 본체는 드러나지 못한 상태인데, 관념을 고착화시켜버려 온갖 문제가 발생했다."134) 독자적으로 발생된 것이라면 세계관도 독자적으로 정립되어야 하는 것이 마땅하다. 하지만 문제는 그렇게 해서 바라본 우주의 하늘이 결국은 동일하다는데 있다. 같은 원천에서 나온 一物이지만(진리) 문화와 역사와 지역 간의 격차, 삶의 양식, 사고방식의 다양성 때문에 다르게 판단함이 불가피했다. 그리고 근원된 뿌리를 드러내고 싶어도 한꺼번에 모습을 드러낼 수 없는 이유도 첨가된다. 돌뿌리는 힘을 쓰면 단번에 캐낼 수 있지만 근원된 진리는 삼세 간에 걸쳐 생성하고 있어 한꺼번에 드러날 수 없다. 경전도 생성한 본질을 새겨서 담아 놓은 그릇이기 때문에 생성이 완료되기까지는 아무리 권위 있는 경전도 전체성을 담아내기에는 이른 감이 있다. 성인도 생성된 모습을 대관하지 못해 뿌리를 캐지 못했다. 그런데도 종교인들이 경전을 바라본 시각은? 절대 권위로 무장하여 무궁하게 생성되어야 하는 진리성을 경색시켜 버리지 않았던가? 전일적이지 못한데도 전체 우주관을 대신하려고 했다. 경전이 우주의 생성 본질을 담아 놓은 그릇이란 관점에 입각하면, 경전도 종합되어야 우주 생성의 전일적인 모습을 나타낼 수 있다. 그런데도 선천 하늘에서는 이것이 어려웠다. 거대한 우주가 생성한 사실을 밝혀야 했고, 생성을 완료한 상황을 진리로서 각인해야 했다. 선행 문제를 해결해야 야기된 문제도 해결할 수 있다. 생성을 지향한 본질은 완료되기 이전에는 오히려 세계를 분파시킨 요인으로서 작용했다는 뜻인데, 생성 본질의 본말을 보지 못한 관계로 일군

---

134) 『길을 위하여(3)』, 졸저, 인쇄본, 1990, p.202.

진리가 한정된 그릇에 담겨 버렸다. 생성은 본원으로부터 말단을 향한 분열인데, 도달하기까지는 방향을 알 수 없다.

세계가 분열한다는 것은 진리도 분열하고 있다는 뜻이다. 따라서 천지가 온통 분열 중인 선천 하늘 아래서는 누구도 통합된 본질 뿌리를 볼 수 없다. 분열을 통해 세계성을 구축하는데 주력했다. 분열함으로써 세계가 특색 있는 모양새를 가질 것은 당연하다. 종교·철학·학문·과학·유물론 같은 진리관이 세워졌다. 자체 세계관을 구축하는데 급급하다보니 진리가 한 근원으로부터 말미암았다는 사실을 간파할 수 없었다. 분파된 진리관은 우주가 생성함에 따른 당연한 결과인데, 왜 그렇게 갖가지 가지로 뻗어났던가? 하나님이 지니신 뜻인데 누가 알 수 있겠는가? 때가 되어야 하나님이 밝힐 수 있는 문제이다. 생성 본말(알파와 오메가)이 밝혀지지 못한 상태에서는 어떤 문제도 독자적으로 해명할 수 없다. 야기된 문제를 해결하기 난감했던 것은 핵심된 본질과 알파에 대해 전혀 초점을 잡지 못한 때문이다. 본말을 모르는 상태에서는 이해하기 어려울 것 같지만 근본적인 요인만 해결하면 다른 문제들은 일시에 풀린다. 현재 이 연구가 문명 역사를 바라보는 관점도 마찬가지이다. 생성 본말을 대관하면 온갖 진리가 하나이다. 너와 내가 구분될 수 없는 일체이다. 하나님이 한 의지로 우주 역사를 주재하셨다. 그런데 先覺들이 정열을 쏟아 일구었는데도 어찌하여 진리로서 정위(正位)된 근원 자리를 찾지 못했는가? 끝내 세계를 완성하지 못했는가?

이와 같은 세계적 한계는 그냥 그대로 끝나는 것이 아니다. 종말이란 변국 상황 앞에서 하나님이 강림하실 디딤돌이 되었다. 진리를 초점 잡지는 못했지만, 그럴 수밖에 없는 세계 생성의 단계적인 과정이

다. 세계가 분파된 것이 완성을 위해 재료를 만든 과정이었다는 뜻을
안다면, 하나님이 인류를 구원하기 위해 무엇을 준비해 오셨는가 하
는 뜻을 새삼 자각할 수 있다. 세인들은 하나님이 살아 계신 증거로
서 획기적인 이적이 일어나길 기대할지 모르지만, 하나님은 지성들이
납득할 수 있는 객관적인 이치를 통하여 섭리 역사를 준비하셨다. 그
러면서도 하나님은 권한에 속한 진리의 주장권만큼은 끝내 발동하지
않으셨다. 인간들이 오히려 진리를 등에 업고 권한을 남용하였다. 진
리의 주인이 하나님이란 사실을 이제 막 알게 된 상태인데 어떻게 하
나님의 뜻을 제대로 수행했겠는가? 수많은 지성인, 종교인, 학자들이
우주의 근원된 모습을 진리관에 입각해서 담아냈지만, 하나님이 지니
신 창조 본의에 기인하지는 못했다. 그 이유가 어디에 있는가? 천지
가 창조된 사실을 진리관으로서 뒷받침하지 못한 것이 원인이다.[135]
천지가 창조되었다고 보는 것은 상식적인 판단이고 객관적인 역사이
다. 그런데도 인류는 이 같은 사실을 확인하기 위해 머나 먼 길을 돌
아서 가는 길을 택했다.[136] 부인하였기 때문에 정당화될 수 있는 길
이 열리게 되었다는 아이러니! 그래서 차마 거부할 수 없는 진리관을
정립하게 된 절차가 필요하였다. 생성된 과정을 포괄한 것이 세계관
을 완성할 수 있는 길이 되었다.

그런데도 지성인들은 선현들이 생성 본질을 개척하기 위해 바친
고귀한 정열은 미루어 두고 물질 만능인 세계관을 건설하는데 혈안
이 되어 있으므로 이 같은 세태가 계속된다면 지금까지 일군 영원성
을 뒷받침한 본질적 가치는 사장될 수밖에 없다. 아무리 무성한 나무

---

135) 창조 역사가 하나님의 섭리 아래에 있은 것임.
136) 결국 산은 산이요 물은 물이다.

라도 뿌리가 뽑혀진 다음에는 회생될 수 없다. 인류는 반드시 본질적인 진리를 일구어야 차원적인 세계로 진입할 수 있는 문고리를 붙들 수 있다. 그런데 찾지 못하므로 도래한 종말은 피할 수 없다. 세계는 무궁하게 생성하고 싶은데 그런 기대를 무산시킨 것은 인간의 그릇된 진리관이고 신념이다. 해결해야 할 과제가 산적되어 있는데 답보시킨 상태에서 문명 역사가 완성될 것을 기대한다는 것은 큰 어리석음이다. 입은 옷이 낡았다면 새로 지어 입어야 하는 것이 현대인이 해결해야 하는 시대적 과제이다. 진리관은 생성함으로써 세워진 집인데, 이 집이 세워진 때가 언제인가? 진리는 영원하지만 그렇게 될 수 있는 조건으로서 진리는 반드시 생성해야 한다. 그렇게 해서 구축된 진리가 분열을 완료해 전혀 다른 진리 차원으로 전환되었다는 것은[137] 하늘의 대세이다. 본질도 생성함으로써 구축되는 것인데, 역행하는 절대적 고착화는 결국 종말을 초래시키는 요인이다.

 뭇 존재가 생성하기 위해 생멸하는 것은 안타깝게 보일 수도 있지만 그것은 일시적인 것이고, 항구적으로는 세계의 영원성을 유지하기 위한 생성 일환이다. 떠나야 정든님이 다시 올 수 있고 오늘 죽어야 내일 다시 산다. 오늘이 중요한데 그 오늘을 보장받기 위해서는 미래가 영원해야 하는 만큼, 그 영원한 미래를 위해 인류는 이 순간 새로운 믿음의 씨를 뿌려야 한다. 길을 예비해야 하므로 인류는 결단을 내려야 한다. 선천 하늘이 처한 분열적 한계를 극복하기 위해 하나님이 강림하신 것이므로, 인류는 한시바삐 하나님이 강림하신 뜻을 지혜를 다해 받들어야 한다. 하나님이 진리의 성령으로서 강림하신 것

---

137) 선천의 진리가 구질서를 벗어 던지고 새 질서를 맞이하게 됨.

은 지금까지 산적된 인류의 정신적 고뇌를 해결하기 위해서이다.[138) 지혜를 바쳐 문제를 풀기 위해서이며 우주가 처한 종말 국면을 타개하기 위해서이다. 인류를 구원하기 위해 화현하신 진리력의 총집결체이다.

2. 진리의 지향 목적

아리스토텔레스는, '모든 인간은 태어나면서부터 알기를 원한다'고 말했다.[139) 어떤 형태와 방법을 통해서든 앎에 대한 욕구만큼은 피할 수 없는 본능이다. 인간은 사고할 수 있는 능력이 있기 때문에 더욱 운명적이다. 제 사물과 일어난 현상들에 대해 궁금하게 생각한 것은 어느 시대, 어떤 지식인을 막론하고 지녔던 보편적 성향이고 주제이며 풀고자 한 과제이다. 이 같은 성향을 일컬어 통상적으로는 진리를 추구한다, 혹은 탐구한다고 했다. 인간이 진리를 추구한 것은 보다 심원한 세계성에 접근하고자 한 연면한 흐름도이다. 다른 동물들은 무관한데 유독 인간만 진리를 위해 고심하였는가? 그곳에는 어쩌면 궁극적으로 도달해야 하는 본향이 있기 때문인지도 모른다. 누가 굳이 앎이란 짐을 짊어지려 했는가? 근원을 향한 성향이 뚜렷했던 것은 정말 그곳에 궁극적인 것이 있는 때문인지도 모른다. 앎을 위해 진리를 구하는 것은 인간에게 부여된 본질적 의무이다. 싫다고 해서 마다할 만한 선택 사항이 아니다. 세계에 대해 의문을 가진 순간부터 인간에게는 한없는 짐이 주어졌다. 진리는 인간이 밝혀내야 하는 삶의 궁극

---

138) 지성적인 이해와 동떨어진 차원 본질을 일방적인 믿음으로 방치하지 않으심.

139) 『시간의 지평』, 서해길 저, 문음사, 1983, p.21.

적인 목표이다. 재물을 모으는 것도 좋고 명예를 얻는 것도 좋지만 진리를 얻지 못하면 영혼이 구제될 수 없다. 앎의 여부가 영혼을 인도하고 존속시킨다.

진리는 무엇이기에 궁극적인 문제에까지 영향을 끼치는가? 이곳에는 진리가 내포한 구조적인 비밀이 있다. 인간이 의문을 가지고 진리를 탐구한 것은 나와 삼라만상 우주가 서로 연관된 관계성을 밝히기 위해서이다. 인간은 혼자 존재할 수 없다. 존립 하나하나에 우주의 생성 메커니즘이 관여되었다. 우주의 창생 바코드가 새겨져 있다. 이것을 진리를 탐구해서 밝혀내고자 했다. 우주 가운데 숨겨진 원리를 밝히고, 그로부터 제 가치를 일깨우려 했다. 평생을 살더라도 진리를 얻고 얻지 못한 차이는 크다. 홀로 사라져 버리는 것과 영원한 삶을 얻는 것은 엄청난 차이이다. 진리를 추구한다는 것은 지식을 구하는 것을 넘어 만상의 근원된 본질성을 궁구하는 것이며, 진리가 지닌 본질은 궁극적인 상태를 드러내어 뭇 영혼을 만상을 창조한 神에게로 인도한다. 앎→지식→진리→본질→창조→神에게 이르는 길은 인류가 그토록 구하고자 한 앎의 지향 루트이고 도달 목적지이다. 그곳에는 보혜사 하나님이 완성된 진리의 모습으로 존재하고 계시다.

진리를 추구하는 과정에서는 누구도 그 방향이 神에게로 도달하리란 확신을 가지지 못했다. 지식이란 단계에 머물렀고 覺者도 본질이 지닌 범위 이상의 경지는 벗어나지 못했다. 기독교는 神이란 존재만 절대시하고 부족분은 믿음으로 채워 강림하신 하나님을 분간할 줄 모른다. 이 연구도 하나님의 지상 강림 역사를 맞이하리라고 예상한 것은 아니며, 진리 통합의 완수 위에서 하나님이 보혜사 성령으로서 본체를 드러낸 결과를 통해 확신하게 되었다. 그래서 진리를 탐구한 것은 궁극적인 본질을 밝히는 첩경이 되었고, 알파와 오메가를 함유한 창조 바코드를 해독하여 神의 존재 근원을 추적하게 되었다. 지난날 본성적으로 무량한 진리 세계를 탐구하였지만 하나님이 강림하신 지금은 진리 세계를 관장한 입장에서 제 존재 가치와 도달 목적지를 판단하게 되었다. 진리는 바탕된 본질이 있으며 본질은 진리를 이룬 바탕 근거이다. 진리가 창조로서 생성된 실날이라면 본질은 그 실날을 있게 한 통재질이다. 그리고 그 통재질의 본원이 곧 하나님이시다. 神의 존재와 천지가 창조된 사실을 전제한 가운데서도 신앙인은 진리가 도달해야 할 궁극적인 귀의처를 하나님에게 두었지만, 이제는 그런 전제 상황을 넘어 정말 진리가 하나님에게로 인도하는 안내역을 담당한다. 하나님의 실체성을 증거하는 바탕이 되고[140] 만상을 형상화시킨 의지 구현의 근거가 된다. 진리를 통해서 궁극적인 세계를 구현하고자 한 것은 하나님의 창조 목적과 의지를 밝히고 본체를 인식하고자 한 본성적 노력이다. 어찌하여 形而上學적인 추구로 인식론·존재론·가치론을 정립하고, 학문과 종교를 통해 세계를 해명할 기반을 쌓아 올렸던가? 창조 목적과 뜻과 의지를 분열시키기 위한 일환이며, 본체를 드러내기 위한 본성적 행위이다. 지성들이 세계에 대해서 품은 한없는 의문과 진리 탐구 의도는 하나님의 본체를 드러내고자 한 데 있다. 창조성을 진리성의 요체로서 정립하고자 했다. 만인이 반드시 섭리된 뜻을 알아야 하는 이유이다. 직접 겪어도 역사된 의미를 몰랐지만 주관하신 하나님은 속속들이 모든 사정을 알고 계셨다.

　인류는 진리를 통해 세계적인 완성을 기렸는데 천지 역사를 주관

---

140) 제 원리는 하나님이 존재하시기 위한 제반 속성 기반임.

하신 섭리가 밝혀지기까지는 깊은 뜻을 알 수 없었다. 계시되었어도 이해하기까지는 창조성의 분열이 완료되어야 했다. 진리 탐구 역정이 神에게 이를 수 없는 미완의 숙제로 남아 있었다. 하나님은 진리를 통해 본체가 현현될 것이기 때문에 제반 충족 조건은 창조성을 진리의 요체로서 밝히는 것이다. 통상적으로는 진리를 세상 이법이라든지 원리·법칙·사실·현상 등과 같은 개념을 통해 접하는데, 이들은 어떻게 해서 생긴 것인가? 그렇게 생성된 근간에 창조가 있었다. 진리의 기원은 창조에 있고, 진리는 하나님의 창조 본체 자체이다. 진리가 존재하고 생성한 근원이 창조이다. 창조는 제 진리 세계를 섭렵할 수 있는 실재 바탕인 동시에 제 진리가 도달해야 하는 궁극적 귀의처이다. 이 같은 진리 생성의 본말을 하나님께서 관장하셨다.

창조는 당연하고 상식적인 것이지만 또 한편으로는 가장 궁극적인 것으로서 이 같은 통찰을 이룬 것은 창조 이래 이 순간이 처음이다. 진리를 탐구한 것은 창조의 비밀을 캐내고 우주의 본질을 일구기 위해서이다. 세상 전체가 창조성 투성이다. 알길 없었던 세상 진리의 출처가 전격 창조로부터 기인되고 뭇 진리가 생성되었다. 하나님이 창조성이란 통합적 바탕을 마련하지 못했다면 진리가 있을 수 없고, 진리가 없다면 만물도 없다. 진리와 만물과 神은 근거가 동일하다. 神과 만물을 연결시키는 매개체 역할을 담당한 것이 진리이다. 진리는 만물을 이루고 있지만 일구어진 특성들은 고스란히 하나님의 존재 속성을 나타낸다. 모든 진리가 神에게 속하고, 神에게로 귀결되어져 神의 神다운 존재 본질을 완성시킨다. 神의 모습이 진리 가운데 투영되어 있다.

지금 이 연구는 하나님이 진리로서 화현된 작용 근거를 추적하고

있는 중이거니와, 진리가 神의 본질과 창조 의지를 드러내었다고 주
장한다면 쉽게 이해하기 어렵겠지만 창조가 하나님의 존재 본질에
근거하여 실현된 사실을 알게 된 지금은 양상이 달라졌다. 인류는 지
난날 하나님을 어떻게 보았는가? 세상이 진리를 인출하는 과정에 있
었으므로 하나님의 전일적인 모습을 볼 수 없었다. 한두 번의 손놀림
만으로는 그림을 완성할 수 없는 것처럼, 진리도 그렇게 하나님의 모
습을 완성시킬 수 있는 구성 요소로서 준비되었다. 본체를 구성하는
데 유구한 세월이 흘렀다. 이런 과정에서 본성적인 진리 추구 의지가
주효했고, 하나님은 섭리로서 뒷받침하셨다. 모든 것이 한결같이 하
나님의 존재를 파악하고 형상을 드러내는데 기여되었다. 창조된 뜻
안에서 노력한 행위들이 하나도 헛되지 않았다. 분열된 역사는 하나
님이 본체를 완성하기 위해 섭리하신 의지의 발자취이다.

　보혜사는 하나님이 창조된 세계 안에서 진리를 통해 모습을 구성
한 또 다른 창조주의 이름이다. 그래서 진리가 머문 곳에서는 세상
어디서도 진리의 성령이 살아 숨 쉬는 보혜성이 함께하였다. 진리는
보혜성이다. 보혜성을 통해 하나님이 진리 세계를 완성하고 본체까지
강림시키셨다. "진리는 神의 존재 속성을 드러내는 가장 중요한 통로
이다."141) 진리를 통해 하나님의 모습이 형상화되기 때문에 세계는
곧 神의 모습 자체이다. 하나님은 결코 세계와 유리되어 있지 않다.
함께하신 근거가 진리를 추구한 발자취 속에 남아 있다. 천고로부터
일구어진 진리를 통해 세계가 하나님에게 속한 근거가 드러났다. 강
력한 의지로 진리를 추구한 성향을 주재하셨다.

---

141) 『인도사상의 역사』, 早島鏡正·論崎直道 외 저, 정호영 역, 민족사, 1993, p.212.

3. 진리의 근거 기준과 개념

진리란 무엇인가? 인류가 여태껏 탐구한 것이 진리라면 개념을 정의하지 못할 것도 없다. 문제는 각각 주장된 관점과 판단한 기준이 다르다는 데 있다. 진리에 대해서 말하였지만 기독교와 이슬람교가 말하는 진리가 다르고 관념론과 유물론이 지닌 관점이 판이하다. 이것이 세계가 분파된 이유이다. 그래서 진리가 무엇인지 정의내리길 머뭇거린다. 본말을 밝히지 못한 상태에서 관점을 고착화시켜 버린 것이다. 본질이 관점을 제공해야 하지만 뿌리를 드러내지 못해 판단이 유동적이게 되었다. 본질은 일체의 개념을 포괄하기 때문에 생성이 완료되기 전까지는 어떤 경우도 개념이 정착될 수 없다. 양산된 개념들은 과연 진리 전반을 드러내었는가? 본질을 규명하였는가? 본질이 가진 영역을 한정하였을 뿐이다. 대립되기까지 한 어리석음을 저질렀다. 그러나 진리 자체마저 그런 것은 아니므로, 강림하신 하나님에 근거하면 개념을 빠짐없이 포괄할 수 있다. 본질을 규명함으로써 진리의 테두리를 정하고 개념을 정착시킨다. 돌이켜보면 선천에서는 진리의 본질을 한정하지 못하여 주장된 개념들이 제각각이고 근거도 무한정했다. 코에 걸면 코걸이고 귀에 걸면 귀걸이이다. 억측이 난무하였다.

그렇다면 놓여진 문제를 해결하면서 동시에 진리인 요소를 충족시키는 본질이 있을진대 그것은 무엇인가? 이것을 밝히기 위해서 하나님이 창조된 본의를 규합시키셨다. 진리란 하나님의 존재 본질을 바탕으로 생성된 본체적 요소이다. 만 가지 진리가 하나님이 마련하신 창조 본질로부터 생성된 것이기 때문에, 이런 본질을 벗어난 진리 개

념은 어디에도 없다. 복음, 법문, 물리 법칙이 예외 없이 창조 본질이
지닌 성향과 뜻 가운데 있다. 참으로 세상 이치가 진리라면 창조된
원리와 의지와 뜻 안에 있다. 진리는 객관적인 사실과 원리를 기준으
로 삼고 있지만 천지가 어떻게 해서 창조된 것인가? 그 원동력이 하
나님의 뜻으로부터 발동된 것이 아니던가? 존재·뜻·본질·의지·
법칙적인 요소들을 총망라한다. 가장 객관적이고 불변한 특성을 지닌
이법도 창조를 이룬 역할 면에서는 진리를 이룬 요소에 불과하다. 창
조는 하나님의 뜻이 중요하고 사랑을 다한 의지가 핵심이다. 사랑이
없다면 하나님은 존재해도 진리는 없다.[142] 孔子, 佛陀, 예수는 체현한
의지를 통해 궁극적인 진상을 드러내었지만 그 중심에는 한결같이
仁, 자비, 사랑이 자리 잡았다. 맹자는 성선설을 주장했고 순자는 성
악설을 내세웠지만 그 판가름도 이제는 명확하다. 사랑이 창조를 실
현시킨 최초 동기이고 원동력이다. 물론 이 같은 사실을 확인하기 위
해서는 천지가 그렇게 사랑으로 창조된 것을 증명해야 하는데, 이것
을 하나님이 강림하셔서 밝혀주셨다.[143]

이 연구는 선천의 섭리 역사를 대관한 본말 관점에 입각해서 과정
을 펼치고 있는 중이다. 섭리는 과정을 완수하지 않고서는 알 수 없
는 창조로 인해 작정된 뜻이다. 그래서 세계는 어떤 경우에도 하나님
의 뜻이 세계를 구성한 진리의 근간이 되어야 한다. 하나님의 뜻이
추구된 진리 탐구 과정을 통해 세계를 이룬 본질로서 드러났다. 진리
를 일군 목적이 천지가 창조된 근거를 밝히기 위한 나름의 노력이었
다는 사실을 알 때, 창조 목적과 의지와 뜻은(창조성) 정말 진리 세계

---

142) 천지가 창조되지 못함.

143) 1998년 11월 15일, 『세계창조론』을 저술함.

를 규합할 수 있는 힘을 지닌다.[144] 진리로서 정의된 개념들이 창조를 실현시킨 의지 성향 안에 있다. 그것은 한계 없는 영원성의 틀이고,[145] 알파와 오메가를 결정한 그 무엇이다. 가능한 성향을 빠짐없이 묻어낸 인식 형태이고 구조이고 괴리 없이 표출된 물자체이다. 그래서 서양에서는 객관적인 진리 대상에 대해 끊임없이 관심을 가졌고 동양에서는 직접 진리 자체와 일체되고자 했다. 우리는 이것을 반드시 조화시켜서 종합해야 한다. 무수한 설들이 웬 말인가? 진리를 분별하지 못한데 큰 어리석음이 있다. 세계가 하나 되기 위해서는 관점을 통합해야 한다. 진리가 하나 되어야 세계가 하나 되고, 세계가 하나 되기 위해서는 진리의 본질을 밝혀야 한다. 자연의 이치를 밝히는 것이든 우주의 본질을 覺하는 것이든[146] 창조 본질은 이 같은 진리들을 모두 담아 둔 통합 그릇이다. 생성으로 풀어낸 창조는 만개된 진리를 거두어서 규합하며 제도, 사상, 이념, 믿음, 진리, 문명, 역사를 통합할 수 있다. 진리는 완성된 절대 본체가 아니다. 언제나 살아서 생동하는 본질체이다. 새로운 세계성을 창출하기 위해 생성한 것인 만큼, 도출된 진리 인자는 반드시 규합될 수 있다. 진리는 인식된 형태이고 우주의 구조를 가늠한 관념성은 지녔지만, 생성하는 본질 인자로서 한순간도 머물러 있지 않다. 비록 창조 바탕의 반영이기는 하지만 진리는 뭇 생명과 존재성을 떠받치고 있는 본질력으로서 존재된 세계를 지배한다. 진리는 문자로 된 개념적 의미가 아니다. 생성 본질과 직결되어 있어 뭇 존재의 특성을 결정한 창조 뜻을 의식을 통해 구조화시켰

---

144) 진리의 개념은 진리로서 드러난 특성이라기보다는 제 진리가 드러낸 특성을 담아 놓은 본질 그릇임.

145) 창조원리는 성령이 밝힌 참 진리이며, 섭리로서 밝혀진 창조된 세계 내에서의 진리 기준임.

146) 세계의 본질이 인식된 근거로서 형상화될 때 이것이 진리화된다. 본질은 삼라만상 존재와 의지와 근본을 형성시킨 창조 바탕으로서, 진리는 이 같은 본질적인 요소가 드러난 것임.

다.[147] 하나님의 창조력 자체이다. '세계를 형성한 인자와 우주의 존재 생성에 관여된 형성 의지를'[148] 진리로서 인식했다.

창조력은 세상 가운데 편만되어 있고 이것을 진리인 형태로 인식한 것인 만큼, 하나님과 창조 의지와 진리와 삼라만상은 떨어질래야 떨어질 수 없다. 무수한 생성 이후가 일체이고, 무수한 진리를 양산한 이후가 하나이다. 그 제일 정점에 존재자로서 섭리를 완수하신 하나님의 발자취가 있다. 제 진리의 근거와 개념을 포괄한 곳에 창조주로서 역사하신 권능과 강림하신 증거가 있다.

4. 진리의 생성 구조와 인식·직관·지혜

이 연구가 지난날 진리를 추구해서 얻어낸 분명한 성과는 세계의 핵심 본질을 드러낸 것이다. 이를 통해 우주의 참된 구조이자 有한 본질이 의식을 통해 형상화되었다는 것을 알게 되었다. 나아가서는 진리가 하나님의 창조 법칙이고 원리이며 부여된 이법이라는 사실도 확인하였다. 생성하는 세계와 천지가 창조된 비밀과 하나님의 존재 속성을 엿보았다. 그런데도 인류가 진리의 면모를 완전하게 파악하지 못한 것은 서양 인식론과 학문 추구 방법이 드러나 있는 사물 현상에 대해서는 철저하게 기반을 다졌지만 그 뿌리에 해당한 의식·직관·존재의 본질성 영역은 도외시해 버린 데 있다.[149] 세계의 제 현상에 대해서는 합리적으로 접근했지만 본질 문제에 대해서는 탐구 노력이

---

147) 『세계창조론』, 제3편 조물론, 앞의 책, p.116.
148) 『세계창조론 서설』, 졸저, 1998, 인쇄본, p.59.
149) 진리론이 완성되기 위해서는 인식론, 존재론, 본질론이 함께 완성되어야 함.

소원했다. '진리란 객관적인 대상을 올바르게 반영한 인식 내용을 지칭하고',150) '진리가 존재한 참된 형태는 진리의 學的 체계'151)란 개념을 가졌다. 이것은 사물의 제반 현상을 규명하는데 있어서는 더할 나위 없는 방법으로서, 세계의 엄밀한 법칙성과 인과율을 드러낸다. 잘 닦은 거울 면으로 사물을 훤히 비추는 것처럼……

그러나 문제는 탐색해야 하는 대상이 외부 세계에만 국한될 수 없다는데 있다. 무형인 본질 대상에 대해서 그 작용성을 탐색할 방법론도 강구해야 하는데, 이것을 서양에서는 적극적으로 모색하지 않았다. 수단 자체에 결함이 있는 상태인데 구축된 진리 세계가 온전할수 있겠는가? 세계가 완성되기 위해서는 구성된 진리 요소들이 구족되어야 하고, 합당한 인식 방법론이 제시되어야 하는 것이 선행 조건이다. 세계에 만재된 유형무형의 존재는 오직 인식이라는 통로를 통해 구축된 것이란 사실을 피할 수 없다. 세계는 결국 인식하는 방법이 정립되어야 하는 것이 불가피하다. 인식한 진리가 도대체 무엇이기에 그 영향으로 세계의 궁극적인 면모까지 밝혀지는가? 세계의 본질성과 창조성과 하나님의 존재성을 드러내기 위해서는 합당한 인식 루트를 제시해야 하고, 그리해야 진리가 지닌 보혜성과 살아 생동한 생명력을 확인할 수 있다. 다 확인하기 위해서는 반드시 그렇게 인식할 수 있는 길(방법론으로서의 관점)을 열어야 한다. 인식 방법을 정립해야 진리관을 완성할 수 있다.

하나님이 선천 역사를 완수하신 것은 새로운 진리를 계시하셨다는 뜻이 아니다. 이미 이룬 세계를 해명하고 잃어버린 가치와 생명력을

---

150) 『철학의 기초이론』, 편집부 엮음, 변영우 그림, 백산서당, 1992, p.94.
151) 「헤겔철학에 나타난 역사의 자유」, 장성호 저, 계명대학교대학원 철학과 석사학위 논문, 1995, p.18.

다시 찾게 된 것이다. 동양의 선현들은 잠재된 세계를 파고들었는데 문제는 도달한 인식 루트를 개연화시키지 못한데 있다. 홀로 카리스마적인 경지를 향유했던 것이라고나 할까? 원인 행위가 있어 어떤 결과가 주어진 것이라면 거기에는 반드시 무궁한 본질의 작용이 있다. 깨달음은 갑자기 주어지는 것이 아니다. 생성 본질이 세계화된 과정을 통해 표출된다. 우리는 오감을 통하여 외부 세계의 변화를 부지런히 받아들인다. 눈은 외부 세계를 볼 수 있도록 조직된 기관이다. 그러나 우리는 눈을 감은 상태에서도 의식을 통해 존재의 내면 본질을 가늠하는 직관이란 인식 능력을 지니고 있다. 잠재된 의식이 운위된 세계적 구조와 일치됨으로써 본질적 상황을 순간적으로 직관한 형태이기 때문에 생각을 꾸미거나 논리적으로 따지는 사고 작용과 다르다.

이런 직관 작용을 통하여 우리는 운위된 본질 세계를 종합할 수 있게 되고, 세계에 가로 놓인 본질의 구조와 우주의 전모를 그려볼 수도 있다. 무형의 形而上學적인 본질까지도 직관을 통해 구조화할 수 있다. 진리가 분열 시공을 넘어 영원한 것은 영원한 본질로부터 끊임없이 생성하고 있다는데 있다. 오감이 외부 사물의 존재 형태를 식별하기 위한 인식 수단이었다면 직관은 시공간을 초월해 있는 본질 세계를 지각하기 위한 인식 방법이랄까?[152] 창조된 시공간은 분열하기 때문에 이런 과정을 인식하기 위해서는 의식도 분열해야 하고, 순수한 본질의 상태로서 생성 질서와 함께해야 한다. 이 같은 의식 과정이 존재하는 본질 내에서 빠짐없이 통합된 형태로서 축적되기 때문에 이것이 순숙되면 한 순간에 분출되어 佛陀처럼 우주의 생성 본말

---

152) 의식을 잠재시켜서 우주성을 향해 깨어 있는 상태임.

을 대관한다.[153] 일련의 과정을 돌이킬진대 존재한 의식으로 작용한 원리성까지 추출할 수 있다. 어떻게 진리를 통해 우주의 본질성을 체득해 낼 것인가? 그것은 의식이 우주의 생성 질서와 동조되었을 때이다. 이것이 바로 진리를 체득하는 것이고 존재하는 본질과 투합되는 것이며 이때 세계의 영원한 속성을 부여받는다. 직관된 진리를 통하면 우리는 정말 세계의 궁극적인 실상까지도 들여다 볼 수 있다. 운위된 세계의 이면에 생성하는 거대한 뿌리가 있다는 것을 알게 되는데, 그 뿌리는 이미 결정되어 존재한 것이고 창조를 이룬 바탕 본질로서 세계가 되어진 총체적인 구조 상태를 드러낸다.

하지만 결정된 구조는 뭇 진리를 담아둔 그릇과도 같아 무형상적이다. 형태는 없지만 창조를 이룬 有한 결정 상황과 본질적인 특성과 구조를 여실하게 나타낸다. 직관된 인식 상태는 그대로 본질이 지닌 구조 상태이다. 존재한 본질이 이제 막 생성을 통해 표출된 것이다. 거대한 세계가 진리로서 일각에 표출된다. 구조가 한통속이라는 것은 본질이 존재하고 있는 형태를 지칭한 말이다. 一 없는 萬과 萬 없는 一은 존재할 수 없다. 萬으로 인하여 한 진리가 인출되었고 한 진리로 인하여 萬 진리가 존재하고 있다. 진리는 온갖 분열성을 초월하여 생성의 진행 방향과 영원성을 함축하고 있다. 이것이 진리가 지혜로서 지닌 무궁한 보혜성이다. 이런 보혜성을 보기 위해서는 원래 진리를 표출시킨 모태인 시공간의 질서성과 함께해야 한다. 진리가 살아 있는 것은 진리가 생성하는 경과 속에 있을 때이다. 구도자는 우주가 분열하는 시공간 안에서 진리를 일구었다. 그런데 제삼자는 그렇게

---

153) 일체인 일여의식을 경험하게 됨.

해서 인출된 결과만 개념을 통해 접하고 있다. 감이 감으로서 참된 생명력을 가진 것은 감나무에 매달려 있을 때이다. 물고기가 생동할 수 있는 것은 물속에서이다. 진리 세계도 마찬가지로 인식함의 주체자인 의식과 그 실존성을 감싼 우주의 생성 본질(시공간)과 함께해야 한다. 지금 우리에게 궁금한 것은 생성된 결과로 주어진 감이란 열매가 아니고 감을 열리게 한 생장 원리이다. 이것을 알아야 세계와 연관된 진리로서의 생명성을 느낄 수 있다.

'우리는 佛陀가 대각한 우주의 본질적인 면모를 가늠해 보지만, 원시인이 마을에 추락한 비행기를 보는 것처럼 결과만 남겨진 다르마를 붙들고서는 생성하는 우주의 진면목을 알 수 없다. 깨달은 질서와는 거리가 멀어 영원히 일회적인 사건으로서 끝나버린다. 진리는 인식된 시공의 질서와 함께함으로 바탕된 세계성을 함께 나타내어야 생명력과 원리성을 보존시킨다. 이 연구는 무수하게 진리란 무엇인가, 보혜사 하나님은 누구인가, 완수된 섭리와 창조 본의가 무엇인가에 대해 설명하였지만, 그렇게 설명한 것은 존재하고 있는 실체 자체가 아니다. 하나님은 시공간 위에서 살아 계신 분이고 바탕된 창조 본질로서 만물과 함께하고 있다. 그렇다면 이 연구가 하나님과 창조에 대해 말했던 것은? 인식한 진리가 생성된 질서 공간 안에서 보혜성으로서 생동하고 있다는 사실을 강조한 것이다. 진리 자체가 살아 있다는 사실을 알고 진리로서 존재한 하나님의 존재 상태를 그려내고자 한 것이다. 정말 살아 있는 진리상은 원인인 알파와 결과인 오메가가 함께한 것이며, 말미암은 과정이 연면한 질서와 함께하고 있는 상태이다. 그리해야 우주의 생성 전모를 알 수 있다.[154] 어디에도 세계성이 운위되지 않는 곳이 없다. 입처가 곧 진리이다(승조).[155] 세계성이 뒷받침되어 있다. 살아 생동하는 세계 안에서 진리의 생성성을 직시했다. 때와 장소를 가리지 않고 진리를 발견하였다면 그것은 세계가 온통 한 본질로 되어 있다는 뜻이다. 진리 하나로부터 전체 정보를 얻을 수 있다면 또한 세계가 서로 연결되어 있다는 뜻이기도 하다. 하나인 진리가 세계의 영원성을 묻어내었다.

진리는 단독으로 뿌리인 본질을 드러낼 수 없으며, 드러나는 때는 생성된 진리가 통합적으로 귀속되었을 때이고, 그때는 시공의 경과상 전체가 참여했을 때이다. 그리해야 시공간이 통합적인 본질로부터 생성되었다는 사실을 안다. 진리는 전체로부터 생성되었다. 인간은 몰라도 진리는 생성의 비밀을 모두 함유하였다. 깨어진 도자기 파편은 도자기가 부서지기 전의 형태를 기억하고 있다. 머리카락 한 올은 한 인간이 존재하고 있는 유전자의 비밀을 품고 있다. 신비는 없다. 우주의 생성 질서가 함께하면 존재한 비밀을 진리로서 해명할 수 있다. 의식된 직관이 생명력을 지니는 것은 바로 시공의 생성 질서와 함께하였기 때문이다. 하나님이 역사하심으로 하나님의 의지가 머문 곳은 어디에도 진리의 말씀이 충만하며, 뜻이 작용한 역사 위에서 우리는 하나님의 존재 근거를 확인할 수 있다.156) 진리가 생성 질서와 함께함으로 세계의 본질적인 면모를 드러내지만, 한편으로는 하나님의 존재 의지가 뒷받침되어 있기도 해, 실질적으로는 진리를 통해 하나님의 존재 면모가 현현된 결과이다. '神은 섭리라는 신비스러운 방법을 통해 그를 현현시킨다'157)고 한 견해와(어거스틴) 진리가 곧 神이라고

---

154) 진리가 진리로서 인식된 시공의 질서와 함께하지 못한다면 진리의 생명성은 영원히 볼 수 없음.
155) 『중국불교의 사상』, 가마타 시게오 외 7인 저, 정순일 역, 민족사, 1991, p.32.
156) 위의 책, p.350.

본 시각이 있는 것처럼(비코), 神 현현의 궁극적인 수단에 진리가 있는 것은 사실이다. 진리는 우주의 본질적인 면모인 동시에 살아 계신 하나님의 존재적 실상이다. 하나님은 진리라는 이름으로 통하며 진리를 근거로 해서 존재하고 계시나니, 그 분이 이 땅에 강림하신 보혜사 진리의 성령이시다.

그렇다면 만인은 강림하신 보혜사가 진리를 본체로 한 하나님이라는 사실을 어떻게 확인할 수 있는가? 그것은 하나님이 진리 통합을 이룬 역정을 통해 수놓으신 거의 전능에 가까운 지혜 권능을 통해서이다. 하나님은 우주의 생성 역사를 대관하셨고 시공간을 초월해서 문명 역사의 본말을 밝히셨다. 이것은 하나님이 역사하신 새로운 지혜로서의 존재 상황이다. 직접 판단할 수 있도록 초월, 내재, 편만된 동시 존재자로서의 면모를 나타내셨다. 하나님이 아니고서는 보일 수 없는 만사달통한 지혜를 통해 우리는 비로소 하나님이 존재하신 사실을 확인할 수 있다. 당연한 것을 인출한 것인데도 알고 보니 섭리된 뜻이 내포되어 있었으며, 의도하지 않았는데도 사전에 의지가 결정되어 있었다. 삼세 간을 관통하였을 뿐 아니라 초월적으로 운위되었다. 어떻게 나와 함께하신 하나님이 동시에 전 우주와 함께 존재할 수 있는가? 그 놀라운 존재 상태를 만인은 진리가 만상 가운데서 펼친 본질, 편재, 동시, 초월, 통합, 지혜, 주재성을 통해 확인할 수 있다. 이것이 강림하신 하나님이 진리의 성령으로 밝힌 거의 전능에 가까운 보혜 권능이다. 인류는 진리를 통해 만상 간에 걸친 궁극적 진상을 찾고자 하였는데, 그것이 곧 천지를 창조하고 주관한 하나님의 존

---

157) 『신이상주의 역사이론』, 이상현 저, 박문각, 1992, pp.84~85.

재 의지를 진리로서 인식한 것이다. 하나님의 실존 근거가 진리의 보
혜성을 통해 확증되었다.

5. 진리의 완성과 통합 근거

인류가 유구한 세월에 걸쳐 진화한 것이라면 그 진화는 언제쯤 완
성될 것인가? 아니 창조된 것이라면 세계는 이미 완성된 것인가? 결
정되어버린 것이라면 그렇게 판단할 수 있는 근거는? 우주의 역사가
시작된 때가 언제인데 아직도 판단하는 기준이 모호하다니……. 밑도
끝도 없는 것이 우주이고 진화란 말인가? 그런데도 종교인들은 자신
들의 진리성만 주장하면서 완성은 미루어 둔 채 종말 운운하고 있다.
세상을 둘러보고 진리를 살펴보라. 세계는? 역사는? 무엇이 완성되었
는가? 부족한 부분을 채워야 하는 과정이 남아 있는데, 그들은 일체
빗장을 걸어 잠그고 있다. 진화가 진행 중인 것이라면 앞으로 더 나
아가야 할 방향은? 진화를 문명 역사를 주도한 메커니즘으로 삼고 있
는 상황에서 완성을 도모한다는 것은 그 자체가 모순된 것이 아닌가?
의문이 쏟아지고 있는 것은 세계가 완성되지 못한 증거이다. 어떤 분
야도 확정된 관점을 확보하지 못한 상태이다. 바라본 세계가 희미한
것은[158] 말미암은 원인 뿌리를 캐내지 못한 증거이다. 천지가 창조된
만큼 세계는 확실한 원인과 결과를 지닌다. 그런데도 근거를 잡지 못
했고, 종합적인 무엇이 나와야 하는데 결과가 없다. 세계는 엄연히 알
파와 오메가를 관장한 진리로서의 뼈대가 있고 주관된 발자취가 남

---

158) 불확정성, 상대성, 불가지성, 난해성 등등.

아 있다. 왜 이유와 원인이 없겠는가? 그런데도 세상이 모호한 상태로 있는 것은 판단 초점을 합당한 창조성과 원리성에 두지 못해서이다. 이래가지고서는 세계의 진심 본질을 보기 어렵고 완성은 더더욱 기대할 수 없다. 창조 목적은 道의 완성을 통해 드러나고, 완전한 진리는 본질 바탕 역시 확연하다. 그런데 중요한 것은 진리 자체로서는 이 같은 문제를 해결할 수 없다는 데 있다. 드러남과 완성에 대한 주체적 권한은 하나님에게 있다. 하나님이 창조 목적과 원리를 밝히지 않았다면 누구도 본연의 뿌리를 볼 수 없다. 누가 진리를 완성하였는가? 하나님을 보았는가? 실체를 증거하였는가? 불가능한 것은 지성이 여물지 못한 탓도 있지만 주된 이유는 하나님이 본체를 드러내지 못한 것이다.

꿈을 실현하기 위해서는 시간과 노력이 필요하듯, 문명 역사 역시 창조 이래의 목적을 이루기까지는 그만한 세월이 필요하다. 道와 본질과 섭리 역사가 함께 완성되어야 한다. 그런데 오늘날 하나님의 창조 원리와 의지와 뜻을 진리로서 정초할 수 있었다는 것은? 정초는 그러지 못한 이전과 모든 면에서 세계를 구분한 확연한 기준선이다. 학문을 한다는 자가 어찌 한두 편의 논문만으로 진리의 뿌리를 밝혔다고 할 수 있겠는가? 전모를 대관할 수 없는 한계가 역력하다. 하나님이 창조된 비밀을 밝히고 본체를 드러내어야 전체 뿌리를 볼 수 있다. 하나님이 전지전능하시다면 창조는 바로 그 전능성의 구현체이다. 문명과 역사가 완성을 지향한 것은 필연적이다. 목적을 완성하였기 때문에 그렇게 완성된 결과를 드러내기 위해 분열 역사가 필연적으로 수반된 것이다. 분열로서 진리가 생성하고 생성으로 세계가 완성된다. 천지가 구성된 것은 통합적인 본체가 극미하게 분열되어서이다. 완전하게 분열되어야 완전한 창조 세계를 구현한다. 지은 것이 하나님 없이 된 것은 하나도 없다.[159]

세계는 통합성이 분열하여 이룬 진리로서의 모습이다. 창조와 더불어 존립된 모습이고 펼쳐진 모습이며 구성된 모습이다. 만개된 것이 하나를 이룬 본체자로서의 모습이다. 모든 진리를 생성시킨 장본인이[160] 계신 만큼(하나님), 세계와 종교와 진리는 끝내 하나로서 통합될 기반 위에 있다. 궁극적인 완성을 위해서 진리가 창조 세계의 본질 분화에 적극 기여하였다. 분열이 神의 현현을 위한 존재 규명 과정이 되고, 창조의 목적을 달성하기 위한 생성 역사가 된다.[161] 그래서 과정 역시 만물이 만상을 이룬 만큼이나 다양하게 펼쳐졌다. 神이 나사렛 예수 속에서 구현되었다고 믿은 사람들은 기독교를 창립시켰고,[162] 인륜을 통해 현현된다고 생각한 사람들은 유교를 성립시켰으며, 물질 가운데서 결정 근거를 발견한 사람들은 유물론을 신념화하였다. 만사와 만물이 진리를 통해 구현되었는데 복음, 인륜, 道, 물질 등이 제한될 이유는 어디에도 없다. 분열된 세계상은 빠짐없이 하나님이 창조하신 각각의 진리적 모습이다. 창조된 혈맥이 빠짐없이 진리를 통해 표출되었다.

하나님은 정말 어디에 있는가? 천고로부터 분열된 진리 가운데 있고, 분열된 진리를 통합한 결과 가운데 있다. 그래서 하나님이 강림하심과 함께 제 진리 세계도 통합되었다. 무엇 하나라도 빠지면 모습을

---

159) "지은 것이 그가 없이 된 것은 하나도 없느니라."- 요한복음, 1장 23절.

160) 『기독교 사상사』, 길리안 R. 에반스 외 2인 공저, 서영일 역, 기독교문서선교회, 1994, p.217.

161) "비코는 역사의 과정을 神, 곧 진리가 인간의 진리 인식 행위를 통해 스스로 현현되어가는 과정으로 보았다."- 『신이상주의 역사 이론』, 앞의 책, p.91.

162) 『세계사상대계 3(인간의 발견)』, 박종홍·이종우·정석해 감수, 신태양사, 1965, p.299.

갖출 수 없다. 분열을 다한 모습이 통합된 모습이고 통합을 이룬 모습이 하나님 모습이다. '神은 절대적인 진리성이지만',[163) 진리로서 하나님의 모습을 구성하기 위해서는 세상 섭리를 완수해야하는 과정을 거쳐야 했다. 그리고 이것이 인류가 지금까지 걸은 연면한 진리 탐구 역사이다. 분열과 통합은 억겁 창생에 걸친 본질적 모습이다. 통합성이 분열을 다함으로 종합된 에너지가 창조 세계를 완성시켰다.

보혜사 하나님이 창조의 생성대를 분열시켜 강림하신 것이나니, 만사와 만물이 분열을 마친 정점에서 현현되셨다. 만사에 걸쳐 펼쳐진 진리는 창조와 통하고 만인이 인식한 진리는 神과 통한다. 하나님 안에서 뭇 진리의 존립 기반이 확고하다. 창조가 그러한 것처럼 하나님은 존재한 본질방 안에 만물이 진리로서 거할 거처를 빠짐없이 마련해 놓으셨다. 만물은 원래 겨자씨보다도 작은 원질로부터 생성된 것이므로 특성이 만개된 후에는 다시 본래 모습으로 돌아간다. 하나님은 이때를 알리기 위해 강림하신 것이고, 열매를 거두기 위해 도구를 챙기신 것이나니, 그렇게 해서 마련하신 것이 이 연구이다. 진리는 억겁에 걸쳐 인출된 하나님의 본체 요소이다.

---

163) 『신이상주의 역사이론』, 앞의 책, p.86.

제3편

종교의 군

종교 진리는 인류가 거부할 수 없는 창조 원리이고 운행 의지이며 삼라만상을 이룬 근원 진리이다. 현실적인 시각으로 보면 안개처럼 어슴푸레 하지만 그것은 깊디 깊게 파묻힌 창조 세계의 무궁함 때문이다. 이것이 때가 되어 세계성의 성숙과 함께 활짝 분화되면 종교 진리는 만인이 타당하다고 인정할 만큼 합리성을 갖춘 진리로서 옷을 갈아입게 되리라.

－본문 중에서－

09

종교의 조종성

1. 종교 진리의 조종성

　세계에는 특징 있는 많은 종교가 있으며, 그중에서도 인류 사회에 크게 영향을 끼친 역사와 전통을 가진 종교로서는 기독교, 이슬람교, 불교, 유교, 힌두교 등이 있다. 그들은 각자 고유한 모습을 지키면서 서로가 대신할 수 없는 문화와 신앙 전통과 제도를 전승시켰고 인류를 구원한 역할에 충실했다. 비록 추종하고 있는 신앙 체제는 다르지만 종교라고 특징지을만한 범주권을 형성하여 방황하는 영혼들에게 구극 가치를 제시했다. 그런데 오늘날은 근대 과학이 종교 진리를 압도하기에 이르러,[1] 종교 간에서조차 동질성보다는 이질성이 확연해진 형편이다.[2] 시간이 흐를수록 불교와 기독교, 혹은 타종교 간을 이을 선이 거의 사라지게 되었다는 주장은 과언이 아니다.[3]

---

1) 『역사의 연구(Ⅱ)』, 토인비 저, 노명식 역, 삼성출판사, 1983, p.117.
2) 『선과 종교철학』, 아베 마사오 저, 변선환 엮음, 대원정사, 1996, p.308.
3) 『동양의 마음 서양의 영성』, 이기반 저, 큰빛, 1994, p.50.

종교가 구축한 세계관은 어디로부터 제공받은 것인가? 근원도 원인도 없이 돌창되지 않았다는 것은 종교들이 창립된 역사를 살펴보면 알 수 있다. 세계의 종교 분화 현상은 이해할 수 없는 것이 아니며, 근거를 밝히지 못한 관계로 숙제로서 남아 있다. 만사에는 근원된 뿌리가 있다. 그래서 흡수력을 발휘해 새로운 모습을 갖춘 종교로서 다시 태어났다.[4] "인도 사상에 있어서 베다는 모든 전통 사상의 근저가 되며, 이 베다를 원조로 해서 브라만교가 나왔고, 브라만교를 기반으로 하여 불교와 자이나교가 탄생되었다."[5] 유태교 없는 기독교가 있을 수 없듯, "이슬람교의 교조인 무함마드가 영감을 얻은 것은 근본적으로 시리아 사회의 종교인 유태교와 기독교의 한 형태인 네스토리우스파로부터이다."[6] 낳고 낳고 또 낳아서 이루었다. 제 문명 간의 특성이 교차, 쇄신, 성장, 통합된 과정을 거쳐 오늘날과 같은 모습을 갖추었다. 진리 영역뿐만 아니라 사회 질서와 지역 문화와 정치 제도까지 통괄한 문명체이다.[7] 그런데도 정작 성장시킨 근원 뿌리는 세월 속으로 사라져 버리고, 현재는 전혀 다른 신앙을 가진 종교처럼 보인다. 그러나 교조들이 주장한 진리의 근원마저 달라진 것은 아닌데, '梵我一如(불교), 브라만은 아트만이다(힌두교), 사람이 곧 하늘이다(천도교), 알라는 자비롭다(이슬람교), 예수는 메시아(기독교)'[8]라고 한 명제 가운데서는 어떤 분파관도 볼 수 없다. 결론은 한결같이 진리가 하나란

---

4) 종교라는 말을 영역하면 뿌리(진리의 뿌리, 생명의 뿌리, 천지조화의 뿌리)에 대한 가르침(Root-ligion)이란 뜻임-『증산사상중심의 인류갱생철학개론』, 배용덕·황정용 공저, 태광문화사, 1995, p.199.

5) 『세계역사의 대심판(상)』, 김영섭·김암산 저, 남궁문화사, 1994, p.271.

6) 『역사의 연구(Ⅰ)』, 앞의 책, p.57.

7) 위의 책, p.274.

8) 『불교철학의 이해를 위하여』, 불교신문사 편, 대학문화사, 1984, p.103.

것이며, 그렇게 본 판단은 지금도 유효하다. 종교 진리는 실상 분별없는 본질로부터 인출된 것으로서 특정한 진리만 유일하지 않다. 파생된 것이 사실일진대 가지를 뻗어나게 한 뿌리가 있다. 가지는 갈라졌어도 뿌리는 하나이다. 그런데도 다르게 본 것은 뿌리를 보지 못한 것이다.

파생된 것은 모두 근원이 있다. 그렇다면 세계의 근원 뿌리는 과연 어디에 있는가? 그 근원을 밝히는데 종교가 함유한 구극적 사명이 있다. 가지인 입장에서는 파악하기 어려운 것이 근본이지만 종교는 모두 하나인 뿌리에 근거하고 있어 원천적인 근원을 자체 내포한 조종성을 보유하였다. 종교 진리는 천지 만물을 낳은 창조성을 공통분모로 해서 인간 세상을 제도한 절대 사명을 수행했다. 조종성에 뿌리를 두었기 때문에 세계 속에서 종교라는 형태의 옷을 걸치게 되었고, 걀출된 진리를 이상화할 목적으로 세계화에 뜻을 두었다. 진리는 근거된 뿌리가 있는데 이것을 누가 파헤쳤는가? 비행기가 기착하지 않았다면 안에 있는 사람들도 도착하지 않은 것이 당연한 것처럼, 성현들은 부분적으로만 사명을 완수했다. 공통된 본질 뿌리를 파헤칠 수 있도록 종교라는 이름으로 조종성을 수호했다.

공통된 조종성이 드러날 수 있는 터전이 마련되면 세계는 정말 종교를 통해 하나 될 수 있다. 과학은 종교를 포용할 수 없지만 종교는 그렇지 않다. 그것이 바로 근원된 진리로서 지닌 종교의 조종성이다. 만법을 담아낼 통합 그릇, 본질 그릇, 창조 그릇을 종교 진리가 역사 속에서 마련했다. 창조는 세상 진리를 빠짐없이 담아낼 수 있는 그릇이고, 종교 진리는 그 그릇을 만들 수 있는 재료로서 준비되었다. 창조의 본질 뿌리가 밝혀지면 먼저 종교가 하나 되는 것은 물론이고 세

상 진리도 그 안에 담겨진다. 그렇다고 해서 무작정 다 담는다는 뜻
은 아니다.[9] 과학은 과학대로 본질이 밝혀질 시기를 기다리고 있었
고, 종교는 종교대로 원천인 본질 뿌리가 드러날 때를 기다렸다. 따라
서 진리가 하나 되고 세계가 하나 되기 위해서는 반드시 해결해야 하
는 과제, 곧 창조된 원인 뿌리를 밝혀야 할 숙원이 남아 있었다. 이런
요구에 부응해서 "종교 진리가 모든 개별화된 창조성을 통합할 주체
적인 관점을 가지고 부여된 조종성을 절대화시켰다."[10] 언젠가는 부
각될 사명 본질을 운명적으로 직시했다. 언젠가는 실현될 과제였는데
도 이루지 못하고 있는 문제 앞에서 강력한 통합 능력을 발휘하신 분
이 강림하신 보혜사 하나님이시다.

2. 종교 진리의 구극 가치

"현재 거의 대부분 성문법을 가진 헌법 국가에서는 종교의 자유를
보장한 법 규정을 가지고 있다."[11] 개개의 종교들이 믿고 있는 종교
진리의 절대성에 비해 신앙의 자유 보장은 이율배반적인 뉘앙스가
있다. 제도적으로 자유가 허용된 마당에서는 더 이상 진리로서 절대
성을 고집할 수 없다. 그런데도 이 같은 사실을 종교 집단에서는 수
용하지 못하고 있다. 하지만 전체적인 측면에서 볼 때 "종교는 인류
문화의 반석이다. 서양 문명의 기저에 기독교가 자리 잡고 있다면 동
양 문명은 儒・佛・道 3교의 진리 정신이 흐르고 있다."[12] 종교는 어

---

9) 『현대물리학과 신비주의』, 켄윌버 편저, 박병철・공국진 역, 고려원미디어, 1991, 머리말.

10) 『세계통합론』, 졸저, 다짐, 1995, p.439.

11) 『역사와 기독교(제4집)』, 한국 기독교 사회문제연구원 편, 민중사, 1982, p.32.

떤 시대에서도 존재한 역사를 보면 인류에게 있어 필요 불가결한 요소이었던 것이 틀림없다. 그런데도 종교란 영역을 열어젖히고 살펴보면 양상이 다양하다. 종교의 다원성을 인정하지 않을 수 없는 구조적인 모순성을 지니고 있다. 각자가 종교라는 절대 왕관을 쓰고 우주의 주인 자리를 독차지하고 있다. 절대성을 지킬 수 없다면 진리이기를 포기할 수밖에 없는 자가 당착에 휩싸여 있어 선택의 여지가 차단되어 있는데, 타종교와 공존하지 않을 수 없다는 것이 다원화된 사회에서 종교가 지닌 모습이다. 절대성을 유지해야 하지만 과학적인 진리가 대두함에 따라 종교는 점차 세계관으로서 권위를 잃어버렸고, 내로라한 고등 종교도 과학이 구축한 패러다임에 밀려 퇴진하리란 전망이다.

정말 그렇게 될 것인가? 그렇게 되어야 하는 것이 문명 역사의 진보 방향인가? 그렇다면 종교에 대해 과학은 무엇인가? 요원의 불길처럼 타올라 뭇 영혼을 구원한 종교를 과학이 어떻게 대신할 수 있는가? 버려질 수 없는 불변한 가치가 종교 진리 가운데는 있다. 당면한 모순을 극복해야 하는 쇄신 요구 앞에서 미처 방향은 잡지 못하고 있지만, 조종성으로서 지닌 가치마저 상실한 것은 아니다. 영혼을 인도한 구원 역할을 지속시킨 것은 연면한 생명력이 있었던 때문이다. 개명된 지성들로부터 심대한 도전은 받고 있지만, 종교 진리는 재충전될 수 있고 합리적인 진리의 옷으로 갈아입어야 하는 것일 뿐, 근원된 몸통까지 갈아치워야 할 정도는 아니다. 부단한 자기 갱신을 통해 새로운 때를 준비해야 한다. 그런데도 그때를 맞이하지 못하고 있다

---

12) 『코리아 웅비의 증산도』, 노상균 강해, 대원출판사, 1994, p.69.

면 그 원인은 무엇인가? 그것은 절대적인 가치관을 확립한다기보다는 세계를 통합할만한 전체적인 진리상을 구현하지 못한데 있다. 통합하기 위해서는 종교 역시 진리로서 지닌 역할을 분담해야 하는데, 이것을 거스르고 전체를 다 차지하려고 한데서 충돌이 일어났다. 인간이 있는 곳에는 종교가 함께하였다고 한 개연성은 인류가 시대를 불문하고 종교 가치를 지키고자 한 본능적인 행위였는데 안타깝게도 창조된 본의를 알지 못해 종교 진리가 세계관을 독차지하였다.

하지만 종교 진리는 구유한 역할로서 하나님의 창조력을 절대 의식으로서 구축하려고 한 노력을 게을리 하지 않은 것이 사실이다. 그렇기 때문에 종교인들은 우주의 생성 본질을 섭렵하여 진리성을 표방할 수 있었다. 종교 진리는 비합리적이고 신비적인 측면이 있지만, 그것은 그럴 수밖에 없는 창조 진리에 근거했기 때문이다. 결정된 분열 질서를 탐구한 과학과 달리 근원된 원인성을 추적하다보니까 진리 형태도 차원적이고 形而上學적이다. 무형의 본질 작용을 포착하는 과정에서 우리들이 지닌 감각과 차이가 생겼다. 그만큼 종교 진리는 본질 세계, 원인 세계, 창조 세계로 진입하기 위해서 분열 질서를 초월할 수 있는 길을 닦았다.

창조를 실현시킨 원인 바탕이 존재하고 있는데 결과지어진 色의 세계만으로 온전할 수 있겠는가? 이것이 종교가 세계에서 존재하고 있는 당위 이유이다. 시대가 변하고 세월이 흐르는 것과 상관없이 필요 불가결한 근거이다. 그렇기 때문에 종교는 문명이 개화되지 못한 원시 사회에서도 뭇 영혼을 본원 진리로 인도하고 질서를 제도한 세계관으로서의 역할을 다했다. 변화된 시세에 대처하지 못해 각종 도전에 직면했다고 해서 근원에 뿌리를 둔 진리가 뽑혀나갈 리는 없다.

창조 본질을 일군 진리는 경전을 통해 집대성하여 물러설 수 없는 절대 신앙으로서 추앙하였다. 종교가 본유한 구극 가치 때문이다. 종교 진리는 인류가 거부할 수 없는 창조 원리이고 운행 의지이며 삼라만상을 이룬 근원 진리이다. 현실적인 시각으로 보면 안개처럼 어슴푸레 하지만 그것은 깊디 깊게 파묻힌 창조 세계의 무궁함 때문이다. 이것이 때가 되어 세계성의 성숙과 함께 활짝 분화되면 종교 진리는 만인이 타당하다고 인정할 만큼 합리성을 갖춘 진리로서 옷을 갈아 입게 되리라. 창조성을 밝히는 것이 진리의 절대 과제이고 학문이 탐구하고자 한 목적이라면, 끝내 구극적인 세계관 자리를 차지할 영역은 종교 진리밖에 없다는 것이 이율배반적인 결론이다.

3. 종교 진리의 불합리성 극복

서양의 종교론과 신관에서는 절대 인격신을 신앙하고 있는 기독교만 제대로 조건을 갖춘 종교라 할 수 있고 동양식 진리 종교는(儒·佛·道) 철학적인 우주론이지 종교가 아니란 견해를 가지고 있다. 그러나 그런 자신감을 가지고 있는 "유럽 교회가 오늘날 당면하고 있는 공동화 현상을 통해서 우리는 기독교의 인격 신관에 대해서도 부정적인 염증을 본다."[13] 그래서 제기된 인류사적 과제에 대해 수운(水雲)과 같은 종교인은 비인격적인 진리 가운데서 종교가 안고 있는 문제를 해결할 수 있는 고를 발견하려고도 했다(동학). 기독교인들은 인격을 가진 하나님만 최상의 절대신이라고 믿지만, 거기에는 충족되지 않는 문제가 있다

---

13) 조우석이 본 책과 세상, 중앙일보, 2001. 3. 31. 토요일, 39면.

는 사실을 간과하고 있다. 하나님은 창조주이고 예수님은 길이요 진리요 생명이라고 하지만, 그렇게 믿는 생각과 존재 사이에는 거리가 있다. 그래서 계속 믿음이 필요하다. 그러나 시공간에서 일어난 일들은 항상 원리의 지배를 받고 있다. 세상 안에서 이루어진 역사인데도 하나님이 이루셨기 때문에 이적과 기사(신비 현상)로서 넘겨버린다. 인격신을 모신 우월성은 자칭해 놓았는데 진리 면에서는 불합리한 종교이다.[14] 정말 하나님이 창조주라면 역사를 이룬 진리 작용이 존재 근거를 뒷받침할 수 있어야 하는데 그러한 흔적은 어디서도 찾을 수 없다.

반면에 불교는 절대 인격신은 없지만 우주의 근본을 파고든 진리 종교로서의 역할을 돈독히 하고 있다. 궁극적인 원인 세계를 탐구한 진리로서[15] 현상적인 질서와의 거리가 큰데도 불구하고 삶의 가치를 지침한다. 길고 짧은 것은 대어 보아야 하듯, 기독교와 불교가 지닌 종교적 우열성은 끝까지 기다려서 판가름해 보아야 한다. 아니 판가름이 아니라 서로의 부족한 면모를 보완해서 언젠가는 조화되어야 할 본향성을 시사할 따름이다. 하지만 확연하지 못하기 때문에 스펜서는(H. Spencer), '이 세계의 존재는 한 신비로서 우리의 해석을 요구한다'[16]고 보았다. 미완인 진리성에 대해서 합리적인 지식으로 무장한 안목에서 보면 맹목적인 주장이고 불합리한 교리로 치부되어 종교로서의 고유 역할이 상쇄될 위기에 처해 있는 것처럼 보인다.[17] 초경험적·초자연적으로 일관해 과학과 기술이 발달한 지금은 미개했

---

14) 도무지 이치적으로 가늠할 수 없음.

15) 통합적인 본질 면모.

16) 『철학의 이해』, 한전숙·이정호 저, 한국방송통신대학교출판부, 1996, p.360.

17) 『보병궁시대는 이미 시작되었다』, 최상렬 엮음, 한솔미디어, 1995, p.216.

던 시대의 신화 정도로 취급한다.[18]

　신화는 역사가 아닌 만큼, 그런 요소가 있다면 당연히 과학으로 대처되어야 한다. 6일만의 천지 창조설, 인간은 흙에서 왔으니 흙으로 돌아가리라. 처녀가 성령으로 잉태되고 예수 그리스도가 장사된 지 사흘만에 부활하시며……. 모세가 홍해 바다를 두 쪽으로 가른 사건 등등 정말 어떤 이치를 동원해도 설명할 수 없다.[19] "모든 것을 신앙의 눈으로 바라보는 것이 미덕이었던 시대에는 문제가 될 것이 없었지만 지금은 경제 현상도 일정한 자연 법칙이 있다는 사실을 발견했을(아담 스미스) 정도로 낡은 사고는 일소되어버렸다."[20] 종교 진리도 예외일 수 없는데 정작 종교인들은 문제를 회피하고 있다. 신앙 문제는 이성적인 사고 영역에만 일임시킬 수 없다는 입장으로서, 신앙은 논증이 아닌 체험이며 신앙적인 체험은 영적인 것이란 주장이다.[21] 그러나 현대 철학에서 주류를 이룬 실증주의적 사고와 분석 철학에서는 종교 진리도 과학적인 사고와 합리적인 논증의 대상이라는 사실을 강조했다. 해명할 수 없는 진리는 진리가 아니다. 이성적인 사고에 어긋나는 것은 신앙의 내용과 대상이 될 수 없다고 본 것이 실증주의에 입각한 과학적 사고의 본령이다.[22] 그래서 종교도 이 같은 추세에 부응하여 합리적인 인식과 접목을 겨냥해 교리의 과학화를 시도하고 있지만, 원래 종교가 갖추고 있는 면모를 단번에 쇄신시킬

---

18) 『동양철학은 물질문명의 대안인가』, 김교빈 외 13인 저, 웅진출판, 1999, p.67.

19) 백 년에 한 번쯤 깊지 않은 바다가 밀물과 썰물의 시간적인 일치에 의해 건널만한 조건을 마련한 것이라는 정도-『성서의 지혜와 철학』, 마빈 토케이어 저, 정을병 역, 신원문화사, 1981, pp.11~12.

20) 『세계사 편력』, J. 네루 저, 장명국 편역, 석탑, 1982, p.2233.

21) 종교는 과학적인 연구의 대상이 아니며 완전히 개인적인 믿음, 가치관 등으로 이루어진 어떤 형태라는 주장-『현대물리학과 신비주의』, 앞의 책, p.22.

22) 『종교의 철학적 이해』, 김형석 저, 철학과 현실사, 1992, p.156, 237, 225.

수는 없다. 종교 진리는 어쩌면 합리적인 기준으로는 합리적으로 증명할 수 없다는 것을 증명하는 것이 보다 합리성을 확보하는 방책인지도 모른다.

그렇다면 세계의 근원적인 창조성에 대해서 인류가 도달한 과학적인 진리란 도대체 무엇이며 신화성은 또 무엇인가? 신화성은 고대의 인류가 미개했기 때문에 우주 현상을 이해하지 못한 세계 인식이 아니다. 고도로 발달한 현대 문명과 비교해서 개명되지 못한 고대 문명이 양산한 사고적 유산인 것도 아니다. "종교는 이미 고대로부터 우주론적인 세계관의 굴레를 썼다."[23] 다만 그때는 세계의 본질과 창조성이 태동된 단계로서 진리의 생성 상황이 보다 원천적이었던 것뿐이다. 이런 차원적인 거리감이 있어 초월성과 신비성으로 포장되고 말았다. 과학성은 분열의 극대화로 지식이 축적되다 보니 실증적인 반면에 신화는 진리로서 인식했어도 증명할 근거가 없었다. 아직 분열을 완료하지 못한 상태인데 무엇으로 확인할 것인가? 그럼에도 불구하고 현대 과학이 그러한 것처럼 신화도 그 시대의 본질을 대변했던 최고, 최대의 과학적 인식이었다는 점은 동일하다. 지금까지 드러난 결과만 보고 낡은 세계관으로 치부해서는 안 된다. 신화를 제거하면 우리의 세계적 본향도 함께 잃어버리고 만다. 우주를 신비적, 초월적으로 바라본 것은 고대 사회에서는 오히려 다반사한 현상이었다. 통체 본질에 뿌리를 둔 신화성은 근세에 발흥된 신흥 종교도 예외일 수 없다. 세계의 본질이 밝혀지지 못한 선천에서는 존재의 근원성에 대한 일체 접근이 종교로 통할 수밖에 없었다. 불트만은 기독교의 탈

---

23) 『선과 종교철학』, 앞의 책, p.66.

신화화를 주장했지만, 종교는 신화적인 진리 형태로 존재함이 정상이다. 세계가 분열을 다하면 종교도 합리적인 세계관으로 전향된다.

그러므로 종교 진리의 불합리성을 극복하는 문제는 먼저 세계의 근원 본질을 밝히는 것이 선결 조건이고 그 다음에는 창조성을 세계 원리화하는 것이다. 창조된 원인 세계를 밝힐 수 있다면 그것은 가장 확실하게 문제를 해결하는 것이다. 종교가 더 이상 과학적으로 변신하려고 노력할 필요가 없을 뿐 아니라 과학적인 진리 기준으로 검증받을 필요도 없는, 세계의 원천적인 본질 영역을 담당했다. 이런 특성을 지닌 것 자체가 세계성과 직결된 사실을 시사한다. 천지가 창조된 결과 세계를 밝히는 것도 중요하지만 원인 세계를 밝히는 것은 더욱 중요하다. 원인은 전체 결과를 포괄해야 하기 때문에, 이 같은 목적을 이루는데 걸림돌이 된 종교 진리의 불합리성을 보혜사 하나님이 창조의 본의를 밝힘과 함께 일소시켰다. 종교 진리의 세계 원리화와 불합리성을 극복하는 것은 세계를 완성하기 위해서 풀어야 한 지상 과제이며 인류가 세우기를 원한 참된 종교 모습이다. 종교 진리는 인생과 존재의 궁극 가치를 제시해야 하고 세계의 근원된 우주관을 타당한 이치로서 정립해야 하므로, 이 같은 문제를 해결하기 위해 강림하신 분이 보혜사 하나님이시다.

4. 종교 신앙의 요체

'오늘날 세속화된 신학자들 가운데는 명백하게 '神의 사망을 주장한 자들이 있다. 기독교 神을 장사지내고 무덤에 묘비를 세웠는데',24) 이런 행위는 종교 진리가 기대를 충족시키지 못한 회의감 때문이리라.

과연 인류가 빠짐없이 神의 계시와 부처의 말씀을 생명의 진리로서 믿었다면 그 결과가 어떻게 될까?[25] 종교는 인류 역사와 함께한 영원한 동반자인 만큼 인류는 한편으로 종교 신앙의 요체를 얼마나 파악하였는가? 살펴보면 긍정적인 요소도 많지만 부정적인 요소도 많다. '믿고 깨닫고(인식) 행하고(실천) 증험한(구현)'[26] 과정을 통해 고난한 세계를 주도하고 무명을 일깨운 것은 사실이지만, 문제는 이런 역사가 보편화되지 못한 데 있다. 그래서 비판가들은, '종교는 주술적이며 원시적인 사고의 미신적 유물이다(꽁트). 종교는 정신 착란을 제도화한 애매모호한 관념이다(마르크스). 종교는 인간의 내적인 허약한 동경심을 투사한 것(포이어바흐)'[27]이라고 꼬집었다.

종교가 어떻게 이반된 사상들을 줄줄이 허용하고 말았는가 하면, 주된 이유는 진리로서 지닌 무량함이다. 역사상 神의 뜻, 혹은 道의 본질을 통달한 사람이 얼마나 되었는가? 내림한 성현들이 하늘의 운행 의지를 깨달았지만 오늘날에도 살아 계신 하나님의 뜻까지 간파한 것은 아니며, 세인들은 神의 뜻을 아전인수격으로 해석하기 일쑤였다. 하나님은 완전무결한 분이지만, 뜻을 대행한 인간들이 이름을 더럽힌 과오를 저질렀다. 마녀 사냥에 혈안이 된 종교 재판관들은 '자신은 인류를 악마의 손길로부터 구원하고 있다'[28]고 확신했다. 아랍의 이슬람교도인 아물은 정복자로서 알렉산드리아에 입성했을 때 고대의, 모든 시대를 통해 최대의 보물인 무세이온 도서관을 불살라버렸다.

---

24) 『구약신학』, 원용국 저, 세신문화사, 1991, p.35.
25) 『증산사상중심의 인류갱생철학개론』, 앞의 책, p.610.
26) 『한국철학사상사』, 주홍성 · 이홍순 · 주칠성 저, 김문용 · 이홍용 역, 예문서원, 1993, p.100.
27) 『현대물리학과 신비주의』, 앞의 책, p.22.
28) 『21세기 과학 어떻게 오는가』, 아서 S. 그레고르 저, 과학세대 역, 우리시대사, p.92.

　　"만일 여기 있는 책이 『코란』에 씌어 있는 神의 말씀과 일치한다면 불필요한 것이다. 또한 『코란』과 일치하지 않는다면 마땅히 불태워져야 할 것이다."[29]

　　神의 뜻을 빌미로 인간이 저지른 무지한 행동을 이데올로기적으로 포장했다. 어리석음을 저지르도록 힘을 더욱 보태었다고나 할까? 규명된 진리를 통하건 결과지어진 역사를 통하건 인류는 아직도 신앙의 요체를 발견하지 못한 상태이다. 발견하였다면 그 같은 해석과 회의감은 일찌감치 잠재워졌을 것이다. 믿음을 지킨 행위는 참으로 중요해 완성을 향한 가교 역할을 하였지만, 참된 요체가 드러나기 전까지는 불미한 곡해들을 감수해야 했다. 쌓은 신행만큼 결과가 주어지지 못하므로 '종교가 세계에 대한 인간의 관념적 관계로서 하나의 의식 형태, 혹은 환상적, 공상적으로 전도된 반영'[30]인 것으로 추락하고 말았다.

　　그렇다면 종교가 인류에게 안긴 것은 정말 관념의 산물뿐인가? 인류가 정성을 바친 신앙의 요체는 정말 무엇인가? 이것을 밝히지 못한다면 성전이란 미명 아래 잔악한 테러도 서슴지 않고 있는 실정에서 神의 뜻으로 포장한 죄악도 그치지 않으리라. 신앙은 세계, 진리, 역사, 학문 등 그 무엇을 통해서도 요체를 밝힐 수 있어야 하는데, 여의치 못한 상황에서 인류가 지킨 신앙의 구극 요체란 정말 무엇인가? 그것은 다름 아닌 인간이 지닌 생명은 삶을 다한 죽음만으로 끝나지 않는다는 데 있다. 그런데도 과학적인 지식과 여타 학문 영역들은 죽음 이후에도 지속적인 존재 형태를 지침하지 못했다. 그래서 종교적 신행이 살아생전에 생멸할 순간을 대비했던 것이다. 죽음 이후의 길

---

29) 위의 책, p.48.
30) 『역사적 유물론』, 스토이스토프 대표집필, 이신철 역, 세계, 1990, p.296.

은 정말 신앙이 아니고서는 무엇으로도 대비시킬 방도가 없다.[31] 요체인 것을 알기 위해서는 종교 진리가 담당한 구원에 대한 확실한 증험성까지 필요하기 때문에, 믿음으로 쌓은 신행이 있어야 신앙의 요체를 확인할 수 있다. 왜 우리는 神의 뜻을 알아야 하고 "우주의 본체인 브라만이 개인으로서의 아트만과 일체라는 사실을 깨달아야 하는가?"[32] 그렇게 해야 영원한 우주의 생명력이 창조를 통해 인간의 존재 가운데 그대로 부여되어 있다는 사실을 알 수 있다. 누가 인간에게 더없는 生의 가치를 부여할 것인가? 자신이 자신에게 할 수는 없다. 모든 고귀함이 하나님으로부터 부여된 것이란 사실을 깨달아야 그 가치가 죽어도 영원하다.

인간이 살아생전에 바친 신앙적 투신은 그만한 근본 원리와 가치를 종교 진리가 뒷받침하고 있다. 존재하는 자 어떻게 생멸이란 현상을 피할 수 있는가? 없는데 종교적 삶이 극복할 수 있게 하였다면 그것은 신앙의 요체를 자득한 것이다. 신행을 우주관으로서 뒷받침한 종교 진리는 인류를 궁극적인 본원 세계로서 인도할 최종 안내자이다. 생멸 이후에도 연면하게 펼쳐질 탄탄대로를 만 생령을 관장하신 하나님이 보장하시리란 믿음에 대해 삼세 간을 초월해 계신 하나님이 이 땅에 강림하신 이유도 여기에 있다. 인류가 쌓은 신행과 공덕 가치를 빠짐없이 보장하시기 위해 하나님이 강림하셨다. 생멸만으로 끝날 수 없는 본원 존재의 영속성을 구현하기 위해 종교 진리가 불확실한 신앙을(?) 근거 요체로 삼았다.

---

31) 세속적인 삶이 낳은 야망이나 걱정, 근심으로부터 궁극적인 해방을 안겨다 주는 역할도 있음—『인도의 철학』, 하인리히 짐머 초록, 조셉 캠벨 엮음, 김용환 역, 대원사, 1992, p.171.
32) 『개관 동양사』, 동양사학회 편, 지식산업사, 1987, p.102.

5. 종교 권력의 제국성

역사 가운데서는 수없이 명멸해버린 종교도 있지만 종교가 인간 사회에서 담당한 역할 면에서 보면 종교의 가치성을 재삼 확인할 수 있다. 고대 사회에서는 종교가 신정을 일치시킨 절대 우주관을 대신했으며, "어떤 부족과 민족 내에서의 인간사에 관한 규칙적인 것까지도 율법이나 새로운 계율의 형태로서 선포했다. 神의 계시라든지 절대 진리에 의한 통제 형태로 공동체 간의 필요 불가결한 체계 질서를 종교적인 계율로서 확립했다."[33] 특히 문명 역사에서 위상을 갖춘 고등 종교들은 고대·중세·현대에 걸쳐 함께하였으며, 교조들은 神과 같은 존재로서 추앙되었다. 어느 민족, 어떤 국가가 이만한 세속 지배력을 행사할 수 있었던가? 여기서 우리는 종교가 지닌 특유의 세속 장악력을 엿볼 수 있다.

신정이 분리된 이후에도 근본적인 가치관 내지 세계관은 여전히 영향을 미쳐 종교는 끝까지 문명 역사를 주도한 고삐를 놓지 않았다. 고등 종교들은 영혼 구제란 캐치프레이즈를 앞세워 풍미했던 고대 노예제와 중세의 봉건 사회에서 정치권력자들과 결탁해 세속적인 권세와 영광을 함께 누렸다. 우리는 종교가 거둔 역사적인 성과들을 신앙과 진리력의 승리인 것으로 오인하고 있다. 기독교가 어떤 종교이던가? 그리스도 사후 300년 동안 수많은 순교자를 배출한 핍박받은 종교가 아닌가? 하지만 핍박한 세력들로부터(로마 제국) 도리어 국교로 공인받게 된 놀라운 역사가 일어났다. 이것을 계기로 기독교는 세

---

33) 『신의 약속은 파기될 수 없다』, 김이곤 저, 한국신학연구소, 1986, p.236.

계적인 위상을 갖춘 종교로서 발전하였다. 하나님의 역사가 함께한 섭리성을 염두에 둔다면 기독교만한 부흥 역사가 인류 역사 가운데서는 다시 없어야 한다. 그런데 살펴보면 버금가는 역사 내력을 고등 종교들도 빠짐없이 지니고 있다. 절대 진리에 대한 믿음에 있어서 착각을 일으킬 정도이다.

"기독교는 세계적인 종교 형태로 확산되는데 8세기가 걸렸지만, 이슬람교는 기독교보다 훨씬 뒤에 일어났으면서도 모든 면에서 급속한 발달을 완전하게 이룩하였다."[34] 교세, 신도 수, 문화적 지배 영역 등등 무엇 하나 비교해보아도 뒤진 것이 없다. 하나님의 영광을 위하여, 혹은 보다 나은 자유와 진리적 이상을 위해 정열을 바친 것인데, 그 같은 목표가 또 다른 세계관에 의해 수행되었다는 사실은 무엇을 의미하는가? 봉착된 의문 앞에서 우리는 다시 한 번 하나님의 뜻을 살펴서 지나온 길을 냉철하게 판단할 필요가 있다. 神의 뜻을 위한다고한 것이 인간된 욕심을 채우기 위한 수단은 아니었던지? 누린 영광이 정말 하나님을 신앙함에 따른 대가인 것인지? 당당할 수 없다면 오늘날과 같은 종말 국면을 맞이할 것은 정해진 수순이다. 그들은 진리가 지닌 자체의 포용력을 확대시키려고 한 것이 아니라 절대적이라고 믿은 진리를 세상 위에 전파시키는 데만 주력했다. 진리가 자체로서 세계적인 포용력을 넓힌 것이 아니고, 세속적인 권력에 편승하여 부화뇌동한 편린 측면이 농후하다. 종교는 종교대로 진리의 세계화를 달성하기 위해서는 세속 권력이 필요하였고, 천하를 움켜쥐고자 한 권력자들은 세계를 지배할 수 있는 절대적인 이념의 보완이 필요하

---

34) 『역사철학강의』, 헤겔 저, 김종호 역, 삼성출판사, 1983, p.200.

였다. 종교, 정치, 진리는 그 영향력을 세계적으로 확산시키고자 하는데 있어 일치점이 있다. 보다 확대된 세계적인 위상을 갖추기 위해서는 개별적인 특성들을 돈독하게 결속시킬 수 있어야 했다.

역사상 유가는 "동중서의 건의를 받아들인 한무제에 의해 발탁되었는데, 제자백가를 배척하고 유가만을 존숭하라고 한 命을 발판으로 중국 문화사에서 가장 중요한 위치를 차지하게 되었다."[35] 孔子로 (B.C. 551~479)부터 발원된 "유가 사상은 중국 고래의 가족 제도를 합리화시켜 현실에 적합한 사회 질서 유지에 기본이 되었으므로, 국가와 결탁되어 동양 문화 전체에 큰 영향을 미쳤다."[36] 국가 권력이 유가만 인정하여 널리 보급시켰다. 순수 진리력만으로는(유가) 당시에 공존했던 제자백가를 포용할 통합력이 부족했다. 국가 권력에 의해 보호된 관계로 나머지 진리들이 소원해졌다.

종교적 이념이 세속 권력 위에 편승된 사례는 불교도 예외일 수 없다. "전통적인 브라만교의 환경 속에서 성장한 석가는 처음에는 자신의 개인(소승) 구제를 위주로 진리적 이상을 펼쳤지만, 세계 정복의 야욕을 지닌 인도의 아소카 왕에 의해서 국교로 채택된 이후, 인류 전체의 중생 구제를 위한 대승 불교로 발전해서 세계 종교화되었다."[37] "처음에는 개인들에 의해 다른 국가로 전파되었지만 국가의 지배 권력과 함께하게 된 이후부터는 중생 구제라는 인류 보편적인 과제를 표방하면서 세계적인 판도를 이룬 종교가 되었다."[38] 물론 그만한 변

---

35) 『주역의 역사』, 역학산책 주역 편, 인터넷자료.

36) 『세계사 개론』, 이동윤 저, 일지사, 1984, p.104.

37) 『동이비전』, 김한국 저, 대원출판사, 1986, p.259.

38) 『종교는 무엇인가』, 최광열 저, 학우사, 1980, p.25.

화가 있게 된 이유는 불교가 지닌 고유한 진리 역할이 있었기 때문이
지만 한편으로는 부인하기 어려운 세속 정치권력의 도움도 있었다는
사실을 부인할 수 없다.

그런데 이슬람교의 경우는 한걸음 더 나아가 정치 지배력을 보다
적극적으로 도구화한 측면이 엿보인다. "무함마드는 새로운 종교의
창시자일 뿐 아니라 아랍 민족 국가의 창시자이기도 한데, 그의 후계
자로 선출된 인물들은 칼리프(Caliph)로 불렸다. 칼리프(敎主)는 종교뿐
만 아니라 정치적 지도자이고 군사령관인 동시에 입법자이기도 했다
."39) 한 손에는 코란 경전을, 다른 한 손에는 칼을 들고 동서로 교세
확장에 나선 것은 종교의 전권적인 권력화 양상을 적나라하게 드러낸
것이다. 권력과 교세를 토대로 해서 "정치 활동을 일치시킨 이슬람교
는 아시아, 아프리카, 유럽의 세 대륙에 걸쳐 대제국을 건설하였고, 전
아라비아 세계를 통일하였다."40) 이슬람교권을 지배한 사라센인은 건
조한 아라비아를 터전 삼아 목축 생활을 한 소부족 국가들이었는데
무함마드가 출현한 이후 기적적인 대통일제국을 건설하였다.

그렇다면 기독교는? 기독교도 세속 권력과 결탁된 양상을 벗어나
지 못했다. "유태교라는 전통 환경 속에서 성장한 예수는 자기 민족
인 이스라엘 백성의 구원을 외쳤다."41) "하지만 세계를 정복할 야욕
을 지닌 로마가 늘어난 기독교도들을 정치적으로 이용하려는 목적을
가지고 국교로 공인한 이후부터는 교리 체계를 세계를 구원하는 차
원으로 발전시켰고, 타민족까지 신앙 속으로 결집시키는 세계 종교화

---

39) 『개관 동양사』, 앞의 책, p.118.

40) 『세계를 움직인 백 권의 책』, 신동아 1968년 1월호 부록, 동아일보사, p.100.

41) 마태복음, 15: 21∼28, 10: 5∼7, 2: 5∼6, 1: 20∼21, 19: 27∼29.

의 길을 걸었다."[42] "로마 황제가 기독교를 채택해 국교로 정한 것은 제국을 유지하기 위한 정책의 한 수단이었다."[43] 황제는 "교회가 제국 내에서 중요한 몫을 담당하여 백성에게 파고드는 부도덕의 광활한 길을 제거하여 법과 질서를 이끌어 주고, 황제를 위해 하나님께 축복을 빌어 주길 바랐다."[44] "로마는 문명 세계를 통합하는 것을 숙명으로 여겼으며, 이 같은 생각은 다음 세대의 이상이 되어 로마가 몰락한 뒤에도 가톨릭적인 이상으로 이어지게 되었다."[45]

세력이 극도에 달했던 "중세 교황권의 발전 관계를 개관하고 보면 교황권은 유럽 문명의 통일을 가져왔다는 긍정적인 평가도 있다."[46] 하지만 기독교와 여타 종교들이 표방한 진리적 이상과 궁극적인 목표가 세속 권력까지 장악하고 문명 세계를 통일하는데 있는 것인가 하면 그런 것은 아니다. 그런데도 결과를 놓고 보면 욕망을 채우기 위해 정치권력에 편승한 것 외에 더 이상의 이유는 찾을 수 없다. 인류가 종교를 통해 구한 것은 무엇인가? 극락을 보았는가? 지상 낙원을 건설하였는가? 기독교 국가들이 이룬 복지 사회는 의식주는 보장하였을지 몰라도 정신의 황폐화 현상은 오히려 심각해졌다. 종교가 인류 역사 위에서 가진 위상에 비해 남긴 것은 무엇이며, 무엇을 위해 정열을 쏟았기에 세상이 온통 피할 길 없는 난제의 구렁텅이로 처박혀 버렸는가? 참으로 하나님, 알라, 부처, 孔子의 뜻을 위했다고 한다면 합당한 결과가 있어야 하며, 남아 있는 것이 있다면 문명 역사

---

42) 『동이비전』, 앞의 책, p.259.

43) 『사학개론(Ⅰ)』, 太田秀通 저, 방기중 역, 청아출판사, 1985, p.36.

44) 『기독교교리의 역사』, 베른하드 로제 저, 차종순 역, 목양사, 1990, p.80.

45) 『서양사학사』, 이상신 저, 청사, 1984, p.60.

46) 위의 책, p.484.

위에서 제도화된 종교의 허울을 과감하게 벗어버려야 한다. 우주관적인 진리가 세속 권력과 한 배를 탔다는 것은 이미 순수한 진리력을 상실하였다는 뜻이다. 자력으로 구축했어야 할 진리로서의 보편성과 세계성을 세속 권력을 등에 업고 신앙을 강요하고 만 종교 권력의 제국성으로 표출되고 말았다. 순수하게 진리로서 이루었어야 할 세계적 이상과 시온의 영광을 포기해 버린 것이다.

종교는 어떤 영역보다도 역설적으로 인류의 영혼을 억압했다고 보며, 자유와 평등과 인권을 보장한 민주주의도 알고 보면 종교란 절대 권력이 묶어 놓은 제도를 과감하게 끊어버린 이후로 얻게 된 세계 질서였다. 인권을 유린한 고대 사회에서의 노예제와 중세 시대의 봉건 제도는 바로 종교 권력들이 풍미했던 시대가 아닌가? 지배 계급들이 권력을 유지할 수 있도록 이데올로기를 제공한 일등 공신자로서 온갖 영화를 누렸다. "로마 사회가 기독교를 받아들였지만 노예 제도가 폐지되었는가?"[47] 유교가 표방한 충효 사상은 개인과 가정과 사회 질서를 유지하는데 필요한 가치 기준이지만, 그것은 당시의 지배층들이 봉건 제도를 유지하는데 필요한 지배 이데올로기이기도 했다. 또한 "자유를 사랑한 유럽의 고대 부족들이 그것을 부인한 봉건 제도에 얽매였던 것은, 교회의 가르침이 비민주적인 관념을 뿌리내리는데 큰 역할을 한 것일 수도 있다. 국왕은 지상에 생존하는 神의 영상이라고 간주된 만큼이나 전능한 권력자에 대해 누가 감히 항거할 수 있었겠는가?"[48] 봉건 제도는 농민에 대한 착취 제도가 분명한 것인데도, 농민들이 항거하여 전쟁을 일으켰을 때(16, 17세기), 기존의 질서를 사

---

47) 『역사철학 강의』, 앞의 책, p.33.
48) 『세계사 편력』, 앞의 책, p.45.

수하고자 한 것은 누구도 아닌 교회 권력이었다. 부자가 천국에 들어가는 것이 낙타가 바늘구멍으로 들어가는 것보다 더 어렵다고 했는데 정작 그런 부를 가장 많이 축적한 곳은 어디였던가? 교회는 지상의 그 무엇과도 비교할 수 없는 방대한 특권 계급으로서 봉건 제도가 존속하고 있기 때문에 큰 이득을 취하였다. 최대의 지주를 겸했다. 교회가 가진 두 얼굴의 정체는 바로 그들이 보유한 재산을 박탈당할 수 있는 어떤 사회, 경제적인 변화를 원치 않은 농민 탄압의 주체 세력이었다[49]는 아이러니에 있다.

중세 시대를 변화시킨 수차례에 걸친 십자군 원정 사례만 보더라도 그것은 성지를 회복하고자 한 순수 신앙의 발로라고 보기 어렵다. '예수란 이름 아래 회교도를 학살하고 유태인을 박해했을 뿐 아니라'[50] 정치적인 목적을 달성하기 위해 더 혈안이 되었다. 루터가 종교 개혁을 부르짖으면서 가톨릭의 부패에 대해 비판한 것은 신앙의 자유를 구하고자 한 이유도 있었지만, 한편으로는 다분히 정치적인 입장을 반영하고자 한 측면도 있었다는 것이 그의 사상과 행위 가운데서 노출된다. 순수 신앙을 버리고 종교를 정치적으로 이용했다는 비판을 피할 수 없다.[51] '하나님께 한 공식 서원을 깨뜨리고 당돌하게도 수도자의 몸으로 결혼 생활을 시작한 인생 측면도 있지만',[52] 보다 결정적인 것은 가난한 농민들이 들고 일어난 농노제의 철폐에 대해 펼친 생각과 태도에 있다. 이것이 종교 지도자이며 더구나 개혁

---

49) 위의 책, p.73.

50) 『토털시스템으로서의 세계』, 케네스 E. 홀딩 저, 이정식 역, 범양사출판부, 1990, p.204.

51) "루터의 개혁 동기는 원인(遠因)이든 근인(近因)이든 모두 심령적인 것이라기보다는 아주 속세적인 것이었다(프로테스탄트 사학자 찰스 리어)."―『교부들의 신앙』, 제임스 C. 기본스 원저, 장면 역술, 가톨릭출판사, 1990, p.507.

52) 위의 책, p.504.

가의 입에서 나온 말이라니…….

> "…… 지상의 왕국이 인간의 불평등 없이 존재할 수는 없다. 어떤 사람은 지주이고, 나머지 사람은 농노이며, 또 어떤 사람은 임금이고, 어떤 사람은 신하가 되어야 한다." 그는 농민들을 저주하고 농민 반란군을 죽일 것을 호소했다. "그대들은 농민 반도들을 죽이기를 마치 미친개를 때려잡듯이 해야 한다. 만약 그대가 그들을 공격하지 않으면 그들이 그대를 공격할 것이며, 그대의 토지를 모두 빼앗아 갈 것이다."[53]

이후 영국을 필두로 해서 유럽 전역에 산업 혁명이 전파되었고 공장 제도가 확립되는 등 법률상으로는 노예 제도가 없어졌지만, 그렇다고 굶주린 노동자가 옛날의 노예들과 나을 것은 하나도 없었다. 그런데도 기독교는 여전히 고용주의 편을 들어, "노동자들이 세상의 비참한 운명을 견뎌내고 神의 부름을 받아 내세에서 구원받기를 기도하도록 설교했다."[54] 아무리 종교적으로 이룬 역사가 가시화된 것이라도 그것은 세속사에서 보여진 평가일 뿐이고, 하나님은 아직 그들의 행위 전반을 심판하지 않았다. 종교가 구원이란 이름으로 저지른 작태 전반이 그러하다. 역사를 얼룩지게 한 전쟁과 만연된 배금사상을 보면 하나님의(예수) 가르침과 얼마나 큰 차이가 있는가?[55] 정치적인 야욕을 채우기 위해 종교를 이용했다는 비난을 면하기 어렵다.

하나님이 서양 제민들을 축복하시고 세계로 진출할 대세권을 부여했던 것은 인류를 하나 되게 할 뜻을 달성하기 위한 것인데, 지리상

---

53) 『세계사 편력』, 앞의 책, p.63.
54) 위의 책, p.89.
55) 위의 책, p.34.

의 발견 이후 열강들이 보인 세계사적 경영은 구원 사업 목적과는 거리가 먼, 질펀한 식민지 약탈의 현장이었다. "전도사는 진리와 사랑이라는 명분 아래 선교 지역에서 의도적으로 문제를 일으켜 영토 분할과 조계 설정을 위한 빌미를 만들려고 혈안이 되었다. 흔히 일컫듯 제국주의의 앞잡이 노릇이다."[56] 굵직한 일들이 더러 종교라는 이름으로 역사 위에서 새겨졌지만, 종교라는 이름으로 수백, 수천만의 사람들을 억압한 죄악이 저질러졌다.[57] 제국주의가 종교의 탈을 쓴 것이라고 할까? 종교가 습속화된 제국적 근성을 발휘한 것이라고 할까? 정치권력의 시녀가 된 '종교는 대중의 아편'이라고 비판받을 만도 하다.[58] 특히 기독교는 선교적 사명을 제국성에 편승시키다보니 진리적으로 이룬 성과가 거의 없다. 있었다면 오늘날과 같은 분란과 한계 국면은 맞이하지 않아도 되었으리라.

"서양의 열강들은 중국의 문호를 강제로 개방시켜서 상품에 이어 기독교를 들여보냈는데, 이때의 기독교는 元·明代의 천주교와는 달리 힘을 배경으로 해서 강요한 종교였고, 기존 질서를 파괴시키는데 역할을 한 종교이다."[59] 이 당시 '포교를 목적으로 중국에 진출하여 성공한 이는 이탈리아 출신의 선교사인 마테오리치였으며(1552~1610)',[60] 그가 문제로 삼았던 화두는 조상 숭배의 예속을 이단으로 볼 것인가 말 것인가에 관한 것이다. '기독교가 중국에 들어간 것은 8세기가 시

---

56) 위의 책, p.164.

57) 위의 책, p.20.

58) 위의 책, p.31.

59) 『개관 동양사』, 앞의 책, p.295.

60) "그가 북경에 도착하여 明의 萬曆帝로부터 거주 허가와 포교의 허락을 얻은 것은 1601년 초였다." - 위의 책, p.241.

초였지만'[61] 중국의 진리 문화를 이해하고 극복한 역사는 어디에도 없다. 그렇다면 그들은 과연 무엇을 목적으로 하나님의 뜻을 전하려 했던가?

당시의 조선은 약소민족으로서 도움받아 마땅한 나라였는데 열강들에 의해 희생양이 되고 만 것은 시사하는 바가 분명하다. 한국의 "가톨릭교회 역사는 선교가 시작되었을 때부터 왕권과 대립하였다."[62] 진정으로 한민족이 하나님에게로 인도될 구원의 대상으로서 약속된 것이었다면 근세에 뼈아픈 식민지 역사는 없어야 하지 않았겠는가? 누가 야수이고 누가 선량한 양인가 하는 것은 정말 역사가 증명한다. 어떤 상황 속에서도 중심을 볼 수 있는 종교적 양심을 가지고 있어야 했지만, 늘 그렇듯 그들은 야수적인 욕망으로 가득 차 있었다. 우리를 해치려는 자의 눈빛을 보고 이 나라의 선각들은 외쳤다.

> "서양 오랑캐가 우리나라에 잠입하여 널리 사설(邪說)을 전파하는 것이 어찌 다른 목적이 있어서이겠는가? 자기와 같은 무리를 심어 안과 밖이 서로 응하고 우리의 허실을 정탐하여 군대를 이끌고 들어오려는 것이다. 우리나라를 복속시키고, 우리 산과 바다를 노략질하고, 우리 의관을 종의 것으로 바꾸고, 우리 소녀들을 납치해 가고, 우리 정신을 금수와 같이 만드는 것이다."[63]

"천주교를 제국주의적 침략의 도구로 삼고 열강들이 무력을 앞세워 수교를 요구한 것은, 장차 국가를 통째로 예속하고 자원을 약탈하여 조선인을 노예화하기 위한 것이다."[64] 그런데 과연 그렇게 판단한

---

61) 『역사철학 강의』, 앞의 책, p.212.
62) 『역사와 기독교(제4집)』, 앞의 책, p.2.
63) 『한국철학사상사』, 앞의 책, p.486.
64) 위의 책, p.486.

결과가 어떠했는가? 일본 정부가 1882년, 神道를 국가 종교의 공적 조직으로 규정한 것은 황실의 복고적인 숭배 상징을 부활시켜 세습적인 집단의 神으로서 신앙하기 위한 것이었겠는가? 근대 일본의 민족과 사회와 국가가 필요로 한 정치상의 신격화 목적 외 아무것도 아니다.[65]

그러므로 현대인들이 시급하게 실행해야 할 것은 인류가 겪은 역사 가운데서도 세속적인 야욕과 권력에 편승한 종교적 얼룩을 부지런히 지우는 작업이다. 종교가 지닌 문명적 위상은 진리로서 지닌 포용력과 제도력이 쌓은 것이 아니었다. 세속 권력에 편승된 종교 권력의 제국성을 진리가 이룬 것으로 착각했던 것이다. 하나님이 참으로 이루고자 했던 구원의 역사, 통합의 역사가 아니다.[66] 인간적인 욕망을 하나님의 뜻이란 미명으로 저지른 오해의 역사이다. 어떤 경우에도 하나님은 정치권력과 결탁한 지배력을 원하지 않으신다. 하나님이 강림하신 상황을 살펴보면 세상을 품안에 둔 창조력이 주재력을 발휘한 형태이다. 만물을 주체적으로 다스린 권능은 창조권으로부터 발동된 것이며, 무엇에도 의탁될 수 없다. 하나님이 역사를 심판하실진대 준엄한 손길을 피할 대상이 세상 어디에 있겠는가? 아무리 세계적인 판도를 장악한 문명권적 종교라 해도 엮어진 신앙 역사가 얼마나 하나님의 창조 목적과 일치되었는가 하는 것은 피할 수 없는 심판 대목이다. 최종 심판이 유보되고 있는 것은 아직도 창조 목적을 달성하기 위해 노력하고 있기 때문이다. 구원 사역과 대동의 통합 역사에 있어서 종교가 담당한 역할은 무엇인가? 존재한 것이 오히려 걸림돌이 되는 것이라면 종교야말로 종말을 맞이한 시점에서 가장 호되게

---

65) 『역사의 연구(Ⅱ)』, 앞의 책, p.270.
66) 구원의 역사, 통합의 역사는 하나님이 창조 이래 이 세상에서 이루고자 하신 순수 역사 목적임.

심판받아야 할 적임 대상이다. 하나님의 뜻을 올곧게 지켰다면 의로서 들리울 것이요 그릇되었다면 씨를 말리우리라.

하나님은 천지를 지으신 창조주이시요 심판 역사를 주관할 권한자이시나니, 하나님이 때가 되어 창조 권한을 주장하시는데 누가 거부할 수 있겠는가? 문명 역사는 이루어 온 그대로 심판받으리라. 예수님도 무함마드도 佛陀·孔子·소크라테스·루터·강증산·문선명·소태산도 예외가 없다. 통째로 심판하실 主가 강림하신 하나님이시다. 처음부터의 창조 역사를 주관하신 분이 이룬 결과까지 심판할 수 있고 의를 북돋워 영속시키리라. 하나님이 문명과 역사를 심판하고자 하신 것은 만세 전부터 작정된 결정 루트이며, 창조된 세계가 끝내 맞이하게 될 매듭점이다. 하나님의 본체 현현과 섭리 역사의 완수, 세계 통합을 위한 의지의 발현, 인류 심판과 세계사적 구원 역사는 이 시대의 우주적 생명대가 당면한 동시대적 과제이고 사명이다. 피할 수 없는 역사이기 때문에 환란과 애통이 예상된다. 대 변환기를 맞이하여 적극적으로 대비책을 세우는 자와 민족만이 구원의 반열 위에 서리라. 하나님은 어제도 오늘도 만생을 빠짐없이 구원하셨지만 막판 시한에 처하면 누구도 어찌할 수 없다. 만생을 구원하기 위해 마련된 심판 절차는 이 시대의 인류가 피할 수 없는 역사적 국면이다. 특히 지난날 종교가 저지른 권력의 제국성을 통해서 인류는 종교가 가진 실체를 정확하게 꿰뚫어 볼 수 있어야 한다. 배가 침몰하면 그 안에 탄 자도 함께 수장되고 마는 것이므로, 단연코 그렇게 되지 않게 하기 위해 인류는 이 연구가 밝힌 메시지에 귀를 기울여야 한다.

10 | 기독교 섭리의 종말성

1. 기독교 진리의 본질과 한계

신약에 바탕을 둔 기독교 역사는 예수 그리스도의 33년간에 걸친 공생애로부터 비롯된다. 만약 예수가 태어나지 못했다면? 역사가 있었기 때문에 2000년간에 걸친 기독교 역사가 펼쳐졌다. 기독교가 문명 역사에 끼친 영향은 지대한데, 이전부터 그의 메시아적 강림이 예표되었을 뿐 아니라, 이후 역사도 그를 중심으로 이루어지리란 것이 기독교가 믿고 있는 절대 신앙관이다. 따라서 우리는 기독교 역사도 예수를 통해 본질 면모에 대한 본말을 판단할 수 있다. 기독교 문명이 아무리 창대하더라도 예수가 지닌 본질 상황 이상은 벗어날 수 없다는 것인데, 예수도 자체로서는 거리낄 것이 없지만, 성부 하나님에 대해서는 제약이 있다. 기독교는 이스라엘의 신앙 역사를 선조 역사로 받아들여서 창조 이래의 섭리를 포괄하게 된 대통을 이었다. 하나님의 혼맥을 계승시킨 꿋꿋함을 지켰다. 그렇기 때문에 기독교가 품은 세계적 질서가 끝을 보지 못하는 것인지도 모른다. 세계관으로서 걸은 길은 참으로 멀고 험난했다. 부여받은 구원 사명을 달성하기 위해서는 더욱 그러했다. 움이 튼 묘목이 어떻게 거목이 되는가 하는 것은 기다려 보아야 하는데, 기독교 역사가 2000년을 넘긴 지금 누가 그 끝을 볼 수 있는가? 그런데도 추진된 섭리가 영원하리라고 보는 것은 더욱 우려되는 신앙관이다. 유태교의 민족적인 신앙 역사가 기독교가 태동됨과 함께 장사되고 말았는데 아직도 인정하지 않고 있듯, 기독교도 이와 같은 섭리적인 종말 상황을 대비하지 못한다면 역사는 어김없이 반복되고 만다.

그렇다면 기독교의 섭리 역사는 언제, 어떻게, 무엇에 의해서 종말을 맞이할 것인가? 그것은 유태교가 어떻게 종말을 맞이하고 말았는가 한 사례를 살펴보면 짐작할 수 있다. 성부이신 하나님을 신앙한 구약 시대에 성자인 예수 그리스도가 강림하게 됨으로 유태교의 섭리 무대가 막을 내리고 말았듯, 신약 시대의 종막은 보혜사 하나님이 이 땅에 강림하심과 함께 대단원에 걸친 막을 내리리라. 참으로 믿어지지 않는 성령의 시대가 개막된 것이 그러하다.[67] 새로운 시대를 개막하기 위해서는 당연히 구시대의 섭리 역정을 종결시켜야 한다.[68] 더 역사될 것이 남아 있다면 이런 판단은 유동성을 면할 수 없지만, 새로운 시대의 개막 선언은 전체 가운데서 완료된 역사의 본질을 꿰뚫는 판단이다. 2000년 기독교 역사는 성자가 지닌 본질을 부각시킨 역사이므로, 기독교는 마땅히 그렇게 해서 규정된 존재 속성을 뒷받침하였다. 신앙과 교리와 예전과 진리가 모두 그러하다. 하지만 이제는 성령의 시대가 개막됨으로써 기독교가 기독교만으로 존재할 수

---

67) 2011년 9월 9일, 『성령의 시대 개막』을 저술함.
68) 종결은 이전의 시대가 끝이 다다른 매듭임.

없게 된 과도기적인 역사 과정이었던 것으로 밀려나게 되었다.

그러나 어떤 시대가 개막되었다고 해서 이전 시대의 기반이 모두 사장되고 마는 것은 아니다. 성자는 성부의 시대를 기반으로 했던 것처럼, 개막된 성령의 시대도 기독교를 기반으로 하지 않고서는 펼쳐질 수 없다. 오히려 온전하게 포용해야 완성을 지향할 수 있다. 그래서 기독교의 섭리 역정이 성령의 시대가 개막됨과 함께 한정될 수 있게 되었다. 기독교 역사의 한계 테두리가 정해졌다. 그렇게 해서 매듭을 이룬 대단원에 걸친 역사가 바로 기독교 2000년 역사이다. 기독교의 섭리 테두리가 한정됨에 있어서는 섭리를 추진시킨 진리도 한정된다. 기독교 진리가 세상 진리와 함께 하나님의 섭리성을 드러내기 위해 역할을 담당했던 것이다. 그리스도가 하나님의 아들인 것을 증거하기 위해 준비된 기독교의 교리와 제도적 장치는 하나님의 뜻을 완성하기 위해 마련된 것이기도 하다. 성자를 보위한 섭리적인 기반이 확고하였기 때문에 성령의 시대가 개막될 수 있었다. 이것이 기독교의 본질인 동시에 한편으로는 진리로서 지닌 특성 한계이다.

기독교를 통해서 우리는 어떤 진리성을 기대하는가? 복음을 통해 신앙인들은 얼마만큼 세상에서 이루어진 원인성을 해명하였는가? 신약은 그런 이치를 세세하게 밝힌 진리 경전이 아니다. 새로운 교리도 천지가 창조된 원리성과는 동떨어져 있다. 그런데도 절대 우주관으로서 여기고 있다는 것이 문제이다. 진리의 본말을 보지 못한 것이 이유이다. 한정된 그릇 크기도 모르면서 다 담아내려고 하니까 내용물이 넘치고 있는데도 그런 사실을 모른다. 필요한 것과 부족한 것을 분간하지 못해 오늘날까지도 무엇을 해결해야 하는지 가닥을 잡지 못하고 있다. 온갖 이설을 감당했던 것은 절대성을 버리지 못한 무모함 때문이다. 지닌 본질조차 규정하지 못했는데 타 진리를 이해할 안목을 세웠을 리 만무하다. 포이어바흐는 기독교의 본질을 인간성의 반영이라 규정했고, "기독교는 동양의 도교와 같이 영생 부활을 믿으므로 신선맥이란 견해도 있다."[69] 그런데도 기독교인들은 하나님이 역사하신 절대적인 종교로서 믿었다. 인류가 다양하게 하나님의 창조성을 추구한 지혜를 보지 못한 결과이다. 타 진리를 이단시해버려 가치성을 볼 수 있는 눈이 없었다.

하지만 이제는 때가 되므로 인류는 성자의 시대가 마감된 기독교 역사의 뿌리를 들여다보고 기독교 진리의 본질과 한계를 확정지어야 한다. 예수 그리스도의 神적 본질을 보위한 기독교 역사는 항존하신 하나님과는 또 다른 섭리 특색을 지녔다. 하나님이 이루신 구약에 대해 세인들은 그 이행 여부를 확인하고 싶은 요청이 있었다. 그리스도는 이 같은 요구에 부응해서 약속을 이룬 구현체로서 이 땅에 오셨다. 그리고 이와 같은 성자의 강림 역사는 2000년 후 보혜사 하나님이 몸 된 진리성으로 강림하심과 함께 더욱 확고해졌다. 하지만 '예수님은 믿음으로 구원을 이룬 神적 본질성을 확립하였는데도 불구하고 세상 만물이 존재하게 된 본체 원리까지 밝힌 것은 아니기 때문에'[70] 남은 과제를 해결하기 위해 보혜사 하나님이 진리의 성령으로서 강림하신 것이다. 미비점이 있어 기독교의 교리 체제가 불합리하다고 여긴 이유도 여기에 있다. 제기된 문제의 성격이 달랐던 것인데도 세상은 무조건 절대성만 요구했다. 하지만 이미 결정되어버린 것은 또 어떻게 할 것인가? 기독교를 옹호하려 한 노력이 있었지만 진리성이 공고하

---

69) 『코리아 웅비의 증산도』, 노상균 강해, 대원출판사, 1994, p.84.
70) 『세계통합론』, 졸저, 다짐, 1995, p.296.

게 되지 못한 것은, 그것이 바로 기독교가 지닌 한계성이다.

성자를 증거하기 위해 세운 교리 체계는 섭리적으로 뜻을 연관 지어야 하며, 세상적인 이치로서는 해명할 수 없다. 성자가 하나님의 뜻을 받들어 희생된 것은 이후의 결과를 통해 확인할 수 있다. 원리 법칙을 통해 증거할 성질이 아니다. 예수의 神적 본질을 증거하기 위해 세운 교리와 신앙 체계는 과학적으로 증명할 수 있는 자연 현상이 아니며, 역사가 진행된 전후 관계를 살펴서 확인해야 한다. 부활에 대해서 아무리 연구해 보아도 그런 사실을 통해 원리성은 추출할 수 없다. 그렇다고 부활을 증거할 길이 전혀 없다는 것은 아니다. 다시 오시기 위해 부활하셨고 하나님의 보좌 우편에 앉아서 기다리고 있는 중이므로, 재림이 성사되면 모든 의혹이 한꺼번에 일소된다. 그러나 그 이전까지는 누구도 부활에 대해 의혹을 잠재울 수 없다.

존재는 무엇이건 생성하는 과도기를 거치므로 언젠가는 종말 국면을 맞이한다. 중세 유럽의 천여 년 기간은 기독교의 절대 가치가 시험받은 세계관적 무대였지만, 神의 도성을 건설하는 과정에서 기독교가 인류에게 보인 비전은 무엇인가? 암흑의 시대로 지칭되지 않았던가? 세계사에 있어서 근대란 바로 이 같은 시대가 안긴 결과에 근거한 것인데, 그것은 중세 역사에 대한 실망일 수도 있고 강력한 반동 의지일 수도 있다. 그들은 절대적으로 추종했던 신권 사회를 버리고 새로운 세계관을 개척하기 위하여 인간성과 자연의 원리를 탐구하는 데로 관심을 돌리게 되었다.[71] 이런 연유로 15~16세기에는 과학이 역사의 전면에 등단하여 교회와 충돌하는 것이 불가피해졌다. 교회는

---

71) 고대 그리스인들이 추구했던 가치와 문화.

개명된 지적 요구와 사태의 변화를 객관적으로 볼 수 있는 안목을 가지지 못했고, 성경은 이런 문제에 대해 지식과 정보를 제공하는 책이 아니었다. 교회가 신앙으로 해결하지 못한 진리의 문제를 타개하려는 과정에서 우주에 관한 근대적 관념의 기초가 확립되었다.[72] 중세로부터의 탈출 행각에 발맞추어 절대 신앙으로 일색된 기독교 문화의 토양 위에서 어떻게 마르크스·엥겔스와 같은 유물론적 사상가가 배태되었는가? 쏟아진 반동 조류를 막지 못했는가? 인류가 지닌 근원된 진리 요구를 기독교 진리가 충족시키지 못한 때문이다.

기독교 역사가 2000년을 넘겼는데 아직도 하나님을 증명하지 못하다니! 증명을 시도하지 않은 것은 아니지만 성자를 증명하기 위해 구축된 교리 체제로서는 만유 위에서 공존하신 하나님의 문제를 풀 수 없었다. 예수를 통해서만 하나님을 보고 예수를 통해서만 세상을 이해했던 관계로, "하나님이 예수 안에 있는 진리 이상은 능가하지 못했다. 예수 그리스도의 능력 안에서만 성령을 통해 인식했다."[73] 이것은 신앙적인 측면으로 기독교를 특징짓는, 기독교의 진리성을 한계 지은 것이고, 한정할 수 없는 하나님의 역사까지 한정하고 만 결과를 초래했다. 눈을 틔워야 진리로서 강림하신 하나님을 볼 수 있는데, 한정해 버림으로써 세계가 바란 진리 세계의 확대 요구에 대처할 수 없었다. 기독교에서는 예나 지금이나 자신들이 구축한 교리 체제로 세계를 구원하고 창조 목적을 달성할 수 있다고 굳게 믿지만,[74] 알고 보면 실현될 가능성이 희박하다. 창조 섭리가 완수되기 위해서는 오

---

72) 『세계사 편력』, J. 네루 저, 장명국 편역, 석탑, 1982, p.77.

73) 『신학이란 무엇인가』, 헤닝 슈뢰어 편, 정일웅 역, 기독지혜사, 1989, p.326.

74) 오늘의 모든 종교는 반드시 기독교를 중심으로 하나가 되어야 할 것임-『주체사상의 철학원리』, 장길성 저, 서린당, 1991, p.14.

직 진리의 생성 역사가 만개되어야 할 뿐이다. 이에 온갖 도전으로부터 진리적인 문제를 해결하기 위해서는 신앙 체제를 근본적으로 바꾸어야 한다. 기독교의 명맥을 이을 보혜사 하나님의 지상 강림 역사가 요청된다. 성부의 역사로 일관된 시대에 主 그리스도의 강림이 있었듯, 보혜사 하나님은 다시 새로운 통합 시대를 구현하기 위해 진리의 성령으로 강림하셨다. 제반 교파 분열의 원인을 자체가 품고 있는 상황에서 '기독교 사상을 통일하는 것이 하나님의 나라를 건설하는 데 있어서 우선적인 섭리 과제라고 주장해본들',[75] 더 이상 무엇을 어떻게 할 수 있는가? 창조주가 아니고서는 해결할 수 없는 문제인데, 인간적인 노력만으로 풀려고 한 데 무리가 있었다.

기독교의 진리 테두리를 넘어서 인류가 기대한 것 이상의 전혀 새로운 모습으로 강림하신 분이 보혜사 하나님이시다. 하나님이 아니고서는 사태를 혁신시킬 수 없는데, 그 전체 원판을 짜기 위해 강림하신 하나님을 인류가 분간할 수 있어야 한다. 기독교 2000년 역사를 계승하고 진리 세계를 통합하신 하나님, 이것은 철학이나 학문 등 어떤 분야에서도 해결할 수 없는 문제인데, 하나님이 성자의 시대를 마감시킴과 함께 이끌어 낸 성업이다. 인류 역사는 그 누구도 당면한 시대를 매듭짓지 못했기 때문에 본말을 볼 수 없었고, 본질을 보지 못하므로 문제의 핵심을 간파하지 못한 상태였지만, 이제는 하나님이 강림하신 결과 본말을 보고 시대를 종결시키고 세계를 완성하게 되었다. 세상과 역사는 제 방면에 걸쳐 하나님의 지상 강림 역사를 앙망하였지만, 본말을 보지 못해 보류되었던 것인데,[76] 정말 하나님이

---

75) 위의 책, p.12.
76) 사상이나 정치적 이념 등.

강림하심으로써 한꺼번에 일소되었다. 그렇다면 이제부터 이룰 것은? 강림하신 하나님을 성령의 시대를 개막해서 맞이하는 것이다.

2. 교회 역사의 본질과 한계

'기독교인들이 교회 역사의 시초를 구성할 때 그들은 유태 민족의 구약 성서를 자신들의 선조 역사로 채택하였다. 천지 창조로부터 보편 교회로, 세계 역사가 모든 인류의 교회로 되어 가는 운명을 갖고 있다'[77]고 믿는 원대한 포부를 품고 출범했다. 교회를 세워 하나님의 섭리를 대행하리란 믿음은 예수 그리스도의 세계 경륜에 대한 신념에 근거한다.[78] 그리고 강림하리라 한 성령이 정말 오순절에 도래함으로써[79] 마침내 지상 교회가 탄생하였다.

> "오직 성령이 너희에게 임하시면 너희가 권능을 받고 예루살렘과
> 온 유대와 사마리아 땅 끝까지 이르러 내 증인이 되리라."[80]

예수가 메시아로서 사역을 수행한 과정을 살펴보면 섭리적으로는 합당한 절차를 밟으셨다. 사전에 희생이 예고되었고, 예고됨과 함께 대처 방안까지 강구되었다. 세상적인 몰이해와 저항에도 불구하고 인류를 죄악으로부터 구원해야 하는 임무의 확고함 때문에 하나님은 先 사역, 後 성령의 역사를 펼치셨다. 세상은 미처 성자를 맞이할 준비가

---

77) 『서양사학사』, 이상신 저, 청사, 1984, p.79.
78) "내가 이 반석 위에 내 교회를 세우리니"―마태복음, 16장 18절.
79) 사도행전, 2장.
80) 사도행전, 1장 8절.

되어 있지 못했지만, 그렇더라도 더 이상 미루면 세계를 구원할 수 있는 때를 놓쳐버리기 때문에 기존의 유태교식 구조 틀을 깨트린 것이었고, 무리수를 둔 성자의 희생까지 감수했다. 그래서 예수는 神적 본질을 정립할 여유도 가지지 못한 채 십자가에 못 박혔다. 사역은 완수하였다고 하지만 神性을 정립하지 못하므로 이것을 보완하기 위한 역사가 이후 교회를 중심으로 이루어지게 된 것이니 그 증인, 그 증거 역사가 성령이 임하신 지상 교회의 세움이다.

따라서 主 그리스도가 부활한 사건은 참으로 중차대한 의미가 있다. 촉박하게 희생되었기 때문에, 이를 보완한 성령 강림이란 역사가 일어났고, 이것은 그리스도가 2000년 동안 존재할 수 있는 기틀을 이루었다. 교회가 희생된 主를 품어 기릴 수 있게 되었다. 그것은 성자에 대한 성부의 사랑인 동시에 인류가 저지른 죄악에 대한 참회 역사이다.[81] 교회가 증인이 되고 2000년 기독교 역사가 증거하였지만 지금도 '그리스도를 초자연적인 하나님의 아들로 보지 않고 인류의 도덕적인 선생 정도로 취급하고 있다는 것은'[82][83] 인류가 탈피하지 못한 죄악의 꺼풀이다. 21세기가 된 오늘날도 확신하지 못해 神性 문제를 거론하고 있다는 것은 인류가 저지른 무모함을 아직도 깨닫지 못한 증거이다.[84] 누구를 탓할 수도 없는 것이 성령이 교회를 통해 역사하지 않았던가? 기독교가 하나님의 섭리 대통을 잇고 그리스도의 몸 된 머리 역할을 하기 위해[85] 세계사 위에서 이룬 사역 맥락을 보라.

---

81) 진정한 참회를 통해 인류가 죄악을 속죄받음.

82) 『현대 신학의 위기와 그 근황』, 이태원 저, 인터넷자료.

83) 윤리주의 신학: 쉴라이에르 마허, 리츨, 하르낙, 헤르만.

84) 主 그리스도에게 허용되었던 3년간에 걸친 공생애 기간은 그의 神性을 증거하기에 충분함.

85) "그리스도께서 교회의 머리됨과 같음이니"-에베소서, 5장 23절.

초기 기독교의 놀라운 선교 역사는 장사된 지 사흘간의 침묵을 깨고 전파되기 시작한 그리스도의 부활을 대신한다. 아무런 힘도 쓸 수 없을 것 같았던 죽은 시체로부터 피어오르기 시작한 광범위하고도 즉각적인 전파는 그리스도의 승천 직후 제자의 수를 3천이나 더하게 하였고,[86] 4년 후에는 유태와 갈릴리와 사마리아에 교회를 세우게 했다. 7년 후에는 수많은 이교도들이 개종했으며, 18년쯤이 지나서는 그리스, 아프리카 대륙 연안 및 이탈리아 곳곳까지 퍼졌다. 승천한 지 13년 정도가 지나면서 로마는 그리스도 신자들을 박해하기 시작했는데, 타키투스(Tacitus)는 굉장한 숫자라고 말했다. 이런 대세에 편승해 로마 제국이 콘스탄티누스 대제 아래에서 기독교국이 되어 버린 것은 세계 구원의 꿈을 다진 초석이다.[87][88]

기독교 역사는 지상에 세워진 교회를 통한 역사라고도 할 수 있으므로, 세속적인 제도를 통해서 조직을 확장한 것은 예수의 부활 사역을 증거하는 일환이었다. 부활이 교회 세움의 역사를 통해 확인된다. 교회는 2000년간이나 끈질기게 이교·이단들과 투쟁하였고, 성자의 神性을 수호하기 위해 노력하였으며, 복음 전파를 지상 과제로 삼았다. 성자가 남긴 짧은 공생애 기간의 유지를 받들기 위해서는 교회의 전폭적인 보위가 필요했다. 창조 섭리가 완수되지 못한 상태에서도 교리적으로는 그리스도의 神性을 정립하는 방향으로, 제도적으로는 神性을 수호하는 방향으로 역할을 다했다. 교회는 왜 이단과 온갖 형태의 우상 숭배에 대해서 단호한 입장을 취했는가? 그 이유는 하나님

---

86) 사도행전. 2장 41절.

87) 『세계사상대계 3(인간의 발견)』, 박종홍·이종우·정석해 감수, 신태양사, 1965, p.207.

88) "로마제국이 그리스도에 대해 관용을 베풀기까지 제국은 신자들에 대한 박해를 300년간이나 계속했다."-『세계사(가톨릭 교과교육 자료집)』, 한국사목연구소, 1993, p.14.

의 순수 정체성을 보존함이 목적이다. 창립 때부터 교회는 우상 숭배를 배척하였고 多神을 숭배하는 문화를 악마의 악습이라고 규정지었으며, 이교도 문화를 공식적으로 부정했다.[89] 하나님에 대한 유일 신앙을 계승했다.[90] 하나님은 창조주이신데도 세상이 알지 못하므로 유형무형의 세계적 근거를 확보해야 했다. 더군다나 그리스도가 오셨는데도 못 박아 버린 상황에서 지상 교회는 내외적으로 神性을 정립하는 것이 시급했다.[91] 그래서 교회는 거짓 선지자들과 이단들을 철저하게 분별해서 색출하였다. 용서와 관용이 있어야 하지만 이단은 관용할 수 없다는 것인데,[92] 그 기준을 단호하게 적용함으로써 지상 교회는 인류사 위에서 꿋꿋하게 설 수 있었다.

어떻게 하여 추호도 다른 이설이 침범하지 못하게 막았는가? 그것은 창조 진리를 밝히지 못한 탓도 있지만, 과도기적인 불완전함을 믿음으로 지킨 이유도 있다. 부족한 부분이 있기 때문에 이것을 보완해야만 神性을 지킬 수 있었다. 언젠가는 전체적인 윤곽이 드러나야 했는데, 그때가 된 지금은 정작 교회가 아닌 판 밖에서 모든 것이 판명되었다. 하나님이 뜻하신 역사에 대해서는 교회라도 어찌할 수 없다. 이것은 교회가 애써 세상과 구분시킨 교회란 구원 공간만으로는 시온의 영광을 이룰 수 없다는 뜻이기도 하다. 대지는 멸망하더라도 교회만큼은 구원의 방주 역할을 하리라고 굳게 믿지만, 세상과 이격된 방주 역할은 있을 수 없다. 아무리 중세 교회가 세속 권세까지 장악

---

89) 『서양사학사』, 앞의 책, p.78.

90) 유일 신앙→하나 신앙→범일체 신앙.

91) "초대 교회사를 보면 기독교의 신관에 많은 혼란이 있었다는 것을 알 수 있다."-『기독교 이단연구』, 탁명환 저, 국제종교문제연구소, 1986, p.46.

92) 『요한계시록 강해설교(상)』, 김용주 저, 경신, 1997, p.107.

했지만 세계사가 참여하지 않은 神國 건설은 어불성설이다. 섭리의 이행 도상에서 교회는 神國 건설을 완성한 것이 아니라 그 터를 다진 역할을 한 것뿐이다. 숱한 사설들이 명멸한 가운데서도 그리스도의 神性을 확립하게 된 배경에는 장차 하나님의 나라를 건설하기 위해 사명을 완수해야 하는 이유가 있었다.

세계의 본질이 분열을 다하지 못한 상태에서는 여러 가지 견해가 남발될 수 있는데, 이것을 교회가 강권적인 방법으로 잠재운 것이다. 정경 66권도 교회의 권위로서 확정하였다. 이것은 佛陀 사후 원시 불교가 다시 부파불교로 나뉜 종파 성립 사례와는 다르다. 진리 자체가 지닌 일종의 분열 현상이랄까?[93] 부파 불교는 佛陀의 깨달음을 근본적으로 부인한 것이 아니지만 기독교의 이단 문제는 전개 양상이 사뭇 심각했다. 근본이 흔들릴 만큼 신념을 바꾸어야 하는 문제였다. 하지만 그리스도의 神性 정립 문제에 대해 교회는 명확한 근거를 가지고 있지 못하였다. 완성을 담보로 한 믿음이 필요했다. 이슈 문제가 코에 걸면 코걸이고 귀에 걸면 귀걸이이다. 예수는 하나님의 아들이다 아니다, 육체 그대로 부활했다 영적으로 부활했다, 사후에 영생이 있다 없다 등등 천지가 창조된 원리를 밝히는 문제와는 무관했다. 하지만 믿음을 동원해서라도 정립함이 필요했던 것은 하나님이 그런 믿음을 근거로 해서 창조 섭리를 완수할 것이었기 때문이다. 믿음이 필요한 만큼 입장을 달리한 주장이 나올 수 있는 것은 불가피한 현상이다. 여건이 성숙되지 않은 상태에서는 정통성도 세우기 어렵다. 하나님이 밝혀 주셔야 하는데, 그때까지는 많은 세월을 기다려야 했다.

---

93) 분열을 통해 진리의 본색을 다양화시킴.

기독교 신앙은 세상적인 이치로서 이해하는 것이 아니라 하나님이 뜻하신 선재 목적을 통찰하는 것이다. 이것을 교회 역사가 섭리적으로 해결해 나갔다. 중세 천 년은 교회가 주어진 사명 역할을 충실하게 다진 역사 기간이다.

종교 개혁으로 발발된 교회 분열의 원인을(프로테스탄트) 역사가들은 가톨릭교회가 저지른 질적 타락에서 찾지만, 사실상은 기독교의 총체적인 한계 조짐이 이때부터 시발되었다고 볼 수 있다. 이전까지는 그리스도의 神性을 수호하고자 했던 일관된 목적이 있었는데 이후의 분열상은 어떤 경우라도 대의에서 벗어난 것이다. 오늘날 맞이한 종말 국면은 하루아침에 조성된 것이 아니다. 숱한 분열들이 하나님의 뜻을 침해시켰다. 세상이 종말을 맞이한 것이라면 세상 역사와 함께했던 교회도 그 책임을 면할 길 없다. 하나님의 뜻을 위한 역사였다고는 하지만, 그리스도의 십자가 희생을 천추에 새겼다면 어떤 경우에도 교회가 분열되는 것은 막았어야 했다. 그런데도 끝내 본분을 망각하고만 처사는 누가 책임질 것인가? 세계를 계도해 왔다고 자처한 교회이다. 구원의 방주로서 세워진 교회가 하나님으로부터 심판받아야 할 제 일호 대상이라는 것은 놀라운 일이 아닐 수 없다. 그 근거를 짚어 볼 때, 교회가 분열해서 남긴 것이 더 이상 무엇인가? 하나님의 예언을 성취하였는가? 살아 계심을 증거하였는가? 부활의 기적을 재현하였는가?[94] 종말을 향해 치달은 대세에 순응했던 것 외 남긴 것은 아무것도 없다. 온 세상을 우상의 온상지로 만들어 버려[95] 정죄할 의와 명분이 어디에도 남아 있지 않다. "천하에 복음을 전파하라고

---

94) 『세계사상대계 3(인간의 발견)』, 앞의 책, p.199.
95) 『요한계시록 강해설교(상)』, 앞의 책, p.102.

한 주님의 당부가 있은 지 2000년이 지났지만 예수님의 이름조차 듣지 못하는 사람들이 부지기수이고, 인류 중 10%조차 복음화하지 못하였다."[96] 보다 큰 의를 위해서 희생했어야 할 기독교는 자체가 분열되었고, 神의 부활을 주장한 것이 교회인데 이제는 神의 무덤으로 전락해버릴 지경에 이르렀으니…… 순수한 신앙과 믿음은 경직되고 썩어버렸다. 그리스도의 神性을 수호하기 위해서 발동된 이단 정죄 역사가 오늘날에 와서는 세상 진리와도 담을 쌓고만 결과를 초래했다. 진리는 끊임없이 생성하고 있는데 편협·집착·고착화된 천연 요새 속에 가두어 버렸다. 그러다 보니 오늘날 강림하신 하나님마저 알아보지 못하고 말았다.

아무리 의를 잘 지켰다 해도 하나님을 분간하지 못한다면 그 믿음은 장사되어 마땅한 종말론적 비극일 뿐이다. 유일 신관은 하나님의 섭리 과정이 완수되지 못한 상태에서 지탱되었던 神性 수호 신관이다. 하지만 오늘날 하나님이 이 땅에 강림하신 것은 만유에 자재하신 하나님이 세상 진리까지 수용할 만반의 태세를 갖추었다는 뜻이다. 초여름의 풋밤은 가시를 세우고 문을 굳게 닫고 있지만 가을이 무르익으면 문을 열어야 새로운 계절을 맞이할 수 있다. 교회도 마찬가지이다. 지킬 때는 지켜야 하는 것이 참된 신앙이지만, 섭리가 완수된 지금은 활짝 열어야 하나님을 새롭게 맞이할 수 있다. 그런데도 계속 유일 신관 하나로 만유에 자재한 성령의 실체를 맞이할 길을 막아버린다면 지상 교회가 2000년 동안 지킨 의는 어디서도 보상받을 수 없다. '여호와의 증인·통일교·몰몬교·장로교·감리교·성결교는 정

96) 『인류의 멸망을 대비하라』, 박한묵 저, 다미선교회출판부, 1990, p.127.

통 기독교의 분파와 달리 성경과 그리스도를 곡해하였다고 해서 이 단 종파로서 정죄하고, 불교·힌두교·유태교는 그들의 우주관, 세계관, 인간관이 정통 기독교 입장을 벗어난다고 해서 이방 종교로서 비판하며, 근본주의적인 철학 체계는[97] 신앙을 갖지 않은 인간에게 종교 이상의 영향력을 행사한 세속 종교라고 하여'[98] 상대하길 거부할진대, 도대체 기독교는 누구를 구원하고 누구와 함께하여 어디에서 그 나라를 세울 수 있겠는가? 만민과 세상을 온통 대적 대상으로 만들어 놓고 무엇과 더불어 구원 세계를 건설하겠다는 것인가? 방향이 어긋나 있기 때문에 하나님이 강림하여 세상에 난무한 사상, 종파, 이념, 주의, 제도를 품에 안을 대의를 발하신 만큼, 뜻에 어긋난 지상 교회는 상대적으로 종말을 맞이하고 말리라.

정말 이 땅에서 명맥을 유지하고 있는 지상 교회는 오늘날 강림하신 하나님을 영접하기 위해 무엇을 준비하고 있는가? 의로 깨어서 살아 계신 뜻을 살폈던가? 아니라면 강림하신 하나님까지 이단으로 몰아붙여 정죄할 것인가? 누가 누구를 정죄한단 말인가? 교회 자체가 심판대 위에 서야 할 대상이란 사실을 모르는가? 끝없는 교회의 분열을 종결짓고 교회부터 먼저 하나 되게 함으로써 인류를 구원할 반석으로 만들 것인 만큼, 교회는 무엇보다도 앞서 영성적으로 깨어 일어섬으로 강림하신 하나님을 보위해야 한다. 그리해야 재림 섭리와 지상 천국 건설 역사도 교회가 중심이 되어 펼쳐질 수 있다. 교회는 명실상부하게 만인, 만 세상, 만 사상과 함께한 하나님의 집으로서 거듭 세워져야 한다.

---

97) 무신론, 맑스주의, 세속적 인본주의, 실존주의.
98) 『신학이란 무엇인가』, 앞의 책, 표지글.

3. 성경의 절대 권위와 본질

"성경은 지금으로부터 거의 3500년 전부터 쓰이기 시작하여 약 1900년 전까지 1600년간이란 장구한 기간에 걸쳐 기록된 책이다."[99] 성령의 역사가 함께함으로써 쓰이게 된 책일 뿐 아니라 하나님이 세상을 경륜한 연면한 섭리성을 나타낸 책이다. 시대와 장소와 작자가 다른 저작물인데도 66권을 한 권으로 묶어 놓고 보니 역사가 일관된 놀라운 책이 되었다. 이렇게 하여 성경은 완성되었고 하나님의 존재와 권위를 대변한 바이블이 되었다. 무오한 책으로서 임의로 빼거나 첨언할 수 없다고 단정한 절대 권위까지 보태었다. 완결되고 결정된 뜻이기 때문에 우주 운행이 글자 몇 자 수정했다고 해서 바뀔 것은 아니지만, 그런 무오성에 대해 비판적인 시각이 근대에 이르러 몇몇 학자들로부터 제기되었다. 철저한 뜻에 따라 기록된 것이 아니라 당시에 전승된 민화적인 자료들을 편집한데 불과하다는 주장이다. "자연 과학이 발달하고 인문주의자들의 고전에 대한 연구 태도가 달라지면서 관찰과 실험을 거치지 않은 것은 편견이고 독단이란 인식론의 반성과 전환이 이루어졌다. 성서도 어둠 속에 갇혀 있던 언어의 의미와 구조와 시대적 배경 등을 심도 있게 파고들 수 있게 되어 모습을 드러내는데 큰 빛을 발했다."[100]

그렇다면 정말 성서 본래의 모습은 무엇인가? 인간이 고뇌하면서도 하나님의 뜻을 보전하고자 한 면모가 여실하게 스며 있다. 노아의 홍수 설화를 기록한 창세기 6장을 보면 "모든 생물을 한 쌍씩 방주에

---

99) 『기독교 이단연구』, 앞의 책, p.45.
100) 『역사와 해석』, 안병무 저, 한길사, 1993, p.46.

실은 것으로 되어 있지만,[101] 7장 2절에서는 정결한 짐승은 일곱 쌍씩, 부정한 동물은 두 쌍씩이라고 하였다."[102] 한 가지 사실을 두고서 다르게 말하다니! 그 이유는 바로 홍수에 대해 전승된 두 가지 자료가 편집되어서이리라. 그것은 이 연구가 하나님의 창조 역사를 서술한 입장과도 같다. 중요한 것은 깨닫고 판단한 것과 드러내고자 한 의도와 그 가운데서 작용된 성령의 역사를 종합적으로 간파하는데 있다. 동원한 자료 근거가 완벽하다고는 할 수 없지만 엄연히 하나님의 뜻과 의지가 스며 있으며 섭리도 일관되어 있다. 하나님의 뜻을 어떻게 전달하는가 한 방법이 문제일 뿐, 하나님이 계시하신 순수한 뜻까지 의심할 것은 아니다. "성경, 특히 구약은 여러 갈래의 자료가 섞여 있고 그 자료의 많은 부분은 민담적인 것인데, 이런 자료가 이스라엘이 가진 신앙 관점에서 재해석된 과정을 통해 사상화된 것이며, 편자들은 편집을 통해서 그 시대인들에게 주는 글로서 되살려 체계화시킨 것이다."[103]

신약 성경도 이런 상황을 벗어날 수 없다. 특히 사복음서는 한 사건을 기록한 것인데도 전개된 모습은 각각 다르다. 공통점도 있지만 상이한 점도 노출된다. 성서는 하나님의 계시를 담은 책이지만 다시 성서로서 편집되기까지에는 시공간적으로 차이가 있다. 그런데도 편집 의지 면에서는 성령의 역사가 일관되어 있다. 인간된 재량을 하나님이 구속하신 것이다. 복음서의 글자 배열과 입장이 상이한 것은 하나님이 섭리하신 전체적인 뜻을 놓치지 않도록 하기 위한 장치일 뿐,

---

101) 창세기, 6: 19~20, 7: 15~16.

102) 위의 책, p.37.

103) 위의 책, p.38.

이루고자 한 목적은 같다. 성서는 인간의 손으로 집필되고 편집되었기 때문에 인간적인 고뇌가 덧붙여질 수밖에 없다는 사실을 간과해서는 안 된다. 집필을 완수할 수 있게 역사하신 하나님의 뜻을 살펴야 하는 것인데, 그런 면에서 성서의 구성은 일종의 창구 역할과도 같다. 인간이 하나님의 뜻을 엿볼 수 있는 문도 되지만, 하나님이 인간에게 뜻을 전달하는 역할도 담당한다. 그런데 어떻게 상반된 모순이 있겠는가? 하나님이 뜻을 드러내고자 함에 있어서는 어떤 제한성도 경계도 없다. 하나님의 뜻을 어떻게 해석하는가 하는 것은 인간의 자유이지만 뜻 자체는 고유하다. '신앙의 판단 기준은 신·구약 66권에 담긴 말씀뿐이지만',104) 그것은 어디까지나 인간된 입장에서 본 관점이고, 성경 안에 내포되어 있는 뜻 자체는 무궁하다.

'성경은 누구든지 사사로이 해석할 수 없고',105) '어떠한 전통 교리나 목사의 설교나 성경 주석도 성경 말씀에 위배될 때는 단호하게 배격해야 한다'106)고 했지만, 그렇게 판단한 기준과 분별 능력은 어디서 찾아야 하는가? 성경의 권수와 문구는 확정되었어도 하나님의 뜻까지 그러한 것은 아닐진대, 모든 판단은 하나님의 섭리가 완수되어야 내려진다. 사사로운 해석을 극구 부인하는 태도는 성경 이해의 경직성을 조장한 아이러니가 있다.107) 그것은 일종의 창구 역할이라고 했다. 성경을 통해서 종국에는 전체 세계의 생성 역사를 꿰뚫어 보고 섭리된 뜻을 판단해야 한다. 우리는 자구를 통해 뜻을 이해하지만 하

---

104) 『인류의 멸망을 대비하라』, 앞의 책, p.37.
105) 베드로후서, 1장 20절.
106) 『인류의 멸망을 대비하라』, 앞의 책, p.37.
107) 성경 문구만을 들여다보아서는 하나님의 뜻을 알 수 없음.

나님은 전체 역사를 통해 뜻을 드러내신다. 이런 면에서 보면 성경도 하나님께서 살아 계신 뜻을 전달하고자 한 일종의 수단 역할이다(사례 모음집). 무엇보다 하나님 자체가 성경의 자구 하나하나를 가슴 깊이 품고 계시다. 그런데 누가 성경을 통해 계시하실 하나님의 뜻을 한정할 수 있는가? 사사로운 도구로서 해석할 수 있는 언어가 아니며, 무한한 차원 세계를 언표하기 위해 준비된 하나님의 차원적인 의미 도구이다. 그런데도 생성한 의미를 드러난 문자 구조만으로 이해하다 보니 무리가 있었다.

성경이란 매개체를 수단으로 하셨지만 무슨 뜻을 전달하실 것인지는 하나님이 결정하신다. 한글이 창제되지 않았을 때는 한자를 빌려 썼던 것처럼, 성경이 결집되기 이전에는 다른 방도로 역사하셨고 이후는 성경을 통해서 역사를 펼치셨다. 성경을 결집한 것은 바로 성령의 시대를 개막하기 위한 전초 기반 역사로서 성령으로 이 땅에 강림하실 지상 강림 역사를 예비한 것이다.[108] 하나님의 언어창이 세상 위에서 공통적으로 개설되어 있어야 천지 운행을 주관하신 뜻을 때와 장소를 가리지 않고 나타낼 수 있다. 성경이란 매개 기반을 마련하기까지는 숱한 세월이 걸렸지만, 결집해서 확산시킨 이후는 성령의 역사가 자재하게 되었다. 천지의 운행 질서와 함께 교호할 수 있는 시대가 열린 것이다. 성령의 시대를 개막할 수 있게 된 섭리적 기반 결성이다. 그런데도 성경을 절대 무오한 권위로서 옭아매고 사사로운 해석을 불허한 것은 하나님의 역사 행적을 통괄적으로 판단하지 못해서이다. 성경 말씀은 성령이 임재하셔서 깨우치는 것이지 인간이

---

108) 성경 이면에는 성령이 있음.

노력한다고 해서 이해할 수 있는 것이 아니다. 그렇다면? 천지 운행을 통해 주재된 뜻을 수용해야 한다. 이 연구도 그와 같은 역사로 뜻을 전달받지 못했다면 지금과 같은 펼침은 없다.

성경은 세계의 생성 질서와 구조를 통해 존재하신 하나님의 의지와 뜻과 실존 상황을 드러내므로 이런 세계성의 뒷받침이 없는 성경의 자구 해석은 무의미할 따름이다. 성경은 해석하는 것이 아니라 때가 되면 풀리고, 제 의미가 역사적 실존 상황과 일치되는 것이다. 성경은 자체로서 세계의 생성 본질과 함께한다. 교회의 제도권적 권위와는 무관하다. 진리는 자체만으로도 이미 본질적이다. 복음은 만 세상의 원리성에 입각한 진리라서가 아니라 종국에 하나님의 나라를 건설할 창조 목적을 지침하고 있기 때문에 보배로운 것이다. 어떤 진리도 하나님의 섭리를 종결짓고 완성할 수 없는데 복음은 하나님이 뜻하신 섭리 의지를 대변한다. 그래서 끝까지 받들어 지켜야 하는 것이 복음이다. 복음을 통한 천국의 도래 선포는 그렇게 해서 세계를 완성할 하나님의 의지 기반이다. 장차 이룰 문명 역사의 완성을 지침한 것이 복음이란 뜻인데, 이것을 主 그리스도가 통달하여 밝혔다. 성경은 하나님의 입장에 있는 주관 섭리를 대변하기 때문에, 그 뜻을 받들기 위해서는 합당한 역사와 대세 섭리가 뒤따라야 한다. 하나님은 말씀하셨고 우리는 역사하신 근거를 확인해야 하는데 이 같은 역사를 하나님이 강림하셔서 구체화시켰다. 성령을 통한 역사시대가 바야흐로 개막되었다.

그러므로 성경을 살펴보면 정경은 66권이지만 내용은 한결같이 새로운 시대와 역사를 지침한 형태이다. 재림과 시온의 영광을 이루기 위해 배턴을 넘기려고 준비한 상태이다. 누구에게? 어떻게? 때가 되

면 다시 역사할 여지를 남겨 둔 계시이다. 성령의 시대가 도래할 것
을 예고한 것은 성경이 지닌 본질이다. 그렇게 해서 오늘날 맞이하게
된 것이 곧 보혜사 하나님이시다. 천 년의 세월을 기다린다 해도 산
하는 말이 없고 기대해도 소용이 없는데 성경은 그렇지 않다. 성경은
하나님의 뜻이 뒷받침되어 있는 언어적 수단이다. 성경을 통해 뜻이
계시된 것은 그 이면에 하나님의 역사가 있었다는 뜻이다. 구약 시대
에 선지자들이 받든 하나님의 음성은 수십억의 인류 중 몇몇 선택된
자들에게만 통용된 언어였다. 이 같은 특수성을 해소하기 위해서 보
편적인 교감 루트를 마련하게 된 것이 성경이다. 그래서 하나님도 성
경을 통함으로써 세상의 종말과 구원에 관한 메시지를 밝힐 수 있었
다. 성령의 역사만 뒷받침된다면 하나님은 어떤 경우도 원하신 뜻을
인류를 향해 전달하시리라. 성경의 말씀에 귀 기울이는 자 누구라도
하나님이 부르시는 구원의 소리를 들을 수 있다. 성경이 성령과 함께
하는 시대를 맞이하는 것은 하나님의 주관 의지를 대변하는 역사라
고도 할 수 있다. 하나님이 만인에게 영을 부을 수 있도록 다져진 초
석이다. 어떤 곳에서도 제약받지 않는 무한한 본체 그릇이다. 그 무한
성을 성령의 시대가 개막됨과 함께 제한 없이 풀어놓은 만큼, 인류는
성령으로 역사하신 하나님의 존재감을 한껏 느끼리라. 만인이 성령의
역사를 놓침 없이 받들진대 빠짐없이 구원의 반열에 오르리라.

대망한 성령의 시대를 맞이하여 하나님이 성경의 권위를 풀어놓을
대로 풀어놓으신 만큼 인류는 어떤 처지에서도 무궁한 자유 의지로
하나님의 뜻을 판단할 수 있다. 부여된 자율성은 오히려 세계의 근본
과 한계를 분명하게 하기 때문에 자유로운 판단과 해석이 자체로서
자정 능력을 가진다. 하나님의 뜻 안에서 판단할진대 뜻을 벗어날 자

한 명도 없다. 성령의 시대를 열기 위해 영의 자유화를 도모한 것인데, 이만한 여건 조성도 없이 어떻게 하나님이 이 땅에서 만 생령과 함께하실 수 있겠는가? 우주의 본체성과 거리낌 없이 교감할 수 있는 기반을 마련하심으로써 하나님은 풀 한 포기와 돌멩이 하나와도 함께하신 본체자로서 강림하셨다.

4. 기독교 역사의 사명과 한계

창조 이래의 수많은 세월 가운데서도 하나님이 성령으로 역사하신 섭리 뜻이 구체화되기 시작한 것은 성경의 창세기에 기록된 아담의 창조로부터이다. 이 같은 시각은 베드로 사도의 천년관, 계시록의 천년 왕국, 6일 간에 걸친 창조 후 제7일에 안식했다는 창세기의 기록 등에 근거한다. '主께는 하루가 천 년 같고 천 년이 하루 같다'[109]란 말대로 인류 역사는 6일간으로 상징된 6000년으로 마무리되고, 그 이후에는 안식년이 도래한다고 본 것이다. 섭리 역사가 기독교 역사 2000년에 이르러 마무리된다는 뜻인데, 선각들은 이때 인류가 새롭게 깨어 일어나야 한다고 강조하였다.[110] 일부 교단에서는 몇 날 몇 시에 예수가 재림하고 종말이 온다고 했다가 철회된 해프닝도 있었지만, 이런 사태는 계시를 부분적으로 판단한 때문이다. 무엇에 근거했건 성경에 기록된 계시 상황은 변함이 없다. 문제는 과연 어떻게 이룰 것인가 하는 것인데, 그런 면에서 그들은 섭리 본질을 몰라 성급한 우를 범했다. 준비도 되지 않았는데 재림된다면 그 의의는 모두

---

109) 베드로후서, 3장 8절.
110) 『인류의 멸망을 대비하라』, 앞의 책, p.132.

소실되어 버린다.

그렇다면 아담으로부터 시작된 기독교의 역사관은 어떻게 확인할 수 있는가? 인류 역사는 정말 아담으로부터 시작된 것인가? 어떤 사적 자료를 동원하더라도 사실성 여부는 확인될 수 없다. 그렇지만 하나님도 인류 역사를 무작정 주관하실 리는 없다. 계획된 뜻은 언젠가는 확인되는 법이다. 그래서 한 치의 오차도 없이 서기 2000년에 진리의 성령으로서 강림하셨고, 이 연구를 통해 확인 절차에 돌입했다. 지력이 미치지 않아 시발점은 알 수 없지만 도달한 끝이 꼭 맞아 떨어졌다면 시작 역시 정확한 것이다. 성령의 역사로서 표면화된 6000년 문명 역사가 서기 2000년에 하나님의 지상 강림 역사에 의해 어김없이 확정되었다. 성자의 시대를 주도한 기독교 역사가 하나님이 강림하신 서기 2000년을 기점으로 정확하게 종말을 맞이하였다.

그런데도 이런 중대한 사실을 누가 알고 있는가? 사실을 깨달았는가? 기독교가 자인하기를 기대할 것인가? 아무리 새 시대의 여명이 밝았다고 해도 아직 세상 가운데는 지난 시대의 문명적 잔상이 거두어지지 못한 채 남아 있다. 그래서 인류가 맞이한 종말 상황에 대해 그 근거를 밝혀야 기독교 역사도 마저 매듭지을 수 있다. 하나님이 선천 하늘에서 쉼 없이 역사하신 것은 몸소 강림하실 준비를 갖추기 위해서였다. 아담의 창조 역사와 아브라함의 믿음 역사와 예수의 구원 역사를 포함해서 말이다. 하나님이 성령으로서 역사를 펼쳤지만 처음부터 만물을 주관할 수 있는 여건을 완전히 갖춘 것은 아니었기 때문에, 구약 성경을 보면 이스라엘 민족에게만 한정된 지방성과 배타성이 있었다.[111] 보다 보편적인 섭리 기반을 마련하기 위해 기독교와 교회를 세우셨다. 그 과정은 만세 전부터 작정된 것이고 예비된 역사이다. '기원전 8세기에 유대의 선지자 이사야는 장차 하나님이 보내실 구세주의 도래를 예언했는데',[112] 그가 예수라는 이름으로 정해진 시기에 내림하셨다. 예수는 하나님을 아버지라 부르면서 기존의 전통 율법과 다른 새로운 견해를 주장하다가 로마 정부로부터 사형 언도를 받고 십자가에 못 박혔다. 하지만 제자들 사이에서 부활한 모습을 보였기 때문에 믿음이 다시 살아나 유대 민족이 기다린 구세주요 이스라엘의 하나님이 보낸 '하나님의 아들'로서 인준되었다.[113]

기독교 신앙은 나사렛 예수에 대한 탄생과 행적, 성경 상에서의 섭리적 의의, 제자들의 믿음에 의지해서 뭇 이방인에게 전파되었고 점차 세계적으로 확산되었다. 하나님이 예수를 보낸 것은 그만큼 세계적인 보편성을 획득하고자 한 뜻이 숨어 있었다. 유태교 자체는 지금도 민족 종교란 범주 이상을 벗어나지 못하고 있는 실정과 비교한다면 기독교가 하나님의 섭리 영역을 확산시킨 업적은 참으로 지대하다. 기독교를 주축으로 한 서양 문명이 세계 문화화된 것은 가히 성령의 시대를 열게 한 기반이다. 이런 준비 절차가 없었다면 비록 하나님이 강림하셨다 하더라도 만유의 하나님은 될 수 없었으리라. 기독교는 막중한 사명을 가지고 임무를 완수함과 함께 종말을 맞이하였다. 기독교는 섭리를 완성하기 위해 더할 나위 없는 정열을 쏟은 것인데도 창조 목적을 달성하지 못한 것이라면 기독교 역사는 사실상 성령의 시대를 개막하기 위해 예비된 과정이었다는 결론이다. 하나님을 진리의 성령으로서 맞이하기 위해 섭리적으로 기반을 다졌다.

---

111) 『역사의 연구(Ⅰ)』, 토인비 저, 노명식 역, 삼성출판사, 1983, p.560.

112) 『세계의 종교이야기』, 폴 발타 외 저, 엘리자베트 보가르트 외 그림, 윤정임 역, 윤이흠 감수, 미래, 1999, p.148.

113) 위의 책, p.148.

모세가 전격적인 은혜 가운데 있었지만 정작 이스라엘 민족을 약속의 땅으로 인도한 것은 여호수아였듯, 성령의 시대를 직접 준비한 것은 기독교이지만 완성시킬 대세 권한은 이후의 시대에 넘겨주어야 했다. 섭리를 완성하기 위해 노력한 만큼 기독교 없는 역사의 완성은 있을 수 없지만, 그렇다고 기독교만으로는 완성될 수도 없는 국면에서 기독교는 지금까지 담당했던 사명 역할을 거두어야 한다. 교회를 하나님이 거하실 별관으로 물리고[114] 천하 만물을 다스리기에 합당한 주궁을 다시 세워야 한다. 이유는 기독교만으로는 창조 역사를 완성할 수 없기 때문이다.

이 단계에서 섭리 역사가 종결된다면 뭇 선지자와 예수님과 사도를 통해 세운 약속과 도래할 영광은 어떻게 되는가? 뜻이 영글지도 못했는데 역사가 마감되고 말 것인가? 약속은 반드시 지켜져야 하고 이루지 못한 약속은 세대를 거쳐 계승되어야 한다. 그런데도 기독교는 하나님의 영광을 유태인들이 저지른 회칠할 무덤처럼 사장시켜 버렸다. 도대체 누구를 다시 돌아오게 하고 이 땅에 세워서 영광을 이룰 것인가? 기대할 만한 역사적 대상들이 사라져 버렸다. 지상 교회와 이스라엘을 통한 역사는 어느 모로 보나 가능성이 희박하다. 하나님은 선지자들과 종을 세워 인류를 구원할 청사진을 밝혔지만 지금은 그런 뜻을 받들 수 있는 적통 대상이 없다. 어떤 교파가 나서서 창조로부터 역사된 섭리의 주체를 담당할 수 있겠는가? 지난날에는 인류를 구원한 방주 역할에 충실했지만 한편으로는 계시의 초점을 흩뜨려 놓은 것도 사실이다. 하나님은 무엇을 통해서 시온의 영광을

---

114) 별관이 되어서는 안 되는데도 불구하고 그렇게 되어버림.

이루고 지상 천국을 건설할 것인가? 초기 기독교는 이방, 이단을 단호하게 대처한 방법으로 기반을 다졌지만, 지금은 종교의 다원화 현상 속에서 유물론, 진화론, 과학과 같은 무신 사상이 확산되어 버려 다져 놓은 기반이 오히려 허물어진 실정이다. 바울의 신념이 이방인들에게까지 구원의 문을 열게 했던 것처럼,[115] 종말을 맞이한 지금은 남은 여력을 쏟아 분열된 제 교파를 통합해야 하는데, 갈라진 그대로 끝나 버린다면 그것은 누구도 원한 모습일 수 없다.[116] 세계 역사가 기독교를 통해 완성될 것을 기대하고 있지만, 현 기독교는 섭리를 완성시킬 만한 더 이상의 여력이 없다. 다음 세계의 완성을 위해 밑거름이 되어야 할 처지이다. 기독교는 사명을 다했지만 세계는 완성되지 못한 상황이다. 가까웠다고 외친 하나님 나라의 참 실상을 인류 앞에서 보여주지 못했다. 하나님이 원하신 것은 시온의 영광인데 기독교가 지닌 역량으로는 목적 달성이 어렵다. 그래서 기독교는 어느 모로 보나 단계적으로 다진 초석 역할로서 사명을 마감했다.

"미국의 정치학자인 F. 후쿠야마는 역사가 종언을 고했다고 했다. 그가 말한 역사란 소크라테스와 플라톤으로부터 추구된 보편적인 진리 곧, 보편적인 역사이다. I. 칸트도 「세계 공민적 견지에서의 구상 (1789)」이란 논문에서, 역사는 반드시 종점이 있을 것이다란 사실을 시사했다. 이른 바 인류 역사는 실현할 잠재적인 최종 목적이 있는데, 그 단계가 바로 종점이다."[117] 그런데 이와 같은 종말론적인 역사 관점을 강력하게 주장한 것이 바로 기독교이다. 아이러니하게도 자신이

---

115) 「성경과 신학(한국복음주의 신학회 논문집 11권)」, 전호인 편집인, 기독지혜사, 1992, p.21.
116) 마치 시리즈물의 마지막 편을 읽지 못한 것과도 같음.
117) 「CD 두산동아 세계대백과사전」, 역사종말 편.

(기독교) 맞이할 종말 상황을 운명적으로 직시한 역사적 인식이다. 사실 기독교도 하나님의 뜻으로 발흥해서 하나님의 뜻을 다하고 종말을 맞이한다면 그처럼 영광된 역사도 없다. 부여된 사명을 온전하게 수행해야 하나님의 나라가 건설된다. 기독교 역사의 종말을 선언하고 새 시대를 열고자 하는 것은 반드시 오리라 한 그 분의 강림을 맞이하기 위해서이다. 기독교 역사는 어떤 형태로 펼쳐진 것이든 다시 오실 主 그리스도의 재림을 위한 섭리 기반 다짐이라는 사실을 부인할 수 없다. 그런데 문제는 모든 초점이 초림을 맞이한 시스템 상황 속을 헤어나지 못하고 있다는 데 있다. 재림을 굳게 믿고 있지만 정말 재림을 맞이할 수 있는 신앙 시스템은 갖추지 못했다.[118] 그러다 보니 앙망만 했을 뿐, 어느 누구도 재림 상황에 대해 정확한 판단을 내릴 수 없다.

초림을 맞이한 섭리적 결실로서 성자의 시대를 열었던 것이라면 (기독교 역사) 재림은 다시 재림 상황에 걸맞게 예비되지 않을 수 없는데, 그것이 곧 성령의 시대 개막이다. 하나님이 오늘날 세계 통합의 기치를 세운 것은 재림을 현실화시켜서 명실상부하게 이 땅에 성부 하나님과 성자 하나님과 성령 하나님이 함께한 지상 천국을 건설하기 위해서이다. 기독교 외 다른 역사가 생성되지 않았을 때는 기독교를 통해 계시된 것 외 역사된 하나님의 뜻은 하늘 아래 다시 없었다. 그렇지만 오늘날은 하나님이 강림하시어 새롭게 역사를 펼쳤으므로 입지가 모호해진 것이 사실이다. 이에 기독교는 그들이 일어섰던 것이 하나님의 뜻이었다면 물러섬도 하나님의 뜻이란 사실을 알아야

---

118) 새로운 진리 생성 여지를 철저하게 막아 버림.

하며, 기독교 역사가 온통 재림을 위한 초석으로 다져진 섭리였다는 판단을 순응해서 받아들여야 한다. 재림을 위해서 기독교는 정말 예수님이 보이신 희생적 本을 감수해야 한다. 그것이 기독교가 재림을 위해 감당해야 하는 마지막 남은 사명 역할이고 인류를 구원하기 위해서 준행해야 하는 主 그리스도의 유훈이다.

> "예수께서 대답하여 가라사대, 인자의 영광을 얻을 때가 왔도다. 내가 진실로 진실로 너희에게 이르노니 한 알의 밀이 땅에 떨어져 죽지 아니하면 한 알 그대로 있고 죽으면 많은 열매를 맺느니라."[119]

역사상 누구보다도 어떤 종교 진리보다도 깨어서 그리스도의 재림을 앙망하였고 역할을 충실하게 수행한 당사자가 기독교였던 만큼, 그렇게 쌓은 믿음을 완성하기 위해서라도 기독교는 지금까지 지킨 일체를 버릴 수 있어야 한다. 기독교 역사가 고스란히 재림을 위해 바쳐져야 할 숙명인데, 그 바침은 바로 밀알이 땅에 떨어져 죽어야 하는 희생이다. 죽어야 부활의 진리가 확증되고 인자가 영광을 얻는다. 초림을 위해 구축된 신앙 시스템을 버리고 장사지내야 재림을 위한 진리 시스템이 구축된다. 기독교가 몸 바친 진정한 씨뿌림이 없다면 그 위에서 개화될 부활과 재림의 꽃은 피어날 수 없다. 예수가 생명을 바쳐 전수한 부활의 진리는 이스라엘이 죽고 기독교가 죽은 이후에야 확인할 수 있는 완전한 버림과 완성된 믿음을 요구한다. 때가 이르면 종말을 고할 시기가 결정되는데,[120] 그때는 반드시 희생되어야 새 하늘과 새 땅과 새 예루살렘이 天開된다. 예수가 십자가에서 희

---

119) 요한복음. 12: 23~24.
120) 『역사와 해석』, 앞의 책, p.222.

생되었기 때문에 기독교 역사가 개막되었듯, 오늘날은 기독교가 역사의 제단에 바쳐져야 새로운 재림의 역사가 펼쳐진다.[121] 이 역사를 열기 위해 하나님이 강림하신 것이고, 강림하심으로써 멸망에 처한 인류가 구원되리라.

기독교는 자부하고 있지만 그들은 하나님이 주신 약속과 이루실 영광과 지니신 권능을 잊은 지 오래 전이며, 이스라엘 민족도 이슬람도 지상에 있는 어떤 교회, 진리, 사상, 학문 영역도 약속하신 하나님의 영광을 이룰 더 이상의 대안은 제시하지 못하였다. 그래서 하나님이 직접 한민족의 역사 위에 강림하셨고, 전혀 새로운 과제를 제시해서 인류를 구원할 실질적인 역사를 펼치셨다. 세상의 온갖 권세를 물리치고(바로의 압제) 약속의 땅으로 인도하시리라. 그런데 감히 어떻게 합당한 命과 권위도 없이 기독교 역사의 종말에 대처할 새로운 역사를 지침할 수 있겠는가? 그래서 예비한 것이 곧 길을 통한 성령의 인도 역사이고, 만세 전부터 예비된 한민족의 역사이다.

기독교와 만 역사가 종말을 맞이한 지금 하나님은 한민족을 모든 영광을 실현할 제2의 이스라엘 민족으로 세우사 구원의 역사를 완성할 것을 원하셨다. 한민족은 강림하신 하나님을 모신 민족으로서 창대한 역사를 펼쳐야 한다. 문명 역사를 통합할 수 있는 새로운 기독교 역사를 펼쳐야 한다. 여기에 인류가 나아갈 추진 방향과 목적이 있으며, 재림 역사 이후에 갖추어질 새로운 기독교의 모습이 있다. 기독교 2000년 역사가 재림을 위해 아낌없이 바쳐질 수 있다면 그것은 기독교가 부여받은 사명을 100% 완수하게 되는, 멸망에 처한 인류를

---

121) 재림은 기독교의 자기 버림을 요구함.

구원하는 최대의 헌사가 되리라. 기독교가 반드시 단행해야 하는 최종 마무리 역사이다. 그리스도가 지침한 거룩한 희생 道이다. 그 의를 지켜보고서야 하나님은 기독교와 다시 함께하실 것이고, 모든 영광을 남김없이 안기시리라. 영원한 나라를 이루시리라. 그리스도도 십자가에 못 박혔기 때문에 부활의 혼으로 살아났듯이 기독교도 한민족의 역사 위에서 새로운 역사적 부활이……

11 | 신학의 정립성

1. 신학관의 정립 본질

아무리 하나님이 완벽하게 인류 역사를 주관하셨더라도 인간의 영혼 위에 새겨지는 과정에서는 진리성에 대한 사려절차가 있게 된다. 하나님이 뜻하시면 모든 것이 결정되지만 인간은 주어진 계시에 대해서 확인하는 절차를 밟는다. 의심되는 부분이 있어도 물어볼 수 없고 다시 요청할 수도 없으므로 독자적으로 판단해야 하는 고뇌가 있다. 그래서 하나님의 뜻을 헤아려야 하는 신학관의 정립 요청이 있게 된다. 기독교적 개념인 신학은 '하나님을 신앙하는 것에 대한 학문적 변호'란 뜻이지만,[122] 신학의 학문적 변호에 있어서는 하나님을 바라보는 관점을 정립해야 하는 문제와 함께 계시를 수용하는 과정에서의 이성적인 사고 작용도 간과할 수 없다. 성경은 하나님의 주재 의지를 어김없이 담아 놓은 본질성이지만 신학은 이것을 이해하기 위해 애써 정립시킨 인식관이다.

---

122) 『신학이란 무엇인가』, 헤닝 슈뢰어 편, 정일웅 역, 기독지혜사, 1989, p.19.

살아 계신 하나님의 뜻이 메시지화되었다면 이것을 어떻게 받아들일 것인가 하는 것은 또 다른 문제이다. 계시도 이성을 통해야만 진리로서 확인되는 것이므로, 이것이 신학이 정립되어야 하는 주된 이유이다. 이런 유의 문제는 어떤 진리적 대상이라도 피할 수 없는 사고 절차이다. 초대 교회도 오늘날도 변함없는 요청 절차이다. 진정한 신앙은 이성을 통해 검증 절차를 밟아야 한다. 충분하게 예상된 사유 과정에서의 진통인데 이것마저 이단시하거나 배척한다면 큰 잘못이다. 어차피 진리성은 인식할 수 있어야 정착되는 것이므로, 그러기 위해서는 제대로 된 정립 시스템을 갖추어야 한다. 초기의 기독교도 예외 없이 이성을 통한 통과 절차를 거친 것이기 때문에 해석과 단안을 필요로 하는 관점이 대두하고 분쟁이 일어난 것은 그리스도의 신관에 대한 견해차로부터였다.

서방 교회는 터툴리안의 가르침대로 그리스도와 아버지의 본질은 동일하다고 한데 중점을 두었지만 동방 교회는 이 의견에 동의하지 않았다. '예수는 본질적으로 神이 아니며, 無로부터 창조를 받은 것이므로 영원 전부터 존재하지 않았다. 아버지는 시작이 없지만 아들은 시작이 있다. 본질과 영원성에 있어서 그리스도는 질적으로 차(次)한 神이다. 따라서 예수는 완전한 神이 아니고 인간도 아닌 제3의 존재'라고 믿었다.[123] 상상력을 지닌 인간이 무슨 생각인들 못하겠는가? 그런데 이 같은 논란도 381년 로마 황제 테오도시우스가 소집한 콘스탄티노플 총회에서, 하나님은 한 본질이나 아버지와 아들과 성령은 세 인격임을 인정하고 이 결정에 위배된 종파는 모두 이단으로 정죄

---

123) 『기독교와 문화』, 조인서 저, 한올출판사, 1996, p.212.

해 버렸다.[124] 정적을 제거하듯 총회를 열어 진리성의 여부가 결정될 수 있는지 의아할 수는 있지만, 사려를 다한 결정은 중요하다.

교리가 확정됨으로써 예수의 神性化 작업도 속도가 붙었다. 하나님의 뜻이 세상 역사를 통해 반영된 형태라고나 할까? 만사에 걸쳐 성령이 함께 역사하셨다. 하나님이 직접 드러난 것은 아니지만 성령의 역사를 통해 계시하고 의지를 표명하셨다. 그 역사는 거부할 수 없는 확고함이 있다. 인간은 논란 짓지만 하나님은 섭리를 통해서 총체적인 뜻을 결정하신다. 세속적인 역사를 통하다 보니 역사된 실체를 직접 확인할 수는 없지만 드러난 결과를 통하면 하나님의 주관 의지를 분별할 수 있다. 역사된 결정론은 돌이킬 수 없는 것인데, 아직도 그리스도의 神性을 부인하는 것은 성령을 통해 이루신 하나님의 결정 의지를 거부한 것과 같다. 하나님은 만유의 하나님으로서 전체 역사를 주관하신 하나님이다. 어떤 역사 위에서도 하나님의 뜻이 머물지 않았던 여정은 없다. 하물며 기독교 역사에 있어서랴? 숱한 뜻이 복합된 결과가 섭리이다. 거기에는 순수한 하나님의 계시성만 추려서 담고 있는 것이 아니다. 인간적인 판단 절차도 교차되어 이루어진 합작품이다. 정확하게 표현한다면 인간이 품은 의문에 대해서 부여된 응답 과정을 통해 하나님의 뜻이 정립되었다고나 할까? 바로 여기에 신학의 우월성적인 본질이 있다.[125] 타학문 영역과는 구별된 성령의 작용이 개입되었다.

인간이 아무리 과학적으로 사고했더라도 그렇게 생각한 작용 이면에는 성령의 작용이 있다. 신학적인 판단은 神의 실존 근거에 대해 확

---

124) 위의 책, pp.212~213.
125) 『기독교 사상사』, 길리안 R. 에반스 외 2인 공저, 서영일 역, 기독교문서선교회, 1994, p.128.

실성을 추적하는 것을 목적으로 삼은 역사 작용이다. 하나님의 역사와 뜻에 대한 판단은 이성이 해야 하는 몫이지만 도출된 사유의 해석 이면에는 하나님의 뜻이 숨어 있다. 인간이 어떻게 이해해서 받아들이는가 하는 것은 단독자로서 판단해야 하나, 하나님은 제2의 계시라고도 할 성령의 역사를 통해 인도하신 뜻을 드러내신다. 그것이 다름 아닌 만인이 운명적으로 받아들이고 있는 준엄한 역사적 심판이다. 인간은 신학상으로 사유 관점을 도출하는 방법을 모색하는 것이고, 최종적으로 결정을 내리시는 분은 하나님이다. 무신론도 하나님의 실존 근거를 추적하기 위해서는 의미 있는 판단 작용이다. 신앙과 이성은 神의 뜻을 정립하는데 있어 필요한 작용 근거이다. 신앙 작용을 이성으로 이해할 수 없다고 해서 불신해서도 안 되지만, 합리적인 근거를 찾으려는 노력 역시 질타해서는 안 된다.126) 일련의 노력은 모두 神의 뜻이 밝혀지기까지는 섭리된 진리 탐색 과정이다. 신앙을 완성하기 위해서는 반드시 이성의 합리적인 인식 절차를 거쳐야 하고, 하나님의 실존 의지를 섭리를 통해 확인해야 한다. 진리가 생성된 과정을 파악하면 역사된 결과를 합리적으로 도출할 수 있다.

그리하여 신학을 통해 끝까지 이루어야 할 것은 인류 역사가 하나님의 주관 역사인 것을 확인하는 작업이다. 神의 계시 역사를 합리적인 인식의 바탕 위에서 정초해야 한다. 이전에는 학문으로서 지닌 신학이 유동적이므로 어려움이 있었지만 강림된 이후는 추구해서 내린 결과를 통해서 하나님의 실존 의지를 보위할 수 있어야 한다. 이것이 하나님이 이루신 계시 역사와 별도로 신학이 정립되어야 하는 이유

---

126) 위의 책, p.134.

이다. 이 연구는 하나님의 지상 강림 역사를 증거하기 위해 반드시 펼쳐져야 하는 이론이듯, 하나님이 이루신 작용 역사도 합당한 신학 상의 이해 관점이 필요하다. '근본적으로 기독교 신앙의 내용을 제공해 주는 것은 계시이지만 신앙을 정착시키는 것은 이성이다. 안셀름은 이해를 추구하는 신앙을 가진 어거스틴(아우구스티누스)의 방법을 따랐다고 하는데, 신앙을 가진 신학자는 이성을 사용하여 그가 믿는 바에 대해 충실한 이해를 구하고자 했다. 이성은 기독교 교리에 대한 합리성과 내적 일관성을 보여주는 노력일 뿐 아니라'[127) 사고를 통해 뭇 영혼들이 주관된 섭리 형태이기도 하다. 하나님의 계시는 인간에 의해 받들어진 이해력과 신학상의 노력에 의해 정착되는 것이지 계시로서 해결되지 않는 문제를 이성으로서 합리화시킬 수 있는 것은 결코 아니다. 이성을 통해 계시 작용을 신학적으로 정초한 상태이다. 인간에 의해 요해된 신학상의 관점을 정립해야 하나님이 역사하신 계시 근거도 요해할 수 있다. 계시와 별도로 밝히고자 한 신학상의 정립 노력이 필요하다.

성 아우구스티누스가 『신국론』에서 역설했던 神의 도성은 언젠가 건설될 역사상의 이상 목적이 아니다. 정초한 신학 바탕 위에서 중세 교회가 정말 하나님의 절대 신권 사회를 이룬 것이다. 그가 생존했던 때는(354년에 태어남) 기독교가 로마 제국으로부터 공인되었는데도[128) 해결해야 할 신학상의 문제가 산적해 있었다. '이전에 숭배한 제 神과 신전, 전통, 관습, 의식, 이교신들에 대한 이름이 공존한 시대이다. 로마 사회가 완전하게 기독교화되지 못한 것처럼 기독교도 로마 사회

---

127) 『복음주의 입장에서 본 기독교 사상사』, 토니 레인 저, 김응국 역, 나침반사, 1988, p.178.
128) A.D. 313년에 콘스탄티누스 대제에 의해 공인됨.

를 완전하게 기독교화하지 못한 과도기 상태였다. 그런 만큼 하나님을 신앙하는 과정에서도 숱한 문제가 도출되어 하나님을 믿기 이전에도 로마는 번성하였는데, 공인한 이후 로마 사회가 동서로 분열하려 한'129) 시점에서 제국은 매우 혼란스러웠다. 그래서 로마가 믿은 하나님에 대한 신앙에 대해서 무언가 확고한 하나님의 응답을 밝혀야 한 신학상의 정립이 필요한 시대였다. 하지만 이런 과제는 어떤 이가 특별하게 계시를 받들거나, 성경을 통해서 답변을 구할 수 있는 것이 아니다. 그래서 문제점을 파악한 아우구스티누스는 성령과의 교호 작용을 통하여 이성을 통해 제반 문제를 해결하고자 한 저술을 구상하였다. 기독교가 공인된 이후 로마가 영광과 불행을 당한데 대해 하나님의 뜻을 대변할 수 있는 지혜를 지성적으로 구했다. 더 나아가서는 로마 사회가 선악의 문제, 정결함, 자살의 문제 등에 있어서도 기독교 신앙에 초점을 둔 신학상의 판단이 필요했다. 이런 문제에 대해 아우구스티누스는 당대에 있어 폭넓은 견문을 확보한 지식인이었고 양심자로서 하나님의 뜻을 꿰뚫은 통찰자로서 부름 받았다. 그리하여 누구도 감히 이루어내기 어려웠던 신학상의 문제를 하나님의 뜻에 따라 변론하고 주장해서 우상들이 공존한 로마 사회에서 교회가 나아갈 신앙의 대방향을 지침했다. 하나님의 섭리성을 사회적, 역사적인 변화 관점에서 방대한 체계로서 수립했다. 이와 같은 체계 구축이 있었기 때문에 기독교는 이후로 제 이신과 의혹을 제거한 기독교(神)의 도성을 건설했다. 신학을 정립했기 때문에 그 위에 세계화된 기독교가 세워진 것이다. 기독교는 아우구스티누스가 구축한 탄탄한

---

129) 동서 분열 A.D. 395년, 476년 서로마 멸망.

신학적 도성 안에서 영화를 누렸다. 이교신과 우상을 숭배했던 로마 사회는 이제 혼란스러운 믿음의 문제를 잠재웠다.

그렇다면 보혜사 하나님이 강림하심과 함께 정립된 신학의 초점이 다시 흐트러지게 된 현대에서는 어떻게 해야 삼라만상 우주를 神國化할 수 있겠는가? 그것은 인류의 문명 역사 전체를 하나님의 섭리 안에 끌어들이는 통합적인 신학관을 수립함으로써이다. 창조 이래 인류가 믿은 신앙관에 대해 해명을 시도해야 할 뿐 아니라 신앙과 이성이 일치될 수 있는 발판을 마련해야 한다. 이것이 바로 오늘날 이 연구가 해결해야 하는, 아우구스티누스가 당면한 과제와는 성격이 다른 현 시대에 당면한 저술 과제이다. 하나님은 이 연구가 구축한 신학상의 정립 기반 위에서 비로소 지상에 거하실 수 있는 존립 근거를 확보하리라. 성업으로 이룬 제반 역사를 증거해야 한다. 하나님은 성령의 역사를 통해 뜻을 밝히셨을 뿐 아니라, 몸 된 보혜성(지혜)을 통해서 차원적인 존재를 추적할 수 있도록 하셨다. 성령의 시대 개막은 인간이 지닌 이성을 통해서 살아 계신 하나님을 접하고 성령과 교감할 수 있게 된 것인 만큼, 일체 가능성을 현실화한 신학상의 정립 노력을 통해 한걸음 더 하나님과 함께할 수 있는 천국 세계로 다가설 수 있게 되었다.

2. 신학의 세계관적 정립 과제

성경이든 교리든 하나님이 주관하신 섭리 역사든, 이성을 통해서 가늠하고 있는 합리적인 잣대를 갖다 댄다면 이해하기 어려운 일이 한두 가지가 아니다. 신앙의 역사라 하더라도 하나님의 뜻이 실현되기 위해서는 반드시 신학적인 해명이 뒤따라야 한다. 자체로서 해결하기 어려운 것이라면 성령의 역사에 힘입어서라도 극복해야 하는 신학상의 과제이다. 세계관적인 해명을 이루지 못한 것을 이유로 믿은 신앙을 조소할 수 없다. 하나님이 이루신 역사는 하나님이 발하신 뜻 안에서 반드시 해명된다. 지금은 어렵지만 언젠가는 해결되어야 하는 세계관적 정립 과제란 뜻이다. 신학이 바로 서야 하나님이 이루신 역사도 바로 설 수 있고 그 위에 하나님의 나라도 건설된다. 하나님에 대한 일말의 의혹을 일소하지 못한다면 신학을 통한 세계관이 건설될 수 없다. 세상이 하나님의 뜻과 역사를 곡해했던 것은 신학상 세계관이 미비되었기 때문이지 하나님이 이해할 수 없도록 역사를 펼친 것은 아니다. 그래서 신학은 항상 세계관적인 관점을 완비하기 위해 노력하고 있는 중이다.

과학이 밝힌 추정 근거에 의하면 '우주가 생겨난 것은 2백억(137억) 년 전이고 인류가 생겨난 것은 5백만 년(350만 년) 전이라고 하는데',[130] 창세기에는 "아담이 역사 안에서 창조된 첫 인간으로 기록되어 있다."[131] 진화론적인 관점에서 보면 출발부터가 이미 비과학적이다. 곳곳에서 해명하기 어려운 암초가 가로 놓여 있다. '성서 편자는 본래부터 인류의 기원을 쓰려는 데 목적이 있는 것이 아니라 이미 전해져 내려온 민담에서 인간을(히브리어로 아담) 말하려고 했을 뿐'이라고 애써 변명하지만,[132] 그것은 근본적인 해결 방책이 아니다. 역사 인식이 뒷받침되지 못한 해석 관점은 말 그대로 관점 외 아무것도 아

---

130) 『서양과 동양이 127일간 e—mail을 주고받다』, 김용석·이승환 저, 휴머니스트, 2001, p.20.
131) 『역사와 해석』, 안병무 저, 한길사, 1993, p.31.
132) 위의 책, p.31.

니다. 세계관적인 바탕이 없다면 무엇 하나 온전할 수 없다. '성경은
비역사적인 사항들을 많이 포함하고 있다고도 할 수 있지만, 특히 모
세 오경은 저자가 모세가 아니며 종교적인 전설들, 족보들, 의식적 교
리들로 꽉 차 있어서 모순'이 있다고 보기도 한다.133) 그렇다면 모순
투성이인 성경을 통해서는 성령의 역사가 일어날 수 없다. 만사와 온
갖 지혜에 달통한 분이 이 같은 사실을 모를 리 있겠는가? 부정적으
로 보니까 모순된 데 대해 달리 이해할 방도가 없었다.

그렇지만 알고 보면 그 이유도 역시 신학상으로 관점이 정립되지
못했기 때문이지 모순이 있어 이해하지 못하는 것은 아니다. '일반
세계사를 아담과 낙원의 세계로부터 초점 잡았다'134)고 해서 역사 인
식이 후퇴되었다고 말할 수는 없다. 왜 그렇게 되었는지 파헤쳐야 하
는 것이 과제일 따름이다.135) 하지만 아직 해결하지 못한 상태로 있
어 하나님의 역사가 근대 인식의 합리화 기준선에서 미달되었다. 기
독교 교리가 지닌 불합리한 요소들은 당시의 고대 문화 수준을 염두
에 두고 보면 다반사인 것인데, 같은 시대 눈높이에서도 이해하려고
한 노력이 부족했다. 세계관에 근거한 정립 과제가 요원하다보니까
신화적 세계관을 수용한다는 것은 불가능하고 불필요한 것이며 과학
이전 시대의 세계관일 뿐이란136) 몰이해가 있었고, 불트만은 '신약
성경의 신화를 해석하는데 주력해서 비신화화'하려고도 했다.137) '예

---

133) 『서양사학사』, 이상신 저, 청사, 1984, p.863.

134) 위의 책, p.542.

135) 갈릴레이가 그의 친구 베네테토 카스텔리에게 쓴 편지: "성서는 오류를 범할 수 없어도 성서 해석자들
은 오류를 범할 수 있으며, 여러 가지로 오류를 범한다."―『과학과 신앙』, 김명자 외 저, 한국천주교중앙
협의회, 1993, p.11.

136) 『복음주의 입장에서 본 기독교 사상사』, 앞의 책, p.444.

137) 위의 책, p.444.

수의 말씀으로 기록된 대부분의 것은 기원상 예수 자신이 아니고 초기 기독교 공동체의 삶에서 비롯된 것'으로 간주했다.[138] 신학을 정립한 것이 아니라 하나님의 역사를 해체시킨 작업이다. 신학의 세계관적 정립 방식은 그런 것이 아니다. 역사를 보다 성숙된 세계관으로 감싸 안아 섭리로서 일관시키는데 있다. 오늘날 우리가 알고 있는 예수가 교훈의 그리스도이지 역사의 예수가 아니라고 단정해 본들[139] 어찌할 수 있겠는가? 현대인은 신화적 세계관을 받아들일 수 없기 때문에 신약 성경도 받아들일 수 없다[140]는 논지 외 더 이상 세울 것은 없다.

포이어바흐는 神, 혹은 천국은 인간이 상상 속에서 만들어낸 가상이라고 했는데,[141] 그것은 그렇게 여긴 인간의 부정적인 관점 설정으로 인해 생긴 문제이지 有한 천국은 無할 리 만무하다. 문제는 하나님이 섭리하신 역사는 하나님의 뜻 안에서 풀어야 하는데, 불트만이나 포이어바흐는 그렇게 생각하지 않았다. 비록 선지자나 성도라 할지라도 하나님의 뜻을 온전하게 파악한 안목은 가지고 있지 못했다. 부분적으로는 예언하고 계시를 받들었지만, 섭리가 완결되지 못한 상태에서는 차원적인 뜻을 통찰했을 리 만무하다. 통찰했다면 해결책도 세웠겠지만 그러지 못한 상태에 있는 신학은 사상누각에 불과하다. 아무리 성경 구절을 조목조목 풀이해도 성령의 임재 역사가 없다면 하나님의 뜻도 없다. 하나님이 존재하신 본의도 모르면서 어떻게 신학

---

138) 위의 책, p.441.
139) 위의 책, p.445.
140) 위의 책, p.198.
141) 『기독교의 본질』, 루드비히 포이어바흐 저, 김쾌상 역, 까치, 1993, p.323.

을 정립할 수 있겠는가? 합당하게 해석할 수 없다. 신학의 세계관적 정립 조건은 하나님의 뜻을 깨닫는 것이 첩경이고, 하나님이 역사하신 섭리 결과를 통찰하는 것은 신학이 해결해야 하는 최우선 과제이다. 여기에 어려운 신학상의 과제가 있다.

"만일 神이 존재한다면 有神은 과학적으로 증명될 수 있는가? 과학적으로 설명할 수 없는 기적이라는 것이 있는가? 마태복음에서는 그리스도가 물 위를 걸으셨다는데…… 사람은 약 10^{20}개의 세포로 되어 있는데, 한 개의 세포는 약 10^{20}개의 원소로 되어 있으니, 사람은 약 10^{40}개의 원소로서 결합된 것이다."[142] 이런 사실에 대해 신학은 무슨 설명을 보탤 수 있는가? 이치적으로 이해할 수 있는 합리적인 요구를 충족시켰는가? 달리 이해할 근거가 없는 상태에서는 대책이 없다. 하나님의 일은 인간이 도달할 수 있는 인식 영역을 초월해 있으므로 언급할 수 없다고 주장한다면(不可知論)[143] 그것은 신학상으로 취할 수 있는 태도가 아니다. '이성으로는 神의 존재를 증명할 수 없다는 사실을 깨달았다'[144]고도 하지만, 그렇다고 神·자유·영혼 불사, 불멸 문제를 망원경이나 현미경으로 관찰할 수는 없다.[145] 우주를 다 뒤져보아도 형체를 가진 하나님은 발견할 수 없다.

그러므로 神에 관한 문제는 반드시 신학을 통해서 해결해야 한다. '神도 어떤 교의도 과학적인 탐구 안에서는 존재하지 않는다고 단정하고 神이 세계에서 떨어져 나와 과학적 설명 밖에 놓여졌다'[146]고

---

142) 『과학과 신앙』, 앞의 책, p.70.
143) 『기독교 사상사』, 앞의 책, p.128.
144) 『서양과 동양이 127일간 e-mail을 주고받다』, 앞의 책, p.24.
145) 『과학과 신앙』, 앞의 책, p.44.
146) 위의 책, p.42.

포기해 버리면 이것은 도리어 神이란 존재성을 전혀 이해할 수 없게 되고 만다.[147] 갈릴레이가 지동설을 지지하자 교회에서는 "우주의 중심이 바뀌고, 지옥의 위치가 지구의 중심이라는 보편적인 믿음을 혼란시키고, 예수의 승천에 대한 사실적 기초를 위태롭게 하고, 창조의 목적이 인간 중심이었다는 관념을 약화시킬 것을 우려했다."[148] 지동설이(코페르니쿠스) 기독교의 교리와 상충되게 하늘 바깥에 神이 거주한다는 전통적인 우주 구조의 붕괴를 뜻하는 것이라면 이것은 오히려 기독교 세계관이 神의 소재를 파악하지 못한 소치일 뿐이다.[149] 묘연한 하나님이라도 이 연구가 제시한 세계관적 관점을 통해 초월된 본체자로서 자리 잡지 않았는가?[150] 하나님의 존재성과 역사적 실체를 어떻게 볼 것인가 하는 것은 인간이 이해한 관점이 아니라 세계관의 생성 바탕에 근거한 문제이다. 그 실질적인 예는 신학이 설정한 세계관에 따라 신앙 역사를 펼친 사실 속에 있다.

신학적인 세계관은 절대적이지 않다. 제공된 세계관 여부에 따라 정립된 형태가 달랐다. 그렇기 때문에 보다 포괄적이고 완숙된 세계관이 제공되어야 하고 궁극적으로는 조건을 완비시켜야 한다. 부단하게 변모해서 혁신되어야 한다. 바탕을 달리해야 하는 메커니즘 문제이고 인식의 영향 아래 있는 패러다임의 문제이다. 역사를 통해 확인할 수 있듯이, 기독교 신학은 단적으로 희랍 사상의 영향을 받아 정립된 세계관적 산물이다. 이 말은 앞으로도 얼마든지 다른 사상이 제공

---

147) 神의 존재 방식이 반드시 과학적일 필요는 없다. 과학적인 인식의 접근이 神의 존재 방식을 설명할 유일한 길은 아니다.

148) 위의 책, p.33.

149) 단지 그것은 잘못된 관점일 뿐이며 神의 세계관적 존재 방식과 무관하다.

150) 2000년 10월 20일, 『세계유신론』을 저술함.

한 세계관적 바탕 위에서 신학이 정립될 수 있다는 뜻이다. 노자·불교·유교와 같은 동양적 세계관 위에서도 하나님의 나라가 건설되지 못하리란 법이 없다. 섭리상 희랍 사상 위에서 정초된 관계로 기독교 신학은 서양 철학이 지닌 세계관적 문제가 있어 하나님의 실체를 증명하지 못했다. 중세 시대 최고의 철학자인 토마스 아퀴나스가 神을 변증하고자 하는 과정에서 근거로 삼은 것은 아리스토텔레스가 제공했던 철학의 범주 정도이다.[151] 神의 변증 문제에 대해 고심했다는 것이 형식 논리에 관한 논문을 발표한 것이라든지, 객관적인 현상에 대한 인식의 문제를 거론한 것이고, 석·박사가 되는 과정에서 관심 있는 주제에 대해 탐구한 정도이다. 이런 지적 통찰 목록을 통해서는 초월된 존재성에 접근할 수 있는 메커니즘을 제시할 수 없다. 가장 신학적인 것이 가장 사상적이란 말이 있듯이, 한계성을 지닌 세계관으로 하나님의 실존 사실을 증거하고자 하니까 초월적인 존재 속성을 포괄하지 못하는 신학관이 되어 버렸다. 이 같은 문제 때문에 서구 신학은 오히려 기독교를 진리적으로 사멸시켜 버리는데 일조하였다.

하지만 하나님은 만상의 主이신데 언제까지 이런 신학관에 의해 제약당하고 있을 것인가? 언젠가는 새로운 세계관의 뒷받침으로 일어서야 하는데, 여기에 현대 신학이 당면한 새로운 패러다임적 요청이 있다. 서양 철학 위에서 정초된 신학은 기독교가 지닌 무한 섭리성을 한정지을 수밖에 없었지만 극복한 세계관에 근거하면 신학관을 완성할 수 있다. 하나님이 이 땅 위에서 강림하신 만큼 한민족은 누

---

151) "중세 사상은 기독교의 사상만으로 이루어진 것이 아니다. 기독교를 바탕으로 하여 그리스 철학을 섭취함으로써 종합 또는 융합된 사상이다. 중세사상=고전 고대문화(그리스·로마) + 기독교 + 게르만 문화"—『교육사 교육철학 연구』, 손인수 저, 문음사, 1992, p.76.

구보다도 모든 요구에 부응한 새로운 신학관을 전통적인 사상을 통해 통합적으로 창출할 필요가 있다. 아우구스티누스가 『神國論』을 통해 당시에 당면한 신학상의 과제를 해결했듯이, 오늘날은 한민족이 종말 시대에 부응한 신학적 과제를 해결해야 한다. 역사적인 여건이 무르익었다면 단행해서 이루어야 하는 것이 전체 인류를 구원하는 길이다. 하나님의 뜻은 역사하고 또 역사함을 통해 실현되는 것이므로 이것을 뒷받침한 신학도 끊임없이 갱신되어야 한다. 창조성에 바탕을 두지 못한 선천 신학은 세계의 진리성을 포용하지 못한 한계가 분명했다. 문명 역사가 적나라해진 다원주의 시대를 맞이하여 새롭게 해결하지 않으면 안 되는 문제들이 끊임없이 제기되고 있는데도 그들 신학은 대처할 수 있는 진리력을 상실한 지 오래이다. 진리 체제가 다극화된 상황에서는 어떡하든 극복할 수 있는 신학을 수립해야 한다. 문제를 해결할 수 있는 보다 포괄적인 세계관이 필요하다. 그래서 하나님의 주재 섭리를 꿰뚫은 이 연구가 모든 요구에 부응한 것이며, 그 세계관적인 기틀을 동양의 선현들이 일군 본체적인 진리관 가운데서 마련하고자 한다.

유대 민족 사회는 신앙의 전통 토대가 유기적으로 구축되어 있었기 때문에 선지자가 뜻을 받들어 거두절미하고 준엄한 메시지를 선포할 수 있었다. 그러나 현 세대처럼 다양한 문화와 전통과 신념을 가진 백성들 앞에서 하나님의 존재성을 입증하기 위해서는? 더군다나 조직적인 대응 체제를 갖추고 하나님을 거부한 유물론과 무신론이 팽배하고 있는 상황에서는 신학이 더욱 철저하게 세계관적인 진리에 근거해야 한다. 그래서 이 연구도 하나님이 몸소 이루신 성업에 근거해서 존재하신 사실을 증거하게 되었으니, 이것이 문명 역사의 본말을 보고 구성한 이 연구의 신학관이다.[152] 하나님이 주재하신 역사의 본말을 밝혀야 하나님을 증거할 수 있는 신학관도 정립할 수 있다. 바울은 복음을 전파하는 과정에서 기독교를 정초시킨 신학적인 기반을 터 닦은 것처럼, 이 연구도 하나님이 주관하신 문명 역사의 본말을 밝히는 과정을 통해서 새로운 시대를(성령의 시대) 개막할 지상 강림 역사를 세계관적으로 정립했다. 성령으로 역사된 곳에는 섭리가 있고 이 연구가 역점을 둔 신학상의 논거들이 수놓아졌다. 이를 통해서 인류 역사는 정말 하나님이 이루신 역사인 것을 확인하였으니, 공히 객관적으로 확인할 수 있도록 관점과 근거를 제시하였다. 신학을 온전하게 정립해야 하나님의 지상 강림 역사가 기정사실화된다. 인류가 새로 정립한 신학적 세계관 위에서 새 하늘과 새 땅과 새 예루살렘 성전에 입성한 하나님을 영접하게 되리라.

3. 삼위 일체 교리의 정립 본질

기독교가 2000년 동안 성령의 시대를 개막하기 위해 예비한 실질적인 업적을 들라면 정경의 정립과 삼위일체(三位一體) 교리 창출, 그리고 제도권적인 교회를 확산시킨 것이다. 그중 '삼위일체 교리는 신약 가운데서는 실제적인 근거를 찾을 수 없지만',[153] 기독교 역사를 일관되게 꿰뚫은 계시와 다름없다. 역사적으로 성부이신 하나님만 존재하신다면 삼위일체 교리는 아예 배아조차 틀지 못했겠지만 그리스도란 새로운 신앙 대상이 역사 위에 등단함으로써 세인들은 그 분이

---

152) 2012년 4월 13일, 『세계의 섭리 역사』를 저술함.
153) 『기독교교리의 역사』, 베른하르드 로제 저, 차종순 역, 목양사, 1990, p.43.

거하실 수 있는 새로운 神적 존재 공간을 마련하지 않을 수 없었다. 이것은 어떤 경우에도 요청될 수밖에 없는 절차이다. 하나님이 이루신 성부의 역사만으로는 창조 목적을 달성하기 어렵기 때문에 성자의 강림이 불가피하였고, 신앙인들도 여기에 합당한 존재 근거를 마련하였다. 유태교인들은 구약 역사 외에 또 무슨 역사가 더 필요한가라고 반문할 수 있지만, 어떤 상황에서도 생성된 역사성을 거부할 수 없다.

인류는 언제나 새로운 역사를 맞이할 대비를 하고 있어야 한다. 생성을 막아버린다면 완성과 정립은 있을 수 없다. 생소한 역사이지만 지나놓고 보면 당연하여진다. 예수가 성자로서의 사명을 가지고 구원 사역을 감당하셨다면 기존 질서를 뒤흔드는 메시지가 선포될 것은 당연하다. 드러난 행적과 말씀이 의아해 보일 수는 있지만 한편으로 보면 그렇게 하지 않고 어떻게 새로운 신앙 역사를 펼칠 수 있겠는가? 독생자가 강림하셨다면 무슨 역사인들 펼치지 못하겠는가? 기독교가 삼위일체 교리를 착상했던 것은 섭리가 그렇게 진척되도록 방향을 제시한 것이다. 논란은 있더라도 정립되어야 할 당위성은 결정적이다. 인간은 끊임없이 추구해서 겨우 도달하였는데, 삼위일체 교리는 결정적인 본질 노선을 한 치도 벗어나지 않았다.

초기 교회와 교인들은 예수의 신격화와 삼위일체설을[154] 에워싸고 많은 시간을 논란과 분쟁으로 보냈지만,[155] 결국 예수는 神적 본질을 지니고 내림한 하나님의 아들인 것으로 결론이 났다. 예수가 성자인

---

154) 삼위일체설: 기독교에 있어서 아버지인 神과 아들인 예수 그리스도와 인간의 심중에 내재하는 神으로서의 성령은 성부, 성자, 성령이란 세 신격 개성으로서 일체라는 가톨릭 신학의 근본적 교의. 아타나시우스파는 그리스도와 神을 동일시 한 데 반해 아리우스파는 그리스도는 神과 인간의 중간적 존재라 하였다. 결국 325년 니케아 종교 회의에서 아타나시우스파가 정통으로 인정되었고, 381년 콘스탄티노플 종교 회의에서 이 교의가 확립된 이후 정통 가톨릭 신학의 근본적 교의가 되었다.

155)『세계사 편력』, J. 네루 저, 장명국 편역, 석탑, 1982, p.33.

존재 영역을 확보하기 위해서는 삼위일체란 교리가 정립되어야 했다. 그런데도 이 교리가 지성인들에 의해 모호한 논리로서 내비친 것은 제삼위인 성령이 세상 위에서 아직 완전한 본체성을 드러내지 못해서이다. 이런 면에서 본다면 삼위일체 교리는 성자의 존재 영역을 확보한 섭리 역정이면서도 동시에 보혜사 하나님의 지상 강림 역사를 예비한 인식 기반이기도 하다. 삼위인 성령의 본체가 진리의 성령으로서 강림하신 사실에 근거해서 각 位가 정립된 정황을 보면 기독교의 교의 정립 과정이 일관되게 추진되었다는 사실을 알 수 있다. 어느 모로 보나 성부 하나님은 천지를 창조하신 분이고 살아 계신 분이고 유일한 神이란 사실을 입증하고자 한 방향으로 교의가 결집되었다.

유일 신관은 일찍이 유태교인들이 정립했던 신앙관이고 교의인데, 이것을 뒷받침이라도 하려는 듯 하나님은 생동하는 역사를 펼치셨고, 인간은 믿음을 바쳐 굳게 지켰다. 그리고 예수도 부활하신 역사를 통해 영원히 살아있는 神적 실존성을 확인시킴으로써 성자의 位적 근거를 분명히 했다. 그리고 오늘날에 이르러 본체를 드러낸 보혜사는 창조 이래의 섭리 역사를 주재하신 진리의 성령이시다. 이 땅에 강림하심으로써 삼위일체를 완성시킨 통합령으로서 시온의 영광을 주도할 분이시다. 하나님이 성부로서의 존재 본의를 밝히기 위해서는 이스라엘을 통한 역사를 펼쳐야 했고, 말미암게 된 성자로서의 존재 근거를 밝히기 위해서는 지상 교회를 통한 역사를 이루어야 했는데, 말미암게 된 성령으로서의 존재 본질까지 밝히기 위해서는 한민족을 통한 성령의 시대 개막을 선언해야 했다. 삼위일체인 존재 본체를 완성시키기 위해서 인류 역사가 한 치도 어긋남 없이 단계적인 과정을 밟아서 드디어 성령의 시대를 맞이하였다.

교리는 반드시 정립되는 과정을 거치지만 본질적인 측면에서는 이미 결정적이다. 통체 본질에 근거해서 결정된 것이 소정의 과정을 통하여 분열하게 된 형태라고나 할까? 각 位가 단계적으로 정립되었다. 성자의 神적 본질 규정 절차는 기독교의 존립 근간으로서 반드시 그와 같은 방향으로 정립되어야 한 신학상의 근본 과제였다. 그래서 "교회가 맨 먼저 아버지와 아들의 관계를 규정한 삼위일체 교리를 확정지었고, 칼케돈에서 그리스도의 두 본성을 규정한 기독론 교리로 발전한 것은 우연한 일이 아니다."156) 성자가 아버지와 한 본질인 통체 본질을 풀어놓은 것이 삼위일체 교리이다. '아들과 아버지가 동일 본질인 것에 관한 믿음은 325년 니케아 회의에서 최초의 교리로서 결정된 것이나',157) 이것은 예수가 세상에 오기 전에 이미 결정된 일이다.158) 창세 전부터 하나이면서 셋으로 나뉘고 셋이면서 하나로 통합될 것이라는 것이 하나님의 지상 강림 사실로서 확인된다. 삼위일체 교리는 결국 세계성의 생성 본말이 밝혀짐과 함께 규명될 통합체이자 본질적인 창조체였다. 통합 본체로 존재한 하나님이 삼위의 분열 경과를 거쳐 완성을 지향한 역사, 이것이 삼위일체 교리의 정립 지향 목표였다. 그래서 기독교가 삼위일체 교리를 정초한 것은 일차적으로는 예수 그리스도의 神性을 확립하기 위한 것이 목적이지만 나아가서는 성령으로서 강림하실 보혜사 하나님의 존재 근거를 마련하기 위한 역사이기도 했다. 아담으로부터 펼쳐진 기독교 역사가 온통 삼위이신 하나님의 존재 본질을 드러내기 위해 섭리되었다는 사실을 알

---

156) 『기독교교리의 역사』, 앞의 책, p.27.

157) 위의 책, p.20.

158) 하나님이 한 분 뿐일 때는 유일신관이, 성자가 오셔서는 삼위일체 교리가, 그리고 보혜사 하나님이 강림하신 지금은 통합 신관이 대두됨.

때, 정립된 교리상의 결과는 하나님의 뜻을 하나도 벗어나지 않았다.

역사된 대세 테두리가 확연하게 된 것은 하나님이 진리의 성령으로서 역사하신 때문이다. 하나님이 주관하심으로써 추진된 것이 삼위일체를 주축으로 한 기독교 교리 정립 역사이다. 누구라도 결과를 두고 과정을 살펴보면 주관된 섭리 목적을 알 수 있다. 많은 논란은 있었지만 세 位가 정위된 순간, 억겁 창생의 비밀스런 껍질은 모두 벗겨지고 하나님의 모습이 찬란하게 드러났다. 삼위일체는 태초 때부터 결정되어 있는 섭리 의지인데 무수한 세월의 경과 후 결국 통합적인 모습을 이루게 되었다는 것을 알진대, 더 나아가서는 문명 역사를 구속하신 성령의 역사까지 도출할 수 있다. 성부와 성자가 이룬 역사가 그러한 것처럼, 삼위일체 교리의 본의를 규명하지 못한 보혜사 성령의 지상 강림 역사는 있을 수 없다. 삼위일체 교리는 제 삼위인 진리의 성령이 실체를 드러낸 결과 완전하게 정립될 수 있었다. 초점이 성령을 부각시키기 위해서 예비된 과정이었다는 사실을 알 때, 기독교 교리의 정립 역사는 세상 어떤 영역보다도 하나님이 이 땅에 강림하실 수 있도록 핵심된 길을 마련하였다.[159]

그러므로 하나님이 역사하신 섭리 뜻을 가장 통렬하게 통찰해야 할 영역은 기독교이며, 기독교가 자체 지닌 사명 역할과 한계성을 가닥 잡아야 강림하신 하나님이 제삼위인 성령으로서 정확하게 자리할 수 있다. 어차피 만 역사가 함께하는 성령의 시대를 열기 위해서는 기독교 역사가 새롭게 태어나야 한다. 삼위일체 교리는 만백성들이 보혜사 성령을 하나님으로 맞이함으로써 완성되리라.

---

[159] 성부와 성자의 역사가 정립된 이후에야 성령의 역사시대가 개막될 수 있었음.

4. 기독교 교리의 정립 방향

기독교는 종교로서 성립된 초창기부터 따라 다닌 문제가 종교 전체가 지닌 영역 안에 속해 있었는데도, 이 같은 문제를 해결하고 창립된 종교가 아니다. 이성을 통해 진리성을 가늠하는 인간에게 교리의 합리성에 대한 요구는 언젠가는 충족되어야 하는 것이 과제였다. 이런 요구를 수용할 수 없다면 기독교 교리는 진리로서 완성될 수 없다. 종교가 지닌 특수성이 이유라고는 하지만, 교리를 이해한다는 측면에서는 그렇지 않다. 이해할 수 있도록 해야 하는 것이 신학상의 정립 방향이다. 기독교가 성립되는 과정에서나 정립되었다고 보는 지금이나 신학상의 주된 관심사는 主 그리스도의 神性을 삼위일체 교리를 통해 이성적으로 옹호하는데 있으며, 이 같은 노력들이 기독교를 이루었다. 그래서 이 부분을 좀 더 적극적으로 뒷받침하기 위해서는[160) 정립된 삼위일체 교리에 대한 초점을 보다 개연화시켜야 한다. 예수는 하나님의 독생자이지만 이런 사실을 확증하는 것만으로 신학이 본래 지닌 사명을 다하는 것은 아니다. 하나님이 천지를 창조한 사실을 진리적으로 밝혀야 하는 과제가 남아 있다. 이런 문제까지 풀어야 세상이 불합리하다고 여긴 교리까지 해결할 수 있다. 이것이 무슨 말인가 하면 기독교가 지향해야 할 역사 초점이 성자의 시대로부터 성령의 시대로 전환되었다는 뜻이다.

이전에는 성자를 옹호한 교리가 신앙의 핵심을 이루었는데 이제는 그 중심이 달라졌다. 성령의 시대를 맞이함과 함께 신학상으로도 부

---

160) 그야말로 신학이 학문의 제왕이 될 수 있기 위해서는?

여된 과제가 달라졌다. 강림하신 하나님이 진리의 성령으로서 나아가야 할 역사 방향을 새롭게 지침했다. 기독교인들은 언제까지 "성서가 전하는 역사만 세계 모든 민족의 역사를 설명할 근거 틀이라고 주장할 것인가?"[161] 창세기를 일반적인 역사에 잣대를 맞추고 보면 연대부터 초점이 안 맞는다. 성서에 적혀 있는 구절들이 낱낱이 사실이라고 믿고[162] 노아의 홍수 이야기를 귀중한 역사적 자료로 여기면[163] 즉각 반론이 일어난다. 볼테르는 당대의 인식선에서 "세계에서 가장 오래된 연대기가 중국의 것이라는 사실은 재론의 여지가 없는데, 이런 민족이 지구상의 물리적 변화인 대홍수라든가 큰 화재와 같은 사건의 어느 한 가지도 역사에 기록된 바가 없다는 사실을 보고 의아해했다. 홍수가 지구 전체를 뒤덮었다는 주장을 공격하는 근거로서 그는 중국의 역사를 예로 들었다."[164] 그런데도 노아가 걸쳐 놓았다는 아랏랏산의 방주를 찾기 위해 탐험대를 조직했다고 한다면, 이것은 정말 실망스런 행동이다.

성서를 이해한다는 것은 보다 높은 하나님의 뜻을 통찰하는 것으로서 시공의 초월적인 본질성까지 통찰해야 한다. 성경은 섭리적으로 완수되고 해명해야 하는 문제이지 인위적으로 해석하거나 절대적으로 수용할 수 없다.[165] 해석이 아니라 섭리로서 밝혀야 하는 것이 신

---

161) 『천지창조의 세계사』, 오카자키 가쓰요 저, 김경진 역, 창해, 1997, p.57.

162) 『현대물리학과 신비주의』, 켄윌버 편저, 박병철·공국진 역, 고려원미디어, 1991, p.134.

163) 『역사와 해석』, 앞의 책, p.32.

164) 『천지창조의 세계사』, 앞의 책, p.252.

165) 성서의 "아브라함에 관한 기록 가운데서는 '아브라함이 그 땅을 통과하여 세겜 땅 모레 상수리나무에 이르니, 그때에 가나안 사람이 그 땅에 거하였더라'고 씌어 있는데, 모세는 가나안 땅에 들어가기 전에 이미 죽었다. 그가 발을 들여놓은 적이 없는 땅에 살고 있는 사람들의 역사까지 어떻게 알 수 있었을까?"- 위의 책, p.148.

학상의 과제이다. 신학은 하나님이 주관하신 인류 역사의 대맥을 밝히기 위해 주력해야 하므로, 그 정립 방향을 정확하게 짚어야 한다. 『신국론』을 보면, '그리스도인들이 부활을 믿는다고 하여 냉소하는 불신자들을 논박한다'[166]란 논제가 있는데, 아우구스티누스가 살았던 시대나 현재나 부활의 확증 문제는 논박한다고 해서 해결될 수 없다. 부활은 기독교가 걸어온 역사 전체가 증거하고 있고, 재림이 이루어지면 확증된다(부활→재림). 역사는 진행 중이므로 섭리가 완수될 때까지 기다려야 한다. '기독교 신앙의 역사적인 증거'[167]를 기적을 경험한다고 해서 확인할 수 있을 것인가, 실험을 할 수 있을 만큼 원리적인 것인가? 오직 섭리된 본의를 알아야 하는 문제일 뿐이다.

그리스도의 神性을 증거하기 위해서는 화체설도 화육설에 대한 신앙관도 필요하다. "알렉산드리아의 감독인 시릴(Cyrildms)은 로고스가 화육(化肉)하였고 마리아는 神을 낳았다고 생각해 그리스도의 인격적 통일을 주장하였다."[168] "토마스 아퀴나스는 떡과 포도주가 그리스도의 살과 피로 변한다고 믿었는데, 둔스 스코투스는 소멸한다 했고, 위클리프는 이들을 모두 비판했다."[169] 그러나 이제는 신학상의 과제 초점이 전혀 틀리다. 화체설과 화육설은 기독교의 진리 안에 포함된 내용이다. 예수가 하나님의 아들이라면 어떤 경우도 진리적인 뒷받침이 없겠는가? 기독교는 정립된 교리를 바탕으로 하여 좀 더 미래를 지향한 진취적인 과제를 모색해야 한다. 신학은 기독교를 창조가 이

---

166) 『신국론』, 아우구스티누스 저, 조호연·김종흡 역, 현대지성사, 1997, p.1098.
167) 『세계사상 대계 3(인간의 발견)』, 박종홍·이종우 역, 정석해 감수, 신태양사, 1965, p.200.
168) 『기독교와 문화』, 앞의 책, p.214.
169) 『복음주의 입장에서 본 기독교 사상사』, 앞의 책, p.229.

룬 반석 위에서 세워야 하며, 하나님의 계시 작용을 원리화해야 한다. 하지만 "기독교는 아직도 인간과 하나님 간에서 작용한 교감 관계를 밝히지 못하였고 기도와 믿음이 이룬 작용성을 원리화하지 못했다."[170] 역사하신 하나님의 뜻을 통찰하는 것도 벅찬 실정인데, 이미 확정된 문제까지 붙들고 있어서는 안 된다.

기독교가 계시 신앙이라면 신학도 계시가 어떻게 인간에게 미친 것인가에 대한 인식 과정을 밝혀야 한다. 언제까지 주관적인 체험 상태로 머물고 있을 것인가? 믿음을 요구할 것인가? 만인이 합당하게 받아들일 수 있도록 진리적인 기반을 마련해야 하지 않겠는가? 예수의 말씀과 행적은 神적 본질의 인격화와 사명을 수행한 측면에서 접근해야 하는데, 기독교인들은 그 행적, 그 행위 하나하나를 교리화해서 절대 추앙한 대상으로 승화시켜 버렸다. 그렇지만 정말 중요한 것은 이 같은 작용 현상을 원리화할 수 있는 성령의 지혜를 구하는데 있다. 누가 어떻게 하나님의 실존 상황을 세계 원리화할 수 있는가? 신학이 정립해야 할 과제로서 결코 간과할 수 없는 문제이다. 영원 전부터 존재한 분이 하나님이라면 삼세 간에 걸친 시공간도 그러한 우주의 생성 본말까지 함께 밝혀야 한다.[171] 교리의 원리화를 위해서 하나님도 지혜를 밝히셔야 했다. 그러고 보면 결국 하나님의 뜻을 뒷받침하는 것은 세상 진리를 포섭한 교리적 체계이고 신학이 담당한 몫이다.

신학이 바로 서야 하나님이 이 땅에서 바르게 정초될 수 있고 기독

---

170) 『길을 위하여(3)』, 졸저, 인쇄본, 1990, p.48.

171) 과거에 존재한 하나님이 미래에도 동시에 존재하는 대창조 메커니즘이 밝혀져야 했음-『과학과 신앙』, 앞의 책, p.44.

교가 세계 원리적인 바탕 위에서 보편성과 통합성을 확보할 수 있다. 하나님이 만유의 하나님이 될 수 있고 인류가 그 품안에서 구원되리라. 기독교가 성취시켜야 할 교리 창출과 신학상의 정립 방향이 그러하다는 것인데, 만 인류도 반드시 참여해야 하는 지성사적 의무이다. 강림하신 하나님을 맞이하기 위해서 세워야 하는 정립 과제이다. 혼신을 다해 쏟아야 할 대혼의 깨침 방향이다.

제4편

철학의 군

철학은 무형의 하나님을 형상화시키기 위한 본질적 논의이고 이해방식이며 방법적 접근이다. 철학이 形而上學적으로 체제를 진술하는 과정에서 난해함이 있었던 것은 무형의 본질 존재에 대한 인식의 장애성 때문이다. 아무리 존재된 의지와 작용 본질을 파악하고자 해도 의식 안에 포착된 진실재는 묘연함이 역력하다. 그렇지만 이것을 포기해 버리면 궁극적인 존재성에 접근할 수 없게 되어버리기 때문에 철학은 온갖 현상으로부터 形而上學적인 루트를 개척했다.

- 본문 중에서 -

12

철학의 명철성

1. 신의 실재를 드러내기 위한 수단으로서의 철학

철학은 지금까지 추구한 세계만으로도 포괄적인 진리 영역을 구축하였다. 가없는 하나이며 전체이다. 무한하게 일굴 수 있는 形而上學적인 경작밭을 보유하였다. 그러므로 철학이 무엇인가를 알기 위해서는 특색 있는 다른 영역들과 비교해보면 된다. 자체만으로는 철학이 무엇인지 판단할 근거를 찾기 어렵다. 종교와 과학과 다른 것만은 분명한데…… 한때 철학은 제 학문의 모종 역할을 담당했지만 지금은 분파된 영역들과 우위를 다투게 된 지경이다. 진리 세계를 통어했는데 그 모습이 초라하다. 세계가 필요성에 따라 부지런히 자기 특성을 만개시킨 결과이다. 다양한 탐구 영역이 개척됨에 따라 전체 영역을 관장할 통제력을 상실하게 된 것이지만 이제는 철학도 본래 주어진 역할을 회복해야 할 때가 되었고, 제 영역을 조망할 수 있는 보다 높은 관점이 필요하게 되었다.

철학은 그동안 전체 세계를 통어하기 어려운 부족함이 있었는데도 불구하고 어떻게 항구적으로 정열을 불태울 수 있었던가? 여기에 철학이 전제로 삼았던 神을 향한 추구 목적이 도출된다. 그만큼 철학에 있어서 神은 진리 추구를 위한 대전제이고 도달 목적지였다. 비록 자체적으로 강구한 방법을 통해서는 이루지 못했지만, 그동안 쌓은 지적인 성과가 있어 神의 본체 현현에 기여하게 된 것은 사실이다. 철학은 알게 모르게 神을 탐구했으며, 그렇게 한 이유가 무엇인가 하는 것은 추진된 섭리 경과를 보면 확인할 수 있다. 우리는 차원적인 神을 곧바로 접견할 수 없기 때문에 形而上學적인 탐구를 통해 본체를 인식할 수 있는 기반을 마련했던 것이라고 할까? 인간이 지닌 사고의 밑바닥으로부터 무량한 기초를 쌓아 올렸다. 하나님도 엄연하게 존재한 실체성인 한 지각할 수 있는 인식론, 존재론, 가치론의 정립은 필수적이다. 신앙과 믿음은 神의 현현이 있기까지, 혹은 세계가 완성되기까지 대처된 임시 방안이기 때문에, 사실적인 바탕에 근거한 사고적 접근은 반드시 거쳐야 할 작업이다. 진리를 탐구한 과정도 없이 어떻게 神을 판단할 수 있겠는가? 인식론과 존재론의 루트가 불미하므로 접견하기 어려웠던 것뿐이다. 초음속 비행기도 활주로가 없으면 시착할 수 없듯, 하나님도 인간이 판단할 수 있는 사고 영역 안에서 안착하기 위해서는 인식할 수 있는 루트를 확보해야 했다.

하나님은 만상을 초월해 계시면서도 만유 안에 편만해 계신 관계로 전 존재 영역에 걸쳐 계신다. 그런데도 神은 지극한 신앙으로 둘러쳐진 신비로운 존재일 뿐인가? 어떤 경우에도 神의 형상에 접근하기 위해서는 상응한 인식론이 수립되어야 한다. 지난날 神의 실재를 증명하기 위해 노력한 지성들의 사상 편력은 그 결과가 어떻게 드러났던가? 그만한 인식론이 정립되었기 때문에 볼 수 있게 된 모습이다.

불가지하다고도 했고 인식할 수 없다고도 했지만 그것은 보편적이고 전체적인 존재성을 지향한 결과이다. 그런데도 인식론은 인식론대로 철학의 한 부분으로서, 철학은 철학대로 개별적인 영역을 통해서 추구하다보니 神을 지향했지만 끝을 보지 못하였고 성과는 있어도 결말이 없었다. 전체를 통합한 神에 도달했을 때 비로소 제 분야도 함께 완성된다. 이에 철학은 그 전반적인 영역이 고스란히 神의 존재를 드러내기 위한 수단으로서 기여되었다. 철학의 인식론 영역만으로는 존재의 궁극적인 본질을 드러낼 수 없다. 어디까지나 진심 실체에 접근하고자 한 방법론일 따름이며, 근본된 핵심은 세계 자체가 지니고 있다. 전체 세계가 완성되어야 인식론도 완성되고, 판도 윤곽이 드러나야 철학이 神의 존재 현현에 기여한 사실을 안다.

철학은 무형의 하나님을 형상화시키기 위한 본질적 논의이고 이해 방식이며 방법적 접근이다. 철학이 形而上學적으로 체제를 진술하는 과정에서 난해함이 있었던 것은 무형의 본질 존재에 대한 인식의 장애성 때문이다. 아무리 존재된 의지와 작용된 본질을 파악하고자 해도 의식 안에 포착된 진실재는 묘연함이 역력하다. 그렇지만 이것을 포기하면 궁극적인 존재성에 접근할 수 없게 되어버리기 때문에 철학은 온갖 현상으로부터 形而上學적인 루트를 개척했다. 그렇게 해서 하나님을 정말 인식할 수 있게 된다면 그것은 삼라만상 모든 존재에 대해 인식론을 완성하는 결과를 가져온다. 그래서 철학은 일찍부터 神의 존재를 드러내기 위해 탐구 영역을 존재론·인식론·가치론으로 세분화시켰다. 神의 존재를 드러내기 위한 수단으로서 창조성을 분열시키는데 기여했다. 神을 추적하기 위해서 동원된 조직적인 사고 체계이다. 끝내 神의 모습을 보고 실증하지는 못했지만 제반 노력은 근본과 더불어 빛났다. 現神을 드러낼 바탕을 마련했다. 어떤 분야도 자체만의 관점으로는 神의 모습을 볼 수 없었지만 하나님의 존재성을 드러내기 위한 수단으로서 기초되었다는 것은 인정해야 하며, 이 같은 기여도 없이 하나님의 지상 강림 역사는 불가능하다. 神은 침묵했지만 만상은 존재된 근원을 드러내기 위해 끊임없이 분열했으며, 이런 역사의 행적들이 결국은 보혜사 하나님의 본체 강림을 성사시켰다. 하나님은 전능한 초월자로서 당장 現神하실 수도 있었지만, 그렇게 했을 때 세상 위에서는 과연 몇 명이나 실체를 파악하였던가? 그래서 오늘날은 인류 모두가 실체성을 확인할 수 있도록 객관적이고도 보편적인 접견 대로를 마련했다. 인간이 지닌 의미 본체인 사고를 통해서 하나님의 존재 상태를 파악할 수 있다면 그보다 확실한 것은 없다. 철학은 인간된 입장에서 神의 존재를 현현시킬 길을 개척한 것이며, 하나님이 강림하심으로 이 같은 의도가 확인되었다. 존재론, 인식론, 가치론이 인류가 바친 고귀한 진리혼을 충족시켰다.

한편에서는 한계를 결정짓기도 하고 다른 한편에서는 마무리를 이루기도 한 것이 보혜사 하나님의 본체 강림 결과이다. 철학도 알파와 오메가(본말)를 규정한다는 측면에서는 예외가 없다. 그만큼 지상 강림 역사는 그 자체가 전 시대적 상황을 종결짓는 사건으로서 철학의 추구 본질까지 종결짓는다. 지성사에서 연면한 역할을 감당한 철학이 자체로서는 하나님의 면모를 드러낼 수 없었지만, 그렇게 해서 쌓은 성과가 있어 지상 강림 역사가 실현된 사실을 알 때, 철학은 이전에도 그러하였거니와 이후로도 진리를 탐구한 표본 영역으로서 하나님의 존재성을 뒷받침하리라. 이성을 통해 하나님의 본체 강림을 확실하게 보위하리라.

2. 철학의 형이상학적 추구 본향

철학이 도달하고자 한 추구 목적지가 神이었다고는 하지만 神에 관한 실체가 불확실한 상태에서 철학이 실질적으로 추적한 것은 궁극적인 실재에 관한 탐구였다. 도달하게 된 결과 관점을 통해서 보면 구하여진 실재는 神이지만, 과정 속에서는 궁극적인 것에 관한 사고 체계의 총아가 철학적인 범주 안에 있다. 하늘이든 땅이든 세상 가운데는 반드시 形而上學적인 그 무엇이 존재했다. 제 사물과 현상에 대한 탐구와 추구 형태가 形而上學화되었다. 추구 본질과 지향 형태가 철학적이었다는 것은 존재를 있게 한 그 이상의 궁극적인 원인들을 찾고자 한 노력인데, 이런 경향은 形而下學적으로 존재하고 있는 삼라만상 존재에 대해서 본질적인 그 무엇을 구한다는 말과도 일맥상통한다. 확실하지는 않지만 形而上學적인 그 무엇이 본질적인 것만은 분명하다.

'形而上學은 形而下學을 지배한다'[1]고 한 견해를 보면 그것은 지배한다기보다는 만물의 본질 존재 상태를 구조화시킨 것이다. 만상이 존재하고 있는 겉모습을 본 것이 아니라, 존재하게 된 원인과 이유와 잠재된 것까지 알려고 하니까 철학적인 사유가 形而上學화될 수밖에 없다. '철학하면 현실 세계와는 무관한 진리 탐구 분야로 여기기도 하지만',[2] 그것은 현실을 결정짓는 보다 원천된 세계를 파고들다 보니까 그렇게 본 것이다. 무익한 행위가 아니며 추출된 진리성이 회자되고 회자되어 세계를 바라보는 눈이 되고 귀가 되었다(세계관 구축).

---

1) 『단의 완성』, 홍태수 저, 세명문화사, 1992, p.143.
2) 『서양과 동양이 127일간 e-mail을 주고받다』, 김용석·이승환 저, 휴머니스트, p.102.

궁극적인 실재는 인류가 바라본 최상의 하늘로 공유해서 판단한 실재였다. 따라서 접견한 실재가 반드시 인격성을 지닌 神일 필요까지는 없다. 결과를 두고 보니까 본질적인 실재가 곧 神이었다는 것인데,3) 도상에서 神인 것으로 결정지을 필요까지는 없다. 비록 인격성은 배제하였지만 본질이란 실재성이 대신하였다.

혹자는(이승환) 동양 철학의 묘미에 대해서, '神 없이도 우주를 이야기하고 대자연을 논할 수 있다는 것에 대해서 지적 신기함을 감출 수 없다'4)고 토로했는데, 세계가 形而上學적인 바탕을 통해 神을 지향하고 있었다는 사실까지는 미처 알지 못했다. 쌓아 올린 본질 바탕을 통해 세계의 궁극적인 구조까지 밝혀야만 하나님이란 존재 실체가 현현되므로, 철학의 추구 본향은 그렇게 되기 위한 과정에 머문 상태이다. 본래 목적은 神을 지향한 것이더라도 종국에 밝혀질 것은 섭리를 통해서였던 것이며, 이를 위해 그동안 무수한 形而上學적 판단이 있었다. 천지를 창조하고 역사를 주관하신 하나님은 그렇게 하신 과정, 그러니까 성령의 역사 발자취가 있어 강림할 수 있었듯, 철학이 추구한 궁극적인 실재도 절대적인 존재와 연결될 수 있는 그 무엇이기는 하지만, 정말 도달하기 위해서는 과정을 충실하게 쌓아야 했다. 철학적인 사유를 통해 면밀하게 분석하는 작업을 거쳐야 한다. 이성적인 접견 성향 때문에 관념화된 경향은 없잖아 있지만, 철학 전체가 神에 대해 완전한 통찰을 기대할 수 없는 처지에 있어 제한적인 방법을 통해 감수했다. 하지만 궁극성은 천지의 어디에도 실재하고 있으므로 철학자도 佛陀도 孔子도 절대적인 본질의 하늘로서 바라볼 수

---

3) 神이라는 판단에 도달하기 위해서는 그 결론이 총체적이어야 함.
4) 神 없이도 우주와 자연이 설명되고, 神 없이도 존재의 이유가 밝혀짐.— 위의 책, p.27.

있었다. 그중에서도 철학은 形而上學적인 실재성을 사고 작용을 통해 궁구한 형태이므로 그렇게 추구한 본향을 통해서 세계가 하나 될 수 있는 길, 곧 神에게 이르는 길을 열 수 있었다.

인간은 한정적인 존재이므로 차원이 다른 무한자를 인식하고자 함에 있어서는 한계가 있다. 부족함이 있는데도 불구하고 무수한 난관을 극복하고 '무한한 것들의 존재 가능성을 넘겨다 본'[5] 노력을 포기하지 않았다는데 철학의 숭고함이 있다. 인간이 지닌 최고의 인식 도구인 이성은 창조된 존재자에게 부여된 제한적인 규정 능력인 것이 분명하다. 그런데도 인간은 이성을 활용해서 그 이상의 '넘어서 있음'에 대한 비존재·無·죽음·神에 관한 문제까지 궁구하려고 노력했다. 만유가 존재한 실재성에 대해서 플라톤은 '이데아성'을 주장하였고,[6] 물질을 통해 궁극성을 구하고자 한 탐구 부류도 있었지만, 어디서도 창조적인 진리 성향을 발견하지 못할 수는 없다. 이성을 통해서든 감각을 통해서든 실재하는 그 무엇으로서 감지했다.[7] 물질은 물질이려니와 영혼에 대해서는 그 이상의 차원적인 성향으로 규정했다. 관념적인 세계도 궁극적으로 실재하는 존재 성향을 감지할 수 있는 일말의 여지는 남긴다. 철학은 실재성을 판단할 수 있는 조건 면에서 부족한 점이 있는 만큼, 인식·존재·가치 영역들을 모두 동원해야 한다. 어차피 세계와 진리는 분열을 완료해야 밝혀지므로 관념적으로, 혹은 유물적으로 접근한 다각성을 통해야 궁극 실재의 특성이 부

---

5) 『形而上學』, 루이 밀레 저, 홍경실 역, 한길사, 1999, 뒷표지글.

6) "플라톤은 실체의 세계와(이데아의 세계) 현상의 세계를(비실재의 물질적 세계) 대립시키고, 참으로 실재하는 것은 이데아일 뿐, 물질적 존재는 모두 이데아의 그림자에 지나지 않는다고 주장한 설은, 서양 철학에 있어서 주관적 관념론의 원류로 되어 오늘날까지 서양 사상계의 일 조류를 지배하고 있다."-『세계사 개론』, 이동윤 저, 일지사, 1984, p.73.

7) 『기독교 사상사』, 길리안 R. 에반스 외 공저, 서영일 역, 기독교문서선교회, 1994, p.21.

각된다. 이데아만 궁극적인 실재를 드러낸 관점론의 쾌거일 수 없다. 궁극적인 神에 이르면 진리성 여부가 모두 해명된다. 철학이 形而上學적인 추구를 통해 어떻게 관념성과 유물성을 주장하게 되었는가 한 이유를 알 수 있다.

플라톤은 감각을 통해 받아들이는 현실을 말미암은 세계로서 그림자란 표현을 썼다. 현실에서 존재하는 실상을 전면 부인한 것이라기보다는 이면에 존재한 원인 세계, 본질 세계, 창조 세계를 알고 관념적으로 길을 열었다. 서양 사유의 본색이 그러하듯 사물의 실재성에 대한 인식을 관념화한 경향은 있지만,[8] 천지가 창조된 사실에 대해서는 사유 근거를 분명하게 했다. 천지가 창조된 것이라면 창조를 낳은 원 바탕(본질)은 참 존재가 되고 창조물은 말미암게 된 이차 세계, 본떠진 세계, 가상, 혹은 유동적인 것으로서 구분된다. 현 존재는 그림자이고 창조를 낳은 바탕은 궁극적인 이데아이다. 그런데도 우리는 그동안 정말 말미암게 된 현실 세계를 참 실재로서 인식하였다.[9] 이것이 플라톤이 엿본 궁극적 실체에 대한 관념적 실상이다. 궁극성을 향한 사유에 대해서 누구도 간주만 했을 뿐, 이데아의 본질성을 밝히지 못한 것은, 철학의 본향이 形而上學적인 실재성에만 머물러 있지 않은 데 있다. 서양 철학이 탐구한 사물의 실재성도 예외 없이 창조로서 드러난 하나님의 본질이다. 철인들이 사고로서 가늠했던 궁극적인 실재가 바로 하나님의 본체이다. 하나님이 본체자로 강림하셔서 밝히신 대섭리적 결론이다. 유구한 세월을 두고 추출한 形而上學적 전

---

8) 생동하는 존재 성향을 드러내는 데는 한계가 있음.

9) 우리가 감각적으로 확인하고 있는 이 세계와 존재가 참 실재가 아니란 사실은 삼라만상이 온통 변하고 있고, 끝내 생멸함으로써 영원할 수 없는 엄연한 현상을 통해 알 수 있다.

제들이 확증됨으로 말미암아, 하나님은 명실상부하게 철학이 궁구한 궁극 실재까지 통어할 수 있는 기반을 마련하셨다.

3. 본체 인식의 항구 분열성

문명 사회에는 인류가 걸어 나온 발자취인 세계사가 있듯, 철학에는 인간이 생각하여 판단한 통찰 역정이 있다. 세계는 세계이려니와 세계를 바라보고 판단한 철학에 연면한 역사가 있었다는 것은 인류가 언젠가는 진리로서 구원되고 완성될 수 있는 자산을 축적해 둔 것이다. 신앙만으로 제 요구가 충족되었다면 굳이 세계를 독자적으로 판단한 지적 통찰은 필요치 않았으리라. 그러나 지나온 역정을 살펴보면 인류가 진리를 탐구한 것이 얼마나 지대한 항구성을 지녔는가 하는 사실을 확인할 수 있다. 그렇게 탐구해서 확보한 인식의 영역들이 보편적인 학문의 원류가 되었다. 여기서 철학이 확보한 관점을 통해 전체적인 세계상을 그리려고 했다는 것은 시사하는 바가 크다. 철학은 인식한 대상은 물론이고 사유 전체에 있어서도 궁극성을 추구했다. 궁극성을 향해 치달은 탐구 노력이 전체 모습을 엮어낸 것이라면 이것은 정말 철학사가 세계의 본질성을 드러내는데 기여한 것이다. 철인들이 구축한 인식 체계를 전체 철학사 위에 놓고 보면 세계 본질의 항구적인 분열 상태를 뚜렷하게 알 수 있다. 철인들은 生을 호흡한 시대적 관점에 따라 세계의 하늘을 바라보았지만 안타깝게도 부분적인 관점을 점유한 상황은 벗어나지 못했다. 카를 마르크스가 '인류사를 계급투쟁의 역사로 규정하고 철학사를 인류 인식의 발전사'로서 가닥 잡은 것은[10] 성과이기 이전에 철학이 본래 지닌 바탕 테두리를 벗어나지 못한 것이다. 통찰한 인식은 창조된 본질을 분열시킨 과정으로서 무수한 관점의 개관은 사실상 세계의 분열을 촉진시킨 것이다.

그러므로 철학은 아무리 세계관적 관점을 달성했더라도 그것이 세계가 갖춘 본체성 자체를 대변한 것일 수는 없다. 철학자가 세계를 통찰한 것을 말한 것이 아니라 철학자들이 펼쳐 놓은 진리 규모를 두고 하는 말이다. 그래서 철학이 세계관적인 관점을 개관하게 된 것은 그 자체가 창조 세계의 항구적인 본질을 분열시킨 역할을 담당한 것이다. 아무리 우리가 칸트 철학을 연구하고 헤겔 철학의 난해성을 이해했더라도 그렇게 한 관점만으로는 무엇 하나 제대로 결정할 수 없다. 철학은 지침된 관점과 함께 세계적인 본질성을 내포하고 있다. 본질성은 철학사가 어떤 극점에 도달했을 때 파헤칠 수 있다. 곧 생성 본말이 드러나야 한다. 창조된 세계가 항구적으로 분열함으로써 함축된 본질을 철학이 형상화시키게 되고 진리를 본체로 한 하나님까지 현현될 수 있게 되었다. 어느 누구도 철학 자체로서는 완성된 진리를 드러낼 수 없다. 세움과 동시에 '그 시대의 표현이고',[11] 분열시킨 관점이며, 항구적인 본질을 생성적으로 접근한 것이다. 시대 본질을 표출한 제한성을 벗어나지 못했다.

생성 뒤에는 그것을 낳은 절대 바탕이 있다. 한국 철학사는 세계의 본질을 한국인의 사고를 통해 묻어낸 것으로서 세계의 생성 맥락과 상통한다.[12] 철학이 지닌 항구적인 추구 특성으로 전체성을 드러내

---

10) 『한국철학사상사』, 주홍성·이홍순·주칠성 저, 김문용·이홍용 역, 예문서원, 1993, p.8.

11) 『서구의 몰락』, 슈펭글러 저, 박환덕·송동준 해설 역, 대양서적, 1980, p.83.

12) 『한국철학사상사』, 앞의 책, p.8.

면 하나님이 이것을 통합할 수 있는 역사를 펼친다. 하나님이 철학을 통해 하나님다운 항구적인 본질 모습을 구성할 수 있게 되었다. 철인들이 개관한 철학적인 관점만으로는 세계를 완성할 수 없었던 이유이다. 그들은 단지 바라다보았을 뿐, 진리의 본체자는 어디까지나 하나님이시다. 항구적인 본체자인 하나님이 현현되지도 않은 상태인데 어느 누가 천만 년에 걸쳐 생성된 창조 시공간을 통관할 수 있었겠는가? 세계의 이면에는 하나님이란 절대 통합체가 있어 진리사를 일관되게 주관하셨다. 하나님이 엄존하시기 때문에 철인들도 가능성을 인지해서 세계의 본질을 분열시키기 위해 정력을 쏟았다. 철학이란 탐구 방법으로 세계의 바탕 본질을 분열시켰을 뿐 아니라 구축된 진리는 그대로 하나님이 강림하실 수 있는 터전이 되었다.

철학은 세계를 바라본 무수한 관점들로 수놓아져 있지만 이들을 종합하면 하나님의 연면한 섭리 역사가 일관된다. 하나님이 진리 역사를 주재하신 것인데, 그것을 인류가 궁구한 항구적인 철학의 추구 역사가 대변했다. 창조 본질을 철학처럼 일관되게 일군 맥락 분야도 없다. 종교 영역은 창립된 이후 진리의 고유성을 지켜나왔지만, 철학은 제일 밑바닥부터 진리 세계를 탐색한 역사 자체이다. 그렇게 해서 엮어진 철학사의 전체 맥락이 하나님의 지상 강림 역사를 뒷받침한다. 지상 강림 역사에 있어 역할로 따지면 수족과 같다. 철학이 있는 한 세계성의 분열 인식 노력은 연면할 것이나니, 그렇게 해서 점철된 과정이 고스란히 하나님이 진리의 성령으로서 이루신 역사 발자취가 되었다.

4. 관념론의 실재 인식성

철인들은 철학이라는 진리 탐색 방법을 통해서 궁극적인 실재성을 인식하였지만, 그것을 개념적으로 표현하고자 하는 과정에서 한계성에 직면했다. 샘물을 찾았다면 바가지로 직접 담아야 하는데 샘물이 거기에 있다고 말만 해서는 안 된다. 철학은 진리의 본유 관념을 체계짓고 궁극성을 드러내고자 한 작업이지만 그렇게 해서 인식한 정신·사유·관념은 끝내 실체성을 대신할 수 없다는 것이 제일 문제이다. 관념으로 표현한 궁극적인 실체는 해명하는 것이 과제인데 세계관의 바탕까지 채우려 하는 데 문제가 있다. 관념은 실체성을 표현한 것이지 실체 자체가 아니다. 관념론을 완성했다고 해서 진리 세계가 완성되는 것도 아니다. 그런데도 궁극적인 실체는 관념을 통해 투영될 수밖에 없다는데 미묘함이 있다. 정신은 정신이고 실체는 실체란 규정에 대해 이론은 없으리라.

그렇다면 관념이 보좌해야 드러날 수 있는 궁극적인 실체는 무엇인가? 바로 진리의 궁극적 본체자로서 강림하신 보혜사 하나님이시다. 궁극적인 실체가 성령을 본체로 한 하나님이란 사실을 알아야 철학이 문제 삼은 세계의 제 관념적인 실상에 대해 관계 고리를 밝힐 수 있다. 실재를 관념으로서 접근한 타당한 이유이다. 진리의 성령으로서 강림하신 하나님은 우리가 인식할 수 있는 감각적 존재가 아니며, 지극히 관념적인 인식 선상에서 그려진 모습일진대, 관념성과 실체성과 神은 하나님이 진리로서 완성되기까지의 궁극성과 직결된다. 완전히 규명되기 이전에는 실체가 관념성을 띤다. 인식을 통해 뒷받침한 궁극적 실체는 神이지만 神이 완전하게 드러나지 못한 상태에서는 실체의 형태를 관념이 뒷받침한다. "인류가 일군 여하한 진리 형태도 관념성 상태로서 머물렀다."13) 여하한 사물 형태들이 인식된 관념화 상태에 놓여 있다. 神과 진리가 관념을 통해서 본체를 완성시켰기 때문에 궁극적 실체는 끝내 관념론이 완성됨과 함께 드러나리라. 이 땅에서 모습을 드러낸 "하나님은 인류가 파악해서 그려낸 관념적인 실체 개념과 일치된 존재이다."14) 관념론의 완성에 神의 실체 현현이 있고, 神의 실체 현현에 관념론의 실질적인 완성 역사가 있다.

섭리적인 관점에서 보면 관념론이 쌓아 올린 것은 모두 하나님의 본체 현현을 위한 인식적인 준비 절차이다. 하나님이 개념을 통해 규정지은 것은 본체를 현현시키기 위해서 길을 닦은 역할인데, 이런 의미 있는 역사를 관념성만으로 치부해서는 안 된다. 세상 누구도 개념을 이룬 관념과 실체 사이에 거리가 있다는 것을 모르는 바 아니다. 그것은 인간이 바라본, 벗어날 수 없는 세계의 관념성이다. 관념성에 의해 투영됨으로써만 세계가 모습을 드러내는 것이고, 궁극적인 실체가 드러나기 위한 단계적 과정이다. 장차 실체를 완성하기 위한 작업이라는 것인데, 문제는 밝힌 바대로 유물 아니면 관념만으로 세계를 양분해 버린 데서 헤어나지 못한 미로가 있었다. 지성사에서 '외나무다리에서 맞섰던 유물론과(데모크리토스) 관념론(플라톤)',15) 하지만 이런 대립 양상은 형제가 부모를 몰라 자리다툼을 한 것과도 같다. 서로의 탐색 노선과 담당 역할이 확연한데도 고유 영역을 벗어나 원천적인 창조 권능까지 쟁취하려고 한 데서 대립이 불가피했다. 세계

---

13) 『세계유신론』, 졸저, 인쇄본, 2000, p.226.

14) 위의 책, p.233.

15) 『철학의 기초이론』, 편집부 엮음, 변영우 그림, 백산서당, 1992, p.43.

를 이룬 근원 자리를 독차지하려고 싸웠다.

관념론에서는 "감지 가능한 물질세계와는 차원이 다른 정신세계가 있다고 여겨 이것을 일컬어 세계를 이룬 근원 바탕이라고 보았다. 정신 작용을 존재를 인식하는 수단으로 본 것이 아니라 창조의 주체로 보고 神 아닌 神 역할을 대신하려 했다. 그리고 하나님이 실질적인 창조의 주체자로 드러나지 못한 상태에서는 제반 운용 능력을 지닌 정신의 관념성을 궁극적인 실재로서 간주한 것은 무리한 판단이 아니다. 관념은 실재성을 투영하고 있기는 하지만 자체로도 정신을 자유롭게 운용할 수 있는 능력이 있다는 점에서 플라톤은(B.C. 427~347) "물질적인 세계와 본질을 달리한 정신적인 실재 명칭으로서 이데아 설을 내세웠다."16)17) 한편 유물론자들도 똑같은 방식으로 이데아를 '원자'라는 실체 개념으로 대체시켰다. 그렇다면 이 이외에는 더 이상 실재성의 궁극 상태를 추적할 근거를 찾을 수 없는가? "어떤 철학적 학파나 조류도 유물론이나 관념론 중 한 부류에 속한다."18) 관념론을 보면 항상 유물론과 대비한다. 한정된 관점으로 구조를 파악하고 말아 제 눈의 안경 격이다.

세계의 본질성이 분열을 다하지 못한 상태이므로 판단된 관점도 완숙될 수 없다. 완숙되지 못한 관계로 세계를 한정짓게 되었지만 창조성에 근거하면 구도 양상이 전혀 달라진다. 관념과 유물 외에 道란 본질성이 있지 아니한가? '정신적인 것과 물질적인 것 중에서 어떤 것이 더 근원적인 것인가'19)하는 것은 존재를 떠나서는 생각할 수 없

---

16) 위의 책, p.42.
17) 이데아설: 원래는 형태, 원형, 관념이라는 의미.
18) 『철학의 기초이론』, 편집부 편, 두레, 1986, p.18.

는 물음인데, 존재성을 근원적으로 뒷받침하고 있는 것은 정신도 물질도 아닌 본질이다. 정신과 물질은 양분된 개념이지만 본질은 통합적이라는 것이 상대성을 극복할 수 있는 대안적 실체이다. 정신과 유물은 존재하는 사물에 대해 이것을 뒷받침한 기능적인 역할을 벗어날 수 없는데, 이것은 그동안 궁극적인 창조 문제를 해결하지 못한 사실을 통해서도 알 수 있다. "인류 역사 가운데서 관념론의 거대 물결은 종교의 늪으로 통하였고 유물론은 과학이란 대양으로 흘러들었다."[20] 하지만 천지 세계가 존재하게 된 근원된 본질까지 밝힌 사람은 없다. 정신이면 정신, 물질이면 물질만 근원된 자리라고 여기지만, 알고 보면 풀 한 포기, 돌멩이 하나에도 창조된 비밀이 없는 것은 없다. 문제는 현재 존재하고 있는 결정적인 근거들이 아니고 존재를 있게 한 원동력을 찾는 것인데, 이 같은 요구에 본질이 부응하였다. 정신과 물질은 끝내 본질이란 바탕에 근거해서 합일될 것이기 때문에 독자성을 내세울만한 궁극 실체가 아니었다. 통합성에 근거한 창조에 진리의 완성이 있게 되고, 유물·관념·본질의 삼자 구도가 이룬 정점에 하나님의 실체 현현이 있다. 하나님이 세계 역사를 주관하셔서 완성하고자 한 소이도 여기에 있다. 하나라도 결여되면 완성되지 못하기 때문에 관념론도 유물론도 절대 세계관을 점유하고자 했다.

데카르트는 사고를 존재의 본질로서 보았지만,[21] 이것은 누구도 아니라고 전격 비판할 수 없다. 세계의 완성을 지향했다는 점에서는 관념론도 필연적인 가치를 지닌다. '생각이 존재의 근거이며 생각과

---

19) 『철학의 기초이론』, 백산서당, 앞의 책, p.50.

20) 위의 책, p.50.

21) 『증산사상중심의 인류갱생철학개론』, 배용덕·황정용 공저, 태광문화사, 1995, p.23.

존재가 일치한다'[22]고 본 통찰 없이 그 같은 개념과 동일하게 존재하신 하나님이 드러나기는 어렵다. 생각은 생각이고 존재는 존재이지만 생각과 존재의 일체화 작업에 하나님의 현현 기반이 있다. '존재한다는 것은 지각되는 것이다(버클리)', 혹은 '개인적인 의식이(감각, 관념, 의지) 모든 것의 근원이다'[23]고 본 지극히 주관적인 관념론도 있지만, 그것은 그야말로 세계를 관념화시킨 인식일 뿐이다. 관념은 인식의 반영이지 실재의 반영이 아니다. 그래서 관념이다. 그럼에도 불구하고 관념은 상상이 아니고 실재적인 인식을 대변한다. 실재성의 생성 상태를 반영한 것이다. 이것이 실재에 대한 인식으로서 실체성을 대변한 키포인트이다. 상상을 통해 관념의 상을 그려낸 것이 아니다. 객관적인 존재를 인식한 정신 작용과 다르다. 인식 자체가 존재 본질의 생성성을 대변하기 때문에 인식의 분열 과정이 관념을 통해 실체화된 것이다. 그래서 관념화된 의식이 생성하는 본질과 호흡을 같이한다. 객관적인 실체를 개념화시키려고 해도 개념을 통해서는 궁극적인 실체를 볼 수 없지만 관념화된 세계 인식은 추구된 길의 과정을 통해서 "세계 이성과 의지와 정신을 묻어낸다."[24] 독자적인 관념인 존재 형태로서 일체의 물질적 과정을 규정한다고 여긴 관념론에(객관적 관념론) 神의 흑암이 드리웠다. 관념은 관념이지만 관념적인 실체성을 인준하는 하나님의 존재 의지가 뒷받침되어야 관념으로서 구축된 神에 대한 실체 개념이 존재로서 승화될 수 있다.

오직 진리의 본체자로서 오늘날 강림하신 하나님만 새로운 형태

---

22) 『신이상주의 역사이론』, 이상현 저, 박문각, 1992, p.41.
23) 『철학의 기초이론』, 백산서당, 앞의 책, p.46.
24) 『철학의 기초이론』, 두레, 앞의 책, p.21.

차원의 관념론일 수 있다. 神에 관한 관념이 일시에 완벽한 실체 구성 조건으로서 승화된다. 지성들은 채울 수 없는 관념적인 허상을 보고 경험론과 합리론의 추구 패턴을 종합하려 든 시도가 있었지만(칸트), 동해의 물과 서해의 물을 합쳐도 결론은 바닷물일 뿐이다. 탐색 방향을 바꾸어 유물론 쪽으로도 방향을 돌려 보지만, 그렇다고 진리의 실체가 드러났는가? 삼라만상이 통합성으로부터 생성되었는데, 더 이상 어디에서 궁극적인 진리상을 구하려 하는가? 우리가 감지하고 있는 존재들은 가상일 뿐이며, 뜻의 관념화를 통해 창조된 의지 실체가 결국은 진심, 진상, 진실재 형태라는 것을 왜 모르는가? 궁극적인 실체로서 구해야 할 것은 하나님의 창조 뜻에 근거한 관념으로서의 실상이었다. 궁극성과 원초성이 그곳에 있다. 이것을 바로 존재적으로 의지화시킨 것이 주관 의지이고 지혜의 현현이다. 하나님이 인류 역사를 통해 섭리를 펼치신 것 자체가 무궁한 실상 근거이다. 존재자로서 의지를 분열시킨 것이 생성을 통해 근거를 남긴 것인데, 이 같은 과정을 성령의 역사를 통해 완수한 것이 하나님의 지상 강림 역사이다.

하나님이 주관하신 역사는 그대로 하나님의 존재 의지를 인식할 수 있는 근거 대상이다. 강림하신 하나님은 우리와 동일한 존재 형태로 계신 분이 아닌 만큼, 이 같은 특성을 차원적으로 밝혔다. 지력을 다해야 강림된 본체를 파악할 수 있다. 이를 위해 관념론은 하나님이 지상에 강림하실 수 있는 존재 유형을 뒷받침하기 위해 줄기차게 지성사적 맥락을 이었다. 성령으로 존재하신 하나님은 창조력을 발휘한 과정을 통해 문명 역사를 이끄신 만큼, 관념은 관념대로 하나님이 진리의 성령으로서 강림하실 수 있도록 하는 역할을 했다. 온갖 도전에 대응한 진리 투쟁 역사를 통해서 말이다.

5. 사유의 명철성과 이성의 한계

인류가 철학을 한다는 것은 앎의 충족을 위해서 걸어 나온 보다 근원된 정신이 살아 숨 쉬는 진리 사랑의 길이다. 만약 이처럼 진리를 위해 헌신하지 않았다면 인류는 영원히 세계의 근원된 본향을 찾지 못하고 방황하였으리라. 인류가 진리 세계를 관조한 가치가 여기에 있다. 냉철한 통찰로서 세계에 가로놓인 문제들을 파헤쳐 영원한 삶의 목적과 나아갈 길을 제시했다. 철학적으로 방법을 모색해서 진리를 일군 것은 인간이 가야 할 본향이 거기에 있었기 때문인지도 모른다. 그중에서도 사유를 통해 궁극성을 추적한 것은 진리와 존재와 神의 실체를 가늠하는데 있어 필요 불가결한 행위였다. 사유를 명철하게 하였을 뿐 아니라 정신 작용은 실재를 드러내는 데 있어 크게 기여하였다. 그 가운데서도 무한한 존재성을 정제시킨 이성적 통찰은 특별히 세계의 합목적성을 규정할 수 있게 하였다. 그 무엇도 무질서한 것이 있다면 이성을 통해 합리적인 통찰 과정을 거쳐야 하고, 그렇게 정제되어야 진리로서 정착된다. 진리가 진리이기 위해서는 그것을 인식한 사고 과정도 논리적이고 객관적이어야 한다. 그만큼 진리를 정립하기 위해서는 철학적으로 사유의 명철성을 확보하는 것이 선결 과제이다.[25] 진리는 초월적이고 통합적인 특성을 가졌더라도(본질) 종국에는 이성을 통한 준엄한 정제 과정을 거쳐야 한다. 그래서 철학은 사유의 명철성을 제일의 작용성으로 내세웠다.

그런데 이성을 통한 통찰 기능은 선천적으로 주어진 것이 아니다.

---

25) 철저한 사고 훈련 과정을 감수해야 함.

사유를 통해 무량한 形而上學의 근저를 파헤친 결과로서 얻게 된 명민함이다. 진리가 이성적 사유를 통해 정립된다는 것은 한정 없는 진리가 정연한 질서에 근거해서 안주하게 된 것이다. 이성과 경험은 세계가 지닌 본유성을 철저하게 규정한다. 세계의 무한성을 명철하게 통찰해서 본질성을 드러내고자 했다. 사유는 명철하면 할수록 궁극적인 본질성을 드러낼 수 있도록 가일층 접근된다. 하지만 서양 철학이 그렇게 추구하여 무엇을 추출했는가 한 결과를 짚고 보면 순수 사유로서 도달한 진리성의 본말을 엿볼 수 있다. 사유가 지닌 인식력과 통찰력에 한계성이 도사렸다. 사유는 제 사물 현상의 질서를 철저하게 가늠하지만 그것만으로는 궁극적인 요소를 파헤칠 수 없다. 인식하고 판단하는 것은 세계를 파악하는 매개 역할이지 근본적인 작용 요소는 아니다. 존재는 존재이려니와 그 상태를 면밀하게 가늠하려는 것이 사고가 지닌 본질인데, 그 외에도 신념과 실천적인 의지 역할이 있다 보니 사유를 명철하게 하는 것만이 핵심된 작용 방법일 수는 없었다. 사유를 통하는 방법만으로는 궁극적인 실재를 드러내는데 한계가 있어 서양 철학은 결과적으로 神이란 궁극 실체를 드러내는데 실패하고 말았다. 사고력은 무한하기 때문에 이것을 정제하는 데는 이성의 역할이 필요하지만, 이성 작용도 결국은 사유된 인식의 분열성에 근거한 것이다. 분열된 것을 근거로 삼게 되니까 초월적인 본원 세계는 인식할 수 없다. 분열된 질서가 전부라면 세계를 완성시키는 것도 가능하겠지만,[26] 그렇지 못할진대 이성은 세계에 대한 추론 과정과 탐구 이해에 있어서 한계성에 봉착한다.[27]

---

26) 분열된 질서는 분열되지 않은 질서로부터 나온 것임.
27) 『주역이 밝힌 21세기 대예언』, 정숙 저, 교문사, 1998, p.5.

따라서 인류에게는 서양 철학이 도달한 한계점 위에서 맞닥뜨린 미로를 헤쳐 나갈 수 있는 돌파구가 필요하다. 그들이 추구한 합리적인 사유 형태가 세계의 제 현상을 면밀하게 분석하는 데는 유효하지만, 어떻게 해서 초월적인 神에게 접근하는데 있어서는 실패하고 말았던가, 만유인력의 법칙을 발견하고서도 바닷가에 늘려 있는 조약돌 한 개를 주워든 것에 불과하다고 고백했는가?(뉴턴) 神은 삼세 간에 걸쳐 계시는데 인간은 분열한 질서 가운데 있어 존재하는 상황을 통합적으로 볼 수 없었다. 사유는 인식이 분열함에 따른 작용인데 어떻게 통째로 존재한 본질성을 파악할 수 있겠는가? 세월을 두고 묻어내어야 하므로 "정신적 유산으로서 쌓아 올린 거대한 체계 덩어리인 철학은 오늘날이 되어서야 무수한 과정을 종합하게 된 시점을 맞이하였다."[28] 그렇기 때문에 서양의 근대 철학은 학문이라는 테두리 안에서 강단 철학자들에 의해 주도된 것인지도 모른다. 핵심된 본질을 파고든 것이 아니라 사고를 통해 가늠한 형식적인 틀이었다고나 할까? 사고의 논리성과 확실성을 내세운 것이 역설적으로 神이란 존재의 확실성을 그림자 지웠다.

논리적으로 사고하는 것은 통합적인 생성 상황과는 차원이 다르다. 논리적인 기준으로는 도무지 가늠할 수 없도록 된 연속성인 동시에 비연속성이 공존한 본원 세계이다. 그만큼 인류가 추구한 사유의 명철성과 철저함은 창조된 본원 세계를 밝히기 위해 방법적으로 개척된 연면한 진리 탐구 역사이다. 철저함을 다하고 나면 결국 남는 것은 한계 뿌리인데, 이것은 철학이 분열을 다해 남게 된 결과 덩어리

---

28) 『길을 위하여(3)』, 졸저, 인쇄본, 1990, p.13.

이다. 사유의 한계, 이성의 한계, 철저한 명철성의 한계가 곧 창조된 존재로서의 모습이며, 끝을 다한 바탕 위에서 무한을 다한 하나님이 엄밀한 본체를 드러내셨다. 무상을 극한 사유 체제 안에 영원히 생성하는 지혜가 채워져 있어 포만감을 이루 표현할 길 없다. 이성적 통찰이 지닌 한계성의 너머에 창조를 실현한 하나님이 계시다. 인간이 도달한 한계가 있는 곳에서 하나님의 무한한 실체성을 접견한다. 하나님이 인류가 부딪힌 제반 영역(역사, 세계, 사유 ……)의 모든 것을 극복한 하나님으로서 강림하셨다. 하늘 아래 무엇 하나 한계가 없는 분야가 없겠는가만, 인간이 지닌 사유의 명철성마저 바닥을 드러낸 곳에서 하나님이 창조주의 모습으로 나타났다는 것은 강림하신 하나님이 섭리로서 사유 전체의 본말 역사를 꿰뚫은 때문이다. 창조 역사를 주관하신 분이 생성 본말을 밝힌 만큼, 우리는 인간이 사유한 근거 뿌리까지 하나님의 뜻에 의해 구속되었다는 사실을 알 수 있다. 천지 만상이 하나님이 이루신 뜻을 반영하였고, 그것이 인간의 사고 작용에까지 미쳤다는 사실을 천명한다. 믿음으로 받든 생각에 하나님의 뜻이 머물렀으며, 이 같은 역사 과정을 성과물로서 엮어낸 것이 이 연구이다. 사유한 뿌리가 온통 하나님의 뜻 안에 귀속되어 있어 의지를 대변한 것이며, 사유 전체를 구속한 성령의 역사를 접견한 것은 인류가 이룬 사유의 명철성 작업 노력 중 제일 큰 성과이다. 그러므로 만인도 명철성을 더한 사유를 통하면 하나님의 본체를 접견한 성령의 시대를 맞이하게 될 것이니, 하나님의 거룩한 본체를 접견하고자 한 자는 예외 없이 명철성에 명철성을 더한 철학자가 되어야 한다. 철인이 갈고 닦은 사유의 명철성을 창구로 해서 인류는 정말 하나님의 본체를 판단할 수 있는 시대를 맞이하리라.

6. 서양 인식론의 섭리 본질과 완성 방향

인식론은 세계를 바라보는 결정 루트이다. 인식 이론을 뒷받침하지 않는 세계관 구축은 있을 수 없다. 佛陀가 깨달음을 얻어 '나는 다만 길을 가리키는 자'라고 하였던 것도 진리를 인식하기 위한 방법론이었으며, 철인들도 진리 인식에 대해 나름대로 견해를 가지게 되어 진리관을 철저하게 무장시킬 수 있었다. 특히 서양에서는 인식론을 진리를 탐구하는데 해결해야 할 중요한 과제로 삼았다. 세계를 어떻게 인식할 것인가 하는 문제를 진리성으로 뒷받침했다. 이에 철학 가운데서도 독자적인 영역을 차지한 것이 서양 인식론이다. 사상사 가운데는 어디선들 포착된 문제의식이 없겠는가만, 서양은 보다 지속적으로 추구한 전통과 발자취를 남겼다는 점에서 인식의 역사는 곧바로 진리 역사를 대변하고 현대 문명을 뒷받침한 지적 원동력이었다. 그렇다면 서양이 인식론을 추구해서 얻은 세계 판단에 대한 결과는 무엇인가? 합목적론적인 방법을 강구해서 무엇을 규명하였는가? 그리고 우리는 그렇게 해서 구축한 관점을 통해 무엇을 알 수 있는가? 결과를 보고 과정을 통해 겪은 전반적인 추구 본색을 판단할 수 있다.

서양 인식론이 지성사에서 본격적으로 두각을 나타내기 시작한 것은 아무래도 중세 시대를 거쳐 새로운 진리 세계를 갈망한 근대의 형성 과정에서일 것이다. 神을 주제로 삼은 관심사가 자아와 인간에게로 바뀌게 되므로 새로운 진리 텃밭을 경작할 방법적 도구가 필요하였다. 고대에는 놓여진 자연을 그대로 바라보면 되었고 중세 때는 계시된 하나님의 뜻을 따르면 되었지만, 근세를 맞이해서는 새로운 인식 방법을 개척해야 했다. 이런 시대적 상황 속에서 "뉴턴이 고전 물리학에서 이룬 지적 혁명은 이성으로 가늠하여 만든 법칙에 의해 神이 독점했던 세계의 비밀을 풀 수 있다는 자신감을 안긴 위대한 행보였다. 이 자신감과 신념이 서양 합리주의의 원천이자 서구 근대성의 기초를 이루었다. 이것을 칸트와 헤겔은 자연과학적인 기술의 진보와 연계해서 인간에게 부여된 감성적인 능력이 일체를 개척할 수 있다고 말하기도 했다(계몽주의 철학)."[29] 神으로부터 독립한 인간이 이성에 대해서 가진 깊은 신뢰이다. 서양 인식론의 독자적인 행보가 시대가 요구한 대세 앞에서 힘을 얻게 된 것이라고나 할까?

근대 철학은 자연과학적인 진리를 발견하기 위해서 가치성을 독립시키고 진리를 인식할 방법론을 개척한 역사이다.[30] 다만 철학이 자연 과학과 다른 점은 존재하는 사물이 아니라 그 본질을 추구하였다는 데 있지만, 일파를 이룬 노선인 것은 분명하다. 데카르트는 '확실한 지식을 얻기 위해서 일체를 의심할 것을 주장한『방법서설』을 내놓았는데(이성론)',[31] 이것은 神의 뜻과 말씀을 기록한 성경만 진리라고 본 영향에서 벗어나 진리에 있어 새로운 영역을 설정했다는 데 지성사적 의의가 크다. 철학자 베이컨이 제창한 경험적 이론도 마찬가지이다.[32] '인간은 경험에 의해서 지식이 생기고 새로운 학문은 일체의 선입관을 배제시킨 경험, 즉 실험적 관찰에 의해서 탐구되어야 한다'[33]고 말한 것은 神의 계시에 의존하지 않은 상태에서도 진리를 인

---

29) "자연에 대한 새로운 인식, 그것은 자연의 세계가 인간이 이해하고 파악할 수 있는 법칙에 따라 움직이고 있으며, 따라서 인간은 이를 통제하고 지배할 수 있다는 인식인데, 이것은 고대나 중세의 전통 사회, 그리고 아시아에는 없었던 서구 유럽 근대에 특유한 것이었다."-『문화사』, 나종일 외 2인 저, 한국방송통신대학, 1991, p.195.

30) "과학의 세기라고 불리는 17세기에 처음으로 참다운 과학적 방법이 수립되었는데, 그 이론적 기초를 제공했던 것은 F. Bacon과 Descates였다."-『교육사 교육철학 연구』, 손인수 저, 문음사, 1992, p.119.

31) 『세계사 개론』, 앞의 책, p.275.

32) 베이컨(Francis Bacon): 영국, 1561~1626.

식할 수 있는 노선을 발견한 것이 된다. 고대로부터 철학은 궁극적인 존재의 본질을 탐구했지만 근대 철학은 방향을 바꾸어 버렸다. 그래서 보다 합목적성을 보탠 진리의 모습을 두고 근대적이라 평가하였고, 과학 문명과 사물의 본성을 규명하고자 한 근거도 이곳에 있다. 하늘만 쳐다보았던 인류가 땅도 보게 된 전향적인 노력이 있어 새로운 세계관을 건설하고야 말았다. 그래서 근대 철학은 자연 과학의 발달과 깊은 연관을 가지고 다시 대두하였고, 경험론과 이성론 및 이를 종합한 관념론이 포진하게 되었다.

"데카르트와 베이컨으로부터 칸트까지의 철학자들은 진정한 지식은 과학적인 방법을 통해 획득되는 것으로 굳게 믿었다. 무엇을 지식으로 인정할 것인가 하는 기준을 과학을 모델로 해서 정하였다."[34] "경험론은 인간의 인식 문제에 있어서 경험에 중점을 둔 개별적인 것과 감각적인 인상을 중요하게 여겼고, 이성론(합리론)은 이성에 근거해 보편적인 것과 오성 또는 일반 개념을 중요하게 여겼다."[35] 서양 인식론이 지성사에서 무엇을 향해 치달은 것인가 하는 이유는 분명하다. 세계의 궁극적인 창조 본질이 아니라 결정된 사물의 본질을 규명하기 위해서 정열을 바친 것이다. 이런 이유로 경험론과 이성론은 자연을 해명해서 진리성 여부를 확인한 방법론이지만 그 같은 논점만으로는 해결되지 않는 문제들이 있었다. 그래서 노출된 어려움을 극복하기 위해 대두된 것이 칸트의 관념론이다. 철저한 경험과 명석 판명한 이성 외에 진리에 대한 선천적 인식의 가능성을 들어 인식론

---

33) 위의 책, p.275.

34) 위의 책, p.11.

35) 『세계사상 대계 3(인간의 발견)』, 박종홍 · 이종우 · 정석해 감수, 신태양사, 1965, p.14.

을 보완했다.

하지만 관념론도 생성하는 진리성에 대해서는 경험 대상이 될 수 없다고 함으로써[36] 관념이 지닌 인식의 영역을 분명하게 했다. 이것은 시종일관 서양 인식론이 외부의 사물을 파악한데 따른 결과이다. 인식론이 존재의 궁극성을 드러내기 위해서는 인식 자체만 도구화·기능화해서 될 수 없다. 궁극적인 본질을 드러낼 수 있는 진리 생성의 주체 작용이 되어야 한다. 인식의 근저를 이룬 "의식은 존재의 심연에 그대로 직결되어 있다."[37] 단순한 뇌의 기능이나 피상적인 정신 작용이 아니다. 외부 세계를 파악하기 위해서는 오감이 필요하지만 내면의 의식은 차원이 아예 다른 방법을 동원해야 한다. 서양 인식론이 존재의 본질을 보지 못한 이유도 여기에 있다. 우주와 자연의 생성 본체를 엿보는 정보를 제공받지 못했다.[38] 끊임없이 외부를 향한 세계만 지향했을 뿐 내면의 본질을 파악하는 문제에 대해서는 관심을 가지지 못했다. 본질을 파악하는 것은 분명 접근하는 방법이 다르다. 새롭게 정립해야 한다. 내외를 합일시켜야 내재함과 동시에 초월하신 하나님을 접할 수 있다. "존재하는 것은 대개 확실한 실체를 가진 외향적인 것이지만 그 본질은 내재적이다."[39] 하나님이 창조된 세계 안에서 전체자로서 존재하신 한 서양 인식론이 하나님의 본체를 인식하지 못한 이유 역시 명백하다.

인식이든 직관이든 그것은 창조된 본체로부터 분열함으로써만 성

---

36) 物自體의 존재를 암암리에 인정하여 버림-『한국전통철학사상』, 김종문·장원수 저, 소망, 1997, p.270.
37) 『세계유신론』, 앞의 책, p.230.
38) 『증산사상중심의 인류갱생철학개론』, 앞의 책, p.463.
39) 『세계본질론』, 졸저, 청학사, 1997, p.30.

립되는 것인데, 정작 본체는 통합적으로 존재하고 있어 인식된 본체가 개념화되어 버린 순간 "개념이 지시하는 대상에 대한 인식은 불가능해져 버린다."[40] 외부 세계를 감지하는 인식 기능으로는 영원히 物自體를 파악할 수 없다. 직관으로 통할 때만 참된 존재의 모습을 볼 수 있다. 왜 로크 같은 경험주의자는 '모든 지식이 경험에서 추출된다'[41]고 주장하였던가? "인식의 유일한 원인이 경험이라고 한 이유는?(밀)"[42] 그것은 세계가 분열해야 진리를 판단할 수 있는 근거가 확보되기 때문이다. 생성하지 않으면 아무것도 존재할 수 없고 인식할 수도 없다. 철저하게 분열적이다. 인식한다는 것은 본체로부터 분열된 소산이라 하나님은 인식을 통해 구성한 존재 모습과는 다르다. 인식 없이도 천지는 창조되었고 하나님은 이미 존재하셨다. 인식은 존재하는 것에 대한 관념상의 파악이므로 인식론 자체는 실체 자리를 대신할 수 없다. 서양 인식론은 인식의 진리적 작용보다는 그 기능적인 역할에 역점을 둔 경향이 짙다. '참된 지식은 모두 감각 경험을 통해서만 들어온다(흄)'[43]고 단정함으로써 자연 과학적인 진리를 인식하는 데는 기여하였지만, 내면의 본질 세계를 통찰하는 문제에 있어서는 문외한이 되고 말았다.

그러므로 인류가 추구한 인식론을 완성하기 위해서는 인식의 내외 작용을 합일시켜야 한다. 서양의 인식이든 동양의 직관이든 어느 하나로서는 세계를 완성시킬 수 없는 약점이 있다. "인간은 정말 경험

---

40) 『증산사상중심의 인류갱생철학개론』, 앞의 책, p.464.
41) 『기독교 사상사』, 앞의 책, p.253.
42) 『세계사 개론』, 앞의 책, p.357.
43) 『역사주의와 역사철학』, 이한귀 저, 문학과 지성사, 1990, p.91.

에서 유래하는 것 외에는 세계에 관해서 어떠한 지식도 얻을 수 없는가?"[44] 그렇다면 이 연구는 어떻게 하여 창조된 본의를 통찰할 수 있었는가? 창조하신 계획을 메시지화하였는가? 사물의 분열성에 근거한 경험론과 사고적 분열에(논리성) 근거한 이성론과 함께 직관을 통한 본질 세계의 통체성까지 파악해야 인식론이 완성된다. 그리고 이와 같은 진리적 요구를 충족시키고자 한 이 연구의 진리 탐색 과정에는 인류가 그동안 일군 인식론을 종합하고자 한 노력이 있다.

합당한 강구책도 없이 어떻게 하나님이란 궁극 실체를 맞이할 수 있겠는가? 하나님의 지상 강림 역사는 선천 섭리를 종결짓는 것이기도 하지만 완성을 통해 마무리를 이루기도 한다. 인식론이 대상에서 제외될 수 없다. 데카르트·로크·칸트·헤겔 등등 진리 세계를 드러내기 위해 투신한 철인들의 존재 의식은 높이 평가하지 않을 수 없으며, 연면한 노력이 정점에 도달했기 때문에 하나님이 내외적으로 합일된 인식론을 완성하게 되었다. 유구한 생성 본체를 통합적으로 규합했다. 세계적 요구에 부응한 방법적인 길을 서양의 섭리 역정이 모색했다. 만상에 걸쳐 있는 세계를 치밀한 인식 작용으로 뒷받침하지 못했는데 지상 강림 역사가 실현될 수 있었겠는가? 추구 방향이 하늘을 향했건 땅을 향했건 완수 목적지는 결국 동일하다. 때가 되므로 일체 과정을 완결시키기 위해 하나님이 동서의 대 인식론을 통합하신 것이나니,[45] 풀 한 포기를 파악하는 것도 본체를 인식하는 것과 동일한 원리성이 내포되어 있다. 만사를 인식하는 원리 그대로 하나님도 인식할 수 있도록 적용되어질 때, 인류도 스스럼없이 하나님의 존

---

44) 『흄의 철학』, A. J. 에이어 저, 서정선 역, 서광사, 1987, p.29.
45) 세계의 완성 요구와 지상 강림 목적을 위해 주관된 섭리임.

안을 뵈옵게 된다(통합 인식론). 하나님이 강림하셨다는 것은 존재하신 본체를 파악할 수 있는 인식론의 접근 루트도 함께 정립·통합·완성되었다는 뜻이다. 만사에 걸친 인식 루트를 제도해서 접근이 용이하게 되었다. 인류가 이룬 진리 탐구의 귀결점에서 하나님의 강림 본체가 드러났다. 하나님이 강림하신 것은 동서 철학이 추구한 인식론이 완성된 결과이다. 강림하신 하나님은 인식론마저 지혜를 다해 완성시킨 결과를 통해서 증거된다.

13

유물론의 조류성

1. 유물론의 조류 역사

세계의 구성 체계를 물질적인 관점에서 파고든 유물론의 단초가 엿보이기 시작한 것은 마르크스를 정점으로 한 최근세의 일이 아니다. '마르크스주의 철학이 유물론적 세계관의 최고 형태로서'[46] 평가되기는 하지만, 그 싹은 고대 사상으로부터 발단된 유구한 역사를 지니고 있다. 고대 그리스의 데모크리토스는[47] '모든 현상은 원자의 기계론적인 작용으로 일어나며 필연적으로 결정된다. 영혼까지도 원자의 한 작용'이라고 말했다.[48] "창조 메커니즘을 밝히지 못한 상태에서 인간이 파고들 수 있는 대상은 오직 물질뿐이다."[49] 확고한 근거를 지녔다는 것이 유물론이 대처된 세계관으로서 행사된 이유이다. 유물론(실재론)과 관념론이 지성사에서 끊임없이 대립되어 왔다고는

---

46) 『철학의 기초이론』, 편집부, 두레, 1986, p.42.

47) 데모크리토스(Demokritos): B.C. 460~370.

48) 「두산동아 세계대백과사전」, 유물론 편.

49) 『세계유신론』, 졸저, 인쇄본, 2000, p.218.

하지만 관념론은 그동안 기독교라는 절대 신권력에 힘입어 우위를 점해왔다. 그런데도 기독교가 끝내 세계의 궁극 본질과 창조와 神의 문제를 해결하지 못한 것은 유물론이 새로운 세계관적 바탕으로서 득세할 빌미를 제공했다. 세계에 가로 놓인 근본적인 문제에 대해 유물론이 대처된 방안으로서 대두될 가능성이 있었는데, 유물성을 뒷받침한 과학이 발달하지 못한 상태에서는 관념론적인 지배 성향에 짓눌려 고개를 들지 못했다.

그런데 관념론 철학이 최고조에 달한 헤겔 이후, 과학의 발달이 본격화되고 유물론도 적나라해진 관념론의 치명적인 허점들을 파고들었다. 급기야 관념이란 명사를 모두 물질이란 단어로 교체시켜 사상적인 혁명을 일으킨 것이 마르크스·엥겔스가 펼친 유물론적 세계관이다. 당대 최고의 지적 엘리트들이 혹하여 추종했던 유물론의 역사적 대세 앞에서 관념론은 속수무책이었다. 마르크스가 구축한 유물론은 지금까지 잠재되어 있었던 기계론적 유물 관점을 관념론의 허점을 딛고 집대성한 세계관으로서, 유물론에 대해 유물론을 비판할 근거는 관념론으로 제한되었다. 그래서 유물주의가 정치 이념화되고 제도권을 변화시키는데도 이것을 비판할 사상적 근거가 부족하였다. 관념론이 보인 한계성 부분을 딛고 구축되었기 때문에, 서양의 지적 전통 안에서는 유물론을 비판할 더 이상의 진리적 근거를 찾지 못했다. 神을 옹립하는데 실패한 관념론을 딛고 일어선 이상 유물론은 일시적이나마 사상적으로 승리를 구가할 수 있었다. 유물론을 비판할 도구는 관념론뿐인데, 대적 대상을 물리친 유물론은 무상의 세계관이 되어 버렸다. 관념론과 유물론을 극복한 제3의 통합론인 본질론이 정립되기까지는 말이다.

　"마르크스, 엥겔스가 일찍이 헤겔 좌파에(청년헤겔학파) 참여해서 활동했던 관념론자였다는 것은 역사적인 아이러니이다. 그들은 단번에 유물론을 만들어 새롭게 대두된 노동자 계급을 대변한 과학적 이데올로기의 창시자가 아니다."[50] 관념론의 최정점에서 관점의 물꼬를 전환시킨 조류자들일 뿐이다. "유물론과 변증법은 그리스는 물론이고 중국·인도 등지에서도 단초가 엿보이는데, 19세기에 이르러서는 부르주아 혁명의 필요성에 의해 形而上學적 유물론의 형태로서 영국, 프랑스 등지에서 급속하게 발전하였다."[51] '변증법적·사적 유물론으로 무장한 마르크스주의가(19세기 중엽) 유럽에서의 특정한 역사적 조건 속에서 등장하게 된 것은'[52] 기존 사회와 제도적 질서가 피폐함에 따른 요구가 있었기 때문이다. 영국에서 시작된 산업 혁명은 무엇보다도 인류의 경제생활 방면에서 획기적인 변화를 가져왔다. 신권 질서로부터 탈출하고자 한 문예부흥(르네상스)을 통해 꿈과 희망에 부푼 이상적인 세계를 찾아 나선 것인데, 이후로 또 다른 형태의 지배 계급이 된 자본가들이 등장해서 국가 권력을 등에 업고 착취를 일삼게 되어(인권을 유린함) 신종 자본주의 제도를 근본적으로 혁신시킬 수 있는 유토피아적인 세계관 건설이 절실하였다. 유물론자들이 과거의 사상적 전통을 일괄하고자 한 것은 지난날 지배 사상이었던 관념론적인 요소들을 전면 대치시키고자 한 작업 과정이기도 했다. 유신은 증거하지 못하고 전제만 한 관념적인 이상을 통해서는 더 이상 기대할 것이 없다는 것을 단정했다.

---

50) 『철학의 기초이론』, 앞의 책, p.48.

51) 『인문과학개론』, 유소천 저, 이승민 역, 청년사, 1986, p.55.

52) 『철학의 기초이론』, 앞의 책, p.41.

　유물론자들이 이룬 세계관적인 특성과 사상 형성 과정을 보면 철저하게 세계 속에서 유신적 상황과 관념적인 망령을 제거하려 한 의도가 엿보인다. 헤겔이 이룬 절대적 관념론의 정점에서 포이어바흐는 헤겔의 전도는 물론이고 기계적인 유물론의 완성을 시도했고, 영향을 받은 마르크스·엥겔스는 변증법적 유물론을 집대성했다.[53] 포이어바흐는 '神은 단지 인간 스스로가 그렇게 요구한 환상의 반영이며 영상에 지나지 않는다(『기독교의 본질』)'[54]고 했는데, "철저한 무신론자이며 인습을 혐오한 엥겔스는 사후에 묘를 남기지 못하게 했다."[55] 자신이 바라본 세계관적 신념을 확실하게 이행해 신권 질서를 무너뜨리고 확고한 사유 체계와 객관적인 진리 통찰로 극한에 다다른 막바지 시대적 급물살을 일으켰다. 인류가 공통적인 운명 현상으로서 세계관적 종말 국면을 맞이하였다.

　기독교가 옹위한 神은 기다리고 기다려도 인류가 원한 세계적 이상에 부응하지 못했다. 그나마 기대했던 관념론마저 뜻을 이루기 어려운 한계가 역력했다. 그래서 근대인들은 유물론 사상에 입각한 세계상을 고려하게 되었고, 조류에 편승하게 된 유물론은 인류가 종말을 향해 치달은 마지막 아우성이자 세계관적인 몸부림이 되어 버렸다. 세계관적 인식을 확고한 유물성에 두었다고 해도 그것만으로 세계가 구성되는 것은 아닐진대,[56] 그 위에(편향된 진리관임) 세워진 현대 문명이 온전할 리 없다는 것은 자명하다. 언젠가는 고갈되고야 말

---

53) 『루드비히 포이어바흐와 독일 고전 철학의 종말』, 프리드리히 엥겔스 저, 남상일 역, 백산서당, 1992, p.79.

54) 위의 책, p.111.

55) 위의 책, p.111.

56) 천지가 창조된 원인의 세계가 엄존하고 있는데도 결과 세계인 유물성만으로 세계관을 구축함.

조류 현상에 편승하게 되어 세계관적 종말을 자초했다. 인류가 맞이한 종말 상황에서 유물론이 그 대미를 장식하게 된 것은 창조 세계가 분열하기 때문에 거치게 되어 있는 결정 루트이다. 창조로부터 생성된 싹은 열매를 거두는 법인데, 그 열매가 안타깝게도 종말을 재촉한 기폭제가 되어버렸다. 동시에 인류를 구원할 수 있는 기폭제 역할이기도 하다. 전환되고야 말 종말 상황은 세계관으로서 도달한 한계 바닥인데, 한계가 한편으로는 무한한 본색을 들여다 볼 수 있는 최종 관문도 된다. 궁극적인 국면을 유물론을 통해 분명하게 나타냄으로써 창조된 세계가 적나라하게 펼쳐질 수 있게 되었다. 그래서 분열의 극한 세계를 규합할 기반을 마련하게 되었다. 유물론이 도달한 극미의 한계성도 알고 보면 하나님이 뜻하신 섭리가 아닐 수 없다. 만연된 유물론적 극성이 오히려 유신적인 세계관 창출을 촉진시켰다. 보혜사는 창조주로서 인류를 구원하고 하나 되게 할 통합 요구에 부응해서 강림하신 분이다. 창조 진리를 근간으로 해서 유물론을 전격 섭리 안에 둠으로써 神 이상으로 격상된 물질도 결국은 하나님의 창조물인 것이 확인되었다. 보혜사는 제 物의 근원된 창조주로서 만물과 함께한 하나님이시다. 전 역사를 통해 관통하고자 한 진리적 요소이다. 근세에 이르러 대세 조류에 편승한 창조성의 한 분야로서 유물론이 세계 역사에 등단하게 된 섭리 뜻이 밝혀진 것이다.

2. 세계관으로서의 유물론 본질

세계의 근거 본질을 무엇으로 볼 것인가 하는 것은 세계관을 통해 규명해야 하는 결정적인 관건이다. 관(觀)이므로 관점상의 문제인 것 같지만 세계적인 바탕과 인식론도 함께 포함되어 있다. 아무리 탁월한 장군이라도 혼자서는 전쟁을 치를 수 없다. 헤겔은 변증법의 토대와 주체가 정신적인 것이라고 보았지만, 관점을 달리했던 포이어바흐는 실재가 변증법의 토대이고 주체(유물변증법)라고 하여 마르크스에 이르는 길을 열게 된 것은[57] 과학의 발달이 세계 원리적인 여건을 조성시킨 때문이다. '유물론 사상은 한마디로 말해서 모든 존재의 본질을 물질로 본 사상인데',[58] 이것은 이전까지 사상계를 지배한 관념 내지 정신과 대치된 관점이다. 유물론은 인류의 행적과 함께한 입장이고 관점이기는 하나, 사상으로서 본격적으로 기지개를 켠 역사는 그렇게 창발적이지 못하였다. 이미 정립된 지배 관점인 관념론을 물질적인 원리성에 근거해서 전도시킨 것이다. 세계의 근거를 물질로 본 것은 창조론을 전면 부인한 관점이다. 물질의 근본성은 소멸되지 않는, 시간적으로 영원히 존재하며 공간적으로 무한하다고 본 것은 유물론에서만 그런 것이 아니다. 세계의 근원으로서 갖추어야 하는 기준틀은 이미 정해진 것이며, 그 기준에 따라 관념론이 온갖 지위를 누리고 있었는데 유물론이 전격 전도시켜버렸다. 그것은 미비된 창조론을 물질 메커니즘으로 대치시킨 것이라고 할까? 그런데도 창조에 대한 문제는 유물론도 규명하지 못했다. 만물이 어떻게 해서 존재하게 된 것인가? 그 대답으로 진화론은 물질은 스스로 '자기 발전을 계속한 결과 어떤 특정 단계에서 필연적으로 생명과 감각적 존재들을 출현시켰다는 것을'[59] 진리로서 확인했다고 했다.

<hr>

57) 『사관이란 무엇인가』, 차하형 편, 청람, 1985, p.83.
58) 『단의 완성』, 홍태수 저, 세명문화사, 1992, p.159.
59) 『철학의 기초이론』, 앞의 책, p.65.

　　유물론은 자체의 진위성을 따지기 이전에 기존의 지배 관점에 대해 도전한 세계관이다. 전도된 인식을 기반으로 하여 "역사와 경제와 인간 생활의 욕망을 확대시키고자 한 이념이었으며, 세계를 해석한 하나의 철학적 방법이다(마르크스주의)."[60] 과거의 역사를 과학적으로 정리해서 결론을 이끌어 내었다고 본 자부심도 가졌다. 하지만 보다 발전적인 진보 인식에도 불구하고 과학이 발견한 물질의 원리성에 편승하였다는 것은 세계관의 조류 영향을 벗어나지 못한 것이다. 유형으로서 지닌 일파일 뿐으로 근본을 창발시킨 관점이 아니다. 정신 관념의 애매모호한 상태를 극복하기 위해 '자연과 인간 사회, 그리고 사고의 운동과 발전에 관한 가장 일반적인 법칙을'[61] 유물론적 변증법으로 정립하였다고 하지만, 정신을 정신적인 것으로 보지 않고 일괄해서 유물적인 법칙만으로 규정한 것은 세계관을 구축하는데 있어 근본적인 문제점을 노출시킨 것이다. 억지 틀에 끼워 맞춘 일괄 법칙이고, 세계 원리와 동떨어진 무리한 논리 전개 방식이다. 세계관적 단말성과 폐해 요인과 극성을 분열시킨 유물론의 종말성이다. 옳다고 판단한 확신이 근원적인 본향을 거부하게 만든 세계관적 말단성을 드러내었다. 진보하고자 노력한 것이 오히려 퇴보하여 파국을 맞이한 결과를 초래했다. 하지만 그 같은 말단 모습도 오히려 하나님이 강림할 수 있도록 한 역할이라면 그것은 꿈에서도 헤아리지 못한 하나님의 섭리 뜻이다. 유물론자들은 새로운 세계관을 건설하리라고 말했지만 사실은 파괴하였고, 역사에 대해 법칙을 발견했다고 했지만 아전인수 격으로 해석했다. 세계의 물질성은 부각시켰을지 모르지만

---

60) 『세계사 편력』, J. 네루 저, 장명국 편역, 석탑, 1982, p.243.
61) 『철학의 기초이론』, 앞의 책, p.29.

상대적으로는 인간의 정신 본성을 황폐화시켰고, 살아 있는 생명성을 사물의 변증 원리로서 일관시켜 종말성을 부추겼다. 그렇게 생각한 것 자체가 정신 작용 때문인데, 애써 부인한 것은 유물론이 관념론에 대해 가진 철저한 거부감 때문이기도 하다. 드러내어야 할 핵심 실체를 가닥 잡지 못하므로 유물론이 대신하고자 했다. 창조된 본의를 알았다면 유물성에 대한 관점을 그토록 편향되게 설정하지는 않았으리라. 유물적인 원칙성을 비판할 대안 원리를 제시하지 못해 나름대로 세계관적 정열을 쏟았다.

따라서 지상 강림 역사가 완수된 지금은 맞닥뜨린 종말 상황에서 유물론이 대두된 이유와 세계 완성을 위해 거쳐야 할 역할을 함께 볼 수 있어야 한다. 왜 그들은 의도적으로 의식과 유심성을 거부하였던가? 그렇게 해야 역설적으로 오늘날 유신적 상황을 통합적으로 증거할 수 있다. 세계를 어떻게 보았건 하나님의 구속 상황을 벗어나지 못한 것은 세계의 단말성이 드러났을 때 확인할 수 있다. 의식을 거부하더라도 한껏 거부해 보아야 거부할 수 없다는 것을 알게 된다. 거부한 역사가 사실은 수용하기 위한 전초 과정이다. 세계의 물질성을 원리화하고 의식에 대해 의도적으로 거부했다고는 하지만 그렇게 거부해야 긍정적인 측면도 부각된다. '객관적인 세계에 대해 의식의 주관적인 심상을 부정적으로 강조한 것인데도'[62) 세계에 존재한 필연적인 의식성을 인정하고 말았다. '의식을 객관적 세계에 대한 심리적 반응의 최고 형태'[63)로 규정하고, 물질의 근본성과 의식의 수단성을 대비시킨 것인데, 남은 것은 의식의 절대적인 역할을 인정하고

---

62) 위의 책, p.92.
63) 위의 책, p.92.

만 결과이다. 대비시킬수록 의식성이 유물론적인 관점에 의해서 명료해진다.

유물론이 관념론을 전도시켰듯 또다시 역전되지 못하리란 법도 없다. 본래 관념론과 유물론은 통합성을 지향해 동반 관계로 존재한 것인데도 대립된 것으로 보게 되어 문제가 생긴 만큼, 각자 지닌 역할을 확실하게 인정해야 한다. "물질은 의식으로부터 독립해서 존재하고, 감각의 기본을 이루며, 감각을 실마리로 해 인식할 수 있는 당연한 객체이다."[64] 하지만 그렇게 객관성이 확립된 이면에는 바로 의식적인 작용이 있었다는 사실이다. 독립이 선언되어도 독립될 수 없는 상호 연관성을 천명한 꼴이다. 자연과 사회로부터 영역을 독립시켰다고는 하지만 그 같은 결과가 의식 없이 가능했겠는가? 한 가지는 알았지만 나머지 모두를 단절시켜 버린다면 그것은 바른 판단이 아니다. 나머지도 끝까지 알아내어 관계성과 이유를 밝혀야 하지만, 인간의 고도한 정신 작용을 '물질, 물체적 기관인 뇌수의 기능에 의한 소산'으로 보았다면[65] 이처럼 역설적인 관점도 없다. "물질·자연·존재가 의식의 외부에 독립적으로 존재해, 의식과 사유가 그것을 충실하게 묘사한 것에 불과하다니!"[66] 천차만별한 의식 작용을 순간적인 묘사 정도로 간주하다니! 그런데도 관념론은 여기에 대해서 대응할 여건을 아무 것도 마련하지 못했다. 물질적 관점에 대해서 하나부터 열까지 반대 입장을 가진 것은 분명하지만 관념이 자체로서 정말 참된 본질인지의 여부는 근거 짓지 못했다. 그것이 관념론이다.

---

64) 위의 책, p.55.

65) 『사관이란 무엇인가』, 앞의 책, p.83.

66) 위의 책, p.83.

　　하지만 유물론은 인식 원리를 가지고 펼친 논리가 나름대로 정연
하기만 하다. 마르크스는, '어떤 사물이 의식에 대해 존재하는 방식이
지식으로서, 어떤 사물이 의식 내부에서 생성된다는 것은 의식이 그
사물을 알게 되는 경우'라고 했다.[67] 인식 작용을 철저하게 주변 세
계를 반영하는 의식적인 활동으로 보았다. 그렇게 되면 인식한 관점
이 세계의 유물성을 근거 짓는 원리가 되어 버려 더 이상 인식 자체
에 대한 원리성 파악이 어려워진다. '의식은 고도로 조직된 물질에
의존한 뇌의 작용일 수도 있지만',[68] 그렇게 파악한 것으로 유물론의
세계 인식적인 근거가 확보된 것은 아니다. "의식이 고도로 조직된
물질의 성질이라니!"[69] 물질이 어떻게 스스로 고도한 물질을 조직할
수 있는가? 진화에 의해서? 진화는 유물론의 물질 메커니즘을 해결할
수 있을 정도로 효력을 지닌 만병통치약이 아니다. 의식과 같은 고도
의 존재성을 밝혀내었다면 의식보다 더 상위인 본질도 규명할 수 있
어야 하는데, 거꾸로 본질로서 조직된 정신조차 말단화시켜 버려 인
류가 나아가야 할 본향 길을 가로막아 버렸다. 우리가 밝혀야 할 것
은 존재한 본질인데 이것을 세계 안에서 원리화하지 못하고 외적인
객관 법칙에만 의뢰해 세계의 종말성을 자초했다. "인간은 알려져 있
는 물질계 중에서 최고의 복합물이란 달갑잖은 지위로 격상시켜(?)
세계의 물질적 통일성에 기여하게 된, 참으로 달갑잖은 치적만 남겼
다."[70] 이것은 하나님이 원하신 창조의 이상적 목적일 수 없다. 몸이

---

67) 위의 책, p.94.

68) 『철학의 기초이론』, 편집부 엮음, 변영우 그림, 백산서당, 1992, p.84.

69) 변증법적 유물론.

70) 『철학의 기초이론』, 백산서당, 앞의 책, p.85.

병들면 곳곳에서 비정상적인 징후가 나타나듯, 인류는 여태껏 참된 세계관을 갈구했는데 끝이 묘연하게 되어 오판하게 된 착각이랄까? 이것은 인간으로서는 치유하기 어려운 중병이므로 이것을 고치기 위해 하나님이 진리의 성령으로서 강림하셨다. 그 형태는 새로운 비판론이 아니다. 지혜이고 원리인 창조의 본의를 밝혀 인류가 극복하지 못한 한계 틀을 한꺼번에 깨어버린 것이다. 깨어야 온갖 경계와 장애를 거두고 편파된 세계관적 관점을 통합할 수 있다. 세계관으로서의 유물론 관점을 극복하지 못한다면 통합적 세계관은 이 땅에서 건설할 수 없다.

따라서 유물론의 본질적 근거를 밝힘에 있어 어떤 경우에도 비판하는 형식으로는 통합론 정립에 도움이 안 된다. 유물론이 양산한 근거들을 수용한 통합적 원리를 창출해야 하는데, 이를 위해 하나님이 역사하신 주재 목적을 밝히셨다. 창조성에 입각한 근거를 밝혀야 유물론이 세계관으로서 수행한 역할과 가치를 판단할 수 있다. 하나님이 주관하신 문명 역사를 완성하기 위해서는 일정 시기에 유물론적 관점에서 접근한 세계관의 수립 절차를 거쳐야 한다.

3. 유물론의 세계 원리적 기반

"물질의 궁극체를 찾아서 초기 그리스 철학자들은 세계의 물질을 일괄적으로 볼 수 있는 단일한 원리를 찾으려고 했다.[71] 사물의 생성과 소멸에 대해 변화의 원리를 적용할 수 있는 근원적인 물질이 있다

---

71) 탈레스로부터 원자론에 이르기까지.

는 신념을 갖고 나름대로 물질관을 전개했다."[72] 이런 생각은 플라톤의 이데아설 같은 관념론 철학과[73] 맞물리면서 지성사에서 해결하기 어려운 문제가 되었다. 세계를 형성한 근본 원리는 물질, 혹은 정신이란 단일 원리로서 통일될 수 있는가? 정신과 물질을 근간으로 세계를 통합할만한 제삼의 원리 기반은 없는가? 왜 이것 아니면 저것이어야만 하는가? 물질은 창조물인데, 어떻게 일괄 지침할 수 있는 자연 법칙과 통일 원리를 찾을 수 있는가? 정신도 마찬가지이다. 관점을 이룬 밑바탕은 창조 가운데 있는데, 결과물인 물질을 통해서 궁극성의 기반을 찾으려고 한 데 문제가 있다. 그런데도 유물론과 관념론이 탐구한 것은 세계가 하나 된 창조 원리 안에서 통합될 수 있는 요소들을 추출하고자 한 것이다. 관념론은 정신의 요소를, 그리고 유물론은 물질의 요소를 정제하기 위해 역할을 담당했다.

유물론이 물질을 통해 세계 원리를 찾아 나선 것은 그것대로 뜻을 뒷받침한 추구 행위이다. 유물론은 유물론이 아니고서는 이룰 수 없는 성과와 결론이 있었다. 유물론이 세계의 근원성을 설명한 세계관으로서 면모를 갖춘 것은 이른 바 과학 혁명으로 불린 16~17세기인데, 이때는 학문 분야에서의 급격한 변화는 물론이고[74] 사상적·사회적인 변화도 뒤따랐다(유럽).[75] '유물론은 자연 과학에서의 새롭고 위대한 발견과 함께 모습을 변화시키게 되어'[76] 광범위하게 세계 원리적인 기반을 획득했다. 이전에도 생각은 했지만 실질적으로 근거를

---

72) 『자연과학』, 박승재 편저, 지학사, 1995, p.34.

73) 물질 또는 자연에 대하여 정신 또는 의식을 더욱 근원적인 원리라고 생각하는 입장- 위의 책, p.131.

74) 천문학, 역학, 생리학 등.

75) 위의 책, p.126.

76) 『철학의 기초이론』, 두레, p.32.

얻기가 어려웠는데, 발달된 과학이 제 방면에 걸쳐서 유물적 근거를 뒷받침하였다. 세계관적으로 힘을 얻게 된 것이라고나 할까? 레닌은 '근대 자연 과학의 기초 원리가 되고 있는 물질의 무한성 원리를 지지하고',[77] '새로운 과학적 발견들과 진보로 변증법적 유물론만 현대 과학에 적절한 철학적 기초를 제공하고 철학을 풍부하게 한다'고 여겼다.[78] 코페르니쿠스(1473~1543)의 지동설이[79] 아무리 사실이라도 프톨레마이오스의[80] 지구 중심설을(천동설) 깨고 진리로서 인준되기까지는 괄목할만한 천문학적 성과가 거두어져야 했듯,[81] 유물론은 과학의 진보에 편승해서만 세계관에 날개를 달 수 있었다. 그리하여 밝힌바 '존재의 일반적 법칙이 인간의 의식에 반영된 것'[82]이란 입장을 굳혀 버렸다. 이것은 물질의 제 특성을 과학의 위대한 발견들을 통해 들여다 볼 수 있었기 때문이다.

물질 가운데서 근원된 원리를 찾는 것은 물질이 운동을 본성으로 하고 있다는 사실에 있는데, 그것은 사실 물질의 기본적인 성질을 세계화된 운동 원리로서 확대시킨 것이다.[83] 알고 보면 유물론과 같은 세계관도 관철시킬 수 있는 요소이다. 유물론이 굳게 믿은 구석, 그러니까 세계의 원리성과 진리로서의 기반이다. 물질의 끊임없는 운동성

---

77) 위의 책, p.32.

78) 위의 책, p.69.

79) 『천구의 회전에 관하여』

80) 프톨레마이오스: A.D. 2세기, 그리스 천문학자, 지리학자.

81) 갈릴레이의 망원경에 의한 실증(1609), 케플러의 공전에 관한 세 가지 법칙의 제창(1619), 뉴턴의 만유인력에 입각한 궤도 해석(1687) 등을 거쳐 브래들리의 광행차(光行差)의 발견(1727), 베셀 등의 연주 시차의 검증에(1838) 의해 지동설은 확고한 것이 됨-『자연과학』, 앞의 책, pp.192~193.

82) 『철학의 기초이론』, 앞의 책, p.31.

83) "물질의 운동은 단순한 장소의 이동, 양의 증감, 반복을 일컫지 않는다. 발전을 올바르게 파악할 때 비로소 세계의 있는 그대로의 모습, 그 풍부함을 이해할 수 있다."-『철학의 기초이론』, 백산서당, 앞의 책, p.62.

과 새로워지려고 한 변증법적 발전과 양적 변화로 도달할 어느 한도에서의 질적 전환 및 비약 등이 유물론을 혹하게 만든 요인이다. "변증법은 세계를 끊임없는 운동으로서, 혹은 변화와 발전을 기본적인 모습으로 해서 바라본 이해 방식이다."[84] 그러한 원리로서 세계를 이루었다는 것이 곧 변증법적인 유물론인 것으로, 앞서 주장한 창조론이나 관념론이 해결하지 못한 세계의 형성 근거를 변증법적인 물질 메커니즘으로서 밝힌 것이다. 즉 물질적인 원자를 더 이상 소진(消盡)되지 않는 영원한 원질로서 간주하고 물질을 1차적인 것으로, 그리고 이를 반영하고 있는 의식을 2차적, 파생적인 것으로 자리매김하였다.[85] 그러나 이 같은 변증법적 원리도 정말 만물을 낳은 제일 근거가 되기 위해서는 물질이 자체로서 지닌 창조력을 밝혀야 한다. 근원적인 것과 파생적인 것에 대한 순서 매김만으로는 안 된다.

레닌은 운동은 물질의 존재 방식이라고 하였는데, 운동은 존재를 유지하기 위한 수단이지 전혀 새로운 것까지 생기게 한 창조력이 아니다. 엥겔스는 양적 규정이 일정한 한계에 도달하면 그 존재의 질이 새로운 질로 전화한다고 했는데,[86] 그 전화는 정말 새로움을 창조한 것이 아니다. 물은 수증기와 얼음으로 변화할 수는 있어도 돌이 될 수는 없는 비가역적[87] 한계가 분명하다. 얼음이 되고 수증기가 되어도 틀을 벗어나지 못한 형태상의 변화일 뿐 새로움은 없다. 비가역적인 특성이 도리어 세계를 지탱하는 절대 원동력이었다는 사실을 왜

---

84) 위의 책, p.64.

85) "의식은 물질의 불완전한 반영이다. 의식은 다만 존재의 반영에 불과하다."―「CD 두산세계대백과사전」, 유물론 편.

86) 양에서 질로의 전화(轉化)와 그 역의 법칙.

87) 한쪽으로만 가능한 과정을 비가역 과정이라 함―『자연과학』, 앞의 책, p.112.

모르는가? 존재하는 것은 물질적인 요소, 원리성, 규칙으로 존재하지만 그것은 세계가 결정됨으로써 추출된 것이란 사실을 정말 모르는가? 우리가 존재하는 것은 존재할 수 있게 한 원인도 포함한다. 몸뚱이만으로 존재하지 않는다. 부모님이 계시고 조상이 계셨기 때문이고 삼라만상이 뒷받침한 결과이다. 천지가 홀로, 스스로 존재했다? 불가능한 일인데 가능하다고 판단한 곳에 인류가 맞이한 종말적 한계가 있다. 하지만 세월을 두고 쌓아 올린 유물론의 세계 원리적인 기반은 나름대로는 세계를 구축한 진리적인 요소가 있기 때문에 세계관으로서 확립된 것이란 섭리 뜻을 알아야 한다. 또한 첨단 과학을 통해 확인한 물리적인 특성들도 세계를 구성한 절대 요소가 아니란 사실이다. 形而上學적인 요소들이 세계의 진상을 드러내기 위해 장구한 섭리역정을 이어 나왔다. 形而下學적인 작용 본질이 있다면 形而上學적인작용 특질도 있기 때문에, 양 특질을 모두 밝힘으로 창조 역사를 일관 지을 수 있게 된다.

하나님은 창조 이래 한시도 쉼 없이 창조 목적을 실현하기 위해 진력하였고, 성령으로서 역사하신 성업을 바탕으로 유물론을 진리사 위에 올려놓았다. 인간은 지극한 단면으로 진리 세계를 한정지었지만 하나님은 삼세 간을 초월한 안목으로 편만된 진리관을 조율하셨다. 유물론자들은 다른 요소들은 모두 털어버리고 유물적인 요소만으로 세계관을 구축하였지만, 하나님은 만상 가운데 있는 진리 요소들을 빠짐없이 포섭하였을 뿐 아니라, 창조 세계를 지지할 수 있는 거점이 되도록 하셨다. 이것은 강림하신 하나님이 지혜를 다한 역사를 통하지 않고서는 불가능한 관점이다. 유물론이 세계를 구축한 원리적 기반이고 세계를 구성한 결정 요소란 판단은 천지 역사를 주관하신 하나님이 전격적으로 지지한 뜻이다. 기존의 논설들을 간섭하지 않고 진리와 지혜의 본체로서 正本을 드러낸 통합 진리관이다.

하나님은 성령으로 역사하시사 유물론의 세계 원리적인 근거 본말을 정확하게 밝히셨다. 비판하고 제거하고 말소한 것이 아니라 세계를 구성한 필수 요소들을 규합하였다는 점에서 하나님이 이루신 역사 범위를 벗어난 것은 하나도 없다. 유물론이 걸어온 역사 과정을 송두리째 안아서 지상 강림에 필요한 주춧돌로 삼으셨다. 하나님의 뜻을 헤아리는 데는 어려움이 있지만 섭리의 완수로 차원적인 뜻을 이해할 수 있는 길이 트였다. 유물론의 역사 전반을 통합 의지 아래 두게 되었고, 나아가서는 창조 이래의 절대 진리권도 회복하였다. 한 치도 거스름 없이 진리 세계를 통합함으로써 영광된 지상 강림 현실이 인류의 문명 역사 앞에 도래하게 되었다.

4. 무신론의 세계관적 근거

한때는 천 년의 세월이 넘도록 중세 유럽에서는 새벽부터 저녁까지 교회에서 울려 퍼지는 종소리를 들어야 했던 시대가 있었다. 그런데 지금은 무신론이 확산될 대로 확산되었으므로 격세지감이 크다. 인류가 도대체 무엇을 향해 줄달음친 것인지도 모른 채, 은혜가 충만한 신앙 세계를 무신론으로 일색시키는데 혈안이 되어 있다. 무신론이 이토록 활개를 치게 된 데는 기독교가 주장한 절대 창조관에도 책임이 있다. 세계가 존재하는 한, 과거에는 우상을 세워서라도 원인 자리를 메운 절대자가 필요했다. 이런 우주의 기원과 궁극적인 자리를 신앙으로 옹위한 것이 하나님이시다. 그런데 과학이 발달하고 사회가 합리적인 방향으로 개명되자 창조주에 의한 세계 구성 관점이 더 이상 버텨낼 수 없게 되었다. 신학도 창조 세계를 증거하는 문제에 대해 무기력함을 보여 하나님이 더 이상 궁극적인 원인자로서 추앙되지 못했다. 수많은 호교론자들이 창조관을 옹호하기 위해서 심혈을 기울였지만, 무신론은 성난 용암을 분출하듯 분출한 대로 자기 자리를 차지하고 말았다. 무신론이 사조를 이룬 진원지가 안타깝게도 기독교가 극복하지 못한 진리의 한계 위에 있었다.

서구의 근대정신은 神으로부터 독립을 선언한 무신론으로부터 시작되었다. 마르크시즘은 神적 이데올로기에 대한 반동으로서 도출된 것이고, 탈출구로서 마련된 대안책이다. 유물론은 神을 의도적으로 거부한 세태에 부응해서 무신론자들에게 있어서는 더 없는 이론적 발판이었다. 보아라, 하나님은 존재하지 않는다. 자연은 절로 생겨난 것이고, 자체로서 구축한 확고한 법칙과 메커니즘을 가지고 있다. 자연이 곧 神이다. 과학은 무신론의 모태이다. 무신론의 세계관 구축은 유물론이 철학적 근거를 제공했고, 과학이 쌓아 올린 지식과 학설로서 원리화했으며, 진화론이 이에 변주되었다.[88] '과학적인 세계관의 내용이 곧 변증법적 유물론이고',[89] 유물론은 무신론의 세계관적 근거이다.[90] 무신론이 지성사에서 결집된 세계관으로서 확산된 것은 무엇으로도 막기 어려운 기류였다. 문명 역사의 종극 과정으로서 선천 시대를 마감하기 위한 장렬한 최후 역사이다. 인류가 가장 확실하

---

88) 뭇 종들이 자생 메커니즘에 의해 변화하였다고 본 진화론이 무신적인 세계관 형성에 미친 영향은 주지된 바임- 위의 책, p.216.

89) 『철학의 기초이론』, 백산서당, 앞의 책, p.64.

90) 유물론은 관념론과 종교에 명백히 반대하기 때문에 神이나 초자연적인 존재에 대한 신앙을 부정하며, 무신론의 이론적 기초를 제공함-『철학의 기초이론』, 두레, 앞의 책, p.23.

다고 믿고 건설한 세계관이 유신성에 근거하지 못한 것은, 어떤 혁신과 진보를 더해도 맞이할 결과가 종말밖에 없었다는 뜻이다. 한계를 드러내기 위해 치달은 유한한 세계관이다. 그리하여 종말을 맞이하고 보니 창조성에 근거한 세계관 수립이 절실해졌다.

무신론은 유물론을 필요로 하였고 유물론은 진화론을 창조 메커니즘으로 받아들였듯, 강림하신 하나님은 무신적 세계관을 결말지은 역사를 통해서 참으로 성령으로 역사하실 온전한 시대를 개막하시리라. 무신론이 종말을 위해 변주되었다는 판단에 전 역사를 관장하신 하나님의 준엄한 뜻이 있다. 창조된 세계 안에서는 무신론을 입증할 진리적 근거가 전무한 것이라고 해도 과언이 아니다. 다만 문제는 창조된 본의를 발하지 못한 상태일 뿐인데, 이것은 선천 섭리의 본말을 밝히면 해결된다. 사실 창조를 거부하면 모든 원인 세계도 함께 사라진다. 자연주의와 우연에 의존한 막연한 세계 질서의 창도보다는 천지 간에 가로놓인 유신적 상황을 통찰해서 神의 실재성을 확인하는 것이 인류가 구원될 수 있는 더 가능성 있는 선택이다. 무신 상황을 뒷받침한 진리적 근거가 빈약한 상태인데도 한때 포이어바흐, 마르크스, 니체 같은 무신론자들이 사상적으로 일맥을 형성했던 것은 유신성을 증거하기 위한 핵심점을 부각시키려 한 역설적 역할 외 아무것도 아니다. 유신성을 증거하기 위하여 반드시 거쳐야 하는 섭리적 절차였다고나 할까?

역사상 무신론이 드러난 결과 지점에서 하나님이 강림하셨다. 神의 찬양 소리가 메아리친 시대에(중세 유럽) 오셨다면 그것은 하나님에게 있어서나 신도들에게 있어서나 큰 영광이 될 수 없다. 때를 가려 무신론으로 일색된 세상 위에서 전능에 가까운 지혜자로 강림하신

것은 하나님의 영광을 만방에 알릴 수 있는 호조 요건이다. 무신론을
유신론으로 전도시킨 놀라운 역사를 통하여 만인은 하나님이 강림하
신 영광을 확실하게 인정하리라.

5. 유물론의 극복 요청

지성들은 세계를 이해하기 위해서 많은 관점론을 내세웠다. 유심·유
물·관념론 등등 이들 주장은 세계의 진리적인 측면을 다각도로 부각
시켜서 창조된 세계를 한껏 다채롭게 했다. 유심적인 측면에서는 유심
적인 측면을 모두 부각시켰고 유물적인 측면에서는 유물적인 측면을
최대한 부각시켰다. 다만 문제는 조망한 관점들이 온전한 눈높이가 되
지 못하므로 상호 보완해야 할 과제를 남겼다. 세계를 파고든 완전한
관점 메커니즘이 아닌데도 세계의 근원성을 결정짓고자 해 무리가 생
겼다. 불미가 있음에도 불구하고 "유물론은 사상사에 있어 과학적인
방법론이 일구어낸 상응한 진리의 지지를 받아서 현재는 거의 무제동
상태인 세계관으로 등극되어 있다."[91] 그러나 하나님이 강림하신 마
당에서 본다면, 유물적인 진리성조차 분열이 다하지 못한 시대에 지상
강림 역사가 이루어질 수 있겠는가? 유물론이 유물적인 창조 영역을
적나라하게 파헤쳤기 때문에 하나님이 의연하게 섭리 역사를 드러내
셨다. 지상 강림 시대를 열기 위해서 유물론은 당연히 극복해야 한다.
유물론이 세계관을 구축한데 이어서 하나님이 강림하신 것은 유물적
인 세계관 바로 그 뒤에 유신적인 창조 세계가 바짝 다가 서 있었다는

---

91) 『세계유신론』, 앞의 책, p.221.

뜻이다. 해결하지 않으면 안 되는 핵심 관건을 끌어 올릴 만큼 올린
상태이다. 그리고 이것은 세계의 진리성이 인간이 이해한 만큼 대립
되어 있거나 근본이 다르지 않다는 뜻이기도 하다. 무엇보다도 이 땅
에서 지상 천국을 건설하기 위해서는 유물론을 넘어서야 하는데, 알
고 보면 백지 한 장 차이의 문제란 뜻이다. 유물론이 창조 세계에 근
거하여 세계를 구성한 증거이다. 유물론이 물질을 근거로 해서 절대
적인 진리 영역을 확보한 것은 세계 자체가 유신성을 증거할 만한 여
건이 성숙되지 못한 때문이므로, 충족된 지금은 문제가 자연스럽게
해결된다. 제 物에 근거를 둔 진리 구조가 그대로 유신에 근거한 실상
구조로서 전환된다. 세계를 이룬 근본 구성을 물질이라고 본 것은 하
나님 역시 그 같은 物을 바탕으로 하여 천지를 창조하신 사실 때문이
므로, 이것이 유물론이 세계를 판단한 제반 物적 근거였다.

그러므로 하나님이 유물론의 본질을 꿰뚫을 수 있은 관건은 사실
단순하다. 物이 物을 낳음에 있어 物을 낳은 창조의 주권을 밝히는 것
인데, "창조를 이룬 작용력만 판가름할 수 있다면 유물론이 지닌 본
말은 명백해진다."[92] 물질이 물질로서 작용된 특성이 있는 것은 창조
됨으로 인한 결정성이다. 有한 본질성이 이룬 생성이므로 세상 어디
서도 제 物로부터 발동된 창조의 원동력은 찾을 수 없다. 정신 작용도
유물론에서는 뇌수라는 물질 기관의 소산 정도로 여긴 만큼, 끝내 기
대한 능동성은 대신할 수 없었다. 그래서 유물론자들이 物에 근거한
창조관을 세웠는데, 그것은 창조된 결과상을 파헤친 상태이다. 알고
보면 유물론처럼 단순한 논리 전개도 없다. 보이는 대로 판단한 것이

---

92) 『세계창조론』, 제3편 조물론, 졸저, 엮음본, 1998, p.22.

므로, 드러난 物의 특성에 대한 안목은 제한성이 있다. 정신이 물질인 뇌수의 소산이라면 뇌의 물질적 구조와 기능이 생겨나게 된 원리성은 어떻게 설명할 수 있는가? 뇌는 지극히 조직화된 기능체인데 무작정 세월이 이루어 낸(진화) 결과물인 것으로 간주해도 되는가? 뭇 존재가 조직적으로 구성된 것은 목적 있는 결정물이란 뜻인데도 창조를 몰라 의도를 단순화해 버렸다. 정신은 창조된 뜻의 반영이고 하나님의 뜻을 투영시키기 위해서 고도로 조직화한 의도 기능이다. 결국 인간은 주어진 정신 작용을 통하여 하나님의 살아 계심과 사랑과 창조 사실을 체감할 수 있었다. 존재의 궁극에 정신이 있고, 정신의 궁극에 창조가 있으며, 창조의 궁극에 하나님의 궁극 목적이 있다. 정신을 통해서 인류는 삼라만상을 적나라하게 펼친 성령의 역사를 실감하리라. 제 物의 인식적 관구인 정신 작용을 통하여 인류는 능히 창조를 알고 강림하신 하나님을 접견하게 된 것이니, 유물론 역시 하나님의 지상 강림 역사에 있어서는 더할 나위 없는 바탕 기반이 되었다.

14

범신론의 진리성

　'우주·자연·세계 등 모든 것이 神이라고 본 입장에 서 있는 범신론 사상은'[93][94] 인류의 지성사에 있어서 거의 보편적으로 확인되고 있는 관점 부류이다. "인도의 『우파니샤드(Upanishad)』 정신이 대표적인 예인데, 플로티노스를[95] 중심으로 한 신플라톤 학파 일부도 여기에 속한다."[96] 범신 사상은 동·서양을 막론하고 신념에 대한 인식이 광범위하고도 지속적인 면모를 보인다.[97] 비록 논리적인 이론 형태는 가지지 못하였지만 신비적인 종교 감정과 자연의 경이감을 전한 시인의 감정에서도 찾아 볼 수 있다. 후대에 분류된 것이기는 하지만 동양이 지닌 사상적 특색도 이 범주에 속한다. 자연 가운데서 神의 숨소리를 듣고, 자연과 함께한 神을 인식하고자 한 것은 인간으로서 지닌 당연한 사유의 지향 상태이다. 언젠가는 神의 존재성을 자연의 신

---

93) 『원불교사상 논고』, 김홍철 저, 원광대학교출판국, 1980, p.409.

94) 범신론 사상=萬有神論.

95) 플로티노스(Plotinos): B.C. 204~269.

96) 위의 책, p.409.

97) 「CD 두산동아 세계대백과사전」, 범신론 편.

비로운 창조물 가운데서 발견하고 찬양해야 하리라. 아직 밝히지 못해 연관 짓지 못한 것일 뿐, "자연 현상의 경이로움과 질서 상태와 살아 숨 쉬는 유기체성은 범신론자들이 주장한 神의 빼어난 존재 속성일 가능성이 높다. 神性의 일반적인(자연) 거함에 대한 생각은 동서를 불문하고 포괄적으로 사상계를 지배했다."[98)99)] 그중에서도 역사상 일관성 있는 범신론 사상의 전형적인 주창자는 스피노자이다.[100)] 그는 말하길, "존재하는 모든 것은 神이다. 神이 존재한다면 神은 반드시 세계 내에 있지 않으면 안 된다. 神은 완전한 존재이므로 무소부재한 편재성으로 우주 가운데 충만해 있다. 바로 이 같은 실체를 근원적인 면에서는 神, 전체적인 현상 면에서는 자연으로 표현했다. 神이 세계 안에 존재한다는 범신론 사상이 그것이다."[101)] 만상을 이룬 근원적인 "실체를 神이라고 보면 실체 즉 神이고, 神 즉 自然이다."[102)] 하지만 스피노자가 생각한 실체 개념은 완전하게 하나님에 대한 존재 규명을 이루지 못한 상태에서의 한계적 인식이 노출되어 있다. '모든 사물에는 원인이 있고 원인의 계열을 한없이 더듬어 올라가면 최후의 제일 원인인 자기 원인 상태에 도달하는데, 그 원인이 실체이고 실체가 神이며 神은 곧 自然'이라고 말한 것이 그것이다.[103)]

따라서 자기 원인 내지 궁극적인 원인인 실체가 神인 것을 알기 위

---

98) 『세계유신론』, 졸저, 인쇄본, 2000, p.188.

99) "애니미즘이나 토템 신앙 등 원시적인 종교형태로부터 자연의 일부나 자체 속에서 神적인 본성을 찾아 믿는 생각이 출발되었다."-『종교의 철학적 이해』, 김형석 저, 철학과 현실사, 1992, p.31.

100) Spinoza(1632~1677): 화란 태생의 유태인 철학자로서 대학의 강단에는 서 본 일도 없고 안경의 렌즈를 닦으면서 생계를 이어간 이야기는 유명하다.

101) 『원불교사상 논고』, 앞의 책, p.409.

102) 위의 책, pp.415~416.

103) 『세계사상 대계 3(인간의 발견)』, 박종홍·이종우·정석해 감수, 신태양사, 1965, p.23.

해서는 더한 역사를 통해 창조 메커니즘을 밝혀야 했다. 모든 존재는 종국에 원인인 창조 비밀을 내포하고 있지만 독자적으로 판단한 입장에서는 神의 존재성을 뒷받침한 神論 내지 실체론을 완성할 수 없다. 범신론도 진리는 지녔지만 미처 체제를 정비시키지 못하다보니 이런 神論 사상에 대해 누구보다도 박해를 가한 것은 기독교 측이었다. 그래서 스피노자는 교회로부터 무신론자로서 취급받았지만, 정말 누가 더 하나님에 대해 근접되었는가 하는 것은 섭리된 결과를 통해 밝혀지리라. 하지만 때가 여물지 못한 상태에서는 누구라도, 기독교라도 하나님의 존재 방식과 본체론에 대해서 정보를 온전하게 전달받지 못한 상태이다. 범신론은 미완인 神論 관점이지만 알고 보면 진리로서 강림하실 하나님에 대한 최근접 이행 관점이었는데도 그 가치를 분간하지 못한 것은, 神은 내재된 것이 아니라 초월된 존재라고 본 것이 이유이다. 그러니까 기독교로서는 도무지 범신론을 포용할 수 없었다. 神의 실상을 온전하게 드러내지 못한 것은 기독교도 마찬가지인데 말이다.

우리는 자신이 지닌 생각으로 진리를 판가름하므로, 항상 고정된 주관적 관점일 가능성을 배제할 수 없다. 진리를 판단했다는 것이 사실은 자신이 지닌 편협성을 노출시킨 상태일 수도 있다. 교회가 범신론을 박해했던 경위가 그와 같다. 교회 측에서 볼 때 범신론은 지극히 위험성을 내포한 신관이지만 하나님이 강림하신 모습을 통해 본다면 범신론은 오히려 진일보된 단계로 올라서기 위한 신론 관점이다. 아이를 강가에 가지 말라고 언제까지 붙들어 놓고 있을 수는 없는 것처럼, 위험을 두려워하기 이전에 문제되는 요소를 극복할 수 있는 관점을 적극적으로 확보해야 한다. 범신론을 배척한 것은 기독교가 먼저 하나님을 제대로 파악하지 못한 결함을 나타낸 것이다.[104] 영광을 위해서는 유일성만 神論으로서 고집할 것이 아니라 만유와 함께한 범신성도 함께 밝혀야 했다. 세상 진리와 자연 가운데서의 재신성을 거부하고 하나님이 거하실 곳은 하늘 아래 어디에도 없다. 어떤 형태로도 하나님은 세계와 함께하며 억겁에 걸친 창조 시공간과 함께할 수 있어야 하는데, 그 역할을 범신론은 대신할 수 있다. 물론 범신론은 하나님의 존재성을 완전하게 설명한 神論이 아니다. 그러나 보혜사가 범신론과 같은 神論을 세웠기 때문에 오늘날 범신적인 창조성을 진리화시킨 성령의 모습으로 강림하신 것이다. 천지 간에 걸쳐 있어야 하나님은 천상천하를 권한 안에 둔 창조주가 될 수 있다. 고대로부터 자연의 힘을 神의 모습으로 인식하고 표현해서 신앙한 것은 세계적으로 확인되는 현상인데,[105] 이런 역사를 하나님이 진리의 성령으로서 주관하셨다.[106] 동양에서는 자연력을 天, 道 등으로 인식하였지만, 이 같은 유형들도 창조성 안에 포함된다. 하나님이 포섭하지 못할 진리 대상은 없지만, 준비된 관점 그릇도 없는데 이들을 담을 수는 없다. 그래서 세계 가운데 가로놓인 자연력까지 진리 안에 포함하기 위해서 준비한 관점이 곧 범신론이다. 진리 면에서는 부족한 점이 있지만 섭리 면에서는 반드시 개명되어야 할 지상 강림을 위한 단계 절차이다. 본말을 밝힌 관점 위에 서야 범신론이 지닌 진리성을 정확하게 판단할 수 있다.

선천에서 파악한 하나님에 대한 인식 형태는 어떤 경우에도 완전

---

104) 보혜사 하나님이 어떻게 강림하셨는가 하는 결과성에 근거한다면 명백하게 판가름 나는 판단임.

105) "神들은 자연의 힘을 구현하며 인간이나 동물의 형태를 띠거나 여러 동물의 특징이 조합되기도 했다."-『세계의 종교이야기』, 폴 발타 외 저, 윤정임 역, 윤이흠 감수, 미래M&B, 1999, p.1.

106) 범신론의 수용은 강림하신 보혜사 하나님의 진리력을 더욱 풍요롭게 함.

하게 규명한 존재 형태가 아니며, 더 해결해야 할 진리의 과제, 그중에서도 천지가 창조된 문제를 해결해야 했다. 인격신인데도 하나님은 존재하는 실체성을 뒷받침한 이신(理神)적 증거를 이루지 못하였고, 이신 혹은 범신화된 神은 인격적으로 존재화되지 못했다. 하나님이 세상 진리를 기반으로 강림하시기까지는 판단을 유보한 상태에서 각자 바라본 창구를 통해 존재성을 갹출하였고, 진리로서 철저하게 믿었다. 그만큼 하나님이 강림하신 역사는 하나님의 존재 형태를 세상 위에 드러낸 구분선이 되고, 강림하셨다는 것은 하나님의 존재 방식과 실체 메커니즘이 완비되었다는 뜻이다. 이전에는 무엇을 통하더라도 하나님을 드러낼 진리적 방도가 없었는데, 강림하신 성령이 역사하셔서 문제가 해결되었다. 세계 가운데서 주장된 신론을 놓고 보면 하나님의 존재 방식인 범신적 형태까지 포괄한 하나님의 오묘한 역사를 확인할 수 있다. 이것은 하나님이 창조 문제를 해결하심에 따른 결과인 것으로서, "천지가 창조된 것이라면 하나님도 제 법칙을 결정한 원인, 목적, 진리의 형태로서, 혹은 만물을 이룬 근원적인 요소로서 내재하게 되어 있다."107)

하지만 창조된 만상을 곧바로 '神 즉 自然'으로 연관 지어 판단해서는 안 된다. 자연은 하나님이란 총화 존재를 현현시킬 진리적인 요소를 내포하였지만 그렇다고 곧바로 연결시켜 버리면 섭리를 끝까지 완수하지 못한 관점이 되고 만다. 자연은 神의 모습을 뒷받침하지만 자연은 그대로가 神의 모습이 아니다. 창조주인 하나님은 우리가 믿고 있는 대로 주재적이고 절대적이고 초월적인 동시에 내재하는 진

---

107) 『길을 위하여(3)』, 졸저, 인쇄본, 1990, p.159.

리 형태로 강림하셨다. 창조주로서 무소부재하기 위해서는 온 세상을 (자연) 빠짐없이 본체로 해야 한다. 장악된 형태로서 창조성과 연결되어 있기 때문에 삼라만상 어디서도 우리는 하나님을 그와 같은 형태로서, 혹은 법칙과 이치 형태로서, 혹은 제 현상 가운데서 작용된 존재 근거로서 도출할 수 있다. 제 물질과 정신과 시공간적 구성 속에서는 억겁의 세월 동안 엮어진 창조 역사가 포함되어 있기 때문에, 하나님이란 존재도 그렇게 해서 일군 진리(범신성) 안에 투영되어 있다. 그래서 내포된 진리를 제대로 가닥 잡을 수 있다면 하나님이 관여하신 범신적인 진리를 통해 정말 하나님의 모습도 볼 수 있다. 보다 진일보된 범신론적 사상을 통해서 우리는 神의 존재 메커니즘을 도출할 수 있다.

'神은 자신 안에 내재하는 모든 것의 원인이다. 神은 자연과 따로 떨어져 있지 않다. 神은 모든 것의 내재 원인이지 초월된 원인이 아니다'108)라는 결론을 얻게 된다(범신론적인 존재 방식). 그래서 범신론이 통찰된 관점 안에서는 전격적으로 진리로 여겨질 수도 있었지만, 하나님의 존재성을 국한시켜버린 결과를 초래했다는 사실도 간과할 수 없다. 분명하게 지적하거니와, 神이 자신 안에 내재하고 있는 모든 것의 원인이라면 전체로부터 도출된 메커니즘을 통하여 내재됨과 동시에 초월됨도 가능해야 한다. 하나님은 내재된 본질을 통해서 초월적인 형태로 존재하신다. 그렇게 해야 세상 가운데서 편만된 하나님의 존재 메커니즘이 성립된다. '神이 존재한다면 이 세계 내에 있지 않으면 안 된다'가 아니다.109) 내재된 본질을 근간으로 해서 정작 하

---

108) 『원불교사상 논고』, 앞의 책, p.416.
109) 위의 책, p.409.

나님은 세계의 바깥에서 초월적으로 존재하신다.[110] 그런데도 이와 같은 사실을 알기까지는 때가 될 때까지 참으로 오랜 세월을 기다려야 했기 때문에, 범신론은 하나님이 강림하실 수 있도록 강림 기틀을 이룬 역할로서 만족해야 했다. 범신론은 동양의 제 사상들처럼 범신적인 요소가 그대로 하나님의 존재 요소란 사실은 알지 못하였는데, 강림 이후로 뭇 지성들이 접했던 범신론적인 진리 인식의 본말을 규정할 수 있게 되었다. 범신론은 하나님이 만유재신한 진리 형태로서 강림하시기 위한 이행 도상에서 만세 전부터 역사하신 속 깊은 뜻을 내포하였다.

이 뜻, 이 깨달음, 이 역사 본말에 대한 통찰을 누가 이룬 것인가? 하나님이 주재하신 역사를 근거로 했다. 인류의 문명 역사 위에 범신론 사상이 수놓아진 것은 하나님이 이 땅에서 보다 창조주다운 모습으로 강림하시기 위해서였다.

---

110) 세계 내가 존재한다는 것은 세계 외도 존재한다는 뜻임.

15

존재의 궁극성

1. 존재의 본질

존재란 무엇인가? 이 물음에 대해서 먼저 구분하게 되는 것은 '있는 것'에 대한 일반적 지칭이다. '없는 것'은 존재한다고 말하지 않는다. '상식적, 경험적으로는 일정한 시간과 공간을 점유하고 있는 실재물을'[111] 확실한 존재로서 인정한다. 그렇다고 '있음'에 대해서 인간이 감각적으로 확인하는 실재물만을 일컬어 존재라고 하지도 않는다. 마음과 만사에 걸친 이치와 현상 원리도 있지만, 단지 확실한 실체를 지니지 못했을 따름이다. 존재의 기준을 실재물로서 잡으면 만사를 담아낼 수 있는 포괄적인 개념 그릇이 못 된다. 실질적인 존재와 이에 대한 개념이 일치되어야 존재의 궁극성에 접한다. 물론 존재가 점유한 개념 기준은 현재 시공간을 점유하고 있는 실재물이어야 하리라. 그러나 그 '있음'의 실존 형태에 대해 일단 존재하는 것들에 대해서는 존재한 상황을 인정할 수 있다. 있는 것은 모두 존재 범주에 포

---

111) 『세계철학대사전』, 박영근 발행, 고려출판사, 1992, p.995.

함한다. 그런데 문제는 존재는 존재하는 것만이 전부가 아니기 때문에 그것까지 규명해야 하는 것이 존재의 궁구 과제이다. 빙산의 일각이란 일각 그것이 빙산의 전부가 아니란 뜻이다. 존재된 실체는 존재를 있게 한 무형의 원인 작용까지 포함하고 있다. 그러면 도대체 존재의 실재 영역은 어디까지 설정되어야 하는지, 어디로부터 가늠되어야 하는지 모르겠다. 드러난 것만으로 한정되어 있지 않다는 사실을 알진대, 존재는 신비하지 않은 것이 없다. 존재가 지닌 이와 같은 특성 베일을 벗기기 위해서는 과연 어떤 영역까지 접근해야 하는가? 존재를 있게 한 법칙의 근원까지 밝혀야 하고 관여된 무형의 본질 형태까지 들추어내어야 한다. 보이는 것만 판단한다면 어떻게 한 통속인 실체를 보았다고 할 수 있겠는가? 형태는 없지만 존재하고 있는 무형의 실체까지 포괄해야 하므로, 선행된 원인성까지 규명해야 하는 것이 필수 조건이다. 현재 점유하고 있는 것만 존재가 아니라면 정말 有함의 실존 영역은 어디까지로 확대해서 소급해야 하는가? 선행된 궁극 본질을 규명해야 존재가 어떻게 있게 되었는지에 대한 이유를 알 수 있을진대,[112] 존재는 결국 세계가 지닌 진리의 구조 속에서 판명된다. 시공간은 분열된 경과를 요하고 성령으로서 역사된 때를 기다려야 한다.

존재하는 세계가 살아 있고 역사되는 상황에서는 그 무엇도 한꺼번에 파악할 수 없다. 책상은 아무리 쳐다보아도 자체의 존재함에 대해서 알려주지 않는다. 전체적인 본질을 밝혀야 책상에 대해서도 해답이 주어진다. 존재 요소의 무한정성을 포괄한 이치이다. 그런데 문

---

112) 자기 위치만으로는 자기 존재의 좌표가 확인되지 못함. 전체 판도가 파악될 때 위치를 잡을 수 있는 세계 본질의 실타래가 풀림.

제는 어떻게 하여 이와 같은 존재의 본질을 규명할 수 있는가 하는 것인데, 하나님이 존재하지 않는다면 사실 여부를 판가름할 수 없다. 그렇지만 보혜사가 본체를 완성한 하나님으로서 강림을 이루신 것은 존재의 본질을 규명한 족적을 통해 확인할 수 있다. 보이지 않는 요소까지 존재하는 바탕성으로서 부각된다. '존재는 본질이 드러나야 존재하고 있는 상태에 대해 지각할 수 있는데',[113] 그러기 위해서는 세계의 핵심 본질을 밝히고 하나님까지 드러나야 하는 세계사적 과제가 해결되어야 한다. 그렇다면 하나님이 강림하시기 전까지는 누구도 존재한 본질의 실상을 파악하지 못했다는 뜻이다. 유보된 상태로서 다만 하나님의 존재 현현을 위해 기여되었다는 것이 잠정적인 결론이다.

존재는 신비함 투성이로써 도대체 무엇을 감추고 있는가 하는 것은 천지를 창조하신 하나님만 아신다. 우리는 몰라도 존재 가운데는 정말 상상하기 어려운 비밀들이 숨어 있다. 존재 위에 하나님의 모습이 투영되어 있다. 하나님이 뜻을 세우기 이전의 원인까지 포함해서 창조 바코드가 아로새겨져 있다. 존재는 세계의 본질을 내포하고 본질은 존재된 형태를 드러낸다. 존재가 있어 본질이 있고, 본질이 있어 존재가 있다. 본질은 존재하고 있는 有한 상태를 모두 포함한다. 규정된 有가 본질을 벗어난 경우는 어디에도 없다. 그것이 하나님의 존재 바탕이고 창조로서 구축된 본체 바탕이다. 창조와 神을 모르면서 존재를 말할 수는 없다. 존재는 본질을 내포하고 본질은 반드시 존재를 전제한다. 양자는 동시에 존재한 관계 양식으로서 인식상으로는 동시

---

113) 「니체의 초인사상에 대한 연구」, 나상순 저, 원광대학교대학원철학과 서양철학전공 석사학위논문, 1993, p.24.

존재 상태를(통체) 파악할 수 없지만, 분열을 극하면 결국 통달할 수 있다. 그때를 맞이해서야 만인은 비로소 시간 따라 세월 따라 변화무쌍한 실상 가닥을 붙들 수 있다. 오늘 함께했던 존재가 내일 사라져 버리고 없는 허무를 두고서 무엇을 존재라 할 수 있겠는가? 헤라클레이토스는 '변화 자체를 두고 실재하는 것이라고 했지만',[114] 순간순간 변하고 있는 존재를 두고 누구도 무엇이라고 단정할 수 없다. 한순간 머물고 있는 존재 상태는 본질적인 모습일 수 없다.

존재의 진정한 모습은 존재가 생멸하는 과정을 지켜보았을 때이다. 존재가 내포한 비밀은 실로 태초로부터 생성된 과정을 함유한 데 있다. 色은 色만으로, 空은 空만으로 존재하지 않는다. 존재를 알기 위해서는 모든 것을 다 알아야 하는데, 다 알아야 하는 여기에 창조의 비밀이 숨어 있다. 존재와 본질은 서로 연관되어 있어 본질의 구조는 필연적으로 창조에 귀착된다. 존재론은 전체 본질을 내포한 제2의 창조론이다. 존재의 본질이 밝혀지면 통체 상태로 계신 하나님의 존재 속성도 곳곳에서 부각된다. 창조적인 측면에서 본다면 존재는 원래 없었던 상태에서 있게 되었고, 그 없는 상태를 곧 창조를 실현시킨 근원 원질로 삼았다. 존재가 선재된 본질을 내포함으로써만 성립되는 이유도 여기에 있다. 존재는 원래 없었던 상태에서 존재하게 되었기 때문에 없는 상태를 결코 무시할 수 없다. 존재가 존재하기 이전, 창조되기 이전에 무형의 요소들이 존재를 결정함으로써 그와 같은 원인 근거까지 밝혀야 존재의 본말을 규정할 수 있다. 따지고 보면 창조를 규명하는 과정이 곧 존재를 규명하는 과정이 되고, 존재가 지닌

---

114) 「두산동아 세계대백과사전」, 유물론 편.

無한 요소까지 확정짓게 된다. 존재는 존재하기 이전에 이미 결정된 창조 시스템에 의한 산물이다. 단순한 피조물로서 넘길 수 없는 그 무엇이다. 존재를 결정한 본질적인 요소들이 고스란히 간직되어 있다. 존재의 궁극성 이면에 창조가 있고 그 이면에 하나님이 계시다.

따라서 우리는 有無의 존재성에 대한 인식 개념을 확고하게 해야 한다. 뭇 존재가 우리들이 판단한 그대로의 실체 개념으로서 존재한다면, 그 이전에 존재한 선재 결정 요소들은 어떤 형태로서 존재한 것인가? 존재한 그대로의 개념이 아니라 무형인 형태로서 있는 것이 분명하다. 이 무형인 부분을 본질이 담당하였다. 무형으로 존재한 또 다른 존재 형태가 있다는 뜻인데, 그것이 만상을 창조한 원인으로서의 존재 상태이다. 만사가 형태를 달리하면서도 본질의 뒷받침으로 부여된 존재 상태를 유지하고 있다. 有한 모든 것이 궁극적인 하나님 안에 있다. 無로부터 창조된 것이 이미 有한 하나님의 존재성을 확인시킨다. 궁극적인 본질이 하나님에게 미친다. 有함만 있는 세계, 無가 존재할 수 없는 세계가 창조된 이 세계이고, 하나님의 존재 특성을 드러낸 현 세계이다. 세계는 어떤 측면에서 보아도 하나님의 존재 본질 안에 있다. 없는 것이 없는 세계로서 이루어진 결집물이 삼라만상이다. 발하고 아직 발하지 않은 차이는 있지만, 발하지 않았다고 해서 (생성) 존재하지 않는 것은 아니다. 無란 현상 간의 구분과 존재의 상태를 의미하는 것일 뿐, 존재하고 있는데 존재하지 않는 것은 없다. 창조를 낳은 본체가 그러하듯 有함이 有를 낳는 것이고 無는 有를 창조할 수 없다. 본질이 있고 창조가 있고 하나님이 살아 계시기 때문에 삼라만상이 있다. 하나님은 세계의 원인자로서 존재의 有함 상태를 뒷받침한다. 존재와 원인은 연결되어 있고, 하나님과는 어떤 측면에서도 교통될 수 있는 통로가 트여 있다. 제 현상이 창조의 有한 세계성에 근거해서 운위되었다. 뭇 존재가 본질과 창조로부터 비롯되었다는 증거이다.

존재하고 있는 일체는 존재성을 뒷받침한 창조 뿌리에 근거해서 판단해야 한다. 존재의 본질론 파악에 있어서 이 연구가 제시한 진리적인 과제와 해결 관점도 이것이다. 존재는 결정된 요인을 파악하는 것이 중요한 것이 아니고, 그렇게 파악해야 제 관건을 해결할 수 있다. 존재의 본질은 아무리 살펴보아도 드러나 있는 모습 가운데서는 볼 수 없다. 일각은 지극히 편향된 모습이다. 지금까지 구축해 온 세계관이 그러하다. 보이는 것조차 다 보지 못한 것이라면 도달할 곳은 한계 벽 뿐이다. 한 컨 뒤에 있는 본질의 장막을 끝내 걷어내지 못했다. 뭇 존재의 '상호 성취 관계, 상보·상함적 대대(對待) 관계를 보면',[115] 세계는 하나인 존재 내적 상태인데, 존재하고 있는 특성들만 강조한 것은 창조의 본질성을 보지 못한 것이다. 아무리 보아도 확인할 수 없으므로 없다고 판단했다. 존재한 요소를 포함해서 본질성까지 규정하려면 하나님의 뜻에 따라 결정된 창조성을 보아야 한다. 통상 천지 운행이 창조 메커니즘이란 사실은 구분하기 어렵지만, 실질적으로 하나님의 有한 의지성으로서 존재하고 있다. 창조는 곧 존재의 본질이다. 존재는 끊임없이 생성으로 존재를 유지시킨다. 존재는 외적인 요소만으로는 판단하기 어려운, 창조 메커니즘까지 밝혀야 한다.

이 연구가 밝힌 관점에서 본다면 존재는 우리가 생각하고 있는 개념과는 전혀 차원이 다른 역설 가운데 있다. 확실하다고 여긴 존재가

---

115) 『공자사상의 발견』, 윤사정 외 저, 민음사, 1992, p.196.

사실상은 창조로 인해 존재하게 된 가변·가합된 모습이다. 존재는 창조로 인해 化되었다는 것이 진정한 실상이다. 원래는 없었는데 존재하게 된 것은 그만큼 의도된 사전 작업이 있었다는 말이다. 제반 요소를 뒷받침한 원인 바탕은 창조를 이룬 요소로서, 이것이 영원한 참 실체이고 하나님에게 속해 있다. 그러니까 확실하게 존재한 만유는 化된 형상을 입은 임시 거처가 되고, 化를 낳은 창조 실체는 궁극적인 존재 거처가 된다. 따라서 존재한 요소를 종합하면 만상이 왜, 어떻게 해서 끊임없이 생멸을 거듭한 것인지에 대한 이유를 안다. 창조에 존재를 결정한 원인이 있다. 존재는 생멸해도 바탕된 본질은 영원하다. 化된 존재를 진실재로 보면 그 이상의 존재 본질을 포용할 수 없게 되지만, 가합되어 머문 임시 거처로서 보면 하나님의 본질성은 곧바로 정립할 수 있다. 생멸하는 특성이 창조로 인한 결정성이란 사실을 안다. 존재의 궁극적인 본질에 천지를 창조하신 하나님이 계시다. 하나님이란 존재 안에서 만물이 한껏 창조된 결정성을 뽐내었다. 어느 것 하나 머물러 있지 않나니(생성), 세계는 창조로 말미암아 구축된 하나님의 항구적인 생명력이다. 존재의 본질은 무엇인가? 그 해명의 궁극 자리에 하나님이 계시다. 하나님은 존재에 대한 원인을 밝힘으로써 강림하셨고, 밝힌 진리를 근거로 해서 존재한 상태까지 증거하셨다. 존재의 무궁한 생성 본말을 창조 메커니즘으로 꿰뚫었다. 뭇 존재가 하나님의 창조 본질(=존재 본질)을 벗어날 수 없다는 것은 하나님이 뭇 존재에 앞서 계신 원인적 존재인 증거이다. 존재의 궁극 본질 너머에서 무한 차원 상태로 계신 하나님을 뵈옵는다.

2. 존재의 창조

존재한다는 것은 명백한 것이다. 존재처럼 확고한 것은 없다. 존재는 이미 결정되어 있다. 존재하고 존재하지 않는 차이는 확실하다. 존재는 대창조가 이룬 확고부동한 결과체이다. 창조는 결정된 세계를 명백하게 한다. 이런 특성을 지닌 존재에 대해 문제는 과연 어떻게 해명할 것인가 하는 것인데, 결정된 존재는 엄정하게 둘러 싼 블랙박스와도 같아서 복잡하고 미묘한 초지성 이상이다. 無한 가운데서 有하였다. 존재를 우리는 '있음'의 상태로서 인식하지만, 단순한 상태가 아니다. 우리는 사물의 변화를 관찰하지만, 그렇게 관찰하는 눈이란 기관이 어떻게 해서 복잡한 구조를 갖추게 된 것인가에 대해서는 알 길이 없다. 우리는 TV를 보지만 그것이 얼마나 복잡한 기계인가에 대해서는 관심이 없다. TV는 수많은 부품들로 조합된 상자인데 존재도 이와 같다. 겉모습은 단순하지만 뜯어놓고 보면 구조가 복잡하다. 이런 상태가 그대로 우리가 대하고 있는 존재에 대한 진면목이다.

"카오스 이론에 의하면 자연은 결코 단순하게 해석되지 않는다는 것을 보여준다."116) 존재에 대한 비밀은 어쩌면 영원하게 찾아 헤매어야 하는 미로와도 같다. 창조를 모르면 인류는 끝내 존재의 비밀을 알 수 없다. 존재를 알기 위해서는 먼저 진리를 알아야 하고, 진리를 알기 위해서는 먼저 세계를 알아야 하며, 세계를 알기 위해서는 무궁한 존재의 이면에서 작용하고 있는 본질 세계를 탐구해야 한다. 순서대로 짚어 나가야 그나마 근접할 수 있다. 존재한 구조는 혼돈과 미

---

116) 『자연과학』, 박승재 편저, 지학사, 1995, p.227.

혹 투성이지만 천지를 창조하신 하나님은 그렇지 않은 것이므로, 만상이 창조되었다는 관점에서 보면 의혹이 일시에 걷힌다. 존재의 문제는 진리의 문제로서, 진리의 문제는 삼라만상이 가진 원인의 문제로 소급되며, 창조가 이들을 해결할 수 있는 중심에 서 있다.[117] 존재는 창조된 결정체이고 결과물로서 창조는 삼라만상을 있게 한 원인 메커니즘이다. 그래서 覺者가 존재의 알파를 무시무종하다고 말한 것은 존재의 명백함에 대해 창조가 지닌 역설적인 모습이다. 태생의 비밀은 지각의 저편에 있지만 만상이 존재한 만큼 창조가 이룬 알파성도 확고하다. 무궁한 본체자인 하나님의 자궁으로부터 천지 만물이 잉태되었다. 이미 有한 有가 有를 낳은 것이고 무궁한 본질이 세상의 이치와 이법과 원리를 결정하였다. 그러니까 세계 안에서는 존재의 근원 바탕과 알파를 찾을 수 없었다. 존재 자체는 미스터리한 것이지만 창조를 알고 나면 일체가 상식적이다. 존재의 궁극 시원을 찾지 못한 것은 그와 같은 사실 자체에 창조가 이룬 결정적인 근거가 있었다. 알파를 찾을 수 없는 구조적인 특성에 존재가 창조된 결정 시스템이 숨어 있다. 존재가 창조로서 구축된 시스템으로 운위되고 있다. 존재는 끊임없는 생성으로 생멸을 거듭하는 것이 본래적인 모습이다.

존재를 존재하는 것만으로 보면 존재된 상태가 불투명하였는데 천만 년 베일에 가린 비밀 요소들이 오늘날에 이르러 한꺼번에 확연해졌다. 존재는 존재하지 않는 상태로부터 창조된 것이므로 존재와 창조가 동일한 선상에 있을 수는 없다. 존재와 창조 간에는 무한한 차원적 경계가 있다. 이 경계가 창조를 아무나 들여다 볼 수 없게 한 장

---

117) 모든 것을 해결하지 않으면 안 되는 궁극적인 문제로까지 비화됨.

애벽이다. 있고 없음을 가른 한계선을 따라 有한 세계로 생성된 것이 존재이고, 창조가 지혜 시스템을 구축해 가능하게 했다. 만유는 존재해서 존재하는 것이 아니라 생성하기 때문이며, 분열을 통해 유지 중인 상태이다. 창조가 뭇 존재의 본질을 규정하고 있어 진화론처럼 밑도 끝도 없는 존재 형성 방식은 성립될 수 없다. 계단은 사전에 놓여 있기 때문에 오르내릴 수 있는 것처럼, 천지는 창조되었기 때문에 끊임없이 생성하고 있다.

우연은 없다. 존재는 창조된 합목적성의 결정체이다. 삼라만상이 존재하기 때문에 세계 안에서는 평범하게 존재하고 있는 것처럼 보이지만, 존재는 특별할 뿐 아니라 지극한 사랑으로 탄생된 하나님의 창조 작품이다. 블랙박스는 만든 이가 있듯, 존재는 바로 하나님이 제작한 블랙박스이다. 그래서 하나님이 존재의 함재된 비밀을 낱낱이 밝힌 대지혜자로서 강림하셨다. 그런데도 인류는 창조된 이 세계를 얼마나 이해하였는가? 무지로 일관하여 결국은 종말을 맞이하였다. 더 이상 방치되면 창조된 질서가 모조리 파괴되어 버리기 때문에 하나님이 창조된 본의를 밝힘과 함께 진리의 성령으로서 강림하셨다.

3. 존재의 궁극

존재가 창조 시 이미 결정되었다는 것은 이전의 존재에 대한 일반적인 상식을 사실상 허물어뜨린다. 존재를 유지하고 있는 이법이나 법칙도 원래는 없었는데 생겨나게 된 가법이란 뜻이다.[118] 확고한 존

---

118) 불교계에서는 업력에 해당하는 종자가 실제로 존재하는 것인가에 의문을 품고 종자란 임시인 것이며 동시에 가(假)라고 주장한 공종(空宗)과 같은 학파도 있었음―『유식학 입문』, 오형근 저, 불광출판사, 1995, p.164.

재도 창조되었기 때문에 가법이라고 할진대, 이곳에 존재의 본질이 시사하는 궁극성이 있다. 궁극성에 도달해야 존재의 진면목을 간파한다. 존재는 목적을 가지고 창조됨으로 목적성을 지향한 생성체이다. 구축된 의도 목적이 있으며, 없었던 것이 생겼다는 것은 그 뒤에 분명한 근거가 있다는 뜻이다. 존재는 종국에 창조된 상태를 드러내는 하나님의 역사 결정체이다. 존재하고 있기 때문에 창조는 확실한 것이지만 문제는 어떻게 증거할 수 있는가 하는 것인데 그런 실마리도 존재 가운데 내포되어 있다. 존재가 도달한 궁극처는 無로서, 無로부터 천지가 창조되었다. 궁극이 無에 속해 있기 때문에 존재가 창조된 것은 확실하다. 창조는 하나님이 계획하신 뜻 안에 있어 그 가치, 그 존립 의의, 그 목적이 한결같이 神을 본향으로 한다. 존재의 궁극 지점에 창조의 원인자인 하나님이 계시다.

　창조된 존재는 무궁한 본질성의 뒷받침 안에 있다. 바탕된 본질은 강력한 有的 에너지의 결속체로서 분열을 극한 궁극 선상에 존재가 있다. 존재와 본질의 관계가 명백한 것은 그만큼 창조성이 구조적으로 분열한 것이다. 본질은 만 존재를 포유하고 있어 본질로서 드러날 것은 결국 존재이다. 본질은 항상 존재를 지향할 뿐 아니라 형상화를 통해 생성 목적을 달성한다. 그리고 일체의 존재성을 표출하고 있는 것은 진리인데, 진리는 총화된 존재성의 결집을 통해서 완성된다. 진리의 전모가 드러난 곳에 하나님이 보혜사로서 강림하시어 존재성을 대변하고 있다. 창조→본질→존재→진리→세계→神에게 도달한 것이 그동안 이루어진 섭리 역사의 주된 바탕이다. 세계에 나타난 제 현상의 원인은 본질이 일으킨 작용으로서 그 근원된 가닥은 창조에 있고 창조는 하나님의 존재 본체로부터 비롯되었다. 이것은 만사가 철저한 이치로서 구성된 세계 내에서 도무지 넘어설 수 없도록 차원적인 관점을 제공한다. 세계의 내적 요인들이 존재계를 결성한 요소라는 것을 알 때, 존재계 일반을 통해 존재의 궁극성을 밝힐 수 없었던 이유도 이것이다. 핵심된 본질을 밝혀야 가능한 해명 관점이다. 그리고 그 길 위에 지혜자로 강림하신 하나님이 계시다. 진리는 존재를 구축한 구성 요소로서, 진리가 존재의 핵심 본질이다. 일체 근거가 생성하는 존재 안에 있다. 존재 내의 본질이기 때문에 진리가 살아 있다(活). 생명력을 지닌다. 진리를 통하면 존재의 구조를 알 수 있다. 물질적인 구조가 아니라 본체를 뒷받침하고 있는 특성화 구조이다. 전체로 있는 존재계 내이기 때문에 가능한 작용 현상이다.

하지만 총체적인 목적의 규합체인 하나님이 강림하시기까지는 진리도 존재 요소로서 판명되지 못한 이유가 있어, 본질이 드러나야 일체가 확정될 수 있었다. 佛性說, 佛神說이 뜻하는[119] 佛性의 佛身된 진의를 어떻게 알 수 있었는가?(대승불교)[120] 범신론적 우상화라고 질타하지만, 사실은 그렇게 깨달은 진의대로 진리의 성령이 정말 法身과도 같은 보혜사로서 강림하셨다. 진리가 밝힌 존재 구조대로 하나님이 현현하셨다. 총화된 진리자로 이 땅에 강림하셨다.

---

119) 모든 중생은 모두 佛性을 갖는다.

120) 『주자학과 양명학』, 시마다 겐지 저, 김석근 · 이근우 역, 까치, 1993, p.14.

제5편

학문의 군

인류는 문명 역사 속에서 불씨의 유용함을 발견함으로써 획기적인 변화를 가져왔다. 위험천만한 요소를 지녔는데도 불구하고 인류가 문명화되는 데 기여하였다는 점에서는 필요 불가결한 것이다. 과학이 지닌 유용성과 파멸성이 지닌 대치 요소는 불씨와 다를 바 없다. 불씨가 일으킨 문명화가 엄청난 것이었듯 과학도 마찬가지인데, 문제는? 불씨는 神이 아닌 것처럼 과학도 마찬가지이다. 불씨를 잘못 관리하면 일체를 불태워버리듯, 과학도 그 추구 수위를 컨트롤하지 못하면 세계를 송두리째 파멸시켜 버리리라.

-본문 중에서-

학문의 분파성

인간은 아무것도 모르고 태어났지만 성장하면서부터 자신과 세계에 대해서 의문을 가지는데, 이런 의문에 대해 평생을 바쳐 탐구한 것이 학문이란 영역이다. 그만큼 학문은 인간이 품은 세계적 의문과 추구 전통과 일군 지식들을 일목요연하게 갖추고 있다. "품은 의문에 대해 학문은 인간이 판단한 보다 객관적이고자 한 인식의 정립 역사이다."[1] 이 같은 과정을 통해 인간은 타고난 문제의식을 가지고 다양한 지식적 요구들에 대해서 점차 충족하게 되었다. 하지만 문제는 세계에 대한 의문들을 어느 정도 해명할 것인가? 못했다면 언제 할 것인가? 해명한 것은 또 제대로 해명한 것인가? 안타깝게도 학문이 지닌 본질성에 대해서 제대로 판단을 하지 못했다. 가지는 무수하게 뻗어나 있는데 뿌리를 보지 못한 상태이다. 찾아 나서기는 했지만 가지 부분에 머물고 있다. 중요한 것은 학문을 성립시킨 보다 근원된 지식의 本을 찾는 것인데, 파생시킨 하나님과 창조를 무시한 상태에서는 학문이 거느린 방대한 지식을 규정할 근거가 없다. 창조가 없다면 지금

---

1) 『세계통합론』, 졸저, 다짐, 1995, p.20.

까지 일군 지식의 근거가 성립될 수 없다. 지식은 근거지은 本이 있어 이것을 파헤치는 것이 학문이고, 거기에 하나님의 창조 역사가 있다.

神의 절대 권위와 불합리성으로부터 지식을 해방시키려고 한 역사가 근대 학문이란 사실은 아이러니하기도 하지만, 그것은 인류가 하나님의 창조 본의를 몰랐기 때문에 오판한 것일 뿐, 종국에는 학문을 통해 밝혀져야 할 완수본이다. 천지가 창조되었다면 창조는 당연히 지식을 통해서 밝힐 수 있어야 하는 학문의 주요 역할이다. 다만 모든 과정을 탐구해야 하는 형태가 되다 보니 학문만으로는 결말을 지을 수 없었는데, 그렇게 정열을 바쳐 일군 진리만큼은 창조의 광맥을 발견한 흔적들이 여실하다. 지성들은 지식을 無로부터 일군 것이 아니다. 근거도 없이 날조하지 않았다. 관점은 차이가 있지만 확보한 관점으로 결정된 존재 세계를 해명한 것은 같다. 통합적인 바탕 본체를 분열시켰다. 여기에 학문이 감당할 수밖에 없는 분파적 한계가 있다. 學으로 지칭된 수많은 진리 영역들이 통합성인 본체로부터 분파되었다. 분열을 가속화시킨 과정을 통해 세계의 본질을 밝히고자 한 나름의 진리적 역할이다. 학문이 무엇으로부터 파생되었고 지향한 목적이 무엇인가 한 사실은 충분히 짐작할 수 있지만, 문제는 학문의 추구 역사를 통괄할 수 있는 본의를 밝히지 못한 것이다.

학문은 진리성을 보유하였지만 핵심 본질과 창조를 보지 못해 하나님을 접견하지 못했다. "전문성(창조성)은 확보하였지만 연관성의 결여로 전체를 보지 못하였다."[2] 전체를 보지 못하면 부분으로서는 아무리 옳아도 전격 그릇되게 판단할 수 있다. 만연된 "객관성에 대

---

2) 『동양과 서양이 127일간 e-mail을 주고받다』, 김용석·이승환 저, 휴머니스트, 2001, p.254.

한 표방들이 전체 세계를 오도한 구렁텅이로 몰고 갈 수 있다."[3] 당연하다고 여기는 곳에 누구도 예측하지 못한 파멸이 도사리고 있다. 수학, 과학, 철학…… 이들 학문은 세계가 구성된 상태를 밝히고자 한 일종의 방법적 수단이다. 그렇게 해서 물질의 구조와 천체의 운행 궤도를 계산하는 등 존재됨에 대한 제반 법칙성을 가늠했다. 하지만 그렇게 파헤쳐도 그것이 전체 세계를 대신할 수는 없다. 근세를 기준으로 해서 보면 수학, 철학 등은 독자적인 학문 영역을 가진다. 따라서 전체성을 대변한 통합 관점을 확보할 수 없다. 제 학문은 알파를 상정한 상태에서(창조를 모름) 추구했기 때문에 무엇 하나 초점을 잡은 것이 없다. 창조된 고리를 찾지 못했다. "특수 과학이라 해도 그것으로는 근본적인 문제를 해결할 수 없다."[4] 그런데도 학문은 객관성을 확보했다는 이유 하나로 현대 문명을 구축한 기저가 되어버려 몰아친 온갖 폐해를 학문이 저지른 역사적 과오로서 확인하고 있다.

잘 알다시피 중세 시대를 지탱했던 천동설에 대해 반기를 들었던 코페르니쿠스의 지동설이 지닌 혁신성은 여태껏 당연하게 여긴 상식을 뒤엎은 것이다. 쌓은 학문이 알파 상태를 추정한 것에 불과하다면 만인은 정말 학문이 지닌 실상적 한계를 직시해야 한다. 왜 인류는 여태껏 창조를 알지 못하고 하나님을 증거하지 못하였는가? 그것은 세계를 포괄할 수 없는 편협성이 너무 두터워 무궁한 생성 영역을 차단시킨 때문이다. 그중에서도 "서구인들이 이룬 근대 학문은 전 지구적으로 확산된 세계관의 근저로서 이 같은 대류가 인류를 神으로부터 소원하게 만들었다. 세상이 종말을 맞이한 원인도 여기에 있다. 세계

---

3) 위의 책, p.284.

4) 『철학의 기초이론』, 편집부 편, 두레, 1986, p.34.

를 떠받치고 있는 진리 기둥이 서양 학문인데, 이런 기둥을 교체할 수 없다면 학문을 통한 궁극적 완성은 기대할 수 없다.[5] 본원 세계를 탐구한 학문이 창조주 하나님에 대해 무지하다면[6] 어디에도 희망이 없다. 인류가 학문을 추구한 목적은 누가 뭐래도 神에게 있으므로 이것을 알기 위해서는 학문이 담당한 섭리 추이를 알아야 한다. 그리해야 결속되어 파멸의 길을 막을 수 있다. 진리를 개척한 학문이 정작 진심 본질과 소통되지 못하고 걸림돌이 되고 있다면 이것은 인류가 언젠가는 해결해야 한다. 쌓아 올린 전문적인 아성 때문에 세계를 바라보는 눈이 오히려 바늘구멍처럼 되어 버렸다. 이렇게 좁아진 벽을 허물어야 세계가 하나 될 수 있다. 편협성을 극복하기 위해서는 진실로 세계가 분파된 원인을 알아야 한다. 제각각인 학문 영역 안에서는 창조된 세계를 볼 수 없다. 학문은 독자적일 수 없으므로 세계에 대한 관계성을 면밀하게 밝혀야 한다.

케플러는 '수학 법칙을 일컬어 神의 의지의 표현이라고 했는데',[7] 수학 법칙과 神의 의지가 무슨 상관이 있느냐고 말할지 모르지만, 그것은 학문이 분파된 관계로 알지 못한 맹아이다. 정확하게 말한다면 창조가 있었기 때문에 학문도 있다. 학문을 둘러싼 테두리(틀)가 곧 창조이다. 학문이 아니라 창조가 세계를 이룬 바탕틀이란 관점을 가지고 보면 케플러가 믿어 의심치 않은 '神의 의지'에 대한 뜻을 즉각 이해할 수 있다. 창조된 세계의 질서를 지성을 통해 가닥을 잡고자 한 것이 수학이다. 세계의 엄밀한 분열성을 수로서 인식하였다. 창조된 질서를

---

5) 『선인들의 공부법』, 박희병 저, 창작과 비평사, 2000, p.5.
6) 『주체사상의 철학원리』, 장길성 저, 서린당, 1991, p.64.
7) 『현대물리학과 신비주의』, 켄윌버 편저, 박병철 · 공국진 역, 고려원미디어, 1991, p.56.

수학적으로 표현했다. 어떤 진리를 일구어도 동일하게 도달할 결과이다. 물질의 세계를 탐구하든, 形而上學적인 실체를 추적하든, 인생의 가치를 함양하든, 학문이 탐구한 목적은 오직 하나 천지가 창조된 명백한 원인과 구조를 밝히기 위해서이다. 우리가 알 수 있는 것은 과정을 거쳐 드러난 결과이지만, 더 나아가서는 목적성을 간파하기 위해 섭리를 통찰하는 것이다.

학문→세계→창조→섭리를 추적하면 도달할 곳은 결국 하나님이다. 학문을 통해 진리를 일군 것은 알게 모르게 하나님에 대해 무지를 일깨운 것이다. 드러난 세계도 알지 못한 상태인데 어떻게 창조까지 알 수 있었겠는가만, 인류가 학문을 추구한 데는 오묘한 섭리가 숨어 있다. 이것을 알아야 학문이 본원 궤도를 찾게 된다. 창조 목적을 이루기 전에는 하나님도 진리의 형태로서 존재하므로, 이것을 학문이 가닥 지었다. 일군 진리로서 완성시킬 것은 하나님을 형상 지을 수 있는 진리의 존재화 작업이다. 그런데도 이런 의도를 깨닫지 못한다면 어떤 학문도 세계가 지닌 문제를 풀 수 없다. 비록 학문이 문명 역사에 끼친 영향은 지대하나 이룬 것보다는 이루어야 할 과제가 태산 같은데 진리에 대해서 神에 대해서 얼마나 안다고 자부할 수 있는가? 알아도 안 것이 아니고 한계성을 지닌 앎이다. 최대의 앎은 주어진 여건을 극복하고 하나님의 섭리를 발견하는데 있다. 섭리된 손길을 붙드는데 학문의 종극과 완성이 있다.

하나님이 강림하신 이 시점에서도 인류가 지속해서 탐구할 것은 진리 세계이며, 진리를 통해 창조된 세계를 확인하는 일이다. 세계를 알아야 하나님도 알게 되므로, 이 방법을 학문이 지니고 있다. 학문으로 일군 진리 기반 위에서 하나님의 지상 강림 역사가 구체화되었다.

세계의 실상이 그러하듯 선천에서 추구한 학문 영역은 세계 분열을
촉진시킨 것이지만, 그런 분열을 통해 하나님의 몸 된 창조성을 드러
낸 섭리 의도가 숨어 있었다는 사실까지 안다면, 학문을 통해 일군
성과들이 빠짐없이(100%) 하나님의 뜻 안에 포함된다. 그만큼 학문을
통해 밝혀야 할 것은 섭리된 목적을 아는 것이고, 창조 사실을 세상
진리를 통해서 확인하는 작업이다. 그리해야 지상 강림 역사가 공고
하여진다. 인류가 진리로서 구원되기 위해서는 가야할 길이 험난한
데, 그런 와중에서도 시급한 것은 추진된 섭리 방향을 바로 잡는 것
이다. 곧 진리의 존재화 작업에 박차를 가하는 것으로서 하나님이 뜻
하신 창조 목적을 진리를 통해 구현하는 것이다. 그것이 인류가 하나
님을 뵈올 수 있는 최선의 길이다. 세계를 알아야 하나님을 알기 때
문에 학문을 추구한 것이었고, 분열을 통해 일체 근거를 확보하였다.
학문을 통해 항구적인 목적을 밝히고자 한 것이 인류가 정열을 바친
이유이다. 창조된 세계를 학문을 통해 밝히고자 했다는 것이 하나님
이 이루고자 했던 섭리 뜻이다.

17

과학의 파멸성

1. 과학의 파멸 요인

　과학을 통한 학문 탐구 방법은 다른 어떤 영역보다도 문명 역사를 급진적으로 변화시키고 정열을 집중시켜서 꿈과 자신감을 불어넣은 역사 과정이었다. 그러나 '서구 사회의 모델을 중심으로 구성된 현대 사회는 지난 300여 년 동안 너무 경험적이고 실제적인 가치를 추구해서'[8] 인류를 온통 욕망을 충족시키는 도가니로 몰아넣기도 했다. 쌓아 올린 만큼 물질적인 번영을 누렸고 생명의 근원인 자연에 대해 도전한 정신들을 찬양하였다. 발견한 자연적 사실과 기술의 축적으로 당면한 현안들을 속속 해결해 주었고, 전망한 이상을 실현시키는 것처럼 여겼다. 에너지에 문제가 있다면 대체 에너지를 개발하고, 질병으로 인해 고통받는 자가 있다면 유전 인자의 결함을 발견함으로 아무 문제가 없는 지상 낙원을 건설할 수 있을 것 같았다. 그래서 무신론이 만연하게 되고 인간과 세계의 본질을 물질적인 관점에 입각해

---

8) 『자연과학』, 박승재 편저, 지학사, 1995, p.398.

서 독자 갱생하려 했다. 하지만 결과적으로 문제를 해결하고자 한 것이 더욱 걷잡을 수 없게 되어 버려 부정적인 측면을 더 많이 노출시키고 있다. 과학이 문명사회에 끼친 유익함과 함께 폐해도 얼마나 큰가 한 점을 함께 보아야 한다. 급기야 인류 역사가 총체적으로 카운트다운 상태에 돌입한 시한부 생명을 연명하고 있는 중이다.[9]

사람이 죽을병에 걸렸다면 무슨 약인들 소용이 있겠는가? 天命을 기다리는 수밖에 없을 것이듯, 문명 역사가 지닌 구조적인 시스템 하에서는 에너지의 경우 언젠가는 고갈되어 버릴 것이 불 보듯 한데 근본적인 체제 변경이 어렵다. 석유는 언젠가는 바닥나고야 말 화석 에너지인데 기름 한 방울도 나지 않는 나라에서 자동차들이 아무 제한 없이 굴러다니고 있다. 우주는 무한하나 인류는 이 지구라는 존재계를 벗어날 수 없다. 더한 세계로 진출할 가능성은 있지만 현재로서는 요원하기만 하다. 대책은 자원을 컨트롤하는 것인데, 무분별하고 경쟁적인 진보 데이터가 자체 지닌 한계성을 자각할 수 없게 해 버렸다. 교만한 지혜놀음이랄까? 분열을 조장시킨 파멸성이다. 우주·지구·자연·환경·자원·뭇 생명체가 총체적으로 위기에 처했는데 과학은 무모한 도전을 계속하고 있다. 우주는 거대한 존재계로서 자정적인 생성 능력을 지니고 있기 때문에 어느 정도 한계선만 넘지 않는다면 항상성을 유지할 수 있다. 영원한 생성을 뒷받침한 창조 에너지, 곧 통합성을 이룬 본질 에너지를 함축하고 있다. 그런데도 이 같은 우주의 대자정능력을 과학이 파괴시키고 있다면? 이전까지는 안정 수준을 유지했는데 갑자기 걷잡을 수 없게 된 원인이 과학에 있다. 자연

---

9) 자원의 고갈, 녹지대의 파괴, 산성비, 사막화, 오존층의 파괴 등등 인류 전체가 생존을 위한 시한부 투쟁에 돌입함.

환경은 천고 이래로 가만히 존재하고 있지 않다. 끊임없이 생성한다. 존재할만하기 때문에 존재하고 지속될만하기 때문에 지속되었다. 자연적인 상태는 가장 정상적인 생성의 최적치였다. 그런데도 자정력을 잃을 만큼 질서가 교란된 데는 그만한 이유가 있다.

인류가 문명 역사 가운데서 불씨의 유용함을 발견한 것은 획기적인 변화를 가져왔다. 위험천만한 요소를 지녔는데도 불구하고 인류가 문명화되는데 기여되었다는 점에서는 필요 불가결한 것이다. 과학이 지닌 유용성과 파멸성이 지닌 대치 요소는 불씨와 다를 바 없다. 불씨가 일으킨 문명화가 엄청난 것이었듯 과학도 마찬가지인데, 문제는? 불씨는 神이 아닌 것처럼 과학도 마찬가지이다. 불씨를 잘못 관리하면 일체를 불태워버리듯, 과학도 그 추구 수위를 컨트롤하지 못하면 세계를 송두리째 파멸시켜 버린다. '근대에 과학의 발전이 가져다 준 반작용이 자연 파괴, 사회 질서, 인간성의 붕괴를 야기하고 있다는 점에서는 새로운 패러다임의 대두가 필요한 것인데',[10] 어떤 대비책도 강구하지 못한 이유 역시 여기에 있다. 불은 문명 역사에서 꼭 필요한 요소를 갖추었지만 자체로서는 유익함을 더할만한 아무 조절 기능이 없는 것처럼, 과학도 하나님의 창조 목적을 실현하기 위해 발현되었지만 자체로서는 능동적으로 목적을 구현할 능력이 없다. 어디까지나 머리는 머리이고 수족은 수족이다. 그런데도 인류는 과학에 대해 너무 과중하게 기대를 걸고 있는데 과연 선천 문명은 이런 자정 패러다임을 도출시킬 수 있을 것인가? 과학은 인륜적 이상을 우주적으로 꽃피우기 위한 수단책으로써 개척되었다. 천지는 창조 시 이미

---

10) 『기와 인간과학』, 유아사 야스오 편자, 손병규 역, 여강출판사, 1992, p.285.

과학적인 원리를 내포하였고, 그런 바탕 위에서 문명 역사가 추진되었다. 과학성이 개명되지 못했던 때도 세계는 지극히 과학적으로 운용되었다. 창조를 성사시킨 메커니즘이 이미 과학적인데 과학적인 성향을 애써 강조하게 되어 추구 방향이 어긋나 버렸다. "문명과 제도와 가치관에 있어 변화를 일으킨 추이가 시사하듯, 진보의 폭이 크면 클수록 야기되는 문제도 비례해서 증폭되었다."[11] 세계가 본래 과학적인 항상성을 지니고 있는데 시대가 변했다고 해서 연면한 본성 기류가 바뀔 리는 없다.

인류가 과학에 대해 대중적인 관심과 괄목할만한 성과를 거두게 된 것은 불과 몇 백 년 전부터이다. 성과가 컸을 때는 세계를 이상화시킬 수 있을 것도 같지만 지나고 보니 여의치 않다는 것을 알게 되었다. 자연의 신비를 밝히고 모두가 원한 세계를 건설할 수 있을 것으로 알았는데 허사였다. 창조와 하나님과 본질 세계가 엄존한 상황에서 지성들은 지금의 물질문명이 낳은 황폐화 원인이 어디에 있는가를 알아야 한다. 수단이 목적성을 대신하려고 한 데서 초래된 무리수, 그것이 후대를 기약할 수 없으리라는 것은 명약관화하다. 과학은 세계의 영구성을 뒷받침한 세계관이 아니다. 가장 객관적인 원리를 밝힌 과학이 인류가 지닌 근원성을 차단시켜 버리고 인간성을 고갈시킨 기계적인 세계상을 만들어 버렸으니, 고도한 문명 개안이 오히려 세계를 무너뜨린 바벨탑을 쌓고 말았다. 참다운 인간성으로 일군 진리를 우습게 여길진대, 이것 하나만으로도 멸망될 소지가 다분하다. 대처하지 않을 수 없는 파멸의 직접적인 요인이다. 세계를 개조해

---

11) 『세계통합론』, 졸저, 다짐, 1995, p.514.

서 문명화했다는 것이 반대로 창조된 질서를 흩트려 놓았다. 이것은 과학이 진리 도출 방법을 통해 세계를 통괄하려고 한 데서 비롯된 것이므로, 해결책은 과학이 밝힌 물질세계와 창조로서 일군 본질 세계를 상보적인 통합 관계로서 연결시키는데 있다. 원인과 결과를 통해 창조된 세계를 추적하고, 일군 진리를 통해 해명해야 한다.[12)

실로 하나님이 과학이 품고 있는 위험성을 무릅쓰고 불씨를 맡긴 뜻과 섭리 이유를 안다면 과학의 본말을 통달할 수 있게 되어 하나님의 창조 목적을 이루는데 이바지할 수 있다. 하나님이 역사하신 이유를 통찰하는 것이므로, 인류가 위기를 맞이한 것도 알고 보면 주관된 섭리 뜻을 깨닫지 못한 데서 비롯된 것이다. 창조된 세계는 언젠가는 실상이 밝혀져야 할 것이므로, 과학은 하나님이 뜻을 밝히기 위한 섭리적 방도였다. 色을 밝혀야 空도 밝힐 수 있고 空을 밝혀야 만물화된 색계도 밝힐 수 있어, 창조된 세계를 밝힐 수 있는 방법적 도구가 과학이다. 결정된 근거를 확인하기 위해서는 과학적인 탐구 방법론이 적합하다. 세계를 이해해야 진리 세계를 관통할 수 있는 만큼, 色空 간의 본의를 통달하면 하나님이 역사하신 섭리 본의를 꿰뚫을 수 있다.[13) 원인을 통해 결과를 알고 결과를 통해 원인을 안다면 모든 것을 다 안 것이다. 그래서 원인과 결과를 관장한 주재자로 강림하신 분이 보혜사 하나님이시다. 하나님이 우주 세계를 바탕으로 해서 강림하심으로써 과학이 밝힌 세계 구조 위에서 보혜사 하나님이 안주하셨다. 과학이 뒷받침한 形而下學적인 세계가 적나라해졌기 때문에 지상 강림 역사가 현실화될 수 있었다.

---

12) 과학의 결과적인 해명만으로는 영원히 답보 상태를 면하지 못함.
13) 과학을 통해 안 것 이상의 세계를 일시에 알게 됨.

2. 과학의 발흥 역사

과학은 인간이 생각한 본질성의 반영과 함께 공작에 대한 능력이 자연을 이해하고 정복하려 한 과학 기술을 낳았다.[14] 인간이 가진 능력은 어느 때나 본유되어 있는 상태이지만 과학적인 사유 형태가 공작에 대한 기술 능력과 결합된 것은 특정 지역, 특정인, 특정 시대로부터 발흥된 것이다. 특성이 집약될 수 있어 문명 역사로서 가닥 지어졌다. 요컨대 과학 역사의 분기점이 된 갈릴레이나 뉴턴 같은 인물은 고대인도 아니고 동양 사람도 아니다.[15] 서양의 학문과 사상과 지적 전통은 고대 희랍에서 발생한 사유적 전통을 이었다. 그리고 희랍은 또 그 이전의 '이집트로부터 기하학을 배우고 바빌로니아로부터 대수학(代數學)을 배웠는데, 10세기경까지도 인도나 근동 등지에서 발전한 산술·대수를 수입'한 상태였다.[16] 하지만 고대 희랍으로부터 형성되어 있는 형식 논리적인 인식의 기초가 걸출한 자연 철학자들을 (과학자) 배출시키게 된 이후 과학 기술의 발달로까지 이어졌다.[17]

과학의 발흥 역사는 "긴 문명사에 견주면 뒤늦게 나온 것이다. 과학이 자연에 관한 체계적인 지식으로서 배아를 튼 것은 3000년도 안 될 뿐 아니라, 근대적인 의미를 지닌 과학은 불과 300년 전에 시작되었다."[18] "과학적인 지식이 오랜 세월을 거치면서 축적된 것은 사실

---

14) 『서양과학의 흐름』, 송상용 저, 강원대학교출판부, 1990, p.7.

15) 동양인은 진리를 추구한 형태가 다분히 본질적이었음.

16) 『동양과 서양이 127일간 e-mail을 주고받다』, 김용석·이승환 저, 휴머니스트, 2001, p.92.

17) "근대 자연과학에 의해 열린 자연정복의 가능성은 모든 사회에서 찾아볼 수 있는 현상은 아니고, 어느 일정 시점에 일정 유럽인에 의해 고안된 것이었다."- 『역사의 종말』, 프랜시스 후쿠야마 저, 이상훈 역, 한마음사, 1992, p.125.

18) 『서양과학의 흐름』, 앞의 책, pp.7~8.

이지만 질적으로 변화를 초래한 것은 근대 자연 과학이 태동된, 요컨대 16세기부터 17세기에 걸쳐 데카르트·베이컨·스피노자 등이 과학적인 방법론을 발견한 이후부터이다."[19][20] 이것은 근본적인 것이고 반복될 수 없는 사건이기 때문에 전후 역사와 확실하게 구분되는 분기점이다.[21] 과학이 특정 지역과 특정 시대에 특정인에 의해 발흥된 데는 그만한 이유가 있다. 계기를 이룰만한 지배 의식이 있었다는 것인데, 그것이 곧 서구 유럽에서 문화의 중심에 있은 기독교란 종교이다. 창조를 신앙하였기 때문에 기독교는 물질 현상에 대한 원인 자리와 우주의 운행 주권을 모두 하나님에게 내맡겼다. 감히 거부할 수 없는 우주관으로서 무조건 따랐으며 천국을 약속했다. 이 같은 신권 질서가 서구 유럽에서는 거의 17세기까지 유지되었다. 그러니까 진리를 바라보는 의식이 답보되어 버려 분출된 다양한 지적 욕구를 충족시킬 수 없었다. 경색된 신앙 질서로부터 새로운 대안 질서를 찾아 나서게 되었는데(르네상스), 원한대로 과학이란 방법론을 정착시키고 난 이후로는 세상의 원인 자리에 더 이상 神을 모셔둘 필요가 없었다. 세계가 불분명한 상태에서는 神을 궁극적인 원인자로 간주할 수 있었지만, 직접 물질의 세계를 파헤칠 수 있게 된 상태에서는 불필요해져 버렸다.[22] 이런 과학적인 입장이 초창기에는 종교적인 세계관과 권위와 전격 대치된 관계로 어려움이 컸고, 기독교는 허물어지는 神의 권위에 대해 신축성 있게 대처하지 못하였다. 인류가 과학을 수단으

---

19) "1543년에 출간된 코페르니쿠스의 『천구의 회전에 관하여』는 천문학상의 혁명을 알렸고, 그것이야말로 과학혁명의 발단이었다."-『과학과 신앙』, 김명자 외 저, 한국천주교중앙협의회, 1993, p.31.

20) 토플러(A. Toffler)는 인류 역사상 지금까지 있었던 모든 과학자의 90%가 현재 생존하고 있다고 주장함-『인간과 자연과학』, 자연과학교재연구회 편, 1995, p.366.

21) 『역사의 종말』, 앞의 책, pp.124~125.

22) 『사람의 과학』, 김용주 저, 통나무, 1994, p.398.

로 새로운 세계를 찾아 나선 것은 기독교가 창조의 문제를 원리적으로 밝히지 못한데도 책임이 큰데, 발흥된 과학에 대해서 기독교는 대처할 수 있는 섭리 가닥을 잡아내지 못했다. 하나님의 속뜻을 모른 기독교는 발흥된 과학적 단초를 무작정 짓밟아 버렸고, 과학도 하나님과 배치되도록 담장을 둘러치고 말았다.

기독교가 과학을 전격 수용할 만큼 체제를 개선하지 못한 것은 지금도 여전하다. 섭리가 있어 발흥된 것인데도 경색된 교리관의 늪에 빠져 버려 대세 고삐를 놓쳐버렸다. 강구한 방도라는 것이 서로가 생존 공간을 확보하기 위해 담당한 진리 차원과 사명 역할이 다르다고 본 체념 정도이다. 혹자는 말하길(아인슈타인, 플랑크), '상대성 이론은 순수한 과학 이론이다. 종교와 아무런 상관이 없다. 과학과 종교는 존재의 전혀 다른 두 차원을 다루고 있으며, 그 관계는 마치 식물학과 음악과도 같다'[23]고 했다. 살펴보면 세상 누구도 천지가 창조된 사실에 대해서 확실한 근거를 확보하지 못하였다. 삼라만상의 존재 이면에 이것을 떠받치고 있는 창조 본질이 있다는 사실을 몰랐다. 보혜사 하나님이 창조하신 본의를 밝히기 전까지는 말이다. 상대성 이론이 우주 간에 팽배되어 있는 현상을 이해한 것이라면 태초의 창조 사실과 연관이 없겠는가? 있다면 그 엄밀함은 어떻게 밝힐 수 있는가? 자연의 법칙을 알고자 한 만큼이나 반드시 밝혀내어야 할 필수 과제이다. 기독교 세계관의 근저인 '성서의 목적은 과학의 진리를 전달하는 것이라기보다는, 과학적 진리가 성서의 구절 해석과 상치될 경우 재해석될 수 있으리라'고 본 여지를 지닌다(갈릴레이).[24] 과학적

---

23) 『현대물리학과 신비주의』, 켄윌버 편저, 박병철·공국진 역, 고려원미디어, 1991, pp.14~15.
24) 『과학과 신앙』, 앞의 책, p.34.

인 진리가 부인할 수 없는 진리인 것 이상으로 성서 또한 절대적인 하나님의 뜻이다. 여기서 역사는 예나 지금이나 갈릴레이가 주장한 과학적인 진리 인식에 대해서(지동설 지지), 이것을 포괄한 뜻(해석)이 기대된다. 그런데 기독교가 보인 행동은? '1616년 3월 5일, 코페르니쿠스 체계는 참다운 철학과 神에 위배되는 틀린 주장이며, 그리스도인들은 그것을 옳다고 해서는 안 된다'[25]는 강제 명령 쪽이었다. 갈릴레이의 신념을 꺾어 버린 것은 과학적인 진리를 기독교가 포용하지 못했다는 것이고, '양립할 수 없는 대치 상태에서'[26] "인간 생활의 중요한 자리를 차지했던 종교는 점차 뒷전으로 밀려나 버렸으며, 그 자리에 근대 과학이 자리를 잡고 말았다(17세기)."[27]

그러므로 우리는 과학의 발흥 역사를 전면적으로 포괄한 창조 섭리를 밝히고, 과학과 종교가 하나 된 창조 목적을 실현하기 위해 섭리되었다는 사실을 알아야 한다. 과학이 세계적인 현상을 탐구한 것인 한 거기에는 그럴만한 이유가 있어 최근세에 이르기까지 지성들이 온갖 정열을 쏟았다. 하나님의 창조 섭리를 구현하기 위해 과학을 탐구하였다는 사실을 안다면 과학의 발흥과 함께 소원해진 신앙 역사가 과학으로 인해 소생하게 될 과학과 종교 간의 통합을 이루지 못하리란 법도 없다.

---

25) 위의 책, p.34.

26) 『현대물리학과 신비주의』, 앞의 책, p.54.

27) 『세계사 편력』, J. 네루 저, 장명국 편역, 석탑, 1982, p.97.

3. 과학의 섭리 역사

  과학적으로 접근한 문제의식이 문명 역사 위에 대두되어 종교와 대립하게 된 것은 종교와 과학 모두 자체 지닌 본질의 생성이 완료되지 못해서이다. 생성 본말을 알지 못했기 때문에 근본을 무시하고 주도권을 쟁취하고자 했다. 이것은 역사상 핵심적인 본질을 밝히지 못하고 주재된 섭리 역사를 완수하지 못한 결과로 드러난 양상이다. 종교와 과학이 대립 상황을 벗어날 수 있는 것은 창조된 섭리가 완수되어야 할 것이니,[28] 종교가 과학을 포용하지 못한 것과 과학주의가 무신론을 배경으로 삼게 된 이유도 이곳에서 찾을 수 있다. 천지가 창조된 사실을 밝힌 역사 안에서만 자연계의 진리도 주관된 의지로서 규합할 수 있다. 왜 기독교가 창조 목적을 이룰 수 없었던 것인지, 과학이 문제를 발생시킨 것인지 알게 된다.

  창조된 본의를 안 측면에서 보면 근대 자연 과학의 발흥은 어떤 측면에서 보더라도 창조 세계를 규명하는데 기여한 것인데, 다만 섭리된 본의를 모르고 있어 이것을 하나님이 강림하여 밝혀 주셨다. ‘과학이 탐구한 대상 영역은 결정된 세계이고 현상적인 세계로서’,[29] 드러나 있는 세계를 탐구해서 진상을 밝히는데 힘을 썼다. 창조는 분명한 원인을 가지고 있어 인과관계가 철저하다. 창조는 일체를 존재하게 한 원인이고 만물은 이루어진 결과물로서 양자는 바탕이 극대화되어야 완성된 세계를 이룬다. 그래서 종교는 만물의 바탕된 본질 세계를 확보하여 원인을 고유한 진리로서 보전시켰고, 과학은 결정된

---

28) 종교와 과학 간의 대치 상태를 극복할 통합 관점.
29) 『주체사상의 철학원리』, 장길성 저, 서린당, 1991, p.33.

일체 사실을 원리로서 밝히고자 하였다. 존재된 결과물은 법칙과 이법을 통해 화현된 것인데, 이런 관점에서 보면 천지가 어떻게 해서 창조된 것인지 과정을 판단할 수 있다. 과학을 통해 발견한 자연 법칙은 하나님이 이룬 창조에 대한 뜻의 구체화이다. 하나님이 뜻하신 창조 의지를 추출하기 위해 개척하게 된 방법론이 과학이란 사실을 알진대 과학을 위해 쏟은 정열은 하나도 빠짐없이 하나님의 창조 목적을 위해 바쳐진 진리적 헌사가 된다. 그렇게 발견한 사실대로 천지가 창조된 것으로서, 법칙을 밝히면 밝힐수록 확인되는 것은 창조 사실에 대한 적나라함 뿐이다. 과학은 창조된 세계를 밝히는데 있어서 자연의 영역을 전담했다. 천지는 창조되었어도 성경에서 밝힌 것만으로 진리적 과제가 해결된 것은 아니다. 해결하기 위해서는 만물로부터 추출된 원리를 통해 창조된 사실을 다시 확인해야 한다. 그래서 지성들은 창조된 결과물인 물질과 자연 현상을 통해서 천지가 조성된 구조를 알아내고자 했다.

과학적인 인식으로 거부할 수 없는 자연 법칙은 창조로 인해서 결정된 성향으로서 이런 성향을 밝히고자 한 노력이 일정한 시점에 이르면 하나님의 본체를 드러낼 수 있는 진리적인 디딤돌이 된다. 세계와 진리는 결국 하나가 될 것인데, 그렇게 되기 위해서는 항상 밝힘 과정이 있어야 하므로, 과학은 자연적인 영역에 있어서 진리를 탐구한 길을 열었다. 과학은 독자적으로 길을 걸은 것 같지만, 나름대로 지닌 특성을 발휘해서 창조된 세계를 밝히고자 한 견인차 역할을 수행했다.[30] ‘인간 욕망의 발명물이 과학이란 견해 뒤에는’[31] 창조된

---

30) 『세계창조론』, 제4편 창조증거론, 졸저, 엮음본, 1998, p.708.
31) 『문명의 위기와 문화의 전환』, 박이문 저, 민음사, 1996, p.73.

세계를 밝히고자 한 섭리 이유가 있었다. 창조된 결과 세계를 규명해야 창조된 원인 세계도 함께 밝혀진다는 사실을 알진대 과학은 문명 역사에 있어서 필연적으로 대두될 수밖에 없었던 섭리 과정이었다. 자연 현상뿐만 아니라 바탕된 본질성과 원인 세계를 규명하는데도 기여했다.[32] 하나님이 주관하신 세계 안에서 자연의 온갖 대상은 마땅히 인간의 인식 안에 포착될 것이었다. 그러다보니 뜻을 몰라 드리워진 음영에도 불구하고 과학은 인류의 문명 발달 속도를 가속화시켰고 삶의 질과 의식적 개혁을 주도했다. 과학이란 말은 합리적인 객관성에 근거한 실증적 인식의 대명사이다. '과학이 갖는 보편성은 전체 인류를 세계적으로 단일화시켰고',[33] 교통과 정보 통신 기술을 발달시켜(문화 교류 촉진) 인류가 하나 된 문명 양식 터전을 이루었다. 그런데도 섭리를 모른 과학만능주의는 끝내 神에 대한 믿음을 과학에 대한 신뢰로서 바꿔치기해 버리고 말았다. '자연을 하나님과 상관없이 연구하였고 우주가 神과 관련 없이 운행된다'[34]고 단언하였는데, 과학이 정말 神(종교)을 대신할 수 있겠는가? 섭리된 뜻을 모른다면 언제든지 자행될 수 있는 중대한 착오이다.

과학은 천지가 창조된 사실을 초점 잡지 못한 상태에서 결과지어진 세계를 판단한 진리 인식의 변증 형태이다. 언젠가는 통합될 正·反·合적 도상에 머문 상태이다. 세계의 확고함을 확인하기 위해 미지의 자연 영역을 개척하였고 철저한 방법으로 엄밀성을 더하였지만, 그래도 창조 역사를 밝히는데 있어서는 反한 것처럼 보였고, 그런 과

---

32) 제반 물질의 원리 현상과 구조를 밝히는 것은 그 같은 진리성의 완전한 분열을 통해 창조된 세계를 완성시키는데 기여한 것임.

33) 『역사의 종말』, 앞의 책, p.125.

34) 『종교철학개론』, J. H. 힉 저, 황필호 역, 종로서적, 1980, p.85.

정을 거쳐서야 합일성을 도출시켰다. 원래는 反할 것조차 없는 통합체이지만 창조성을 드러내기 위해서는 각자 지닌 특성을 가닥지어야 했기 때문에 그렇게 보였다. 세계 안에서는 그 무엇도 창조된 본의를 벗어날 수 없기 때문에 과학이 걸어온 역사 추이도 예외가 될 수 없다. 이 뜻, 이 섭리 맥을 꿰뚫어야 대치된 종교와 과학이 함께 할 수 있다. 판단 가능한 관점의 도출로서 강림하신 하나님이 과학 역사까지도 주관한 진리 역사의 주체자가 되셨다.

4. 과학의 정의 본질

인류가 神, 道를 추구한 것과 별도로 자연 현상을 통해 필연성을 인식하려고 노력한 것은 어제 오늘의 일이 아니다. 고대 희랍에서는 기원전 5~6세기 때부터 자연 과학과 자연 철학에 대한 인식과 사고 활동이 있었다. 자연 철학자였던 탈레스와[35] 그 일파는 "자연의 섭리를 필연적인 법칙으로 받아들였고 이론적으로 탐구해서 신화적이고 단편적인 지식들을 실제적이고 체계적인 지식으로 창조해 내려고 하였다."[36] 神은 믿음이 필요한데 비해 자연은 존재함에 대해 엄밀한 근거를 지녔다. 이 같은 맥락 위에서 과학이 천지 만상의 필연적인 근거를 추적해 들어갔다. 문명 역사가 과학의 발달에 힘입어 근대성을 확립하게 된 근거도 여기에 있다. 종교 시대에는 우상·미신·독단·가정·편협이 난무하였지만, 과학적인 추구 정신은 경험주의 내지 실험 철학을 바탕으로 삼았기 때문에 적어도 몽매성만큼은 벗어났다는 자

---

35) 탈레스(Thales): B.C. 640~546.
36) 『인간과 자연과학』, 앞의 책, p.29.

부심을 가졌다. 흔히 '과학적'이란 말이 지닌 뉘앙스는 비과학적인 과거 청산 정신이 깔려 있다.[37]

관념적인 지적 전통을 탈피하여 사실성에 대한 확인을 용이하게 한 진리 탐구 방법론이 17세기 베이컨으로부터 창안되었다. "아무런 전제 없이 관찰에 의존하여 사실의 관찰과 논리를 통해서 진리적인 증명을 이루고, 귀납적인 일반화로 지식이 축적, 발전된다고 본 관점은 (경험론) 20세기 초반까지 전통적인 자연 과학에 영향을 미쳤다."[38] 인간의 지식과 학습이 백지 상태로부터 어떻게 순수한 경험에 의해서만 획득될 수 있겠는가만 요구한 진리의 확실성 면에서는 적절한 방법론인 것이 틀림없었다. 과학은 응당 수단을 총망라해 "일반적인 일정한 인지 목적을 가지고 합리적인 탐구 결과로 얻은 지식 간의 학문적 체계를 말하였고, 보편타당성과 객관적인 지식을 추구해서 세계적 관념을 구하였다."[39][40] 특정한 사실 진리를 궁구할 목적으로 방법론을 강구한 과학은 인류가 개발한 확고한 인지 도구이고 사유 내지 지식의 형태였다.[41]

하지만 한편으로는 엄연히 존재하고 있는데도 불구하고 과학적인 탐구 방법에 포착되지 않아 잠재된 진리 형태로 남게 된 단면성도 노출된다. 나란 존재는 온갖 지식과 원리의 결집체이다. 우리는 자신이 이렇게 존재하고 있기 때문에 생명 원리도 존재하고 있다는 사실을

---

37) 『자연과학』, 앞의 책, p.128.

38) 「중력장 내의 운동에 관한 개념의 분석」, 강영호 저, 경남대학교 교육대학원 물리교육전공 석사학위논문, 1996, p.1.

39) 『인간과 자연과학』, 앞의 책, p.15.

40) 철학 이외의 모든 학문을 말하게 되고 좁은 의미로는 경험과학 또는 자연과학을 말하는데, 자연과학은 확실한 경험을 토대로 자연현상에 관해 밝힌 보편적인 법칙과 조직화된 지식의 체계임- 위의 책, p.13.

41) 『동양과 서양이 127일간 e-mail을 주고받다』, 앞의 책, p.70.

안다. 우리는 모든 것을 알 수 없으므로 자신이 알고 있는 것 이상의 법칙이 있어 세상이 운위되고 있다고 보는 것은 과언일 수 없다. 과학으로 일군 자연 법칙도 마찬가지이다. 어찌 발견한 일부 확실성만으로 세계를 다 알겠는가? 법칙만으로는 神을 볼 수 없다. 법칙들이 발견되기 이전부터 창조에 의해 결정되었다는 사실을 알아야 한다. '분할과 분석으로 기계론적인 세계관을 전개한 것이 고전 물리학이라면 현재는 전일적인 방법인 유기체적 세계관을 통해 전혀 다른 과학 안목이 제기된 상태인데',42) 그렇다고 해서 세계를 이해한 방법 면에 있어 변화가 일어난 것은 아니다. 원래 세계의 궁극적인 원인 대상을 탐구한 形而上學과 비교할 때(철학이라는 카테고리), 분리시켜 생각할 수 없는 데도 분리해 독자적으로 체제를 구축하려 한 데 알파 문제를 해결하지 못한 원인이 있다.43)44) 근원 뿌리에 대한 접근이 과학적인 방법론 때문에 오히려 차단되어 버렸다. 과학은 원래부터 원리적이었고 근본으로부터 말미암은 대상을 파악한 것으로서, 드러난 모든 것은 드러나지 않은 것으로부터 말미암았다(결과물).

과학은 하나님이 창조한 결과 세계를 구조화된 진리로서 인식하였다. 창조 원인을 포함해서 전일적인 존재성을 총괄하지 못하였다. 결과성만 근거로 하다 보니 제 현상이 왜 어떻게 해서 일어났고 질서 지어진 것인지에 대한 이유를 알지 못했다. 세상 이법이 창조된 결정성이란 사실을 왜 몰랐는가? 드러난 결과만 진리 판단의 근거로 삼았는데,45) 사실은 주어진 원인에 대한 결과성이다. 원인이 있어 결과도

---

42) 『토털시스템으로서의 세계』, 케네스 E. 볼딩 저, 이정식 역, 범양사출판부, 1990, 책소개 편.

43) 『동양과 서양이 127일간 e-mail을 주고받다』, 앞의 책, p.82.

44) 과학이 이룬 세계적인 확실함에도 불구하고…….

있었다. 확실한 것은 확실하기 이전인 창조로부터 결정된 것인데도 무조건 확실한 실재물만 근거로 하게 되어 원인된 뿌리를 찾을 수 없었다. 존재한 대상물에 대해 관찰하고 실험해서 드러난 결과를 판단하였다. 과학은 철학 이외의 모든 학문이라고 했듯, 존재의 形而上學적인 목적과 전체적인 세계성을 문제 삼지 않았던 것은[46] 분열하는 세계가 지닌 특성 때문이기도 하다. ‘실증된 사실에 기초해서 견실하게 논의를 발전시키는 방법을 택한 것은’[47] 자연의 기본적인 결정 법칙을 찾는데 주효한 것이었고, 이것은 창조된 결과를 절대적이고 보편적인 자연 법칙으로서 인식한 것이다. 따지고 보면 창조된 결과 세계를 탐구한 것인데도 과학은 그러한 본의를 알지 못했다.

그것은 실로 차원성에 막혀 있어 판단하기가 쉽지 않다. 실재의 뒤에는 원리가 있고, 원리의 뒤에는 결정성이 있으며, 결정성의 뒤에도 진리와 원인과 창조를 낳은 본질이 존재하고 있다. 자연과학적인 방법으로 아무리 법칙성을 밝혀도 그것이 전부가 아니란 사실이다. 이면에 더없이 펼쳐진 무궁한 진리 세계, 원인 세계, 본질 세계가 있다. 산 너머에 또 산이 있다면 그 산을 넘어야 다음 산을 볼 수 있는 것처럼, 과학이 밝혀 낸 진리가 전부가 아니란 사실에 대해서 과학도들은 숙연함을 느껴야 하리라. ‘과학으로 밝혀 낸 실상은 어쩌면 상징적으로 구축된 그림자와도 같아 진실한 세계로부터 비친 그림자를 보고’[48] 법칙인 것으로 착각한 것일 수도 있다. 모든 결정성 뒤에는 그

---

45) 『세계사상 대계 3(인간의 발견)』, 박종홍·이종우·정석해 감수, 신태양사, 1965, p.85.
46) 『철학의 기초이론』, 편집부 엮음, 변영우 그림, 백산서당, 1992, p.30.
47) 위의 책, p.30.
48) 『현대물리학과 신비주의』, 앞의 책, p.18.

렇게 결정되게 한 또 다른 결정 요인이 존재한다는 사실을 안다면, 발 디딘 현실 세계를 절대적인 실상으로 여긴 과학도들은 아연하지 않을 수 없다. 그것이 천지 만물이 지닌 창조적 실상이다. 그리고 과학이 탐구한 것은 그렇게 해서 결정된 결과적 근거이다. 이것을 제반 사물과 현상의 정합성 여부로서, 혹은 결정된 구조로서, 혹은 필연성으로서 인식하였다. 순수한 현상적 법칙과 필연성은 당연한 것으로 여기지만, 하나님은 그 필연적인 원인성을 시스템적으로 꿰뚫어서 과학의 과학다운 본말 전모를 규정했다.

자연 법칙은 어느 모로 보나 결정된 법칙성을 인식한 것으로서 이제 막 생성된 맹아 모습이 아니다. 누구도 태초의 법칙 결정 자리에 참여한 사실이 없는데 제 분열에 앞서 법칙은 이미 통합적인 상태로 존재했다. 인과성은 만물이 만물로서 결정되기 이전에 결정된 선재 요소이다. 그리고 이 선재성에 궁극적인 원인 실마리인 창조가 있다. 만사가 결정적이고 절대적인 인과율의 지배 아래 있는 것은 창조를 이룬 선재 요인 때문이다. "과학을 통해 발견한 법칙들이 창조된 결정 근거란 사실을 안다면, 과학이 지성사에서 거둔 섭리적 성과는 명백한 것이다. 창조성에 근거한 진리 인출 창구가 과학이었다는 것이 발견된 물리 법칙들을 통해 확인할 수 있다. 과학 역시 하나님의 뜻 안에서 추진된 것이므로, 과학이 발견한 진리는 그대로 섭리된 근거들이다.[49] 섭리가 완수되지 못한 상태에서는 누구도 주관된 뜻을 알 수 없는 상태였지만 과학은 어김없이 하나님이 결정하신 창조성 규명 역사에 이바지했다. 결정된 법칙을 우주의 일반적인 원리로 전환

---

[49] 자연과학자들이 밝힌 법칙과 원리는 천지가 창조된 근거인 동시에 창조가 결정적인 사실에 대한 증거임.

시켜 객관화시킨 것인데도 불구하고 그것은 만물을 창조한 원리이고 진리를 있게 한 구성 형태이다. 창조는 이미 존재한 하나님으로부터 발현된 뜻과 의지의 총화 상태이므로, 창조의 항상성과 완전성과 선재성에 대해서 과학이 이룬 것은 그렇게 결정된 법칙 구조를 밝혀낸 것이다. 과학이 확실한 진리 기반을 조성했기 때문에 이미 선재되고 영존하신 하나님이 현현될 수 있었다. 자연을 통해 창조된 결정 근거를 인출하였고 결정된 법칙을 통해 하나님의 사전 존재성을 내비쳤다.[50] 사전 결정 법칙에 근거해서 만물은 생성하였고, 뭇 변화 가운데서도 차원적인 경계를 분명히 해서 무한성을 한정지었다.

초월성은 삼라만상과 동떨어진 존재를 일컫는 것이 아니다. 부분성과 대비된 차원적인 관계로서, 과학이 세운 물질적인 관점 위에서도 하나님은 엄존하셨다. 발견된 물질성의 총화 위에 하나님이 계시다. 하나님은 천지 물상을 지배한 자연 법칙과 동떨어져 있지 않다. 보이는 것만 전부가 아니라는 것을 전체 존재 내에서의 메커니즘인 초월성은 시사한다. 기독교에서는 근거도 없이 초월적인 존재 관념을 무조건 神에게 떠맡겨서 神을 이해할 수 있는 길을 어렵게 했지만, 과학은 부분적인 진리 요소를 일굼으로써 총화된 神의 존재성을 드러내는데 기여했다. 과학은 과학만 발휘할 수 있는 고유한 방법적 역할과 진리 세계를 개척해야 할 사명이 있었다.[51][52] '근대 과학의 기초를 이룬 관찰 방법은 제 사물을 정확히 고찰하여 합리적인 세계상을 구한 것이며',[53] 사실 영역에 대한 궁구를 통해 하나님의 창조 실상을

---

50) 항상 有한 존재성으로부터 창조가 있었고 태초가 있었으며 온갖 존재 법칙이 인출됨.

51) 『현대물리학과 신비주의』, 앞의 책, p.188.

52) 종교나 철학도 그 부여된 역할은 마찬가지임.

명백히 했다. '화가는 캔버스를 통해 창작 활동을 하는 것처럼',[54] 만물이 하나님과 연관된 사실은 제반 과학 이론이 뒷받침했다. 그렇지만 하나님이 개체들 위에서 초월되고, 전체를 통해 내재한다는 주장은 과학이 지닌 분열적인 관점으로는 이해할 수 없는 측면이 많다.

과학은 분열과 결정성에 근거한 관계로 만상을 낳은 원인적 세계에는 접근할 수 없었는데, 이 같은 차원적인 문제를 진리 세계를 통합한 과정을 통해 극복한 분이 하나님이시다. 과학적인 진리를 섭리로 관장해서 무상한 창조 목적을 세상 위에서 달성하고자 하셨다. 과학의 본말 뿌리가 하나님의 뜻 안에 있는 것은 진리의 세계화와 법칙의 존재화를 통해서 보혜사 하나님이 지상에 강림하신 증거이다. 하나님이 태초로부터 세상 진리와 함께한 사실을 과학을 통해 알 수 있다. 과학의 정의 본질을 밝힘과 동시에 전체성을 본유한 창조 본질도 함께 밝히신 것이며, 이로써 하나님의 존재 실상이 구체화되었다. 과학으로 이룬 진리적 성과들이 일체를 주관한 하나님의 존재 실상을 그대로 증거한다. 하나님의 지상 강림 역사는 세계적인 기반을 터 닦았을 뿐 아니라 세상을 떠받친 확실한 진리의 기둥으로서 강림하신 하나님이 거하실 수 있는 실질적인 세계관적 공간을 이루었다.

<hr>

53) 『역사의 이해와 비판의식』, 박성수 저, 종로서적, 1980, p.66.
54) 『현대물리학과 신비주의』, 앞의 책, p.175.

18

진화론의 가변성

1. 진화론의 문제 본질

영국의 생물학자인 찰스 다윈이 저술한『종의 기원-1859』으로부터 본격적으로 세워지기 시작한 진화론은 괄목할만한 과학의 발달에 힘입어 오늘날도 거의 확정된 이론으로 인식되고 있다. 자연과학자든 인문과학자든 학문을 한다는 학자치고 진화론에 근거하지 않은 학자는 드물리라. 최근까지도 관심 있는 학자들은 자체 연구 성과를 토대로 인류의 진화는 가설이 아니라 엄연한 사실이란 증거물을 내세우고 있다. 인간과 동·식물의 모습이 점차 변모했다는 것은 다각도로 입증된다. 이런 상황에서 창조를 말한다는 것은 현대 과학이 쌓아 올린 업적을 송두리째 부정하고 더 이상 지성적이기를 거부한 것과 같다.[55] 그렇다면 과연 진화와 창조는 무엇이며 진화론이 사실일 때 파생될 문제는 무엇인가? 무엇이 문제이기에 진화론 대 창조론이 대치된 것인가? 그 이유는 양 론이 지닌 입장을 살펴보면 알 수 있다.

---

55)『인류와 문화』, 이전 저, 경상대학교출판부, 1996, p.52.

　'창조론은 우주 만물이 어떤 神적 존재의 행위에 의해 만들어졌다고 했고, 진화론은 생물의 종 및 더 상위의 각 종류가 여러 세대를 거치면서 점차 변화해 온 것'[56]이라고 했다. 창조론은 기독교가 내세운 것으로 하나님의 존재 근간을 밝힌 우주론이다. "창세기에서는 지구상의 모든 것이 하나님에 의해 창조되었다고 기록되었다."[57] 창조냐 진화냐 하는 문제는 삼라만상이 어떻게 해서 생겨나게 되었는가에 관한 것인데, 창조론은 창조주가 창조했다는 것이고 진화론은 저절로 생겨났다는 관점이다.[58] 모순이란 말이 있듯, 양 론은 동시에 공존할 수 없다. 그렇지만 창조와 진화 외 다른 대안 관점이 있는 것은 아니다. 생명체에 대해서는 외계 유입설이 있지만 그것은 생명의 기원에 관한 논의를 지구 밖으로 옮긴 것에 불과하다. 설사 우주에서 유입되었다 해도 창조냐 진화냐 하는 문제가 해결된 것은 없다.[59] 외나무다리에서 서로가 진리적인 승리를 장담하고 있는 양상이다. 그런데도 창조론과 진화론이 지닌 공통점은 기원에 관한 역사를 지닌 데 있다. 차이가 있다면 진화론은 수긍할 자료를 제시하고 있는데 창조론은 전무했던 것이라고나 할까? 그런데도 창조론이 창조 사실을 굽히지 않은 데는 뭇 존재들이 결코 쉽지 않은 形而上學적 문제들을 내포하고 있어서이다. 존재가 증거만으로 처리될 수 있다면 간단하겠지만 세계에 가로놓인 문제는 쉽게 해결될 수 없다. 존재는 그야말로 신비 자체이다. 한정된 관점으로 왈가왈부할 문제가 아니다. 집중하면 풀

---

56) 「CD 두산동아 세계대백과사전」, 진화론 및 창조론 편.

57) 위의 책, p.51.

58) 「창조론 대 진화론」, 인터넷자료.

59) 위의 인터넷자료.

수 있는 문제도 있지만 아무리 해도 불가항력적인 문제도 있다. 아무리 나누어도 몫이 남는 숫자가 있는 것처럼 창조냐 진화냐 하는 문제도 이와 같다. 현재 결론지을 근거가 없다면 일단은 판단 절차를 유보해야 하는데, 무리하게 결정지으려 하므로 끝없이 논쟁만 반복되었다. 쉽사리 해결될 성질이 아니라는 것이 그동안 일어난 논쟁 역사가 증명한다.

하나님이 본의를 밝히지 않았는데, 누가 근거를 제시할 수 있겠는가? 하나님이 강림하심으로써만 해결될 수 있는 것이므로 성경, 학문 등 그 무엇도 강림 전에는 제한적인 입장을 벗어나지 못했다. 우주와 만상의 기원 문제는 자연을 탐구한다고 해서 해결될 수 없다. 증거하지는 못했지만 오히려 창조 사실을 믿은 신앙이 더 근접한 해결 방법일 수 있다. 직접 지닌 몸된 생명체와 인생의 비밀조차 풀지 못한 인류가 진화를 사실로서 확신하다니……. 학문이 가진 권위를 빌미로 그 이상의 근원된 뿌리를 제거해 버렸다. 진화가 아니라(발전) 오히려 퇴보된 상태이다. 진화냐 창조냐 하는 문제가 그렇게 중요하냐고 반문할 수도 있지만,[60] 이것은 사실을 확인하는 것만으로 끝나는 것이 아니고, 만 존재가 생겨난 대로 다시 돌아가야 하는 미래 문제와도 연관되어 있다. 흙에서 났다면 흙으로 돌아가고 하나님이 창조하셨다면 하나님에게로 다시 돌아가야 한다. 그런데 우연하게 생긴 것이라면 우리가 돌아가야 할 곳은? 하나로 인한 문제가 세계적인 문제로까지 확대되며, 하나를 발생시킨 원칙은 전체 우주에서도 일관된 원칙이 된다. 그렇기 때문에 생물의 영역에서 비롯된 진화론에 대해 "천문학

---

60) 위의 인터넷자료.

자들은 우주가 진화했다고 여기게 되었고, 지질학자는 진화를 지구 역사를 설명하는 도구로 사용하였으며, 물리학자와 화학자는 원자와 분자까지 소립자로부터 진화했다고 여기게 되었다."[61]

그렇다면 개명된 지성들은 어떻게 해서 기독교가 굳게 신앙한 창조론을 버리고 우주가 진화를 통해 구축되었다고 생각하게 되었는가? 그래서 살펴보니 창조론은 기독교가 주장한 유일한 론이 아니었다. 삼라만상이 존재하는 한 세계의 기원 문제는 언젠가는 해결하여야 할 지적 과제이다. 다양한 우주론(창조론)이 고대 때부터 제기되었는데, 각 민족이 펼쳤던 우주론도 알고 보면 세계의 근원과 근본을 세계관으로서 밝히고자 한 과정이다. 그중 성경에서 '태초에 하나님이 천지를 창조하셨다'고 한 것은 기독교 신앙과 신학에서의 근본적인 개념이다. 하나님이 세계의 진실한 의문들을 속속 밝히셨다면 무슨 문제가 있겠는가? 하지만 하나님의 계시를 인간이 이해함에 있어서는 차원적인 거리감을 피할 수 없다. 이런 문제는 방치될 수 없기 때문에 하나님이 새로운 역사를 펼치셨고 믿음만으로는 풀리지 않는 고뇌를 해결하기 위해 이 땅에 강림하셨다. 하나님은 전지하신데 세계에 가로 놓인 근본적인 이슈가 무엇인지 모를 리 있겠는가? 하시라도 세계를 분열시켜서 창조하신 목적을 완수하기 위해 진력하셨다. 그런데도 제반 사실이 강림하신 이후에야 밝혀진 만큼 이전에는 다른 각도에서 논의가 전개될 수 있는 여지가 충분하였다. 섭리가 완수되기까지는 믿음 외 달리 내세울 방도가 없었다. 세계 원리적인 메커니즘으로 승화시키지 못했다.

---

61) 위의 인터넷자료.

기독교가 해결책을 마련하지 못하니까 대안책으로 진화론이 태동된 것이다. 언젠가는 해결해야 할 지성사적 과제인데도 성과가 없었는데 진화론은 과학이란 근대적인 학문 성과를 배경으로 만인이 타당하게 인정할 수 있는 발생 메커니즘을 구축해서 증거물을 제시하였다. 뭇 생명체와 문명 세계가 점진적으로 진화한 것인가, 일정 시점에서 창조된 것인가? 결론부터 말한다면 점진적으로 진화한 것이다.[62] 그리고 세상을 둘러보면 정말 그렇게 된 것 같은 착각에 사로잡힌다.[63] 진화론의 대두로 창조론은 너무도 비합리적인 종교적 심미안으로 전락해 버렸다. 현대에는 교리들마저 비합리적이란 비판을 벗어나지 못하고 있는 실정인데, 가장 객관적이어야 할 창조론이 이해를 불허한 것이라면 진화론 외에 선택될만한 창조론은 더 이상 없다. 계획 대 우연 중에서 계획은 도무지 확인할 길이 없으므로 남는 것은 우연뿐이다. 만상의 기원 문제에 대해 달리 내세울만한 메커니즘을 지성사에서 창출하지 못했다. 생명의 기원설에 대해 無로부터 有가 창조된다는 것은 상식적으로 더 이상 수용할 수 없다. 자연의 엄밀성에 대비해서 진화론은 근시안적인 발상이라고 비판하지만, 창조를 실현시킨 메커니즘을 제시하지 못한 상태에서는 무엇을 통하더라도 진위를 가릴 수 없다. 우주와 생명의 기원설에 대해 어떤 근거도 밝히지 못하고 있는 것이 현 실정이다. '경험적으로 검증할 방법이 없어'[64] 창조론과 진화론 어느 편도 확실하게 승리를 장담하지 못한다. 한편에서는 '많은 지질 화석 자료와 생물학적, 열역학적 지식들이

---

62) 위의 책, p.51.

63) 한때 천동설을 믿었던 장구한 시절이 있었듯…….

64) 「창조론 대 진화론」, 앞의 인터넷자료.

창조를 지지하고 있다'[65]고 주장하고,[66] 이와 달리 진화된 증거를 찾기 위해 끊임없이 정열을 불태우고 있는 학자도 있다.

그러나 정작 밝혀야 할 것은 핵심이 무엇인가 하는 것인데, 진화론은 창조론이 지닌 허점을 딛고 세운 관점인 만큼 보다 개안된 이론인 것처럼 보이지만, 유구한 세월을 거친 우주의 기원 역사가 일부 물적 근거만으로 밝혀질 수 있겠는가? 존재가 지닌 무궁성과 비교하면 유치한 사고 단계를 벗어나지 못했다. 존재는 항상 形而上學적인 요소를 포함하고 있는데, 분열된 모습만 보고 따지려 하였다니! 분열로 인한 질서성은 아무리 소급해도 끝이 없다는 사실부터 알아야 한다. 천지가 창조된 데는 또 다른 차원 세계가 관여된 것인데, 이것을 간과한 진화론자들이 한계 상황에 부딪힐 것은 충분히 예측할 수 있다. 그것이 곧 어렴풋하다고 표현한 만물을 낳은 기원 세계이고 본질 세계이며 창조 세계이다. 하나님이 진리의 성령으로 강림하여 밝힌 창조의 대진리 메커니즘이다. 창조된 본의가 억겁의 세월에 걸쳐 드러났다.

'역사학적 문헌을 통해 문명 역사를 추적한 것은 기껏 6천 년 내외이지만 인간이란 종은 수백만 년 전부터 존재하였고',[67] 창조 역사는 그 이상의 무궁한 세월까지 소급된다. 하나님이 창조 이래 문명 역사를 완성시키기 위해 역사하신 것인데, 세월을 두고 주관된 섭리를 몰라 알이 차지 않은 창조론을 배격하고 말았다. 세계의 분열과 함께한 문명 역사에 대해서 성경은 기본적인 패턴을 차원적으로 기록했다.

---

65) 위의 인터넷자료.

66) "진화론은 고고학과 과학의 발달로 점점 사양길로 걷고 있으며 무너질 날이 멀지 않다."-『구약신학』, 원용국 저, 세신문화사, 1991, p.89.

67) 화석과 더불어 인류가 남긴 유물·유적을 통해서 보면 인류는 적어도 200만 년 전부터 석기를 사용하였음-『인류와 문화』, 앞의 책, p.54.

창조 목적을 이루기 위해 주관하실 뜻을 미리 밝힌 것이라고나 할까? 아직 이루어지지 않았기 때문에 세인들은 성경을 보고도 이해할 수 없었던 것뿐이다. 돌멩이 하나에도 억겁에 걸친 창조 세월이 함께하여 심원하기만 한 데 문구대로만 해석하다보니 제 눈의 안경 격이 되어 버렸다. 진화론이 비판한 창조 기준은 성경의 창세기인데, 창세기는 그 시대에 병존한 고대 문화가 그러한 것처럼 인식이 미분화된 설화적 요소가 다분했다. 이것을 근대인들이 지닌 인식으로 비교하다보니까 도무지 이해되지 않았다. 도대체 창조는 어떻게 하여 無로부터 일체를 존재하게 한 것인가? '하나님이 말씀으로 우주 만물을 無로부터 창조하셨는데 맨 처음 빛을 창조하시고 물과 하늘, 흙과 식물, 천체, 물고기와 새, 동물, 기는 것, 인간의 순서로 6일간에 걸쳐 목적을 달성하셨다'[68]고 하였는데 상식적으로 이해할 수 없다. 창조는 이루어졌더라도 그렇게 해서 창조된 바탕이 분열하기까지는 억겁에 걸친 생성 과정이 필요한데, 어떻게 無로부터 천지가 창조되었는지는 아무도 알 수 없다. 이런 상태인데 찰스 다윈이 진화론을 주장하므로 창조론이 위협받게 되었다.[69]

우주의 기원 문제에 대해 강림하신 하나님이 창조론과 진화론에 대해 핵심적인 문제를 판가름한 결과는 분명하다. 창조 관점에 입각할진대 천지 간에서 하나님의 역사 손길을 벗어난 대상은 하나도 없다. 그렇다고 진화론이 전격 배격되는 것은 아니다. 진화는 변화의 역사인 동시에 존재의 역사이기도 하므로 대우주가 운행된 과정을 통관하면 세계의 차원적인 거리감이 뚜렷해진다. 천지가 창조된 이상

---

68) 「CD 두산동아 세계대백과사전」, 창조론 편.
69) 위의 세계대백과사전 편.

일체 근거는 세상 자체 안에 있다. 따라서 세계가 분열을 완료하면 차원성에 가린 거리감도 극복된다. 그것도 진화론이 증거로 내세운 學的 성과를 토대로 해서 말이다. 여기에 하나님이 진리의 성령으로서 강림하신 보배로운 권능과 지혜가 있다. 진화된 요인들이 세계 안에서 섭리적으로 관장되지 않았는데 확산되었을 리 만무하다. 진화론도 창조성을 진리로서 파악한 것인데 하나님의 뜻을 몰라 세상이 집단적으로 착각 속에 빠졌다. 본의를 깨닫지 못하므로 진화론이 하나님을 배격한 무신론의 도구로 사용되었다. 진화론은 하나님의 역사 안에서 포용되어야 할 진리로서의 일맥이었던 것이지 전면적으로 부정할 수 있는 대상이 아니었다.

진화론이 파생시킨 문제점이 무엇이라는 것을 만인은 이 연구가 이룬 본말 규정 성과를 통해 알아야 한다. 세계의 기원은 부분적으로 놓고 보면 진화적이고 전체적으로 놓고 보면 창조적이라는 것인데, 이 같은 기원의 대계를 밝힌 자 누구인가? 태초의 천지 창조에 관여하신 분이고 억겁의 세월 동안 함께하신 분이며 일관된 목적 의지로 역사를 주관하신 분이다. 생생한 진리 역정을 이끄시고 문명 역사의 본말을 매듭지으신 분, 그 분이 이 땅에 강림하신 하나님이시다. 창조된 근거는 끝내 세상 가운데서 확인되어야 하므로, 일체를 가닥 지을 수 있는 분은 태초 이래로 천지 역사를 주관하신 하나님이시다. 창조된 비밀은 결집된 성경도 구축된 학문도 아닌, 하나님이 성령으로 역사하셔서 해결하실 것이었으니, 하나님은 태초 이래로 무엇을 하셨는가? 창조된 진리성을 분열시키기 위해 노심초사하셨다. 하나님이 진화론의 본말을 밝힘으로써 대지성사적 과제를 해결하셨다.

2. 진화론의 세계적 확산 요인

기독교인들은 하나님이 천지를 창조한 창조주란 사실을 신앙으로
지지하고 있다. 창조가 상식으로 통용되고 있는 기독교 사회에서 찰
스 다윈은 어찌하여 새로운 학설, 그러니까 "생물은 장기간에 걸쳐
단순한 것으로부터 복잡한 것으로 진화한다는 설을 내놓고 생존경쟁,
자연선택, 적자생존 같은 개념을 제시하게 되었는가?"[70] 지금은 자연
의 생태 모습과 문명 역사를 통해 충분하게 인준된 개념이지만, 처음
발표되었을 때는 주위로부터 강력한 공격과 비난을 받았다. 창조신에
대한 개념이 없는 동양 사회에서는 발상될 수도 없고 발상되었다 해
도 즉각적인 반응이 없었을 것이지만 서양의 기독교 사회는 달랐다.
생물학을 넘어 사회 과학과 인문 과학으로까지 확산되어 사상계 전
반에 영향을 미친 것은 서양 사회에서 창조론에 대한 인식이 보편화
되어 있기 때문이기도 하다. 진화론이 창조론을 밟고 일어섰다. 발상
은 기초부터 터를 닦는 것이지만 반론은 덧붙일 수 있는 근거만 확보
하면 된다. 그래서 진화론은 창조론이 지닌 근본 개념에 대해 문제된
요인을 보완해서 세상 가운데 등단하였다.

진화는 창조에 대해 전적으로 반대편에 선 개념이다. 기독교에서
는 '모든 종류의 생물이 神에 의해 따로따로 창조된 후 변하지 않고
고정되어 있다고 믿는데(종의 불변설)',[71] 자연 과학이 발달함에 따라
생물은 진화한다는 생각이 대두되었고, 영국의 학자인 찰스 다윈이
종은 변화한다는 근거를 사실적인 탐구와 관찰을 통해 확인하였다.[72]

---

70) 『문화사』, 나종일 외 2인 저, 한국방송통신대학, 1991, p.243.
71) 「CD 두산동아 세계대백과사전」, 진화 편.

종이 변화한다는 것은 자연 가운데서 일어나고 있는 일반적인 현상인 것 같다. 이런 사실을 다윈이 『종의 기원』이란 책에서 밝혔다. 확인된 종의 변화 현상을 관찰해서 기술한 것이므로 사실은 사실로서 인정된다. 하지만 문제는 그 같은 근거들에 대해 접근한 이해 방식에 있다. 종의 변화 현상을 해석한 자연 선택과 적자생존이란 인식 메커니즘에 문제가 있는 것이라고나 할까? 종이 변화한 메커니즘을 이후에 따로 지적인 사유를 통해 모색했던 것이다. 동일한 현상도 바라보는 관점은 다를 수 있으며, 세계관적인 뒷받침이 없으면 편협할 수 있다. 무슨 말인가 하면 어떤 사실에 대한 의미 해석이 문제이다. 종은 절대 불변한 것이라고 여긴 이해상에 있어 불미가 있을 수도 있고, 종이 변화한다고 한 사실에 대한 아류적 해석도 있을 수 있다. 누가 창조론을 일컬어 불변한 종의 대명사라고 하였는가? 하나님이 그렇게 단언하신 것인가? 창조된 본의를 그와 같은 방식으로 꿰뚫은 것인가? 종의 불변성 이면에는 세계를 영원하게 뒷받침한 본질성과 벗어날 수 없게 된 차원성이 내포된 사실을 왜 모르는가? 무궁한 변화는 영원성을 유지하기 위한 생성 시스템인데 변화하고 있는 사실만 부각시켜 영원한 창조 시스템을 곡해한 것이므로, 진화론은 시작부터 창조를 알지 못한 상태에서 설정된 한계 관점이다. 만물은 생성함을 통해 변화하고 변화함으로써 영원한 것이다. 변화함을 통해 세계를 불변하게 한다(?).

만물은 유전한다. 하지만 진화론적인 관점에서는 "뭇 생물이 환경

---

72) 다윈 이전에도 일부 근접된 진화론이 주장되었으나 받아들여지지 않았는데, 다윈은 진화론에 대한 수많은 근거를 제시하였고, 그와 같은 사실이 일어날 수 있는 메커니즘(자연선택)을 구안하여 체계지었기 때문에 세상적으로 받아들여져 확산됨.

속에서 생식을 통해 대를 이어가는 사이에 변화하고, 구조나 기능이 간단한 것으로부터 복잡한 것으로, 적은 수의 종류로부터 많은 종류의 수로 갈라진 것처럼 볼 수도 있다."[73] 그러나 변화가 진척되는데 있어서는 어김없이 한계선이 있다. 만물이 변화하는 것은 세계를 지속시키기 위한 메커니즘적인 일환으로서, 그와 같은 사실을 추적한 진화론은 뭇 생물이 거친 발자취에 대한 확인일 수도 있지만 사실은 변화의 폭을 근시안적으로 바라본 한계성의 노출일 가능성이 더 농후하다. 존재 생성의 무궁함에 비해 진화 개념은 변화된 요인들을 담아내기가 너무 협소하다. 창조된 질서가 얼마나 지성적인가 하는 것을 우리는 자연을 탐구함으로써 겨우 발견하고 있는 중이다. 자연은 영물이다. 자연은 태초로부터 창조된 과정을 모두 겪은 직접적인 장본인이다. 일체를 본유한 상태인데 무엇이 진화한단 말인가? 구유된 창조 바탕을 분열시키는 데 억겁의 세월이 지났다.

진화론은 출발 단계부터 저차원적인 철학 기반 위에서 많은 문제점을 안고 수립된 이론인데 괄목할만한 지지 기반을 획득하게 된 이면에는 진화론으로서 지닌 진리성보다는 창조론에 반한 주장과 그 시대가 필요로 한 이데올로기적 역할 비중이 있었기 때문이란 사실을 간과할 수 없다. 여기에 진화론이 지닌 가변적 속성이 있다. 자연선택은 인간이 바라본 인위적인 사유적 결정 관점이지 천지 만물이 정말 그와 같은 메커니즘으로 운위된 존재 상황이 아니다. 無에서 有를 낳은 창조 법칙이 아니다. 창조론이 설명하지 못한 메커니즘을 채운 사고물일 뿐이다. 만물이 존재하게 된 기원 문제에 대해서는 진화

---

73) 위의 세계대백과사전 편.

론이나 창조론도 인식을 같이 한다. 그런데도 창조가 세상 이해와 너무 동떨어져 버려 메커니즘을 설명할 연결고리를 찾지 못했다. 진화 쪽으로 사유하게 된 이유이다. 진화 외에 달리 내세울 수 있는 방도가 어디에도 없다. 대안책으로서 주장된 것인데도 당시 영국 사회의 산업 구조와 맞아떨어져 제시한 생존 경쟁 원리가 합리적으로 수용되었다.[74] 세계를 이룬 원리 메커니즘으로서 어필되지 못하고 사회적인 요구에 편승한 부산물이란 사실은 진화론이 처한 가변성을 역력하게 증거한다. 가변적인 이데올로기가 자본주의 제도 구축을 부추겼던 것을 감안한다면 생존 경쟁 원리를 모토로 한 진화론은 현재도 유효한 이데올로기이다. 수차례에 걸쳐 치명적인 수정 과정을 거쳤는데도 일반적인 상식인 것처럼 떠받들어지게 된 이유도 여기에 있다.

다윈의 영향을 받은 "H. 스펜서는 인종 차별이나 약육강식을 합리화해(사회 다윈주의) 강대국의 식민 정책을 펼치는데 진화론을 이용하였다."[75] "생물 진화의 추진력인 생존경쟁·약육강식·자연도태·적자생존을 이념적으로 도구화해서 중국과(아편 전쟁) 인도를 잠식하였고, 교회의 반대에도 불구하고 젊은 산업자본가들에 의해 진보 사상으로서 인정받았다. 아무리 다윈이 개인적으로는 위대했더라도 배후의 사회적인 지지 세력이 없었다면 어려운 생물학 이론이 대중화되었을 리 만무하다."[76] 진화 사상은 새로운 부르주아(bourgeois) 계급의 중요한 정치 이념으로서, "자본주의의 발흥을 위한 이데올로기로서 정착되었다."[77] 진화론을 환영한 집단 세력들에 의해 사상적으로 세

---

74) "다윈의 자연선택설은 영국의 산업자본주의의 발전을 반영한 것이며, 자유경쟁에 의한 번영의 이념을 생물계에 도입한 것으로 간주되기도 한다."- 위의 세계대백과사전 편.

75) 위의 세계대백과사전 편.

76) 『인간의 역사』, 安田德太朗 저, 이상옥·임동권 공역, 교문사, 1962, p.40.

계관화 되다 보니 도출된 문제점의 본질대로 진화론은 창조 사실을 전면 부인한, 완전히 유물론적이고 기계론적인 세계관을 확산시킨 동력이 되고 말았다. '카를 마르크스는 생존 경쟁을 계급투쟁의 개념으로 변용해서 공산주의 이념을 확립하였고',[78] 니체가 부르짖었던 초인 사상, 히틀러가 생각한 아리안족의 우월 사상 등은 다윈의 진화론을 확장시킨 이념이다. 정치학, 문학, 철학, 심리학, 교육학 영역에서도 진화론이 끼친 사상적 영향은 지대했다.

교육 공무원 사이에서 논란이 된 성과급제는 서구 사회가 가진 진화론적인 이념에 입각한 행정 쇄신책이지만, 능력 있는 자가 부족한 자를 도우면서 살아가는 것을 미덕으로 삼고 있는 동양적 인륜 사회에서는 가치관 측면에서 거부감이 크다. 서양 문화의 무조건적인 수용과 선진적인 인식관에 대해서 우리는 보다 근원된 본질성에 입각해서 창의적인 제도를 창출해야 한다. 방편으로 세운 서구의 제반 제도와 세계관에 대해서 인류 사회는 창조된 본의를 알고 문명사회에 적용할 보다 바람직한 제도를 창출할 수 있어야 한다. 그중에서도 천만 년 창조 역사를 보위한 한민족이 인류를 구원할 수 있는 제도를 창출하기 위해 앞장서야 한다. 세계는 진화론이 세운 가변적인 관점으로 인해 처처에서 종말 국면을 맞이하였으므로, 한민족은 이 같은 사태를 똑바로 직시해야 한다. 한민족은 창조론을 대신할 만한 본체 역사를 보유한 당당한 민족으로서 세계관적 나래를 펼치리라. 천지를 창조하신 하나님이 세상 어느 곳도 아닌 대한민국의 하늘 아래서 강

---

77) 『엔트로피(Ⅱ)』, 제레미 리프킨 저, 김용정 역, 안산미디어, 1996, p.129.

78) 카를 마르크스는 엥겔스에게 보낸 편지에서, '자연환경에서 생물의 경쟁에 관한 다윈의 생각은 계급들 간의 경쟁과 관련된다'고 말했다.- 「창조론 대 진화론」, 앞의 인터넷자료.

림하셨다는 사실을 선남선녀들은 주지해야 한다.

3. 진화의 핵심 메커니즘 요인

종은 하나님이 천지를 창조하신 이후로 변하지 않고 고정되어 있다는 창조론에 대해 다윈은 고정 불변한 종에 대한 변이, 즉 변화를 확인하고자 하였다. "현재 지구상에는 조건이 서로 다른 환경 속에서 수많은 종류의 생물들이 살고 있다. 이미 알려진 것만 해도 동물이 약 120만 종, 식물이 약 50만 종이며, 아직 알려져 있지 않은 종들도 상당수인 것으로 추산된다."[79] 창조론에서는 하나님이 따로따로 종을 창조하였다고 하였지만, 다윈은 "생물이 환경 속에서 생식을 통해서 代를 이어가는 가운데 변해서 된 것이란 진화적 관점을 제시했다."[80] 상반된 견해인데, 관찰을 통해 확인한 수많은 종들에 대한 설득력 있는 주장인 것은 틀림없다. 근원을 추적하면 결국 공동 조상으로까지 도달하겠지만 다양한 종들이 여러 세대를 거치면서 점차 변화한 결과 지금은 헤아릴 수 없는 종들이 분포되었다는 뜻이다. 변하고 변한 결과 차이가 너무 현격해서 이질적인 종이 된 것이다. 주장이 이러한 데도 창조론은 단지 믿는다는 것 외에는 별다른 설명이 없다.

생물학자들은 보다 명백하게 이해를 구했다. 다윈은 오랜 관찰과 실험을 통해서 궁금한 문제에 대한 "해결의 열쇠가 바로 변이의 연구에 있다는 사실을 알았다."[81] 그리고 진화 메커니즘을 타당하게 세우

---

79) 「CD 두산동아 세계대백과사전」, 진화 편.

80) 위의 세계대백과사전 편.

81) 「서양과학의 흐름」, 송상용 저, 강원대학교출판부, 1993, p.247.

려고 노력했다. 종이 변하는 것이라면 어떤 영향력 있는 요인이 있는가? 종의 창조와 불변성을 거부한 상태에서 하나님의 창조 목적과 의지가 변화 요인이란 것은 더 이상 지탱될 수 없다. 그렇다면 종은 과연 어떤 요인에 의해 변화했는가? 다윈이 구한 것은 변화를 일으킨 원동력이었다. 그래서 착안한 것이 곧 '종은 기하급수적으로 수를 늘려가는 데도 개체의 수는 놀랍게도 일정하다는 두 사실로부터 생존 경쟁을 연역하였고, 모든 생물은 다르다는 변이와 생존 경쟁으로부터 자연 선택을 이끌어내었다. 당시에 유행했던 맬더스의 논법을 적용하여 환경에 보다 잘 적응한 변이는 살아남고 그것은 유전되어 새로운 종으로 진화한다'[82]고 본 적자생존적 메커니즘을 세웠다.

진화를 일으킨 요인 설정은 참으로 많은 문제점을 안고 출발한 것이 사실이다. 이것은 이전에 주장된 라마르크의 획득형질 유전을 기본 원칙으로 삼은 것인데(用不用說 채용),[83] 획득한 형질이 정말 유전되는 것이라면 진화를 일으킨 메커니즘으로서 손색이 없다. 그러나 이후로 유전에 대한 연구가 진척됨에 따라 결말을 보지 못하였고 복잡한 양상까지 띠었다.[84] 20세기 초에는 유전자의 불변성이 믿어짐으로 또다시 새로운 변이 요인을 찾아 나서게 되었다. H. 드 브리스의 달맞이꽃에 의한 돌연변이설(1901), J. P. 로티에 의한 교잡설(1916), 격리설 등이 세워졌고, 1937년경부터는 변이·자연 선택·격리 등의

---

82) 위의 책, p.247.

83) "체계적인 진화론을 처음으로 제시한 사람은 J. 라마르크였다. 그는 『동물철학-1809』이라는 저서에서 동물분류학·생명론·감각론과 함께 진화사상을 상세하게 기술하였다. 즉 라마르크는 무기물에서 자연발생한 미소한 원시적 생물이 그 구조에 따라 저절로 발달하여 복잡하게 된다는 전진적(前進的) 발달설과, 습성에 의해 획득된 형질이 유전함으로써 발달한다는 설을 함께 설명하였다."- 「CD 두산동아 세계대백과사전」, 진화론 편.

84) 획득형질의 유전문제가 부정되기도 하고(신다윈설) 긍정되기도 함(신라마르크설).

요인을 종합한 생물 진화 메커니즘이 제시되기도 하였다. 1945년 이후에는 분자 생물학이 발달함으로 분자 수준에서 진화 문제를 논의한 단계에까지 이르렀다.[85] 변이에 대해 확신을 가지고 요인을 찾아 나섰지만 잡힐 듯 말 듯하면서도 결말을 보지 못한 수렁에 빠져 버렸다.

진화 메커니즘은 결국 새로운 종이 어떻게 해서 생겨나게 되었는가 하는 것이 관건인데,[86] 변이된 사실로서 제 현상을 일치시키고자 하지만 초점이 맞지 않는다. 진실은 오직 하나, 사실만 세계적 구조와 합치된다. 사실이 아닌 것은 아무리 애써 맞추어도 진심 구조와 일치될 수 없다. 지성들이 진화 요인을 그토록 구했는데 얻지 못한 것이라면 그것은 사실적인 요인과 초점이 맞지 않은 때문이다. 새로운 요인을 찾게 되고, 다양한 설들이 난무하므로 나중에는 지지부진하게 되었다. 중요한 원동 요인은 가닥조차 잡지 못한 상태인데 진화 사실을 확정지어 버렸다. 진실이 왜곡되므로 결말을 보지 못한 수렁 속에 빠졌다.[87] 모르면 용감하다는 말이 있듯, 천지가 창조된 항구성을 알지 못해 변이 메커니즘으로 창조 질서를 무너뜨려 버렸다. 종이 종이된 것은 인과에 따른 결정성인데도, 종이 변이에 의해 형성된 것이고 계속 자연의 선택적인 명령에 의해 방향도 없이 변화할 것이라니! 진화 메커니즘은 종이 지닌 영원성을 가로막는 종말 단막이고, 세계의 결정적인 형상 틀을 무산시킨 극단적인 목적 파괴 요인이다.

'플라톤으로부터 라마르크에 이르기까지만 해도 형상은 실재하며 변이는 환상이었다. 그런데 다윈은 이를 뒤집어 타입은 추상에 지나

---

85) 위의 세계대백과사전 편.

86) 위의 세계대백과사전 편.

87) 최초 발상부터가 규정된 세계의 영구함을 근본적으로 뒤엎으려고 한 무모함임.

지 않고 변이만 실재한다'고 했다.[88] 감히 신성한 창조 질서를 뒤엎은 죄악이다. 이로 인해 유전자를 인위적으로 조작하는 작태까지 저질렀다. 존재한다고 해서 그것이 다 인간다운 삶은 아니다. 지켜야 할 것은 지켜야 한다. 마음대로 생각할 수 있다고 해서 근본까지 거스른 발상을 해서는 안 된다. 다윈 자신으로서는 학문적으로 확신을 가진 신념의 피력이었겠지만 그로 인해 저질러진 정신적 폐해는 참으로 엄청났다. 일부 영혼들만 세계적 진실로부터 눈멀게 한 것이 아니다. 그래서 하나님이 이 땅에 강림하시게 된 것은 그 자체가 준엄한 심판으로서의 역할이 크다. 무엇 때문에 인류가 죄악 가운데 있다는 사실을 명백히 했는가. 세계는 창조로 인해 영원한 것인데 진화 메커니즘은 시작부터 이 같은 요인을 무시했다. 이것이 문제이다. 천지는 예외 없이 영원한 것인데 변하고 변해서 달라졌다니! 창조성을 분열시키면 세계가 영원한 요인은 밝힐 수 있을지 몰라도 진화한 요인까지는 추출할 수 없다. 변화 요인은 무궁한 창조 요인 안에 포함된다. 가능성 있는 창조의 다양성에 대한 부분적 표출로서 구유된 창조성에 대한 상태라는 사실을 알아야 한다.

창조는 다양한 유동성을 허용한 바탕 본질에 근거한다. 변이는 차원성에 의해 한계 지어져 있어 종이 외부 환경에 적응하기 위해 얼마나 변화할 수 있는가 하는 것은 學的으로 밝혀야 함이 마땅하다. 창조는 통합 본질을 근거로 한 무궁한 메커니즘으로서 언제나 생성시킬 수 있는 가능성 상태에 있다. 그래서 생성으로 인한 변화는 늘 새로운 것이지만 그것은 이미 존재한 것이다. 그런데도 드러난 사실만 보

---

88) 『서양과학의 흐름』, 앞의 책, p.248.

고 관찰하다 보니 바탕된 본질 구조와 차이가 있게 되었다. 다윈은 '첫째, 생물은 변이가 따른다. 둘째, 그 변이는 유전된다. 셋째, 모든 생물은 유리한 변이를 한 생물이 자연의 선택에 의해서 보전되어 살아남는 생존 경쟁의 상황에 놓여 있다. 변이가 주어지고 그 변이는 유전되며 자연에 의한 선택이 있으면 진화와 적응적인 변화가 일어날 것이다'고 했다. 이것이 가장 기초가 되는 진화론의 바이블이다. 하지만 짚고 보면 첫 조건부터 심대한 장애에 부딪힌다. 변이가 유전되다니! 유전이기 이전에 그 이상의 요인들이 유전에 의해 영원하게 존속되었던 사실을 알아야 한다. 변이가 유전된 것이라면 다른 것은? 변이만 유전되는가? 원숭이가 사람이 될 수 있는 요소만 유전되어서 원숭이와 인간이 갈라서게 된 것인가? 미국의 육상 스타였던 칼 루이스는 오직 준족인 유전 특성만 물려받아서 세계에서 제일 빠른 사나이가 되었는가?

변이 요인에 관해서도 상황은 마찬가지이다. 유전되기 이전에 변이는 어떻게 해서 변이되었는가? 자연의 변화에 적응하기 위해서 자체 시스템을 작동시킨 것인가? 하지만 유리한 변이를 한 생물이 자연에 의해 선택되어 살아남게 되었다고 하여 초점을 피했다. 풀어야 할 것은 변이를 일으킨 메커니즘인데 주객을 전도시켜 버렸다. 변이 상황을 자연이 선택하였다니! 그렇다면 그런 선택이 있기 이전에 종이 존재한 요인은 무엇인가? 우연인가? 자연 선택이 부차적인 것으로 밀려나 버린다. 변이는 자체 요인에 의해서 구축된 것이고 이것을 자연이 선택했다고 본 것은 논리적으로도 궁색한 주장이다. 진화를 일으킨 순서를 따진다면 자연 선택이 변이를 일으킨 주된 요인이란 사실을 설명해야 한다. 하지만 자연 선택은 이런 조건에 합당한 동력 요인이 아니다. 말 그대로 변화 요인과 상관없이 선택할 수 있는 기능만 있다. 자연이 있어 선택이 있었고 그렇게 해서 선택된 변이가 유전되어 종이 갈라진 것이라면, 자연은 이미 뭇 종들을 포함한 자연이다.[89]

그렇다면 자연은 과연 어떤 선택을 통해 변이를 유전시켜 존재하게 한 것인가? 진화론은 지극히 국소적인 생명체의 변이 현상을 토대로 하여 우주 전체의 생성 메커니즘을 틀 잡으려 한 희대의 공상 과학적 기도이다. 우주의 기원 문제를 마음대로 소급, 전제하여 앞뒤를 분간할 수 없게 만들었다. 종이 변이된 현상도 관철시키기 어려운데 우주에까지 진화 관점으로 꿰어 맞추려 들었다니! 진화론은 우주의 생성 기원을 설명할 어떤 메커니즘 요인도 제시하지 못했다. 적용할 만한 하등의 원리적 근거가 없다. 심원한 생성 체계로부터 도출시켜야 하는데 일부분에 속한 변이 현상을 근거로 하였다니! 물론 우주는 인간이 쉽게 근접하기 어려운 영역이기는 하지만, 우주의 무궁성을 내포한 천지 창조 역사가 있지 않은가? 핵심은 규모의 정도를 떠나 다 통하게 되어 있는데, 진화론은 그것을 몰라 테두리만 맴돌았다. 진화론은 종의 변이가 유전되기 이전에 종으로서 지닌 유전 성향이 유전적 인자의 교차 법칙에 의해 유전된다는 것을 전제한 것으로, 생명 법칙이 어떻게 해서 결정된 것인지는 어떤 진화 메커니즘을 동원하더라도 설명할 방도가 없다. 이것은 진화 요인이 그대로 창조 요인이기 때문에 일어난 역설적인 한계이다. 자연 선택을 내세워보지만 유전 법칙의 결정성에 비할 것은 아니다.

연구가 진척됨에 따라 유전에 관한 법칙의 비밀이 밝혀진다 하더

---

89) 자연은 통합성적인 존재이다. 변이로 말미암아 종이 존재하기 이전에 자연은 이미 뭇 종들을 존재하게 할 가능성을 지녔음.

라도 만고불변한 유전 현상이 어떻게 해서 주어지게 된 것인가 하는 것은 알 길이 없다. 드러난 것을 보고 판단하는 범위 이상은 벗어날 수 없다. 결정된 유전 요인은 결정된 생명 요인 가운데서는 찾을 수 없다.[90] 그런데도 끝내 미련을 버리지 못하고 있어 진화 요인이 공전을 거듭했다. 아예 답을 구할 수 없는 본질적인 의문에 대해 지금부터라도 진화론이 지닌 요인과 창조 요인을 구분해야 한다. 구분하면 진화 메커니즘이 어느 면에서 보더라도 결함 사항이 농후하다는 사실을 알 수 있다. 생존 경쟁과 자연 도태 메커니즘은 영국이라는 국가가 절실하게 필요한 사회적 요청 이데올로기였다는 것 외, 자연 현상이 지닌 진심 세계와는 동떨어졌다. 일부는 사실적인 요인도 있지만 전체성과 연관 짓지 못해 심대한 오판이 저질러졌다.

진화론의 선구자에 속한 라마르크나 다윈은 당시에 시대가 처한 한계가 있었기 때문에 창조된 생성 시스템을 대관할 수 없었다. 천지가 창조된 사실을 무시한 채 외부의 형태적인 변화를 관찰한 것만으로 진화 메커니즘을 구축했다. "라마르크는 종은 환경의 영향을 받아 변화한다 했고(用不用說) 다윈 역시 생물은 환경에 적응하여 변화한다고 했다. 모두 획득 형질을 근간으로 한 것이지만, 종의 변화에 자연적인 생명의 힘이 작용하여 자연이 행하는 점진적 발달에 따른다고 한 라마르크의 견해보다는 다윈의 자연도태설을 보다 설득력 있게 받아들였다."[91] 하지만 이와 같은 요인만으로 뭇 종이 지닌 생명 현상을 다 설명할 수 없다는 것은 명약관화하다. 부족함이 보이므로 다시 눈을 돌려 획득 형질의 돌연 변이로 신종이 생긴다는 드브리스의

---

90) 창조된 본질 내에서 찾아야 함.
91) 『인간과 자연과학』, 자연과학교재연구회 편, 학문사, 1995, p.83.

돌연변이설을 보태었고, 오늘날은 유전자 표류나 이동과 같은 분자 생물학적 수준에까지 도달했다. 그런데도 보이는 것은 결국 한계뿐이다. 진화 요인은 세계 가운데 있는 어떤 요인을 동원해도 해결하기 어려운 形而上學적 문제로서 창조론에 속해 있다는 사실을 알아야 한다. 인류가 향후 어떤 노력을 쏟더라도 천지 만물을 낳은 진화적 요인은 어디서도 발견할 수 없다.

그렇다면 천지가 창조된 진실 관점에 따라 진화론이 처한 한계 본말을 다시 한 번 짚어 보자. 그렇게 하면 이 연구가 밝힌 창조 메커니즘으로 능히 삼라만상 제 현상을 구조적으로 일치시킬 수 있다. 진화적인 접근으로는 불가능한 모순을 일시에 푼다. 하나님이 창조주이신 것이 대진리력으로 증거된다. 진리의 성령으로서 역사하신 지혜로서 말이다. 풀 한 포기도 고이 보존되었던 것이 하나님의 뜻일진대, 문명 역사가 나아갈 길은 명백히 진화가 아니라 하나님의 고귀한 창조의 뜻을 받드는 것이었다.

4. 진화 요인과 창조 요인의 본질

다윈은 진화론을 주장했지만 천지 만물이 어떻게 진화에 의해 발생된 것이고 지금도 진행 중인가 하는 것은 확증하지 못한 문제이다. 적어도 확증하기 위해서는 반드시 결과를 이룬 "진화 경로(진화의 경향성 포함)와 요인 또는 메커니즘을 밝혀야 하며, 원칙을 바탕으로 해서 일치시켜야 한다."92) 결과를 보고 원인과 과정과 요인 경로를 추

---

92) 「CD 두산동아 세계대백과사전」, 진화 편.

적한 만큼 앞뒤가 꼭 맞아 떨어져야 한다.[93] 요인은 만상을 발생시킨 원인과 법칙이 되어야 하고, 추호도 어긋남이 없는 역사가 되어야 한다. 진화는 만상을 이룬 존재가 빠짐없이 겪은 실질적인 과정이다. 마땅히 진화된 증거와 경로와 요인 삼자가 일치되어야 한다. 그리하면 원한 대로 진화가 창조를 대신할 수 있다. 요인은 만사에 걸쳐 궁극성을 필요로 하는 중대한 문제이다. 요즘도 심심찮게 학계에서는 진화의 증거 사실을 확인했다는 연구 결과를 발표하는데, 신문에 실린 한 내용을 보면, '핀치의 부리'를 연구하면서 20여 년을 바친 한 과학자 부부가 갈라파고서 제도에서 핀치종의 부리를 관찰하였는데 모양과 크기, 단단함의 정도 차이를 통해 그들의 생활 방식과 경쟁, 번식과 종의 다양성에 미친 영향을 보고 다윈이 그토록 갈망했고 이후 대다수 진화 생물학자들조차 증명하기 어렵다고 여긴 진화의 생생한 증거를 발견했다(진화의 신비가 새 부리 속에 있었네!). 핀치종의 흥망사는 진화의 원동력이고 자연 선택이 그들의 하루하루 생존에 어떻게 작용한 것인가를 보여주는 생생한 기록 영화라고 했다.[94] 하지만 진화된 사실이 그토록 어렵게 발견되어서야! 더군다나 한두 가지 사실이 어떻게 천지가 창조된 발생 요인을 총체적으로 대신할 수 있겠는가? 사실 추적이 어렵다면 그것은 다윈이 제시한 자연 선택 요인에 문제가 있었다는 뜻이다. 정말 사실이라면 백 가지와 통하고 만 가지와도 통해야 하는데, 한두 가지 사실도 확인하기 쉽지 않다. 정말 요인이라면 백 가지를 동시에 꿰뚫어야 한다.

만물이 진화된 것이라면 진화는 창조된 바탕 역할을 하고 창조가

---

93) 만상이 존재하고 있는 상황과 일치시켜야 함.

94) 「동아일보」, 2002년 1월 19일, C3 인문·사회면(『핀치의 부리』, 조너던 와이어 저, 이한음 역)

지닌 形而上學적 요소까지 포함해야 한다. 변이 요소를 한두 가지 발견 했다는 것은 능사가 아니다. 요인으로서 갖춘 자격을 놓고 보면 자연 선택이 얼마나 빈약한 잣대인가 하는 것을 알 수 있다.[95] 形而上學적인 요소까지 내포한 것이 창조인데, 진화 요인은 지극히 단편적이다. "진화(evolution)는 외계의 영향과 발전에 의해 간단한 것으로부터 복잡한 것으로, 하등에서 고등으로, 동종(同種)에서 이종(異種)으로 체제가 변화하고, 장구한 시간의 경과와 더불어 생물이 변화하여 가는 것을 말한다(소진화와 대진화)."[96] 정말 장구한 세월만 보장된다면 무엇이라도 변신시킬 수 있도록 마술을 부리리라. 간단한 것→복잡한 것으로의 진행 방향과 격차가 자연 선택을 통해 유도된 변이에 따라 결정되다니! 모든 새로움이 변이 메커니즘으로서 뒷받침되다니![97]

천지는 운행된 법칙이 그러하듯 있는 것이 존재한 것을 있게 하는 것이고, 없는 것으로부터는 아무 것도 존재하게 할 수 없다. 나란 존재는 없는 가운데서 존재하였지만, 그 없음도 있음이 지닌 가능한 존재 기반 때문이다. 이치(창조 기반)로서 볼 때 간단한 것→복잡한 것, 하등→고등, 동종→이종으로 이행되게 한 진화 작용이 세상 가운데는 없다. 자연 선택에 의한 변이 경로는 있음을 가능하게 한 바탕 위에서 분화된 사실을 거꾸로 본 것이다. 관찰한 바로서는 간단한 것→복잡한 것으로 보았지만, 사실은 일체를 구유한 통합 본체로부터 분화된 상태이다. 통합 본체가 분화되지 못한 상태에서는 만 가지도 하나일 뿐이므로 간단한 것처럼 보이지만, 사실은 복잡하고 고등한 만 가

---

95) 참된 진화의 창조 요인은 백 가지 증거 사실을 곧바로 꿰뚫어야 함.

96) 『자연과학』, 박승재 편저, 지학사, 1995, p.264.

97) 진화론은 생물의 다양성을 연속성과 가변성이라는 2개의 기본 가정을 바탕으로 설명하고자 하는 입장임- 위의 책, p.265.

지 이종성을 모두 함유한 상황이다. 동일한 변이 요인인데 이렇게 보면 진화이고 저렇게 보면 창조이다. 그런데 아무리 살펴보아도 창조로 인한 분화 상태인 것을 알 수 없는 것은 천지가 창조된 본질 요인을 아직 계시받지 못해서이다. 차원적인 장애벽에 가린 역행 법칙은 無로부터의 창조를 의미한 것인데도(어떤 형태로든 無로부터의 창조는 없음) 진화가 일으킨 것으로 믿었다(착각 마술). 모든 것을 구유한 통합성이 분열하지 못한 상태이므로 간단한 것처럼 보인 것인데도 겉모습만 관찰해서 진화된 것으로 착각했으니, 無가 有를 낳을 수 없는 상식을 거스른 것이다.[98] 원래의 창조 방식이 그러하듯 어떤 이행과 발전과 창조로도 아무것도 없는 無로부터는 有를 창조할 수 없다. 진화를 발전으로 본 것은 더욱 그렇다. 그런데도 인문·사회과학자들이 진화 메커니즘을 세계를 형성한 원동 요인으로 수용했다. 그래서 인류학자들은 문화도 '일정한 단계를 거치면서 목표를 지향해 점진적으로 발전(진화)한다'고 믿었을 정도이다.[99][100]

발전만 거듭하면 새로운 창조를 달성할 수 있는가? 간단한 것이 복잡해지고 고급스럽게 되어 새로운 종으로 전환될 것인가? 그 실례로서 인간은 원시 생명체로부터 진화된 것인가? "400만 년 전에는 침팬지의 용량과 별로 다르지 않았던 인간의 두뇌 용량이 점점 커져 오늘날 세 배가 된 것인가?"[101] 영국의 헉슬리(1825~1895)는 동물과 인류의 관계를 연구해서 사람과 원숭이는 조상이 같다[102]고 말한 생물학

---

98) 창조 시스템은 이미 有한 존재 시스템으로부터 분화된 것임.

99) 『인류와 문화』, 앞의 책, p.221.

100) 영국의 인류학자인 타일러는 1871년에 출판한 그의 저서에서(『미개문화–Primitive Cultuer』), '모든 사회는 야만 단계·미개 단계·문명 단계 등의 3단계를 거쳐 발전한다'고 주장하였다.– 위의 책, p.222.

101) 위의 책, p.236.

자인데, 바로 이 같은 예가 발달의 가능성을 추측한 심대한 착각이다. 그렇게 해서 도달하게 된 결과가 원숭이와 인간 간의 격차라고 한다면, 발전은 종차를 이룬 진화 메커니즘과도 이질감이 크다. 표면적인 모양과 기능 위주로 고등성 여부를 판단했다. 형태는 비슷하지만 원숭이는 원숭이고 인간은 인간이다.[103] 진화론자는 '지구상에서 현존하는 것들이 매우 다양한 것은 각 사회의 진화가 서로 다른 단계에 머물러 있기 때문'이라고 주장하는데,[104] 이것은 존재하고 있는 원숭이와 침팬지와 인간을 진화의 단계 선상에서 함께 나열시킨 것과 같다. 발전에 대한 인식은 인간이 관념상으로 구분한 것일 뿐, 존재한 종들과 사회 문화와는 무관하다. 발전은 주어진 분열 질서에 대한 인식일 뿐이다. 발전 자체는 진화에 대해 어떤 목적과 방향성도 제시할 수 없다. '자연주의나 우연성'[105] 외는 기대할 것이 없다. 그래서 다윈은 생존에 적응되지 않은 것은 도태하고 적응하는 것은 보존되어 후대에 걸쳐서 번식한다는 무작위적인 자연도태설을 채택했다.

진화론은 여기서도 메커니즘 문제에 있어 '모든 유기체가 주변 환경과 상호 관련성을 맺고 있다'[106]고 여긴 의존성을 드러내었다. 자연 선택과 적자생존설은 진화 요인을 매듭지은 것이 아니라 무량한 수렁으로 빠트린 형국이다. 스스로를 얽어맨 종속성을 드러내었다. 자연이 어떠하냐에 따라서 하수 요인인 종의 적응 여부가 결정되는데, 적절한 방도를 취하지 못한 종은 제거된다? 그렇다면 자연 선택

---

102) 『재미있는 철학강의』, 한수영 외 저, 중국청년출판사 간, 이성과 현실, 1989, p.41.
103) 드러난 차원성이 확고하지 못하면 창조된 특질 세계는 존재할 수 없음.
104) 위의 책, p.222.
105) 『과학과 성경』, 조원희 저, 인터넷자료.
106) 『인류와 문화』, 앞의 책, p.232.

이란 절대지(?)는 종들이 취할 다양한 진화 방식을 사전에 알고 있었단 말인가? 마치 물고기가 수많은 알을 낳아 종족을 보존시키는 것처럼…….107) 진화 요인은 필요한 부분만 발췌해서 끼워 맞춘 조잡한 발상이다. 앞뒤가 전도된 진화론을 지성들이 지지하였다니! 현란한 착각 마술에 대해 인간의 이성 기능이 혹한 결과이다.

하나님은 창조 시 인간이 추구할 이상적인 완수 목적을 미리 설정하셨다. 그런데도 세상 가운데서는 적정 궤도를 이탈한 실패작이 나올 수 있다. 끝내 하나님의 뜻을 깨닫지 못한 우둔한 작품이다. 그래서 하나님도 이것만은 도태시켜 멸절할 수 있게 조치하신 것이니, 냉철한 순수 창조성을 존속시키기 위한 거름 장치이다. 인류에 대해서도 구원에 대한 계획을 사전에 천명해서 나아갈 방향을 유도하셨다. 창조하신 목적을 달성하기 위해 직접 섭리 역사를 주관하신 것이니, 적자생존과 자연 도태가 일어난 현상 가운데서도 하나님의 속뜻이 배여 있지 않은 것은 없다. 창조 시스템이 부실하게 적용된 실패작은 도태되고 완벽한 것은 보존된 것이므로, 적자생존이란 현상 가운데서도 진화론자들이 찾고자 한 메커니즘 요인은 끝내 없다. 자연 도태와 적자생존이 자연 속에서 행사된 실질적인 작용력일진대, 그것은 구원을 위해 마련된 유지 대책인 것이지 자연 자체가 능동적으로 선택한 지성 요인은 아니다. 이들을 창조 요인으로 본다면 또다시 원인 추적 문제가 끝이 없어진다. 진화가 우수 요인은 선택해서 보존하고 열성 요인은 도태시켜 제거하는 메커니즘이라면 최초 우수성은 어디로부터 주어진 것인가? 창조는 처음부터 우수성을 설정하지 않고서는 성

---

107) 누가 생존할 것인지는 神도 모를 것임.

립될 수 없는 메커니즘이다. 그렇지 않으면 자연이 대신해서 우수성을 감별한 고도의 지성 능력을 갖추었다는 것을 전제해야 한다. 따지고 보면 자연 도태는 놓여 있지도 않은 계단을 밟고 고층 빌딩을 올라갈 수 있다고 여긴 격이다. 그리고 이런 오류 인식에 대해 한 몫 보태고 있는 것은 현재의 존재 상태를 전제한 판단이다. 맞추면 꼭 들어맞을 것도 같지만 자연 선택과 적자생존이 오늘의 존재를 있게 한 창조 요인이 아니라는데 대해서는 난감함을 금할 길 없다.

그렇다면 진화가 지닌 메커니즘의 본질은 무엇인가? 그것은 바로 있음을 변화시킨 부분적인 작용 요소라는데 있다. 그런데 놀라운 것은 그런 변화가 종을 유지하고 적응시키기 위해 섭리적으로 예비된 제한적인 요소였다는 사실이다. 천지를 이룬 창조 요인에 근거해서 일부 요소가 변화를 일으켰다. 변화는 창조된 바탕성에 근거한 것이므로 아무리 변화해도 그런 변화만으로는 새로운 것을 창조할 수 없다. 무수한 세월을 담보로 변화된 것이 쌓이고 쌓이면 새로운 종이 될 것 같은 생각도 들지만, 진화는 영원히 변화의 궁극을 볼 수 없는 한계가 있다. 그런데도 진화론자는 한계는 생각하지 않고 변화된 모습만 보고 전체 우주까지 유추하였고, 무기 물질로부터 진화된 유기 수프가 뭇 생명 탄생의 원천인 것처럼 판단했다. 창조 요인은 항상성에 바탕된 것이지만 자연 선택, 돌연변이, 이주, 격리 등은 지극히 우연적인 요소들이다. 얼마 정도 불가능한 것인가는 확률로서 따져 보아도 알 수 있다. 진화 요인에 격 맞아 떨어진 조건은 하나도 없다. 결과를 보고 과정을 끼워 맞추었다.[108] 만물의 생성이 그러하듯 만상

---

108) 진화의 방향성과 목적적인 선택결정은 결과를 보고 과정을 끼워 맞춘 착각임.

이 끊임없이 변하는 것은 당연한 현상인데, 이런 변화 요인을 진화론자들이 능동적인 창조 요인으로서 극대화시켰다.[109] 形而上學적인 작용 세계의 도움을 받아야 했는데, 진화론자들은 전혀 정보를 제공받지 못했다.

부처님은, '만물은 부단히 변화하고 있으나 그 변화에는 변화할 원인이 있기 때문에 변화한 결과를 맺고 있다. 제행무상 가운데서도 영구불변한 인과 법칙이 있다'고 설했다.[110] 제행무상[111]인데 변화를 일으킨 인과 법칙의 한계를 인식함으로써 種豆 得豆, 종과(種瓜) 득과(得瓜) 법칙을 갈파하였다. 만물의 변화는 생성에 바탕을 둔 것이고, 파악하지 못해도 원인은 있는 것이므로, 그것이 창조인으로서 불변인 세계를 지배한 법칙이다. 만물은 창조와 함께 생성하였고, 생성함으로 변화가 있었으며, 변화했기 때문에 영원성을 유지할 수 있다(?). 종들의 일부 변화가 창조 요인을 함유한 목적적인 분열성과 한계성을 확실하게 드러내었다. 진화를 통해 변이가 지닌 한계성은 볼 수 있어도 궁극성은 볼 수 없다. 진화는 진행 방향에 대해 끝을 알 수 없는 개념이다. 진화에 있어서 궁극은 없다. 창조된 시공간과 삼라만상이 無始 無終한데 부분적인 변화로 어떻게 궁극적인 진상을 드러낼 수 있겠는가? 진화의 궁극성은 차원이 다르다. 현세의 끝이 현세 가운데서는 없다. 변화에 근거한 진화는 끝이 없는 그것이 바로 결정된 법칙이다. 본질적으로 변화는 한정이 없다. 한정되어 있어야 그것을 채워 새로운 시스템을 갖춘 종을 탄생시킬 수 있는데, 한정할 수 없다

---

109) 뭇 종이 변이된 변화의 요인과 본질을 단편적으로 관찰한 한계성임.

110) 『불교철학개론』, 서경보 저, 명문당, 1963, p.49.

111) 제행무상: 불교의 三法印의 하나인데, 우주의 만물은 항상 돌고 변하여 같은 모습으로 정착하여 있지 않음.

면, 변화를 통해 무수한 종이 존재하게 되었다고 본 진화 메커니즘은 억측이다.

변화 메커니즘은 창조 요인이 될 수 없다. 참된 요인 방식이 밝혀지기까지는 궁극적인 形而上學적 요소를 섭렵한 장구한 창조 섭리가 완수되어야 했다. 창조된 본의를 알아야 진화가 지닌 요인을 해명할 수 있다. 하나님이 강림하셔야 했다는 점에서 진화론은 하나님의 본체 인식과 강림 역사를 공고히 하기 위해 역사 위에 등단한 메커니즘인지도 모른다. 한계벽에 부딪혀야 창조의 무궁함을 안다. 진화론이 지닌 한계성의 도출로 지상 강림 역사가 메커니즘적으로 통찰될 수 있게 되었다.

5. 진화의 창조 메커니즘

어떤 경우에도 원칙적인 문제에 있어서 원래 없었던 것이 존재할 수는 없다. 그런데 참으로 재고해야 할 것은 없는 것을 존재하게 한 그것이 창조이므로, 이 같은 사례를 기준으로 하고 보면 무엇이 정말 진화이고 창조 메커니즘인지 분간할 수 있다. 그래서 진화론을 놓고 보면 거기에는 결단코 만물을 無로부터 有되게 한 요인은 없다. 만물을 생겨나게 한 문제에 대해서는 일체 언급이 없다. 변화를 일으킨 요인은 말 그대로 존재하고 있는 상태에 대한 변화 외 아무것도 아니다. 최초의 창조 상황일 수 없다. 있음을 사전에 전제한 상태에서의 메커니즘이다.[112] 주어진 세계를 통해 현상화된 영역을 판단했다. 변

---

112) 『역사의 이해와 비판의식』, 박성수 저, 종로서적, 1980, p.66.

하고 변해서 만물이 되었다지만, 그 변화도 결국 있음 이상의 경계선은 벗어나지 못한다. 있음의 변화란 말 그대로 변화일 뿐, 창조가 아니다. 다윈이 제시한 자연 선택 요인도 그것은 사전에 있음을 전제한 상태일 뿐이다. 선택은 만물이 존재해야 가능한 부차적인 것이다. 백보 양보하여 자연 자체가 우성을 선택할 수 있는 지성체라면 그것은 자연이 태초에 직접 창조를 경험한 것이라고 할 수 있다. 선택이 창조 메커니즘으로 인정될 수 있는 유일한 가능성이다. 선택 현상으로서는 진화에 대한 방향성과 목적성을 감지할 수 없지만 일관된 작용인 것으로 관찰된다면 그것은 자연 전체가 창조를 경험했다고 해석하는 것 외 달리 근거가 없다. 우리가 자연을 통해 발견한 원리들은 새롭게 창조된 것이 아니다. 나중에 알아차리게 된 것일 뿐…… 자연은 그런 지각과 발견 이전부터 모든 것을 갖추고 있었다.

자연은 인간의 지성적인 면모와 비교할 수 없다. 인간만 세상 이치를 지각하고 있는 고등 동물이 아니다. 지식의 최고 보유자가 아니다. 그렇게 자부한 지성적 앎만큼 인위적이고 편협한 관점도 없다. 자연 선택은 얼마나 필요한 부분만 발췌해서 끼워 맞춘 관념인가? 인간은 아직도 자연의 본질을 다 파헤치지 못한 상태인데 자연이 모든 것을 꿰뚫어보고 고도의 지성적인 목적 활동(선택)을 한 것이라면 이것은 자연 전체가 창조를 경험하지 않고서는 불가능한 일이다. 개체들의 생명 활동이 총체적으로 지성을 갖추었다. 더 이상 진화가 필요 없을 만큼 완벽한 통체 구조를 지녔다.[113] 최초 출발부터 완전하지 않고서는 존재할 수 없도록 시스템을 구축하였다.[114] 다윈의 영향을 입은

---

113) 진화는 창조를 필요로 하지 않음.
114) 창조는 완벽하다.

스펜서는, '진화는 미결정체로부터 결정체로의 변화이고 혼돈체로부터 질서 있는 것으로의 변화'라고 하였는데,[115] 어떤 결정체나 질서도 처음부터 존재하지 않은 것은 생겨날 수 없다. 완전함을 상정하나 완전함에 대한 실질적인 근거는 창조에 있다. 존재하고 있어도 분열하지 못해 드러나지 않은 잠재 요인이 여기에 해당된다.

변화와 진화를 모두 갖춘 통합성으로부터의 분열 현상으로 본다면 온갖 변화가 그렇게 분열시킨 원인성 안에 있다. 변화를 일으킨 방향성과 역사된 목적성이 드러난다. 만물일체는 원래 하나인 통합 본체로부터 분열된 것이고 그 상태에 대한 인식이다. 그런데도 진화론을 말한 학자들은 종의 점진적인 변화에 대한 증거를 찾기 위해 화석의 중간 단계를 찾아서 지구의 지표면을 헤집고 다녔다. 진화 요인을 창조 요인으로 전환시키지 못하고 끝까지 무작위적인 선택의 산물인 것으로 고집한다면 내세울 것은 정말 우연밖에 없다. 자연의 치밀한 합목적성을 명철하게 탐구한 과학자들이 무작위성을 진화를 일으킨 지성 요인으로서 채택하였다니! 주사위 놀음으로 神의 주재 섭리를 대체시키려 들었다니![116] 이런 판단들이 인류가 종말을 자초한 요인이다. 지성인들은 진화 메커니즘이 지닌 창조 요인을 똑바로 직시해서, 만물이 그와 같은 창조를 경험했기 때문에 진화적인 요인까지도 함유하였다는 사실을 자각해야 한다. 창조를 안 것은 하나님과 자연이지만 성령으로 역사하시어 밝혀지게 된 것은 진화의 창조 메커니즘을 통해서이다. 심대한 착각에서 깨어나게 했다.[117] 天・地・人이

---

115) 『세계사상 대계 3(인간의 발견)』, 박종홍・이종우・정석해 감수, 신태양사, 1965, p.342.
116) 『진화론과 과학』, 마이클 덴턴 저, 임번삼・전광호・우제태 공역, 한국창조과학회, 1994, 머리말.
117) 천지창조의 본의를 깨닫게 하심.

함께한 문명 역사 가운데서도 진화론은 인간적인 입장에서 길을 개척한 것이지만, 강림하신 하나님은 그들의 숱한 고뇌와 노고를 다 포용하고 계셨다.

6. 진화의 차원 한계

진화론적 주장은 현재 생존하고 있는 무수한 종들에 대해서 존재하게 된 원인 메커니즘을 찾고자 한 노력이다. 어떤 있음의 변화 상태, 혹은 변화를 일으킨 원인, 그리고 알고자 했던 것들이 무수한 종을 낳은 원동력이다. 그런데도 진화를 일으켰다고 한 요인을 보면 인위적인 사고 시스템으로서 근접한 이해 관점이지 직접 만상을 있게 한 결정 법칙은 아니다. 생물은 나름대로 생존하고 있을 뿐인데, 자연선택과 적자생존은 과연 만상 가운데서 어김없이 적용되고 있는 법칙인가? 진화가 만상을 이룬 원동력이 되기 위해서는 만물을 결정한 법칙보다 더 상위인 시스템 체제를 갖추어야 했다. 그런데도 진화론은 기대와 다르게 다윈이란 한 생물학자가 순수한 학문적 입장에서 종들의 변이 현상을 설명하려고 한 가설 외 아무것도 아니다. 어디를 놓고 보아도 세계를 영구화할 수 있는 법칙이 아니다. 돌연 변이도 특별한 상황을 들추어 낸 것일 뿐이다.[118]

하지만 이 연구는 진화 요인의 한계성을 간파한 상태이므로 종들의 창조가 어떻게 이루어진 것인가 하는 정보를 시사 받을 수 있다. 진화론자는 변이된 근거를 찾다보니 비정상적인 요인들을 주목하였

---

118) 자연환경의 변화와 유전적인 돌연변이 등을 요인으로서 내세움.

지만, 정말 눈여겨보아야 할 것은 보편성을 띤, 만상 위에서 두루 적용된 항상적인 원리인가 하는 점이다. 세상에는 수백만이 넘는 종들이 있는데 그 종들이 모두 돌연 변이 같은 이유로 생긴 것이라면 그것은 어디서도 적용된 일반 법칙이 되어야 한다. 예를 들어 인간은 유전 법칙을 알고 있는데, 이 법칙은 종의 다양성 가운데서도 개체를 변하지 않게 한 것으로서 누대에 걸쳐 영원하다. 존재의 고유성을 보존하고 있기 때문에 생명 현상 가운데서도 확고한 법칙으로 인정하고 있다. 그러나 진화 메커니즘은 이런 당연한 법칙까지 거부한 관점 위에 있다는 사실을 모른다. 존재는 결정된 법칙이 있어 진화 메커니즘이 창조 요인화되기 위해서는 당연하게 법칙화되어 있어야 하는데, 오히려 반대로 벗어나려 하였다. 억지로 구축한 관념틀로서 결정 법칙과 동떨어져 있다. 세상 이법과 별개이다. 道와 진리는 항상적인데 법칙은 진화하는 것인가? 법칙은 그렇게 진화할 수 없다. 주어진 불변성을 모토로 해서 세계의 영구성을 구축하고 있지 않은가? 끊임없는 생성 활동을 통해 항상성을 유지시켰다. 진화는 자연의 법칙이 아닐 뿐 아니라 원리로 운위되고 있지도 않은, 인간이 자연 현상을 이해한 사고적 체제이다. 그러니까 아무리 자연 현상과 맞추어 보아도 원래 자기 틀이 아닌 바에는 딱 맞아 떨어질 수 없다. 존재하는 구조와 진화된 진행 방향과 구축된 메커니즘을 일치시켜야 하는데, 진화는 이들과 거리감이 크다.

메커니즘이란 특정 영역에만 적용될 수 없다. 물질과 존재계 전반에 걸쳐 있는 우주적 영역이다. 창조 요인으로서 갖추고 있어야 하는 당연한 조건이다. 진화가 창조 요인이라면 만사에 걸쳐 있는 원리를 다 꿰뚫어야 한다. 어떤 경우에도 창조를 낳은 원리는 하나이다. 삼체

원융무애론(三諦圓融無碍論)이 시사하는 본질 바탕 원리이기도 하다
(천태 철학).

> "우주의 본체는 是空이요, 우주의 현상은 是假이며, 우주의 妙用은
> 是中이다."[119]

만물이 두루 변화하여 나타나지만 바탕 본체는 하나이다. 드러난
존재는 가합이요, 가합을 위한 변화는 천지가 하나 되고자 한 목적
운동이다. 가합은 아무리 무수하게 변화해도 결국은 하나이고 하나인
창조 본질의 현현이다. 천지를 낳은 메커니즘은 제반 形而上學적 요소
와 결합되어야 만상의 원리성을 꿰뚫을 수 있다. 메커니즘 요인은 모
든 것을 있게 한 본질 작용 가운데 있는데 진화론은 그 근거를 전혀
엉뚱한 곳에 두었다. 인식의 차가 너무 커 뭇 종 간의 이종과 변신을
도무지 이을 수 없다. 그런데도 진화론자들은 변화만 거듭하면 언젠
가는 이 격차를 메울 수 있다고 여긴다. 존재를 한정한 분열성과 이
것을 넘어선 창조는 차원성이 가로 놓인 초월적인 문제이다. 아예 차
원이 다른데 제한된 테두리 안에서 실마리를 풀려다보니까 억지 주
장이 되어 버렸다. 하루살이 곤충은 세월을 알지 못하듯, 진화론자는
창조의 차원성을 몰라 진화적인 체제를 전부라고 여겼다.

만상은 변하고 변하지만 인간은 인간이다. 처음에는 원숭이처럼
네발로 걷다가 주위를 멀리보기 위해 직립하는 자세를 취하려고 애
쓰다보니 직립하기 좋은 모양으로 변하였고 지능도 발달하여[120] 지

---

119) 『불교철학개론』, 앞의 책, p.65.
120) 『인간의 역사』, 앞의 책, p.33.

금과 같은 모습을 갖추게 되었을 수는 있다. 원숭이류 중에서 인간이 될 요인만 활성화되어 4수류의 원숭이가 2수류의 인간으로 진화하였고, 그 외 요인은 모두 억제되었다? 그래서 인류의 원조상이 원숭이라고 한다면 이런 논리밖에는 다른 논리가 없다. 예나 지금이나 원숭이는 원숭이로서 존재하고 있고 인간은 인간으로서 특성을 유지하고 있는 것이 생명의 역사이다. 부여된 특성 경계를 허물어지지 않도록 한 차원적인 시스템이다. 종간에 있어서 차원이 다른 경계 문제는 창조론과 진화론이 오랫동안 논쟁한 해묵은 과제였다. 하나님이 강림하시어 밝힌 것도 항구적인 창조 요인에 대한 개관 문제였다.

창조란 무엇인가? 창조는 뭇 존재를 있게 한 무한 시스템이다. 창조가 없었다면 세상에 존재할 것은 아무것도 없을 텐데, 존재하고 있는 것은 창조가 그렇게 결정한 것이다. 생성 시스템이 뒷받침되었다. 그런데 근본적인 바탕까지 변한다? 불가능하기 때문에 만상이 변화하는 것은 바로 근본으로 귀환하기 위한 것으로서, 아무리 변화해도 근본에는 변함이 없다. 바탕은 항존하기 때문에 물질은 화학적인 변화를 일으키고 도마뱀은 생태적으로 변신해도 본질은 자체 지닌 본성을 유지하고 있다. 진화는 가변적인 요소로서 창조된 존재 특성을 영구하게 하기 위한 일환이란 것을 안다면 만물이 다양한 가운데서도 어떻게 하여 세계의 고유성을 보존시키고 있는지 이유를 알 수 있다. 진화는 변화한 특수성을 강조했지만 창조는 동시성이고 일관성이다. 단지 세계가 분열을 완료하지 못한 관계로 현현되고 되지 못한 차이가 있는 것일 뿐, 뭇 존재는 없었던 것이 있게 된 무한한 생성성을 내포한다. 그런데도 진화론은 현재 주어져 있는 조건들을 추출해서 유사한 종들을 나열하였고, 어떤 종은 진화 단계상 원시 생명체로 보면서도, 어떤 종은 고등 동물로서 격상시켰다. 어떻게 그렇게 격차가 생기게 된 것인지 이유도 모른 채…… 알아야 '무기물이 어떻게 유기물로 변하느냐'[121]한 지적 놀음을 그칠 수 있다.[122] 창조된 만물은 주어진 성향을 영원하게 유지하고자 한 것이 특성이다. 그런데도 무수한 세월이 흐르면 물이 포도주로 변할 수 있다고 생각한 것은 자연의 엄밀성에 비추어 얼마나 상식에 어긋나 있는가? 진화 단계에서는 그 무엇도 알파와 오메가가 함께한 통합 차원을 벗어날 수 없는데 진화론자는 일상사인 것처럼 여겼다. 펼쳐 놓은 진화론 전반이 그러하다.

우리는 뭇 존재가 분열을 완료한 뒤라야 총합성에 도달한 궁극성을 볼 수 있다. 밑도 끝도 없는 다종, 이종, 변종에 대한 변론보다는 총체적으로 하나 됨을 볼 수 있는 관점의 확보가 필요하다. 진화론은 합당한 이치를 내포하고 있는 것처럼 보이지만 사실은 차원이 전혀 다른 영역이다. 만상은 분열 중이기 때문에 충분히 그렇게 생각할 수 있지만 개가 개 안에서 일어난 변화를 아무리 집약시켜도 호랑이는 될 수 없다. 개가 정말 호랑이로 변할 수 있다면 천지가 어떻게 되겠는가? 호랑이로 변해야 할 만큼 특별한 환경적 요청이 있었던가? 아니면 개의 진화 방향이 호랑이에게 목적이 있었기 때문인가? 호랑이로 변할 수 있다고 상상할 수는 있어도 그렇게 되기 위해서는 일체 조건이 격 맞아 떨어져야 하는데, 정작 세계는 무요구적이다. 진화론은 합리성을 가장해서 우연을 메커니즘으로 택했다. 하나님을 향한 한 가닥 믿음의 끈마저 잘라버린 인류는 무량한 우주 속을 정처 없이

---

121) 『기독교 신학개론』, 루이스 벌코프 저, 신복윤 역, 은성문화사, p.102.

122) 물고기가 새가 되고 새가 원숭이가 되었다면 그것은 종이 고유한 특색으로 창조되기 이전에 공통된 조상으로부터 진화하였다는 말에 대한 원인 근거일 수 있음.

방황하고 있다. 때가 되면 밝혀질 문제인데 기다리지 못한 조급함이 있었다. 하지만 아무리 길을 헤맨 진화 문제도 세계가 분열을 완료하면 해결의 기미가 보인다. 진화론도 사실은 미완수된 창조론의 한 분야이다. 진화론이 확산된 것은 하나님이 진리의 성령으로서 역사하신 섭리 발자취일진대, 보혜사는 참으로 만 인류와 만 영역이 선천 세월을 바쳐 애타게 기다린 완성의 주이시다. 진리의 태양이시다.

7. 진화의 창조 법칙

너와 내가 조작하지 않았는데 삼라만상이 존재한 것이라면 그것은 하나님이 아니고서는 불가능한 창조 역사이다. 그런데도 이 같은 창조 권능을 거부하고 인류가 택한 것이 만물은 변화함으로 발달한다는 진화론 방식이다.[123] 하지만 창조된 방식을 따른다면 '창조란 無에서부터 무엇을 산출한다, 혹은 기존 자료를 사용하지 않고 창조한다'는 의미가 된다.[124] 세계는 원인 없이 존재할 수 없다는 원칙에 대해 창조는 가장 걸맞은 조건이다. 단지 無로부터의 창조는 너무 고차원적이기 때문에 증명하기 어려운 단점이 있다. 창조가 없었다면 어떤 자료도 동원할 필요가 없고, 창조되었더라도 일단은 차원적인 변화이므로 세상 가운데서는 근거를 찾기 어렵다(無). 그렇다면 그 근거는 도대체 어디에 있는가? 창조 이전에 존재한 분은 하나님이 유일하기 때문에 하나님이 아니고서는 추적할 길이 없다.[125] 그런데도 하나

---

123) 「CD 두산동아 세계대백과사전」, 진화주의 편.

124) 『기독교 신학개론』, 앞의 책, p.90.

125) 유출설: 하나님과 세계는 본질적으로 하나인데, 세계는 神적 존재로부터 필연적으로 유출된 것으로 봄-위의 책, p.93.

님은 세계를 초월해 계시고, 창조된 바탕체마저 무형의 형태이다 보니 아무도 볼 수 없었다. 그래서 지성들은 차선책으로 갖가지 진화 방식을 모색하였다. "하나님과 물질이 다같이 영원하다고 본다든지, 물질의 영원설을 취했다."126) 창조는 포기하고 정작 중요한 포인트는 가정으로 처리했다. 첫 단추를 잘못 끼워 결과 구조가 어긋나 버렸다. 있음이 전제된 상태에서는 아무리 합당한 이론 체계라도 창조론일 수 없다. 제3의 차원적인 존재를 상정해야 최초의 원인 문제를 해결할 수 있다.

그래서 이 연구는 미지의 X 상태는 그대로 둔 채 가능한 현실 조건들은 이콜(=)로 처리했다. 산은 오르지 않아도 높이를 잴 수 있는 측량 기법이 있는 것처럼, 일단 일군 진리를 통해 요구 조건을 충족시키면 초월적인 미지 영역(X 상태)을 가늠할 수 있다. 지금까지 이 연구가 해결해 온 방식으로서 더 부언할 것이 있다면 상정된 것과 성업을 통해 밝힌 것과의 차이를 구분하는 정도이다. 하지만 창조를 증거하지 못한 상태에서는 전제된 관점을 통해 과정을 일치시킨 방식을 택할 수밖에 없다. 천지 만물이 이미 구유된 사전 있음 상태로부터 출발되었다는 판단이 그것이다. 그리고 그 사전 있음의 근거가 곧 하나님이시다. 하나님이 일체 有함에 대한 근거이다. 만세 전부터 有함을 바탕으로 해서 메커니즘을 구축하셨다. 그러면 창조된 有가 有를 있게 한 방식이 되어 순리적이다. 존재한 세계 내에서 無로부터 有를 창조한 것이란 무리수를 두지 않아도 된다. 창조 전에 하나님이 모든 것을 구유하고 계셨다는 인식은 방편상으로 전제한 것이기는 하지만

---

126) 위의 책, p.92, 100.

종국에는 거부할 수 없는 사실로서 확증된다. 현현되지는 않았더라도 하나가 전체이고 전체가 하나인 상태이다(통합성). 통합성은 진실로 삼라만상을 생성시킨 바탕체로서 인과 관계를 결성시킨 근원이다. 창조가 그러하듯 통합성은 처음부터 완전하였고, 삼세 간에 걸쳐 시공간 전체를 본유했다.

그렇지만 통합성이 분열하고 있는 현상계에서는 존재와 인식이 어떤 상황에 처하더라도 제한적인 한계성에 직면한다. 세계와 존재의 본질은 통합성 상태로 존재하지만 우리가 보고 경험하는 것은 분열로서 드러난 현상적인 모습뿐이므로, 분열되지 않은 것은 볼 수 없다. 완전하게 생성된 이후라야 진리의 전모를 판단할 수 있는데 진화는 변화된 과정을 관찰한 관점이므로 미완인 인식 상태를 벗어날 수 없다.[127] 세계가 완성되어야 세계에 대한 판단도 완전한 것인데 진화는 진화를 위한 목표조차 알 수 없다. 어디서부터가 시작이고 어디에 도달할 것인지 가늠할 수 없다. 하지만 창조는 모든 것이 완비된 바탕 본체로부터 시작되었다(통합성). 그러니까 세계를 이해하는 과정이 곧 세계를 완성하는 과정이 되고, 완비된 통합체로부터 분열될 수 있게 되었다. 차츰 완성되어 가는 것처럼 보이지만 사실은 완성된 것이 분열하기 때문에 완성될 수 있다. 일체 가능한(창조) 시스템이 가동 중이기 때문에 만사는 놓인 계단을 어김없이 밟고 올라갈 수 있다. 존재에 대한 기원은 사전에 계단(창조)이 놓여 있기 때문에 추적할 수 있다.[128] 이런 완비 상태로 인해 자칫 영구물질설로서 주장될 만도 하다.

---

127) "과학은 자연계의 참 자태를 찾아내려는 한 노력이며, 현재도 그 과정에 있다."－「창조론 대 진화론」, 앞의 인터넷자료.

128) 이미 모든 것이 구유된 통합성 상태임.

이것은 인식자가 처한 위치에 따른 관점이다. 전체를 모르면 진화로 보이고 생성 세계를 대관하고 보면 통합성으로부터 분열한 것이 된다.[129] 그러니까 분열 중에는 통합된 상태를 볼 수 없고, 창조의 완전함과 분열 이전의 하나 상태, 존재 이전의 선재 상황을 인식할 수 없었다. 전국적으로 개봉되어 있는 영화라도 자신이 직접 보지 못하면 내용을 알 수 없다. 통합성 상태도 마찬가지이다. 제 현상은 통합성이 분열함에 따른 창조 목적의 완성 일환이다. 통합성은 현상 간에 드러난 원인과 결과를 모두 지니고 있어 인과 법칙을 결정한 원천이다. 원인이 드러나기 전에 결과까지 함재해 천지 창조를 실현시켰다.

완비된 통합 바탕으로부터 분열을 통해 드러난 생성 상황을 진화론자들이 일부 판단했다. 그만큼 진화는 천지가 창조됨으로 인한 생성 본말을 일관 짓지 못했다. 관점이 제한된 관계로 모순된 상황을 도리어 자연 현상을 이끈 법칙으로 착각했다. 통체 상태로부터 분열된 것인데 현상계 위에서 표출된 특성만 보았다.[130] 이해할 수 없고 설명할 수 없지만, 그래도 인정할 수밖에 없었다는 것이(모순의 변증법) 통합성이 지닌 비밀이다. 세계가 다양한 것은 그런 다양성을 분열시킨 통합성 때문이다. 그런데도 다양성을 설명하고자 한 진화 메커니즘이 세계적 실상을 거꾸로 설정해 버렸다. 완성을 지향해서 뭇 종들은 생성 이전부터 통체인 결정 구조를 갖추고 있는데, 이것은 진화가 아니라 창조로 인해 결정된 것이다. 통체 구조는 삼라만상을 일시에 꿰뚫을 수 있는 판단 기준이다. 진화된 증거들도 사실은 창조를 증거하는 근거로서 전도될 수 있고, 진화론이 지닌 모순을 일시에 해

---

129) 만상으로 분열된 만물은 만 가지로 보일 수도 있지만 하나로 볼 수도 있음.

130) 만 가지로 보임.

소시킨다. 진화는 처음부터 끝까지 점진적인 변화를 내세우지만 최초 형태가 너무 발달되어 있다는 것은 진화론이 설명하지 못한 맹점 중 맹점이다. 생명체는 발생 때부터 일체를 완비한 통체 구조를 갖추었다. 차후에 필요성이 있어 개조된 흔적이 전혀 없다. 목적에 합당하게 완성된 결정체인데 진화가 웬 말인가? 통합적인 창조 기반은 삼라만상 전체에 일괄 적용된다.[131]

창조는 완전하게 완비하신 하나님의 존재 본체를 근거로 해서 출발되었다. 선택과 퇴화도 알고 보면 창조가 있었기 때문에 가능한 것이라 할 수 있고, 단순한 것으로부터 복잡한 것으로의 이행 과정도 통합성이란 차원에서 보면 완전한 것(단순)으로부터 분열된 것(복잡)이 된다. "유럽인들은 진화의 개념을 인간 사회로까지 확대 적용시켜 진화된 것을 문명이라 하고 반대를 미개로서 표현했는데, 여기에는 다분히 문명 상태가 발전된 것, 혹은 개화된 정도에 따른 진화 개념이 깔려 있다."[132] 그렇지만 문명과 미개는 발전이라는 개념으로 양분될 수 없다. 현대 문명은 고대 문명으로부터 분화된 양상을 통해, 그리고 고대 문명은 미분화된 통합 양상을 통해 현대 문명의 씨앗을 모두 간직하였다. 현대 문명이 갑자기 돌출되고 외계로부터 이식된 것이 아닌 한, 발달이란 개념은 통합성이 이룬 분열 개념 안에 남김없이 흡수된다.

생명체가 지닌 유전이란 현상도 마찬가지이다. 존재를 지속시킨 시스템인 유전은 뭇 존재가 창조를 경험해야 가능한 이행 복사이다.[133] 창조는 처음부터 완전한 시스템을 장착한 유전 현상을 설명할

---

131) 생명체에만 해당되는 것이 아님.
132) 『인류와 문화』, 앞의 책, p.21.

수 있다. 有가 有를 낳은 창조 시스템으로서 '종은 늘 같은 것이 늘 같
은 것을 생산하는'134)135) 유전 특성을 충족시킨다. 진화론은 진화의
유전학상 증거로서 '옛날 사람들이 농작물이나 가축의 품종을 인위
선택을 통해 개량한 사례를 드는데',136) 문제는 그 같은 변이가 지닌
한계선이다. 창조는 본질이 변하지 않도록 결정한 것이다. 사과는 아
무리 개량해도 오렌지가 될 수 없다. 항구적인 유전 법칙은 그렇게
결정된 창조 법칙이다. 벗어날 수 없기 때문에 만물은 부여된 종으로
서의 특성을 유지한다. 진화론자는 제 방면에 걸쳐 역행된 시각을 가
졌는데, 그 이유는 선재된 통합 본질을 알지 못해서이다. 어떤 경우에
도 시각차는 있지만 창조로 인한 결과는 결국 동일하다.

　화석은 새로운 지층일수록 더욱 발달된 생물의 모습으로 나타난다
고 하는데, 보기에 따라서는 간단한 것에서 복잡한 것으로 변화한 것
이 아니라 종 내에서의 분화 정도에 따른 차이일 수 있다.137) 원시인
은 눈이 하나였는데 지금은 두 개이고 앞으로는 3개가 될 것이라면 진화
개념에 맞지만 실질적인 양상은 이와 다르다. 헤겔은 처음으로 동물계의
계통수를 작성했고,138) 린네는 생물을 계(界-kingdom)→문(門-phylum)→
강(綱-class)→목(目-oder)→과(科-family)→속(屬-genus)→종(種-species)이란
체계 틀로서 분류하였는데,139) 이것은 만사를 진화적으로 접근한 대

---

133) 동일한 메커니즘의 복사 체제로서 처음과 나중이 일률적임.

134) 『동물분류학』, 김훈수·이창언·노분조 공저, 집현사, 1991, p.18.

135) 종이란 서로 짝을 찾아 새끼를 낳을 수 있는 무리, 곧 동물 암·수가 서로 교배할 수 있는 무리-『인류
　　와 문화』, 앞의 책, p.59.

136) 「CD 두산동아 세계대백과사전」, 진화의 증거 편.

137) 종은 변할 수 있으나 그 변화에는 한계가 있음.

138) 위의 세계대백과사전 편.

139) 『인류와 문화』, 앞의 책, p.59.

표적 예이다. 종을 기본 단위로 해서 형질의 특이성과 공통성을 포괄
적인 범주로 묶은 것은 생물이 하나의 공동 조상으로부터 갈라졌다
고 본 이해 배경이 깔려 있다. 같은 맥락으로 "상동 관계는 같은 조상
으로부터 나와 모양이 닮은 특징들을 의미하고, 유사 관계는 돌고래
와 상어의 지느러미처럼 독자적인 진화 결과에 따라 모양이 닮은 특
징을 나타낸다."[140] '생화학상 항원 항체 반응 검사를 이용해 동물 사
이의 관계를 조사한 것을 보면 분류학적으로 가까울수록 반응이 강
한데',[141] 진화를 증거한 이 같은 사실들도 관점에 따라서는 창조된
사실을 충족시킨 근거가 될 수 있다.

하나가 만을 이룬 것은 진화가 일어난 사실을 암시하는 것이 아니
라 창조된 바탕성이 분열된 것을 시사한다. 만물을 이룬 바탕은 본질
적인 속성을 이루고 있어 일체가 서로 통한다. 만상이 독자적으로 진
화한 것이라면 각자가 바탕을 가져야 한다. 달라야만 진화된 사실을
증거하는 것인데 공통성을 지녔다면 그것은 창조를 증거하는 것이다.
그런데도 진화론에 연연한 것은 창조된 본의를 깨닫지 못한 것이 원
인이다. 관념적인 사유만으로는 해결할 수 없는 문제를 하나님이 '진
화의 창조 법칙 규명' 작업을 통해 해결하셨나니, 하나님의 성업이
진화론의 역사를 통해 돈독해졌다. 진화론적인 관점을 창조 관점으
로 전환시킨 것은 하나님이 이 땅에 강림하신 증거이다. 인류의 지성
사적 발자취에 하나님의 역사가 함께하지 않은 섭리 역정은 어디에
도 없다.

---

140) 위의 책, p.55.
141) 앞의 세계대백과사전 편.

19

물질의 질료성

1. 물질의 섭리 본질

'수학이 물리학의 도구'[142]인 것처럼 천지 만상이 물질로서 구성되었다는 것은 창조된 특성을 알 수 있는 수단 근거이다. 생명체와 뭇 존재의 形而上學적 특성은 가늠하는 것이 여간 어렵지 않지만 물질로서 구성된 질료성은 존재하고 있는 그대로가 창조된 근거 자료이다.[143] 물질은 창조에 대한 역사를 가감 없이 간직하고 있다. 세계가 물질로서 구성되어 있다는 것은 그 이상의 단서를 추측하게 한다. 만약 세상이 물질적이지 않은 다른 그 무엇으로 구성된 것이라면 만물은 존재로서 자부될 수 없다. 그만큼 물질적 대상은 확실한 결정체로서 경이롭기조차 하다. 근거 지어져 있기 때문에 우주까지 궁구할 수 있고 진리도 일굴 수 있다. 그러나 문제는 그토록 확실한데도 막상 존재한 실재 역사를 밝히고자 하면 어렵다. 존재하고 있는데도 그러

---

142) 『철학은 물리학의 도구이다』, 방려지 저, 산하령 역, 서광사, 1992, p.194.
143) 생명 현상은 존재 이상의 복잡한 그 무엇이지만 존재에 바탕된 질료성은 주어진 그대로 특성이 드러남.

하다면 거기에는 나름대로 이유가 있다. 탐구를 통한 앎은 세월이 필요해 단순할 수 없다.

고대 그리스의 철학자들은 세계를 구성하고 있는 궁극성에 대해 물, 불, 공기 등과 같은 요소를 들추어냈다. 하지만 그런 물질적 요소가 핵심적인 본질이 될 수 없다는 것은 무엇을 뜻하는가? 도대체 무엇을 어떻게 해야 물질의 존재성을 판단할 수 있는가? 정답은 창조 이래의 생성 역사를 보아야 하고, 주재된 역사를 총괄해야 하는데, 그 이유는 세계의 질료성이 심원한 창조 역사를 내포한 때문이다. 물질은 태초의 비밀을 담고 있는데, 이것을 풀 수 있는 관점을 미처 확보하지 못한 것이다. 물질은 물질일 뿐인데, 그 이상을 찾고자 한 노력이 끝이 없다. 참으로 세계의 질료적인 문제를 풀 수 있는 가능성은 희박하다. 현대물리학이 말한 우주 진화설은 방법 면에서부터 한계성에 부딪혔다. '간단한 것에서 복잡한 것으로, 무질서에서 질서로 이행되는 과정에서 입자, 원자, 분자에 도달하고, 복잡한 구조를 가진 액체와 고체에 이르러 결국은 생명을 가진 유기체를 형성하였다'고 하는데,[144] 이것은 마치 백화점에 진열된 상품처럼 드러난 결과를 순서대로 나열한 관점이다. 물질의 창조성을 전혀 반영하지 못했다. 질료가 입자로서 구성되었더라도 그렇게 해서 이룬 메커니즘 작용은 창조적인 조건을 충족시켜야 한다. 여기에 세계의 질료성이 요구하는 확고한 조건이 있다.

질료는 세계를 구성한 바탕체인 만큼이나 세계를 구성한 창조적인 조건도 채워야 한다. 천지를 구성한 역사는 물론이고 반대 입장을 가

---

144) 위의 책, p.123.

진 진화적 관점까지 수용해야 한다. 천지가 경험한 창조 역사를 규명해야 하는 이유이다. 질료 작용인 물리적 현상까지 해명해야 한다. 창조 관점은 물리 현상이 일어난 원인까지 파고들 수 있는 포괄적 관점이다. 창조를 알아야 하므로 이것을 해결하고자 한 것이 그동안 파고든 물질세계의 탐구 역사이다. 물질문명의 과도한 발달 행보에 대해서는 우려감이 있지만, 섭리 면에서 본다면 장차 꽃피울 통합 문명을 위해 봉우리를 튼 창조 문화의 기반조성 역할이다. 거의 인문 문화로 수놓아진 선천 역사에 비하면 현재의 물질문명시대는 지극히 짧은 시간대에 속한다. 오늘날 물질문명이 만개된 것은 물질을 바탕으로 한 이 세계가 열매를 맺을 때가 된 때문이다. 존재한 요소들이 활짝 개화되어야 목적을 달성하고 세계를 완성할 수 있다. 그리하여 물질의 생성 본말을 밝힐 수 있다면 하나님의 창조 역사도 완성될 날이 멀지 않다. 인류가 지난날 애쓴 물질세계의 탐구 노력은 하나님이 강림하실 수 있도록 요청된 섭리 역사이다. 뜻을 알아야 세상 진리가 강림하신 하나님을 향해 통합될 수 있다. 본말을 알아야 하는데, 때가 되므로 밝힐 수 있게 된 이것이 하나님이 강림하신 증거이다. 하나님이 계시하심으로써만 가능한 물질 창조의 규명 역사이다. 물질 현상의 이면에 하나님의 뜻이 있었다는 것을 아는 이것이 물질의 생성 본말을 밝힐 수 있는 핵심 관건이다.

2. 물질의 창조 본질(과정)

컴퓨터가 고장이 나면 손을 쓸 수 없는데 서비스센터에 가져가면 잘 고쳐준다. 경험과 준비된 지식을 가진 사람들이 있어 문제가 생겨도 해결할 수 있다. 그러나 물질이 가진 문제에 대해서는 제대로 된 정보를 가진 사람들이 없다. 물질은 존재하지만 어떻게 해서 생긴 것인가? 이와 같은 문제를 인간적인 입장에서 궁구한 것이 자연 과학의 역사였다. 온갖 의혹을 더듬어 가설을 세웠고 제반 조건을 바탕으로 해서 관찰하고 실험한 과정을 반복했다. 설사 바로 코앞이 종극일지라도 도달해보지 않은 상태에서는 알지 못하는 것이 인간이 지닌 어리석음이다. 물질의 시작은 어디이고 우주의 끝은 어디인지, 천만 년을 찾아보아도 기약 없는 탐구 노력일 뿐이다. 창조는 차원이 다른데 다람쥐 쳇바퀴 돌듯 주어진 경로대로 따라만 가다보니 물질의 궁극 실마리를 풀 수 없었다. 나의 인식과 존재가 있기 이전에 이미 물질이 세계를 이루고 있다 보니 물질의 영원성을 상정하지 않을 수 없게 되었지만,145) 창조는 그 같은 내력까지 모두 포함하고 있다. 물질이 창조된 조건을 충족시킬 수 있도록 제 조건을 충분히 분열시켰다. 태초에 감추어진 모종의 비밀을 일축해 버리기 위해 과학이란 학문 영역이 개척된 것이 아니다. 세상 역사는 어김없이 하나님이 주관하신 섭리 아래 있어 인간이 쏟은 노력만으로는 비밀을 밝힐 수 없다. 그래서 알아야 할 조건을 최대한 갖추고 일체를 즉각 밝히신 분이 하나님이시다. 컴퓨터를 고치는 기사처럼, 하나님은 창조주로서의 정보를 몸소 지니신 분으로서 물질의 생성 역사에 대해 알파와 오메가를 점유하셨다. 우리가 겪은 경험과 달리 지혜 밝힘 역사가 단도직입적이고 즉각적이다. 밝힌 결과를 보면 천지가 창조된 사실을 확인할 수 있다. 삼라만상이 그러한 것처럼 물질도 창조 이전에 존재하신 하나

---

145) 창조설이 파묻혀 버림.

님으로부터 비롯된 사실을 부정할 수 없다.[146]

따라서 창조된 과정을 살피기 위해서는 존재에 대한 기준과 한계선을 먼저 설정해야 한다. 그리해야 천지 세계가 왜 물질로 구성되었는지, 창조된 기원이 어떻게 해서 파묻혀 버리게 되었는지, 무한한 시공간까지 창조 대상에 포함되어야 하는 것인지 기원에 관한 形而上學적 의문을 풀 수 있다. 창조는 뭇 존재의 본질성을 내포하고 관장하고 있어, 드러나지 않은 잠재성과 분열 현상까지 포함한다. 이것이 창조로 인해 특징지어진 形而上學적 요소이다. 따라서 반드시 기준으로 잡아야 할 것은 천지가 창조되고 되지 못한 有無에 대한 경계인데, 하나님은 창조주인 관계로 창조를 실현시킨 행적을 통해 만물의 실재성 여부를 판가름한다. 즉 無했던 만상을 창조(有)하셨다. 창조되었기 때문에 有가 있게 되었다. 그래서 有는 창조를 판단할 수 있는 근거이고 有無는 창조를 분별할 수 있는 기준이다. 창조되지 않은 것은 존재할 수 없다. 有의 출발은 창조로부터이다. 그러므로 有無를 기준으로 해서 과정을 숙고할 때 감안해야 할 것이 곧 창조 이전에 존재한 하나님이다. 하나님이 창조를 위해 사전에 일체 준비 절차를 관장하셨는데 어찌 하나님이 존재하지 않았다 하겠는가? 그런데도 하나님을 볼 수 없었다면 그것은 有無가 가로막은 명백한 차원벽 때문이다. 창조가 실현된 이후에야 온갖 실재물이 있게 된 만큼, 실재 이전에 존재하신 하나님의 존재 형태를 가늠할 수 없으리라는 것은 충분히 이해된다. 그런데도 굳이 그 존재 상태를 표현한다면 無한 상태로 있는 존재자이다.[147] 無한 형태로서의 있음이 창조를 통해 有한 존재로 化

___

146) 창조 이전에 존재한 유일한 분은 하나님이심.
147) 한정되지 않아 무한한 상태.

하였다.148)

　한편 有無가 가른 한계벽은 창조된 이후에도 있다. 창조는 만물을 존재하게 한 하나님의 권능 시스템이다. 그런데도 창조된 사실을 인지하지 못한 것은 분열이 완료되지 못해서이다. 생성이 완료되지 못하면 본말을 볼 수 없게 되어 있는 것이 창조가 지닌 차원적인 한계벽이다. 그래서 창조된 본의를 알기 위해서는 그 벽을 넘나들어야 하는데 그렇게 할 수 있는 분이 하나님이시다. 설정된 경계선(有無 경계)을 넘나들어야 하나님으로부터 비롯된 물질의 창조 과정을 가늠할 수 있다(초월적 인식). 창조는 모든 물상이 존재로서 결정되기 이전에 하나님이 최초로 뜻을 발하셨다. 하나님은 존재하시지만 시간도 없고 공간도 없고 물질은 더더욱 있을 수 없는, 없음이란 사실조차 분간할 수 없는 상태에서 하나님이 천지를 창조할 뜻을 품으신 것이다. 그래서 뜻을 가짐과 함께 먼저 변화를 일으킨 것은 하나님의 존재 본질이다. 뜻에 맞추어 하나님의 본체가 목적에 합당한 변화를 이루었고, 뜻한 대로 이룰 수 있도록 창조력을 갖추었다.149)

　따라서 이 단계에서 구분해야 할 것은 하나님이 창조를 뜻하기 이전과 대비된 이후의 변화된 존재 본질 상태이다. 창조 전에는 가능성을 보유한 상태였다면, 이후는 가능성을 실현한 상태이다. 창조를 이루고자 한 의지에 따라 氣의 에너지가 집중된 상태이고, 창조를 위한 뜻이 시스템화된 상태이다. 하지만 이 같은 상태에서도 만물은 아직 존재화되지 못했고 인식할 근거도 전무한 상태, 이런 바탕 본체로부터 창조가 실현되었다. 일체가 有하였지만 有無를 가른 창조란 대 경

---

148) 무한을 유한하게 한 것이 창조이며, 만물이 有하게 된 원인 근거임.

149) 의지력을 수반함.

계 선상 때문에 창조에 대한 정보가 차단되었다. 하나님의 존재 본질이 만물로 化한 이면에는 차원적인 승화가 있었던 것인데도 무형의 形而上學적인 창조 본질 속에 묻혀 인식이 불가능했다. 그렇지만 우리는 알지 못해도 창조를 직접 경험한 물질은 창조가 지닌 비밀 실타래를 본유하였다.[150]

물질은 하나님의 존재 본질이 化한 창조의 최적 단면이다. 창조된 직접 경계면이다. 이후로 존재계가 생성을 거듭한 것이므로 복잡한 연기적 추적이 불가피한 것이지만[151] 물질은 창조로 말미암아 化한 최적 단면이라고 했다. 그래서 이 단면을 추적하면 본질과 물질 사이에서 창조란 경계면을 분간할 수 있다. 그 면이 有無를 가른 존재의 차원적인 경계이다. 본질이 물질화된 과정에서 인식의 경계선을 넘어섰다. 그러므로 역설적으로 만상이 도달할 궁극 지경은 無밖에 없다. 물질이 물질인 것은 물질이 물질로서만 창조될 수 없는 形而上學적 요소를 내포한 것이다. 이런 이유로 궁극적인 실재를 추적할 수 있는 근거를 물질 가운데서 찾게 된다. 물질은 물질인 동시에 근원된 창조 요소도 동시에 지니고 있다. 그래서 물질이 지닌 제반 문제를 본질을 통해서 해결할 수 있게 되어, 色卽是空이라고 한 佛陀의 통찰은 알고 보면 물질의 창조 과정을 시사한 지혜이다. 하나님이 강림하시어 밝힌 물질의 제반 形而上學적 관점이 여기에 있다. 물질의 창조 과정을 하나님이 관장하심으로써 물질계의 생성 본말도 강림하신 하나님이 밝힐 수 있게 되었다.

---

150) 창조의 본의 문제는 앞에서 밝힌 바이지만 하나하나 다시 짚어보아야 하는 것은, 물질의 문제는 창조된 과정을 원점에 두고 풀지 않으면 안 되는 근본적인 문제이기 때문임.

151) 존재는 원인의 원인됨이 낳은 연기성의 총체로서 그 연유를 밝힌 것이 법계임.

3. 물질의 차원 본질

물질은 창조로 인해 하나님의 존재 본질이 化한 상태이다. 化한 결과 무궁성에 무궁성을 더한 거리감이 생겼다. 그리고 그 거리가 바로 有와 無를 가른 경계선이다. 이 선에 의해 존재와 비존재, 창조와 비창조 간이 확고하게 구분되었다. 물질을 근간으로 해서 자연계를 다룬 '물리학이나 우주학은 존재하는 것이 왜 존재하는 것인지 설명해야 할 뿐 아니라 존재하지 않는 것 또한 왜 존재하지 않는 것인지 해석해야 한다'[152]고 하였듯, 존재함에 원인이 있다면 비존재 역시 원인이 있게 되어, 여기에 창조가 갈라놓은 有無를 통한 차원선이 생겼다. 바탕을 이룬 본질과 물질 간은 끊으려야 끊을 수 없는 것인데, 아무리 살펴보아도 연결된 고리를 찾을 수 없다. '하나님의 존재 본질이 창조와 함께 물질로 化해서 만물화된 절차를 알진대'[153] 끊을 수 없는 관계성에도 불구하고 그 원인을 추적할 수 없는 이유 역시 알 수 있다. 물질과 본질 간에는 무수한 변화를 다 보태어도 한정할 수 없는 차원적인 거리가 있다. 그렇게 해서 결정된 것이 물질과 본질이기 때문에 그렇게 구분된 결과를 통해 인식할 수 없는 영역이 설정되어 버렸다.

창조되지 않은 無는 인식 자체가 불가능하므로, 물질의 창조 본질이 그 경계 선상에 있게 된다. 色卽是空, 空卽是色이 도달할 궁극처로서, 물질이 곧 본질이고 본질이 곧 물질인데도 분열하는 시공간 안에서는 동시에 인식할 수 없다. 하지만 그 이유도 알고 보면 통합 본질

---

152) 위의 책, p.155.
153) 『세계유신론』, 졸저, 인쇄본, 2000, p.96.

이 분열해서(생성의 단계) 구분된 것이고, 창조 이전에는 色空이 모두 하나님의 본질이었다. 창조로 인해 化되었고 비로소 존재하였다. 그렇지만 창조된 특성상 물질은 본질이 化한 것이므로 化를 입은 물질은 곧바로 본질이 될 수 없다. 化된 상태라 질량은 질량이고 에너지는 에너지인데도(경계가 있음) 사실상 '우주는 오직 하나의 물질일 뿐이고',[154] 동시에 하나인 본질일 뿐이다. 무수한 생성 과정을 거쳐 삼라만상이 되었지만 그래도 결말은 色卽是空이다. 만물→물질→질량→에너지→氣→의지 분열→본질→뜻→하나님에게 도달했다. 나뉘면 백이고 합하면 하나인 것처럼, 결론은 그것이 그것이다. 그런데도 이런 특성을 보지 못한 것은 물질이 창조됨으로 인한 차원적 구조 때문이다. 化되다 보니 물질계 안에서는 영원히 有無 간에 걸친 창조벽을 넘어서지 못했다. 볼 수 있기 위해서는 제한된 관점을 극복해야 하므로, 이같은 요구에 부응한 분이 강림 역사를 완수한 하나님이시다. 만물은 자체로서는 궁극성을 드러낼 수 없기 때문에 化된 창조 본의가 천하 만물과 하나님과의 관계를 연결시킨 역할을 담당하였다. 뜻의 결정화가 어떻게 해서 삼라만상이 되었고, 무형인 하나님의 본질이 창조 바탕이 된 것인가를 추적할 수 있다. 이것은 도공이 흙을 빚어 도자기를 만드는 것과는 다르다. 도자기는 흙을 형태상으로 변화시킨 것이지만 본질이 化한 물질은 근본적인 변화이다. 질을 달리했기 때문에 차원적인 변화이다. 그리고 이런 변화를 가능하게 한 것이 창조의 특징이다. 물질을 결정한 경계 선상에 창조된 특성이 자리 잡고 있다. 물질은 물질로서 영원히 존속할 것이나, 化된 물질로서 도달할 곳은 결국 본질

---

154) 『21세기 과학 어떻게 오는가』, 아서 S. 그레고르 저, 과학세대 역, 우리시대사, 1996, p.233.

이다. 궁극은 化를 일으키기 때문에 물질의 궁극은 본질에 있고, 본질의 궁극은 창조에 있으며, 창조의 궁극은 하나님에게 있다. 물질도 생성을 다하면 하나님에게 이른다. 현상계에서는 化된 물질로 존재하지만 창조됨으로 인해서 물질은 이미 본질이다. 물질의 창조 기원과 形而上學적인 바탕이 하나님에게 있다. 이 지혜 문고리를 붙들어야 인류는 물질을 통해서도 강림하신 하나님을 확인할 수 있다.

4. 물질의 공적 본질

물질의 끝에 도달해도 현상계에서는 영원히 물질일 수밖에 없지만 만물은 본질로부터 창조되어 化한 관계로 본질을 근원된 뿌리로 한다. 물질은 당연히 본질과 함께하므로 물질이면서도 더 이상 물질일 수 없는 形而上學적 특성을 수반한다. 물질이 본질이 되고 본질이 물질화되다 보니 물질의 궁극 실상은 본질을 알아야 하고, 본질 역시 化로써 표출된 물질의 궁극 실상을 파고들어야 했다. 化되다 보니 물질, 혹은 본질만으로는 실상을 파악할 수 없다. 본질이 왜 무형인가 하는 것은 차원적인 化로서 결정된 물질이 왜 유형인가 하는 이유와 같다. 이것을 알아야 존재가 化된 근거를 추적할 수 있다. 동일한 차원에서는 결정성을 벗어나지 못하므로 존재가 지닌 본질적인 면모를 판단하기 어렵다. 본질은 만상을 뒷받침한 바탕체로서 천지 만물을 벗어날 수 없게 한다.

空과 色은 창조로 인해 드러난 실상이기 이전에 만물을 존재하게 한 구조적 실상이다. 물질 안에서 구할 것은 물질밖에 없지만, 더 나아가 물질을 이루게 한 본질을 추적할 수 있다면 물질의 궁극성을 해명할 수 있다. 첨단 물리학이 다다른 인식의 끝이 여기에 있고, 空卽是色인 깨달음의 궁극점도 여기에 있다. 양자역학·상대성이론·불확정성 원리 등등 물질을 통해 드러난 실상이 고스란히 물질을 뒷받침한 空的 기반이다. 물질의 기원은 물질 위에 있어 무한한 우주도 물질을 근거로 해서 구성되었고,[155] 물리적인 법칙의 지배를 받고 있지만,[156] 물질은 空한 본질에 바탕을 둔 결정체이다. 만물을 있게 한 본질은 존재하는 실체에 대해 형태상으로 제한이 없기 때문에 미물들을 포함해서 우주 전체를 결정했다. "만물과 우주가 化된 실체를 구축하고 있다 보니 하나님의 命을 받들지 않은 창조 대상이 없다."[157]

물질의 化됨과 空한 본질성을 알진대 인류는 현대 물리학이 부딪힌 한계성을 극복할 수 있다. 통합적인 본질에 근거하면 물질의 작용 세계를 밝힐 실마리를 찾을 수 있다. 차원적인 통찰 관점이기는 하나 산적된 숙원을 푸는데 있어서 化된 창조가 만물과 본질을 일치시키는 역할을 한다. 하천이 가로 놓여 있으면 인간은 건널 수 없지만 물고기도 그런 것은 아니듯, 만물이 세계 안에서는 한정이 있지만 化를 이룬 창조 자체가 제한성을 지닌 것은 아니다. 化됨은 만상을 낳은 요인으로서 물질과 본질을 일치시키는 메커니즘이다. 물질은 空的 본질을 지니고 있어 물질을 궁구한 물리학자들이 부딪힌 문제는 무엇이었던가?

'독일의 물리학자이며 철학자인 하이젠베르그는,[158] 양자 역학의

---

155) 『주체사상의 철학원리』, 장길성 저, 서린당, 1991, p.55.

156) "아인슈타인은 공간이 우주의 사건들이 전개되는 단순한 배경이 아니고, 공간 자체가 포함하고 있는 에너지와 물체들의 질량에 의해 영향을 받는 기초적인 구조를 가짐을 보였다(『물리 이야기』, 로이드 모츠·제퍼슨 헤인위버 저, 차동우·이재일 역, 전파과학사, 1992, p.332)." 즉 우주가 창조된 조건을 가진 것을 확인한 것임.

157) 『세계창조론』, 제3편 조물론, 졸저, 엮음본, 1998, p.52.

158) 하이젠베르그(W. Heisenberg): 1901~1976.

근원이 되는 불확정성 원리를 통해서 자연에 대한 결정론적인 인과율은 성립될 수 없다'고 주장했다.159) 거시(巨視)적인 세계에서 필연적인 것으로 보인 법칙이 미시(微視)적인 세계에서는 부정되고 만 것인데,160)161) '현대의 물질과학은 더 이상 원인을 밝혀낼 수 없는 최종 단계에 도달했다'고 보아도 과언이 아니다.162) 물질의 空적인 작용 문제에 대해 물질을 통해서는 더 이상 밝혀낼 것이 없다. 인과율이 적용되지 않는 空적 작용을 통해서는 원인 추적이 불가능하다. 物自體를 인식할 수 없는 이유와 동일하다. 물질과 맞닿아 있는 것이 空的 본질이다. 물리적인 법칙이 도달한 궁극점에 空이 있고 無가 있고 창조가 있어, 물질만으로는 해명할 근거가 없다. 그래서 방도를 다시 구하게 된 것이 물질이 창조됨으로 化했다고 본 空적 본질 규명 관점의 개관이다.

어떤 이는 '물리학과 신비주의는 주목할 만큼 공통의 세계관을 향하여 빠르게 접근하고 있다'163)164)고 보고, '시공조차 물질 존재의 형식이라는 것에서 후퇴할 것'이라고 했는데,165) 근접하기는 했지만 문제를 곧바로 푼 것은 아니다. 물질의 궁극은 물질이 더 이상 물질일 수 없는 것인데, 그렇더라도 물질이 물질다운 물질성을 끝까지 포기

---

159) 『역사철학 강의』, 최재근 저, 동풍, 1995, p.101.

160) 절대적이라고 믿었던 인과율은 원자 세계와 같은 미세한 세계의 현상에는 적용되지 않았음—『인간과 자연과학』, 자연과학교재연구회 편, 학문사, 1995, p.139.

161) 1927년은 하이젠베르그, 보어, 본과 같은 물리학자들이 엄격한 인과율을 마침내 포기한 해임—『현대물리학과 신비주의』, 켄윌버 편저, 박병철 · 공국진 역, 고려원미디어, 1991, p.253.

162) 『주체사상의 철학원리』, 앞의 책, p.117.

163) 『현대물리학과 신비주의』, 앞의 책, p.11.

164) "서양사상의 밑바탕이 되었던 물리학의 한계점에서 量子論이 나오자 많은 사람들은 현대물리학과 신비주의의 유사성을 이야기했다."— 위의 책, 책표지글.

165) 『철학은 물리학의 도구이다』, 앞의 책, p.132.

하지는 않을 것 같다. '특이점 법칙이란 그 안에 더 이상 인과율이 적용되지 않는 부분이 있음을 나타낸다'[166]고 해 놓고서도 물리적인 특성을 기준으로 이해하려고 한다. 물리 공간에서 이중적인 차원 상태를 인정한다는 것은 결정된 물리 공간에서 상상으로 돌파구를 찾으려 한 시도와 같다. 그러니까 시공간을 구부러진 곡면으로서 설정하기도 했다. 정말 찾고자 한 것은 일체를 말미암게 한 본질인데 창조를 모르니까 空한 본질을 제멋대로 해석했다. 물질을 있게 한 공적 본질은 일체 물리 법칙과 인과율이 소실된 특이점 상태인데 이런 조건을 충족시킬 수 있는 최적 상태는 세상 가운데 없다.

천지가 空적 본질로서 구축된 특이점으로부터 창조되었다고 보고 창조의 化된 관점을 대입하고 보면 현대 물리학이 도달한 물질의 空的 특성 인식이 확연해진다. 창조의 대파노라마인 물질의 空한 특성을 과학적인 인식 기반 없이 어떻게 추출할 수 있었겠는가? 과학을 통해 물질세계를 탐구한 것은 그대로 삼라만상을 존재하게 한 원인 세계의 규명 역사와 맞물려서 섭리되었다. 色空의 본말을 규명한 결과가 그대로 창조의 본의를 지혜로써 밝힌 하나님의 지상 강림 역사이다. 삼라만상이 분열을 극한 이때, 하나님도 주관하신 역사를 기반으로 지상 강림 역사를 완수하신 것이다.

5. 물질의 본질 특성

한 그루의 나무는 뿌리로부터 생장해서 자란 것이다. 만상을 이룬

---

166) 위의 책, p.104.

물질도 이와 같다. 물질을 물질되게 한 뿌리, 그것이 곧 물질의 본질이다. 뭇 가지와 잎과 열매들이 뿌리로부터 뻗어나고 맺어지게 된 것처럼, 물질이 지닌 특성은 물질의 본질이 일체의 성향을 결정지었다. 그렇다면 그와 같은 특성을 말미암게 한 본질은 물질과 동일하다고 볼 수 있는가? 변화된 것과 고유한 것은 구분되어야 한다. 化된 결과로 인해 이질화되었다. 물질의 결정적인 특성만으로는 아무리 파고들어도 물질의 본질에 접근할 수 없다. 그래서 제공된 것이 佛陀가 밝힌 色에 대비한 空적 본질 규명 관점이다. 色은 色이 아니라 궁극성을 다한 空을 통해 밝혀진다는데 대해 이해가 안 될 수도 있지만, 온갖 물질은 물질이 아니라 근원된 뿌리인 본질로부터 化된 것이다. 그래서 空한 본질을 파악하면 만상이 어떻게 해서 이루어진 것인지에 대한 문제를 풀 수 있다. 원인이 곧 창조인이고 본질의 법칙이 곧 창조 법칙이다. 만물을 창조한 결정성이 그대로 물리 법칙이 되고 有한 근거들이 그대로 물질이 된다.

佛陀는 覺을 통해 만물의 空한 바탕을 직시함으로써 대창조의 궁극성을 꿰뚫었다. 천태(天台) 철학의 요지인 삼체원융(三諦圓融) 사상은 삼라만상이 창조 본질의 현현이고, 제 변화를 일으킨 궁극적인 귀결처가 하나인 본질 뿌리란 사실을 요결했다. 현재의 다름이 다름이 아니고 현재의 변화가 다른 변화가 아닌 하나이다. 일체 만상이 원융하나니, 이것이 만상을 구축한 진체(眞體) 기준이다.

"삼체(三諦)는 三이로되 결국 一이고, 一이로되 三이다."[167]

---

167)『불교철학개론』, 서경보 저, 명문당, 1963, p.65.

창조된 뿌리를 관망하고 보니 묘용된 현상 일체가 본질의 현현으로서, 무엇이 가지이고 뿌리인지 확연하게 구분된다. '사물의 변화와 현상의 원인과 법칙 규정은'[168) 是空이 아니라 是假이다. 물리학이 제반 현상에 대해 원인을 밝히지 못한 이유이다. 물리 작용의 주된 포인트는 물질이 아니라 본질 작용 가운데 있다. 현상은 나타난 것들에 대한 파악이므로, 그것만으로는 조건이 충분하지 못하다. 일체 현상에는 원인이 있는데, 자연과학자들은 원인 영역에 해당한 空的 본질의 작용 특성을 진리로서 정보를 제공받지 못했다.[169] 물론 사물이 지닌 본질의 구조를 밝히려고 노력하지 않은 것은 아니지만, 물질의 최소 입자를 추적했더라도 원인 문제는 해결될 수 없다. 있는 것은 존재하는 것이고 나타난 것은 현상인데, 본질은 그런 현상의 이면에 꼭꼭 내재되어 있다.[170] 그런데도 지성들은 '세계를 드러난 현상의 총체 자체'[171]로 보고 오감을 통해 판단한 그것이 전부라고 생각했다.

화엄 철학 중 사법계관(事法界觀)이 이와 같은 입장인데, 차별인 현상을 통해 삼라만상을 보았다. 만상은 하나도 같은 것이 없어 사람은 사람이고 꽃은 꽃이다. 각각 저마다의 특수한 차별상, 개별상을 자세하게 구분했다. 하지만 그것이 전부가 아니란 사실을 이법계관(理法界觀)을 통해 반증했다. 이면(裡面)에 있는 근저는 무차별성과 보편성과 평등성으로 천지 동근(同根), 만물 일체이다. 眞如 法性을 평등 一理로 여겼다(이법계관).[172] 나아가 이법계관의 본체와 사법계관의 현상은

---

168) 『세계창조론 서설』, 졸저, 인쇄본, 1998, p.149.

169) 『현대물리학과 신비주의』, 앞의 책, p.11.

170) 본질과 현상이 같을 수 없는 것은 "현상이란 꼭 거울 속에 비치는 영상과 같은 것이다(『한국철학사상사』, 주홍성 · 이홍순 · 주칠성 저, 김문용 · 이홍용 역, 예문서원, 1993, p.56)." 본질과 현상과의 명백한 관계 해명이 여기에 있음.

171) 『세계사상 대계 3(인간의 발견)』, 박종홍 · 이종우 · 정석해 감수, 신태양사, 1965, p.408.

고립적으로 절연(絶緣)된 것이 아니고 원융무애하여 현상 즉 본체이고 본체 즉 현상이라고 결론지은 것이 이사무애법계관(理事無碍法界觀)이다. 차별 즉 평등, 水 즉 波, 理 즉 事, 현상 즉 본체이다. 현상으로서 드러난 일체 차별상이 상호무애하다(事事無碍法界觀).[173]

空의 세계, 근본 세계, 만물을 낳은 본질 세계가 이와 같은 것이나니, 산은 산이고 물은 물이지만 뿌리는 동근이다. 만상이 일체불인 근거를 확인할 수 있다. 불교는 세계의 본질을 일구고자 한 놀라운 섭리 역정을 걸었다. 순수한 空적 본질을 규명하는 데만 이바지하지 않았다. 물질계의 뿌리까지 밝힐 수 있게 되었는데, 만유 간의 상호 관계를 밝힌 십현문(十玄門)에서는 부분적으로 드러나기 전에 만유가 이미 일체로 존재한 사실을 갈파했다. 삼세 중에서 직접 겪고 있는 시공간을 일컬어 현재라고 하지만 우주의 본체는 이 같은 구분이 없고 언제나 상즉상입(相卽相入)하는 연기 일체적 관계 속에 있다. 삼세는 서로를 구족(具足)하여 동시상응(同時相應)하므로, 전후 시종의 분별없이 구족 상응하여 마침내 일체 관계를 굳게 맺은 연기로서 현현된다. 분열하는 현상계에서는 도무지 있을 수 없는 초월적인 작용이 만유와 합체되어 일어난다. 만유가 동시에 구족 상응하여 만유의 체상이 각별하면서 일체가 되는, 一 중에 多가 있고 多 중에 一이 있는 대통합상을 구현한다. 미시 세계 가운데 거시 세계가 있고 거시 세계 가운데 미시 세계가 있다. 一과 多가 함께하여 동시에 상응한다. 만유가 形而上學적인 본질 요소를(空한 세계) 은현(隱顯)하게 내포하였다. 잠재된 부분을 발현시키면 질량이 에너지가 되고 空이 色으로 化한다.

---

172) 『불교철학개론』, 앞의 책, pp.80~81.

173) 위의 책, p.81.

一, 多가 분열하는 시공간 상에서는 동시 상응할 수 없지만 통합성인 본질 속에서는 아예 분별 자체가 없기 때문에, 동시 상응은 자연계의 법칙과는 무관하다. 본체는 구족되어 있고 만유의 본질은 동시에 상즉상입하여 혼연일체를 이룬다.[174] 그런데도 이 같은 각성 진리를 일군 불교가 진리 세계를 완성시키지 못한 것은, 섭리된 목적이 쏮적 본질의 특성을 밝히는데 머문 것으로, 향후 色의 세계를 규명한 과학 문명의 도래를 기다려야 했다. 이것은 결코 관념상의 문제가 아니며, 현대 물리학이 물질계의 불가사의한 현상을 목격하게 됨으로써 확인되고 있는 중이다.

'드 브로이는 1924년 파리 대학교의 과학 교수 회의에서 제출한 박사 학위 논문에서 빛은 파동이자 입자란 설을 처음으로 제의했는데',[175] 이것은 현상계에서는 설명하기 어려운 물질의 이중성에 관한 입장이다. 입자라면 빛이 물질이란 뜻이고, 파동이라면 모종의 매질을 전제해야 한다. 어떻게 이중적인 입장이 성립될 수 있겠는가? 그런데도 "양자 역학에서는 상식을 벗어난 현상이 자연계에서 엄연하게 존재한다는 사실을 인정했다."[176][177] 그리고 그 해명을 위한 길이 쏮적 본질 속에 있다. 만유와 삼세 간에 걸친 시공간이 동시 상응하여 창조된 것이다. 불교 사상, 특히 화엄 철학을 연구한 지인들은 현대 물리학이 제시한 여러 모델들이 불교적인 인식 형태와 비슷한데 대해 놀라움을 금하지 못하였다. 그러므로 우리는 본질의 영향권 내에 있는 물질과 창조된

---

174) 위의 책, pp.83~84.

175) 『물리 이야기』, 앞의 책, p.381.

176) 『인간과 자연과학』, 앞의 책, p.154.

177) "빛의 이중성: 입자는 일정한 위치를 가지고 있고, 파동은 공간에 퍼지며, 파장에 의해 그 성격이 달라진다."- 위의 책, p.151.

물질의 본질적인 성향까지 확인해야 한다. 물질은 무엇인가? 물질은 물질이면서도 종국에는 본질과 맞닿은 최적 단면이라고 하지 않았던가? 그 결과 물질을 물질로서 보니 물질적인 특성이 드러났고, 본질로서 보니 본질적인 특성이 드러나게 되었다(이중성).

佛陀가 통찰한 色卽是空, 空卽是色인 大覺을 긍정할 수 있는 지혜이다. 色과 空이 맞닿아 있는 상태에서는 色空이 구분될 수 없는 일체이다. 파동과 입자의 이중성은 만유가 일체인 물질의 본질적인 특성과 물질적인 특성을 나타낸 것 외 아무것도 아니다. 이미 결정된 현상 세계에서 뭇 존재가 거할 수 있는 유일한 것이지만, 뿌리에 해당된 본질 세계에서는 일체가 통섭되어 원융무애하다.[178] 萬을 구족시킨 상태에서 一이 萬을 포함하고 있는 넉넉한 상태이므로, 이중성이든 삼중성이든 바탕된 본질 뿌리 안에서는 어떤 제한도 없다. 존재하지 않은 상태에서도 존재하였고, 드러나지 않았어도 구족되었으며, 一밖에 볼 수 없어도 萬을 완비시켜 상즉상입한 것은 천지가 하나님이 거하신 존재 본질 안이었기 때문이다. 진리와 본질이 결국 존재성 안에서 회자되어 시종에 대한 뿌리가 확연하기 때문에, 이런 法界와 물질 세계를 총망라해서 강림하신 분이 보혜사 하나님이시다. 명실상부하게 有無와 色空과 본질계, 현상계를 관장한 본체자로서 이 땅에 강림하셨다.

---

178) 아무 분별이 없어짐.

6. 물질의 유·무한 특성

　창조에 대한 인식은 진실로 존재의 有無를 구분 짓는 것으로부터 시작된다. 삼라만상은 태초에 無한 본체로부터 창조되었다. 따라서 도달하게 될 귀결처도 결국 無이다. 無하다는 것은 존재를 인식할 수 있는 근거가 어디서도 없다는 뜻이고, 無에 도달한 극점에서도 정말 어떤 끝은 찾을 수 없다. 우리가 탐구한 것은 결정된 존재로부터 실마리를 찾고자 한 것이므로, 有한 존재를 통해서 도달할 곳은 온통 無밖에 없다. 최초에 출발된 시간의 시작은 어디에 있는가? 물리적인 공간 속에서 우주의 끝은 어디인가? 시작과 끝을 찾을 수 없게 되어 있는 그것이 창조로 인한 특성이다. 세계적인 제한이나 인식, 시공간이 모두 그러하다. 시작과 끝이 연결되어 있어 탈출구를 찾을 수 없는 원이 있듯, 창조된 세계도 그와 같은 구조이다. 창조는 有無가 지닌 차원적인 맞닿음 때문에 사방에서 경계면을 이루어 영원성, 불변성, 무한성으로 인식된다. 無란 경계면과 맞닿아 있어서 아무리 발버둥 쳐도 벗어날 수 없다.

　토마스 아퀴나스는 『有와 본질에 대하여』에서, '모든 사물은 자기 존재의 원인을 가져야 하기 때문에 원인 계열에 있어서 무한히 소급해 갈 것'[179]이라고 하였다. 존재하고 있는 시공간은 정말 창조로 인해 구축된 무한성 안에 휩싸여 있다. 더군다나 無로서 둘러 싸여 있는 상태에서는 어디를 통하더라도 경계면을 인식할 수 없기 때문에 우주가 무한하게 보인다. 창조된 실체는 無한 끝을 상정조차 할 수 없지

---

179) 『有와 본질에 대하여』, 토마스 아퀴나스 저, 정의채 역, 서광사, 1995, p.63.

만 창조된 근원은 有적인 테두리를 지녔다는 역설이 있다. 有한 테두리는 볼 수 없지만 벗어날 수 없는 차원성을 지녔다. 그렇게 해서 결정된 유한성 안에서 우리는 지금 본질 세계를 무한하게 인식하고 있다. 원인과 결과가 함께한 원(圓)적 구조 안에서 운위되고 있어 有한 통합성 상태를 벗어날 수 없다. 이것이 하나님의 有的 본질을 결속시켜서 창조를 실현시킨 시스템이다. 존재를 존재되게 한 원천 시스템이고 지혜 시스템이다. 그래서 우리가 접하게 되는 것은 곧바로 有한 상태가 되므로, 이 같은 세계의 알파성에 대해서 뉴턴은 우주가 마치 태초에 神이 태엽을 감아 놓은 거대한 시계와도 같다고 술회했다.

'끊임없는 변화와 생성으로 한없이 많은 세계와 무한히 계속되는 우주의 운동에'[180] 대해서 창조 본질의 무한성을 인식한다는 것은 차원이 다른 것이다. 창조는 無로부터 유한성을 규정한 것이고, 우주는 무한성으로부터 유한성을 규정받은 상태가 되므로 창조된 관점에서 보면 우주는 무한할 수밖에 없다. 그런데도 無한 상태로부터 창조된 세계의 궁극 본질은 영원히 有함뿐이다. 無가 아니라 有를 바탕으로 하기 때문에 존재하는 모든 것은 有한 테두리 안에 있다. 이것이 창조가 낳은 차원적인 특성이다. 도무지 벗어날 수 없도록 구조화된 有한 본질로서의 창조 메커니즘을 성립시켰다. 시스템 구축이 완벽하여 有함이 영원하다. 그런데도 이 같은 특성은 무시한 채 동일한 차원에서 우주의 유한성만 생각한다면 그렇게 해서 펼친 우주는 끝이 없게 된다. '우주가 유한한 것은 공간이 구부러진 일정한 곡률 때문'[181]이라

---

180) 『시공여행』, 프레드 A. 울프·보브 토벤 공저, 임승혁 역, 소학사, 1990, p.20.

181) 예를 들면 곡률 반경이 일정한 면은 구면이며, 그것이 무한대일 때는 평면이 되고 위의 아무것도 아닐 때는 부정한 면이 된다. 구면이면 한계는 없으나 유한일 수 있다고 봄─『인간과 자연과학』, 앞의 책, p.145.

고 보는 등 한계성을 존재적으로 접근하게 되어 더 이상 무한한 形而
上學적 공간을 파헤칠 수 없다. 그래서 한편에서는 '우주나 소립자가
결코 물질 형성의 최초 원인이나 결과가 아니고, 그 배후에는 더욱
근원적인 본질이 있다'[182]고 보기도 했는데, 그것이 존재하는 것과는
차원이 다른, 창조의 有한 본질 상태이다. 창조되었다는 것은 만상이
有하다는 뜻이며, 그 무엇도 차원상으로 有한 본질을 벗어날 수 없다.
창조는 온갖 면에서 본질이 有한 결정을 함으로써 有한 상태를 구축
하였다. 그래서 우리는 어디서도 창조된 有함 상태와 마주치게 되어
물리적인 현상 가운데서도 이미 有한 존재 상태와 有함 상태를 영원
하게 할 생성 시스템을 접한다.

천체 물리학자들은 우주의 생성에 대해 '최초에 뜨거운 대폭발로
부터 출발되었다(우주진화설)'고 주장하지만,[183] 이것은 처음 스탠바
이 상태를 물리적으로 설명하지 못한 모순을 지녔다. 창조가 지닌 차
원성을 모르기 때문에 봉착한 자가 당착인데, 최초의 우주 상태를 추
적한 엔트로피 법칙은 태초의 창조 상태가 완비된 有함 상태(통합성
상태)였다는 것을 시사한다. 有함이 창조 본질이기 때문에 만사가 분
열하고 있는 시공간에서는 인식상 한계가 있는데도 불구하고 그 같
은 한계성이 오히려 뭇 존재에 앞서서 만상을 존재하게 한 창조를 가
늠할 수 있게 한다. 진리를 일구는 절차도 연역법 내지 귀납법 같은
방법론이 있지만, 이것 역시 이미 有한 존재를 근거로 했다. 연역은
이미 아는 일반적인 지식을 통해 특수 사실을 설명한 것이고, 귀납은
하나하나의 사실들에서 관찰과 실험을 수단으로 일반적인 지식을 이

---

182) 『주체사상의 철학원리』, 앞의 책, p.58.
183) 『철학은 물리학의 도구이다』, 앞의 책, p.123.

끌어낸 것이다. 창조는 有함 상태이므로 "우주가 자체로부터 제작되었다거나 無로부터 만들어졌다는 것은 있을 수 없다."[184] 이것은 상식인데도 그렇게 생각한 데는 그만한 이유가 있다. 세계는 창조로서 결정된 有함을 본질로 해 어떤 無도 허용하지 않는다. 有함만 존재하는 세계에서 파악할 수 있는 것은 그 有함을 유지시키고 있는 시스템뿐이다. 창조된 물질은 존재하고 있는 이상 영원하다.[185]

에너지는 만들 수도 소멸시킬 수도 없고 오로지 형태만 바꿀 수 있다(질량과 에너지 등가 원리).[186] 有함에 근거해서 "물질은 소멸하지 않는다(질량 보존의 법칙)."[187] 엔트로피가 제로인 상태에서 출발되었다는 것은 열도 에너지도 처음부터 有함을 완비한 상태에서 창조되었다는 뜻이다. 윤회나 부활과 같은 현상도 그것은 이미 존재한 창조본질을 뒷받침한다. 물질이 처음부터 있었다는 주장은 有함의 선재성을 재차 확인시키는 것 외 아무 것도 아니다. 일반적인 관점으로 보면 끝이 없는 인식이지만 有無를 통섭한 관점에서 보면 有함의 경계선이 고스란히 창조된(有한) 바탕으로서 드러난다. 차원성을 인식함으로써 무한한 모든 것이 일시에 유한하게 되기도 하고 유한한 모든 것이 무한하게 되기도 한다. 有함인 입장에서 보면 '有는 영원히 없어지지 않으면서 변화만 할 뿐이므로'[188] 에너지 보존 법칙은 有함의

---

184) 『세계사상 대계 3(인간의 발견)』, 앞의 책, p.315.

185) 『철학의 세계 과학의 세계』, 안재구 저, 죽산, 1991, p.138.

186) "우리는 에너지 소모라는 말을 쓰지만 사실상 에너지는 소모되는 것이 아니라 한 형태의 에너지에서 다른 형태의 에너지로 이동하는 것에 불과하다. 자연계의 전체 에너지는 정확하게 보전되며, 흔히 열역학 제1법칙이라고 불리는 이 에너지 보존의 법칙은(자연계의 전체 에너지양은 일정하며 불멸한다) 자연계 내에서 가장 엄격하게 지켜지는 기본 법칙이다."-『자연과학개론』, 장회익 교수, 한국방송통신대학교, 강의테이프 4.

187) 『이 하늘 이 바람 이 땅』, 권재술·성하창 엮음, 한샘, 1993, p.75.

188) 『화학의 역사』, 오진곤 편저, 전파과학사, 1993, p.40.

상태를 유지시키고 있는 생성 법칙이다. 관성은 물리 법칙 중에서도 운동의 영원성을 시사한 것이며, 이것은 창조된 有함성에 근거한 것이다. 영구 보존 법칙이 시스템화된 생성 법칙이란 사실을 알 때, 有한 세계 내에서의 無는 결코 無할 수 없는 상태이다. 無는 있을 수 없는데, 이런 有無를 통섭한 곳에 창조 본질이 있다. 有無를 초월할 수 있는 하나님의 존재 본질 안이기 때문에 가능하다. 이를 통해 만인은 세계가 사전에 존재한 하나님을 근거로 해서 창조되었다는 것을 확인할 수 있고, 주관된 역사를 근거로 해서 하나님이 존재한 사실을 인식할 수 있다. 삼라만상이 존재하고 있는 사실 하나하나로부터 하나님의 살아 계신 생명성을 진맥할 수 있다. 세계가 없고 지금 자신도 존재하지 않는다면 하나님은 없다. 그러나 그것은 현실적으로 불가능하다. 有함만 존재하고 있는 세계에서 유일한 가능성은 하나님이 존재하는 것뿐이다. 이전에는 불가능했더라도 오늘날 가능하게 된 것은 세계가 온통 하나님의 창조 권능 안에 속해 있는 때문이다.

7. 물질의 분열·통합 특성

창조된 세계는 영원히 有한 것이 본질이지만, 그 有함은 강력한 창조력이 결집된 것이기 때문에 그냥 有하지 않다. 생성함으로써 끊임없이 분열하는데, 그렇지 않다면 창조된 모습을 만상 위에서 나타낼 수 없다. 누구도 거부할 수 없고 벗어날 수 없는 엄밀한 질서로 세계를 구축했다. 만약 세계가 분열하지 않는다면 그 무엇도 드러날 수 없고 아무것도 인식할 수 없다. 우리가 파악하는 것은 오직 분열이 낳은 엄밀한 수적 질서이다. 수는 제로가 있고 1로부터 무한수로 나열되는데, 이렇게 해서 세워진 세계의 질서가 거의 무한하다. 그런데도 이 같은 질서가 도대체 어떻게 해서 규정된 것인가? 창조된 有함 바탕이 그 상태를 유지하기 위하여 분열하는 현상계에서 지닌 존재 방식이다. 그래서 분열한 현상계의 수적 질서가 그것을 파악한 인식과 일치될 수 있다. 케플러는 '神이 수학적인 조화에 따라 우주를 창조한 것이 틀림없다는 사실을 발견하기 위해 정열을 바친다'[189]고 술회했는데, 정말 하나님은 분열을 통해 천지 만물을 생성시켰고 우주를 한 치의 오차가 없도록 운행하셨다. 만약 운위된 질서가 우주 간에서 엄밀하지 못하다면 삼라만상이 어떻게 존재할 수 있겠는가? 논리적으로 이치를 가늠하는 것은 어김없는 질서가 존재하기 때문이다. 질서는 세계를 지탱하는 시스템이라고도 할 수 있어 분열하기 때문에 만물은 창조된 실질적인 근거를 남긴다. 만물은 바탕된 통합성이 분열한 결과로 현상계에서 존재할 수 있게 된 결정물이다.

　有함이 분열한 것은 당연히 분열하기 이전인 통합성 상태를 전제로 한다. 통합성으로 존재한 有함을 무시한 제반 현상은 있을 수 없다. 통합성은 일체가 구족된 상태인데 분열 중인 것이라면 이것은 분열하지 않은 상태에서도 존재하고 있는 것이 있게 되므로, 우리가 세계를 완전하게 파악할 수 있는 시점은 분열이 완료되었을 때이다. 有함을 모토로 한 창조 본질은 분열과 통합을 원동력으로 해 분열을 극한 힘으로 통합을 이루고 통합을 극한 힘으로 만사를 분열시켰다. 끝없이 회전하는 차륜처럼 생성함으로써 그침이 없다. 그래서 궁극적인 실상을 접하기 위해서는 분열을 극해야 했다. 도상에서는 통합성인

---

189) 『과학철학의 역사』, 존 로제 저, 최종덕·정병훈 역, 한겨레, 1992, p.273.

상태를 파악할 수 없으므로 분열한 과정을 종합해야 했고, 일체 과정을 추적해야 했다. 분열을 극하면 이것이 삼라만상을 이루고 본질은 통합되었다. 분열이 끝이 없는 한 세계도 인식도 끝이 없지만, 통합을 이루면 종극에 도달해 새로운 전환을 이룬다. 비록 궁극적인 상태는 누구도 인식할 수 없지만 분열을 극한 순간이 언젠가는 도래해, 그때 세계가 일체되어 새롭게 생성한다.[190]

칸트가 物自體를 인식할 수 없다고 말한 것은[191] 현상계에서의 분열 상을 지적한 것이다. 物自體는 알파와 오메가를 함께 함유한(통합성) 상태이다.[192] 인과율이 적용되고 있는 현상계에서는 동시 존재가 불가능하다. 그렇지만 아무리 物自體(통합성)는 인식할 수 없다 하더라도 천지가 통합성 상태에서 분열한 것이라면, 세상은 천 갈래 만 갈래로 갈라졌더라도 결국은 하나인 창조 뿌리로 귀결된다. 분열된 과정이 적나라하게 드러나 물질적이든 존재적이든 원소·화학적이든, 우주는 모두 한 가족이다.[193] 분열과 통합 과정이 한 눈 안에 있어 분별없는 하나이고 동근, 동질, 동체이다. 통하지 않는 혈맥이 없다. 에너지와 질량이 같고 시간과 공간이 한통속이며 육체와 정신이 한 몸이다. 존재가 삼세 간과 함께해 有한 세계가 선재된 미래세를 통해 보장된다. 통합성이 필연적인 인과 법칙을 결정해서 현재의 존재 상태를 유지시킨다. 만상은 필연적인 끈으로 연결되어 있어[194] 하나가 萬

---

190) 분열의 종극은 통합이며 통합은 분열을 다한 끝임.

191) "인간의 인식 능력은 현상계에서만 가능하고 物自體는 인식할 수 없다."-『세계철학대사전』, 고려출판사, 1992, p.430.

192) 원인이 결과로서 분열되지 않은 상태.

193) 『21세기 과학 어떻게 오는가』, 앞의 책, p.208.

194) 통합성을 이룬 창조의 바탕 본질.

과 통하고 萬이 하나를 이룬다. 우주에서 하나란 의미는 중요한데, 하나는 결코 독자적이지 않다. 단자(모나드)는 단자 자체로서 존재하지 않고 다른 단자에게도 영향을 미친다(라이프니츠).195) 단자 하나에도 전체 우주가 함께한다. 창조상 一은 필경 多와 함께하며 多는 多로서 一을 이룬다.196)

독자 가운데서도 균일과 일관이 있고 일정, 공통, 만유와 통한 법칙이 있다. "운동, 방향, 시간, 공간, 질량, 에너지, 나, 너, 삼라만상이 따로 존재할 수 없다. 개별(一)이 전체(多)로서 존재한다."197) 하나하나가 모두 우주와 함께 운위된다. 만상은 분열함으로 개별화되었지만 바탕은 한통속으로 존재하고 있어서 하나가 만유를 포함했다. 바탕된 본질이 없다면 만사가 어떻게 일사불란하겠는가? 그렇게 분열하였어도 '동시구족상응문(同時具足相應門)'198)이다. 일일이 관장한다면 어느 세월에 문명 역사를 다 주재하겠는가? 동시에 관장해야 하나님의 살아있는 호흡이 되고 의지가 되고 전능한 권능이 된다. 구족 상응한 지혜가 오늘날 하나님으로서 현현되어 완성되었다.

8. 물질의 결정적·기계론적 특성

"결정론적인 우주에 대해 신념을 가졌던 아인슈타인은 神은 주사위를 던지지 않는다는 유명한 말을 하였다. 양자 물리학에서는 인과

---

195) 『세계사상 대계 3(인간의 발견)』, 앞의 책, p.270.
196) 『불교철학의 이해를 위하여』, 불교신문사 편, 대학문화사, 1984, p.16.
197) 『21세기 과학 어떻게 오는가』, 앞의 책, p.276.
198) 『불교철학개론』, 앞의 책, p.117.

법칙이 필요하지 않다는 보어의 주장을 물리학계가 받아들였는데, 아인슈타인은 生을 마칠 때까지 보어가 선호한 확률적 통계에 반대한 입장을 고수했다."[199] 과학이란 학문적 도구를 통해 우주를 파헤치고 보니까 기계적·결정론적인 것으로 보였는데(19세기 말), 다시 정색하고 살펴보니 비결정론적이었다(20세기 초).[200] 왜 그런가? 그것은 천지가 창조되었더라도 宗과 本을 뚜렷하게 알지 못해 기계론적인 메커니즘을 주요 골격으로 해서 판단한 것이다. 세계는 창조된 결과물이기 때문에 기계론적인 요소(결정성)를 지닐 것은 당연하다. 그러나 그렇게 결정된 이유까지 알게 되면 기계론적인 성향은 물론이고 비결정적인 성향도 함께 꿰뚫을 수 있다.

만물을 창조의 宗으로서 보면 결과적인 것이지만, 통합된 始로서 보면 아직 풀리지 않은 생성의 여지를 품고 있다. 잠재 요소가 있기 때문에 미래세까지 포함해서 이미 결정적이다. 현 역사가 이루어지기 이전부터 결정되어 있었다는 것이 통합성이 지닌 선재 결정 요소이다. 오죽하면 뉴턴은 우주의 시초가 태엽을 감아놓은 거대한 시계 같다고 했을까만,[201] 잠재된 결정 요소가 있어 만상은 존재한 그대로 법칙의 지배를 받는 수동성을(피조성) 벗어날 수 없다. 이런 성향이 물질의 운동이건, 자연 법칙이건, 사물의 현상 곳곳에 내포되어 있다. 그리고 이와 같은 성향에 눈뜬 기계적 세계관의 설계자들이 바로 근대 과학의 대부인 베이컨, 데카르트, 뉴턴 같은 과학자들이었다.

그들은 물질 현상의 수동성과 결정성을 근거로 해서 세계를 기계

---

199) 『물리 이야기』, 앞의 책, p.335.
200) 『자연과학』, 박승재 편저, 지학사, 1995, p.173.
201) 태엽=통합성=선재성.

론적으로 구축하였다. 능동적, 원동적인 메커니즘을 찾을 수 없는데도 불구하고 진화를 물질계가 지닌 창조력인 것으로 여긴 것은 착각이다. 만유 간에 팽배된 결정성은 실상 그대로 창조를 증거한다. 과학자들은 "외부에서 에너지 공급을 받지 않고 일을 창조하는 제1종 영구 기관[202]을 제작하려고 애를 썼지만 그것은 열역학 제1법칙에 위배된다."[203] 법칙으로 운행되고 있는 현상계에서는 어떤 조건을 갖추어도 새로운 법칙은 창조할 수 없다. 창조된 본의를 알아야 만상 가운데 부여된 제 특성들을 일사불란하게 꿰뚫는다. 천지가 결정된 법칙을 따르는 것은 창조되었기 때문이고, 본질이 초월적인 것도 창조 때문이다.

러셀(Berrrand Russell)은, '원자가 수학 법칙을 따르지 않는다는 점에서 종교를 연역해 냈고, 원자가 수학 법칙을 따른다는 점에서 종교를 추론해 냈다'[204]고 풍자했지만, 제 물질계가 창조의 본질을 내포한 상태에서는 부득불 양면적인 성향을 지닌다. 만유가 보유한 극한 성향이 통째로 창조된 상태를 입증한다. 물질계가 결정적, 기계론적인 특성을 드러낼수록 하나님은 창조 사실을 그와 같은 세계적인 특성을 통해 밝힐 수 있게 된다. 통합성 차원에서 이룬 본의가 내포되어 있어, 이것을 깨달아야 인류는 억만 년 동안 주재하신 하나님의 창조 섭리를 가닥 잡을 수 있다.

---

202) 제1종 영구 기관(*perpetval motion of the first kind*).
203) 『인간과 자연과학』, 앞의 책, p.118.
204) 『현대물리학과 신비주의』, 앞의 책, p.13.

9. 물질의 법칙 본질 특성

물형적으로 보면 붕어빵은 분명 붕어빵틀에 구워 만들었다. 붕어빵틀로 붕어빵을 구운 것은 누구도 부인할 수 없다. 별로 대수롭지 않은 말인 것 같지만, 이것이 삼라만상 우주로까지 확대되는 문제라면 예사로울 수 없다. 창조도 붕어빵과 빵틀인 구도로 이루어졌다는 것인데, 만물이 구워진 붕어빵이라고 보면 그 빵틀은 과연 무엇인가? 우리는 준비한 재료를 가지고 다양한 물건을 만들지만, 창조는 有無의 극한을 달리한 化됨을 본질로 한다. 무형인 본질적 형상으로서 존재한다. 창조된 근거가 이법화되어 있으므로 이법을 통해 창조된 사실을 안다. 하나님을 근거로 해서 천지가 창조된 사실은 그것 자체가 곧 이법이다. 무형인 이법이 유형인 物을 이루었다. 만물을 있게 한 빵틀이 이법으로서, 이법 속에는 창조된 근거가 고스란히 남아 있다. 만물이 창조된 지배력을 벗어나지 못하는 것도, 만물이 엄밀한 구조물로서 확인되는 것도, 이법이 그렇게 결정한 것이다.

이법은 왜 법칙화되어 존재하는가 하는 의문도 있지만 뉴턴의 운동 법칙, 만유인력, 보일의 법칙[205] 등이 창조를 위한 빵틀로서 작용하지 않았는데 만사를 움직인 원리로서 작용했겠는가? 법칙만으로는 법칙이 존재한 이유를 물을 데가 없다. 세상 법칙은 창조 법칙인 동시에 神이 규정한 의지이다.[206] 그래서 창조 전에는 無한 법칙이었지만 창조 이후로 생성된 연유를 추적할 수 있게 되었다. 법칙이 지닌 특성은 세상과 함께하며, 창조된 만물로서 존재한 근거를 지닌다. 진

---

205) 일정한 온도에서 기체의 압력은 부피에 반비례한다고 한 보일(영국의 물리학자, 화학자)이 제창한 법칙.
206) 『역사란 무엇인가』, E. H. 카아 저, 박영준 역, 우암출판사, 1982, p.72.

실로 법칙은 창조와 동시에 결정되었나니, 창조를 창조될 수 있게 한 뜻의 결정화이다. 제반 법칙은 그런 하나님의 창조 뜻이 구체화된 것이다. 그렇기 때문에 온갖 법칙이 만상 위에 팽배된 결정력 범위를 벗어나지 못했다. 현상계의 규칙적인 결정력(절대 법칙)은 하나님의 창조 뜻과 계획과 의지가 총화된 규정성이다. 뜻의 결정화라니! 표출된 의지력의 형태라니! 하나님의 창조 뜻이 천지를 창조한 빵틀로서 작용했다. 세상 법칙은 창조 이전에 이미 작정된 것이므로, 이 같은 선재성을 천지 만상이 절대 법칙으로 간직했고, 어긴 즉시 존재할 수 없게 되었다. 법칙을 결정한 근원이 하나님에게 있어,[207] 세상 법칙을 알면 하나님이 천지를 창조하신 사실을 안다. 법칙대로 운행되지 않는 삼라만상이 있는가? 인생 삶이 있는가? 법칙화된 세계를 진리로서 궁구한 것이 인류의 지성 역사가 아닌가?

인류가 끝내 알아야 할 것은 하나님의 창조 세계이고 원리이고 뜻이다. 법칙은 세계를 구성한 원리로서 천지가 창조된 사실을 가늠할 수 있는 실질적인 근거이다. 법칙이 이룬 구조가 창조된 핵심 골격이다. 필연적으로 제공된 것이 법칙이고 원리이다. 법칙은 스스로 지혜를 결성한 능동성은 없지만 하나님의 뜻을 이치를 통해 표출시켰다는 점에서, 천하 만물이 따르고 있는 뜻을 인간이 몰라서는 안 된다. 반드시 알 수 있게 보배로운 지혜를 빠짐없이 부어주셨다.

---

207) 창조를 하나님이 命하심.

10. 물리력의 본질 특성

"뉴턴은 운동의 법칙을 발견하여 우주 전체의 운동을 설명할 수 있는 기틀을 마련했다. 그렇지만 중력에 대해서 그것을 전달하는 주체가 무엇인가 하는 의문은 끝내 풀지 못했다. 오늘날도 중력을 전달하는 입자를 이론적으로만 상정한 상태라, 존재 여부를 확인하지 못하였다."[208] 우주 간에 존재하는 '물리 작용의 모든 형태는 근본적으로 하나이며, 그것은 통일된 장의 개념일 것이란 견해는 가졌지만(패러데이)',[209] 실질적으로 천하 통일을 이룬 과학자는 없다. 중력이 지구라는 존재의 질량이 존재하기 때문에 발생한 힘이라는 것 정도는 알았어도, 발생된 힘으로 일정하게 궤도를 그린다는 것은 의아스럽다. 무형의 끈이 있다는 뜻인데, 그것은 도대체 무엇인가? 중력도 제한적인 힘인 것은 틀림없다. 하지만 에너지로서의 힘은 우주의 어디서도 존재하고 있다. 진공으로 된 우주도 물질계와 다를 바 없는 존재적 차원이다. 그래서 우주의 이면에도 여지없이 창조된 바탕이 있거니와, 이 같은 관점으로 물리력의 본질을 추적해 볼 수도 있다.

즉 우주 공간은 없는 것이 없는 有한 공간으로서 거대한 우주도 有한 본질 안에서 존재하고 있는 상태이다. 그중 질량을 가진 존재는 化된 에너지가 집중된 곳이다. 그리고 물리력은 창조와 함께 집중된 본질력이라고도 할 수 있어 물질처럼 물리력도 초월성과 생성된 결정성을 동시에 지닌다. 창조 에너지를 氣의 에너지로도 표현하는데, 氣는 다름 아닌 시공의 분열 질서를 초월한 본질력의 일종이다. 이런 氣

---

208) 『자연과학』, 앞의 책, p.26.
209) 『물리 이야기』, 앞의 책, p.200.

가 창조와 함께 化하게 된 결정력이 바로 물리력이다. 대창조는 집중된 氣의 에너지가 총화됨으로서 실현되었다. 하나님이 천지를 창조할 뜻을 품으사 본체 내에서 氣의 에너지가 축적되어 창조력이 충만하게 되었고, 결집된 본질력이 분열함을 통해 통합되고 통합됨을 통해 분열하였다.[210] 그래서 우주 간에 팽배된 제반 물리력이 총화된 氣의 에너지를 근거로 할 수 있었다.

천문학자들은 양적으로 팽창하는 우주를 말하면서도 우주가 왜 끝없이 팽창하고 있는지, 이후의 종극이 어떻게 될 것인지 설명하지 못했다. 적색편이가 우주 팽창의 물질적 근거라고 하지만 그 이상의 것을 별에게 물어 볼 것인가, 달에게 물어 볼 것인가? 기대할 곳이 창조밖에 없다. 창조를 이루기 위해 집중된 氣(통합성)가[211] 물리력을 생성시킨 근간으로서 천지 세계를 있게 한 바탕체이다. 축적된 氣(有한 본질력)가 창조와 동시에 무한한 고에너지, 고압으로 밀도화되어 물리 세계를 이루었다. 이것이 빅뱅도 가능하게 하였고, 우주를 끊임없이 분열시켜 가없이 팽창시켰다. 상상을 초월한 우주 차원의 고에너지가 함축된 본질로부터 일시에 化한 것으로, 이것이 만 생명과 존재와 우주를 생성시킨 물리력의 원천이다. 무수한 세월이 경과된 지금은 모든 면에서 양적 확대가 진행된 상태이기는 하지만 창조된 순간에는 그 모양새가 사뭇 달랐다. 지극히 작은 씨알로부터 출발하였는데, 그것이 끊임없이 성장해 대우주가 되었다.

그러나 우주가 진화한 과정을 통해 단순한 씨알 원자로부터 복잡한 우주가 되었다는 뜻은 아니다. 양적, 수적 분열 상태를 모두 포함

---

210) 창조의 차원 메커니즘.

211) 천지창조를 위한 의지력의 집적 상태.

한 통합 씨알로서이며 모든 것을 사전에 구유한 창조 씨알로서이다. 하나로부터 열이 생기게 된 것이 아니라 하나인 통합 상태로부터 열이 분열되었다. 원자와 우주가 동시에 창조되었다. 만 가지를 내포한 창조 씨알이 오늘날 양적으로 팽창한 것이다. 팽창과 성장은 한계점이 있지만 본질에 근거한 것인 한 소멸은 없으며, 무한의 끝에 다다르면 다시 생성한다. 우주의 양적 팽창과 존재가 자체 지닌 응축력이 접점을 이룬 곳에서 삼라만상과 우주의 고유한 존재 지표가 결정된다. 아울러 팽배된 의지력을 바탕으로 하나님도 무한성을 초월한 창조주로서 존재하실 수 있는 근거가 마련된다. 부분과 전체와의 조화와 균형으로 코스모스적인 질서를 창출했다. 하나님은 우주의 끝 간데까지 창조 의지를 뻗치시고 천지 운행을 관장하심으로써 세계에 하나님의 창조 의지가(氣의 에너지) 미치지 않은 곳이 없다. 그렇기 때문에 하나님은 무한에 무한을 더한 우주의 끝도 단숨에 임하시고, 나와 함께하신 하나님이 동시에 전체 우주와도 함께하신다. 그 창조 역사, 그 운행 역사, 그 본체 현현 역사를 하나님이 이 푸른 지구, 그 중에서도 대한민국 땅 위에서 밝히셨다. 그 빛난 영광을 한민족은 자각해야 하나니, 하나님의 강림 역사를 영혼을 다해 맞이해야 한다.

20

생명의 총체성

1. 생명의 총체 본질

생명이란 무엇인가? 인간이 오늘날처럼 적정 수준의 이해 영역을 개척한 성과가 있기 이전에도 생명은 연면하게 생존하였다. 그러므로 우리가 노력해서 생명의 비밀을 밝혔다면 그것은 그렇게 도달된 지식의 상태에 불과한 것이지 생명 자체에 대한 본질적 접근 상황과는 거리가 있다. 어디까지나 생명 현상을 곁눈질한 단계이다. 이런 생명 현상의 비밀을 벗겨내게 된 것은 인간의 관심사에 따라 과학이라는 학문적 영역을 개척하면서부터이다. 그렇게 해서 인류가 비로소 생명에 대해 사실적인 관점을 확보하였는데, 그것이 곧 생명체의 물질적 이해 관점이다. '세포의 원형질은 80% 내외가 물을 함유하고 있는 점성의 물질인데, 일반적으로 C, H, O, N, P 등 10여 종의 원소가 복잡하게 조합되어 있는 것으로 보아 아무리 분석해도 무기계에 있는 원소와 공통된, 그러니까 생물체만의 특유한 원소는 없다'[212]는 결론이

---

212) 『인간과 자연과학』, 자연과학교재연구회 편, 학문사, 1995, p.229.

그것이다. 생명체가 보유한 존재로서의 총합성에 비한다면 지극히 일부에 속한 것인데도 "물질적인 기초에 근거해서 물질적인 우주로부터 생명이 우연히 생겼다고 보고 더 이상 神의 가정을 필요로 하지 않게 된 것을 자랑스럽게 여긴다."[213] 그래서 휴먼 게놈 프로젝트(*Human Genom Project*)에 따라 인체 설계도만 완성하면,[214] 생명 비밀의 모든 것을 밝힐 수 있을 것으로 기대했다. 그러나 이제 겨우 한 가지 정도 안 상태인데 모든 것을 알 수 있다고 장담한다면 그것은 어리석은 생각이다. 세계가 분열한다는 것은 이미 일체를 갖춘 통합성이란 본질이 전제되기 때문이므로, 뭇 개체가 총합되는 데는 시간이 걸린다. 설사 인체 설계도를 복원한다 해도 그렇게 해서 존재하고 있는 생명체가 어떻게 생긴 것인가? 설계도를 완성한 것이 해답이 될 수는 없다. 개체들이 남긴 피상적인 자료들로서는 생명의 무궁한 총체성을 가늠할 수 없다. 의식은 인간이란 존재가 지닌 총화성의 반영물인 것처럼, 생명은 창조된 대우주의 총화성이 반영된 실적물로서, 이런 특성을 지닌 생명 현상을 속속 파악한다는 것은 불가능하다. 인간이 생명 현상을 이해한 것은 사실상 부여된 한계성을 적나라하게 노출시킨 정도이다.

혈액의 대순환 원리를 발견한 영국의 하베이는,[215] 생물은 본질적으로 무생물과 다를 것이 없고, 생물에 나타난 생명 현상도 물리나 화학적인 방법으로 해명할 수 있다(기기론-mechanism)고 주장했다. 데카르트는, 생물의 생명 현상을 물리적인 현상으로 보면서 생물은 항

---

213) 『과학과 신앙』, 김명자 외 저, 한국천주교중앙협의회, 1993, p.44.
214) 『보병궁시대는 이미 시작되었다』, 최상렬 엮음, 한솔미디어, 1995, p.228.
215) 하베이(1578~1657): 심장과 혈액의 운동.

상 외계에서 물질을 받아들이고 또 외계에 물질을 내보내면서 자기 동일성을 유지하고 있는 동적 평형체[216]라고 하였다. 사실적인 원리를 보고 접근한 생명체의 부분적인 존재성에 대한 판단이다. 이에 화이트헤드는 이런 제한성을 벗어나기 위하여 자연은 물질로 구성되어 있다는 유물론을 비판하고, 죽은 자연을 산 자연으로 부활시키기 위하여 유기체적인 생명관을 제시하였다(과정 철학).[217] 그러나 창조로서 결성된 생명의 총화성을 어떻게 그런 관점이 대신할 수 있겠는가? 생명은 이론적인 설명을 동원하지 않더라도 총체적인 무궁성을 지니고 있다. 몇 퍼센트 정도 동조되었을까만 생명 현상은 무궁한 잠재성으로부터 표출되었고, 形而上學적으로 본질성을 현현시켰다. 만상과 우주의 총체성을 반영하였다. 씨알 하나가 우주성을 집약하고 있다. 창조 역사를 역력하게 내포하였다. 물질은 본질이 곧바로 化된 측면이 있어 확고한 실체성 이면에 창조된 근원이 숨어 버려 총체성에 비할 수 없지만, 생명은 그야말로 우주 창조의 무궁성을 반영하고 있다. 낫 놓고 'ㄱ' 자도 모른다는 속담처럼, 생명을 보고서도 그것이 창조된 존재란 사실을 알지 못한다면 무엇이 문제인가? 창조 이래 이제막 생명의 본질 메커니즘이 갖추어지다 보니 이전에는 제대로 판단할 수 없었다. 글자를 모른다면 'ㄱ'이란 기호가 무의미하듯, 창조를 모르면 생명의 총화된 정보를 아무리 펼쳐보여도 알 자가 없다. 그 결과 앎을 위한 걸음마 단계에서 세계의 지성들이 창조된 정보를 부분적으로 일구어내었다.

그래서 창조된 본의에 입각할진대 생명 현상의 하나부터 열까지가

---

216) 『인간과 자연과학』, 앞의 책, p.78.
217) 『상징작용(그 의미와 효과)』, A. N. 화이트헤드 저, 정연홍 역, 서광사, 1991, p.7.

하나님이 창조하신 결과 메커니즘이란 사실을 확인할 수 있다. "현상의 세계는 왔다 갔다 하는 가상 세계이고, 실다운 세계는 不生不滅한 본질 세계이다."[218] 본질이 뒷받침하고 있기 때문에 생명 현상도 있다. 그래서 뭇 현상 가운데서도 생명은 창조의 본질적인 성향을 가장 뚜렷하게 반영하였다. 창조 본질이 지닌 특성을 나타낸 것이 온갖 생명체가 지닌 성향이다.[219] 본질의 영원성을 생명 현상을 통해 시스템화시킨 것이 유전 법칙이며 발생, 성장, 생식할 수 있게 된 법칙이다.[220] 생물은 생물로서 존재하기 위한 구조와 시스템을 가지는데, 그것은 자연 선택과 같은 진화 요인으로는 결코 구축될 수 없다. 본질이 지닌 특성을 유형화된 시스템으로서 구현한 것이다(창조). 그런 의미에서 본다면 유전은 창조의 영원성을 유지하기 위한 충실 수단이랄까? 고도의 지성체가 구축한 시스템이랄까? 선재된 목적과 뜻과 본체를 바탕으로 창조를 실현시킨 작품이 생명이란 존재이다.

창조 본질은 무형상적인데 영원한 유함성은 어떻게 구체화된 것인가? 유함성을 지속시키기 위해 알파와 오메가가 결속된 것인데,[221] 창조로 인해 유형화된 상태에서는 化된 차원성에 묶여서 어디서도 매듭을 찾을 수 없다. 그것이 생식과 유전과 씨를 통해 구축된 존재 지속 시스템이다. 그 유전 현상은 지극한 의도에 따라 창조의 有한 본질을 장착한 소프트웨어이다. 씨가 함축한 의미는 만유가 어떻게 해서 창조된 것인가 하는 사실을 시사한다. 실로 씨가 구축한 시스템 체제

---

218) 『원불교사상 논고』, 김홍철 저, 원광대학교출판국, 1980, p.127.

219) 본질의 특성을 창조를 통해 구조화시킴.

220) 창조 본질의 영원한 특성을 생성적, 시스템적으로 가공해서 현상화시킨 것이 생명이 지닌 존재의 化된 법칙임.

221) 만유가 한 체성, 만법이 한 근원, 생멸 없는 道를 이룸- 위의 책, p.127.

는 본질의 구조를 투영한 결과물이다. 씨는 생성 과정을 초월한 결과성을 함축하고 있거니와, 현상화된 세계에서는 원인과 결과를 통해 반복된다(그리해야 영원함). 영원성을 깨뜨릴 수 있는 방도가 어디에도 없다는데 대해, 이것이 세계를 영원하게 한 본질의 현상적 실현이다. 본질의 유함성을 차원적으로 반영한 것인데,[222] 그중에서도 생성적인 시스템으로 반영한 것이 생명 현상의 총체성이다. 필경 바탕된 본질이 있어 생명이 있고 생명을 통해 창조가 실현되었다. 생명은 천만 년에 걸쳐 쌓인 창조의 비밀을 풀 수 있는 단서이다. 생명↔창조 시스템↔하나님의 존재 본질을 통해 추적할 수 있다. 창조 전과 창조된 순간과 창조 이래 억겁의 세월이 지난 지금도 생명체는 존재한 근거를 그대로 간직하고 있지만, 문제는 이것을 어떻게 들추어내어 판단할 수 있는가? 창조를 알고 핵심된 본질을 알아야 하는 것이 선결문제인데, 이것을 해결하기 위해 하나님이 보혜사로 강림하셨다. 생명의 총체 현상을 밝힘으로써 하나님이 주관하신 창조 역사도 일단의 마무리 단계에 접어든다.

어제나 오늘이나 우주의 생성 역사는 끝이 없지만, 창조성이 분열된 관점에서 보면 생명의 총체성을 밝히는 것은 창조의 본말을 밝히는 작업과도 같아 밝힌 즉시 처음 제기된 창조의 원론적인 관점으로 되돌아간다. 인류가 쌓아 올린 진리더미 위에 천지가 창조된 본질 규명 역사가 함께하였다는 사실을 알진대, 생명을 통해 창조를 보고 창조를 통해 하나님을 볼 수 있는 여기에 하나님이 심혈을 기울인 섭리 결과가 있다. 하나님이 태초에 생명을 창조하심으로써 비로소 창조

---

222) 총체적인 생명 양상.

역사를 완성시킨 것처럼, 오늘날은 생명의 본말 규정 역사를 통해 문명 역사의 대미를 장식하리라. 창조가 그러하듯 문명 역사는 하루아침에 이루어지지 않았다. 그런데도 대단원에 걸친 완수 역사를 펼치게 된 것은 진실로 하나님이 창조 섭리를 완수하신 결과이다. 세상 가운데서는 어디서도 시작과 끝을 찾을 수 없지만, 하나님은 지상 강림 역사를 통해 문명 역사의 본말(알파와 오메가)을 규정하셨다.

2. 생명의 창조 시원

만상 가운데서도 씨를 통한 생명의 시작은 창조 역사를 설명하는 데 있어 함축적인 의미를 지닌다. 구체적인 실재물, 그러니까 물질의 규합체로서 존재하고 있는 별들은 생성 본말을 파악하기 어려운 측면이 있지만, 씨로서 존재하고 있는 생명성은 작용 현상이 한 눈에 들어온다. 우주와 물질과 생명이 창조된 시원을 가늠하는데는 항상 동일한 상황에 부딪힌다. 무수한 세월의 경과로 시원을 추적하기 어렵다는 점과, 씨가 먼저인지 열매가 먼저인지 판단할 수 없다. 근거상, 인식상, 메커니즘상, 구조 자체가 시원을 가늠할 수 없게 되어 있다. 핵심을 보지 못해 주장들이 난무했다. 우주가 대 폭발로부터 시작된 것이라면, 폭발할 수 있게 된 에너지 결집은 언제 이루어진 것인가? 폭발도 우주가 생성된 과정일 뿐 최초 알파는 아니다. '생명은 원초의 유기 물질이 서서히 진화된 결과 나타난 것이라고 하지만',223) 백보 물러서 정말 그것이 사실이라면 지금은 삼라만상이 모두 생명체화되어 있어야 한

---

223) 『동서사상의 원류』, 철학사상탐구선양회 편, 백산출판사, 1996, p.334.

다. 창조 원리가 특별하게 적용되는 것이라면 우연밖에 기대할 것이 없으며, 이것은 세계가 요구한 합리적인 지성 방향과 정면 대치된다.[224] 그런데도 진화론은 이런 문제는 회피하고 아예 물질의 영원한 상존 상태를 전제하여 버렸다. 원초의 유기 물질로부터 생명이 탄생된 것이라면 유기 물질은 무기 물질로부터, 그리고 그 다음은? 알파 문제는 어떤 경우에 처해서도 피할 수 없다.

생명체가 생명체답게 역할을 하기 위해서는 반드시 구비해야 하는 물질적 조건과 기관이 있다. 도대체 '효소는 누가 처음 만들었는가? 최초의 단백질은?'[225] 이들이 존재할 수 있기 위해서는 반드시 동시 상응되고 구족되어야 하는데, 이것은 씨알이 지닌 근본적인 의문인 닭이 먼저냐 달걀이 먼저냐 하는 상황을 한 치도 벗어나지 못한 상태이다. 이것은 인식상의 문제인가, 아니면 세계에 가로 놓인 실질적인 문제인가? 이 같은 의문 구조는 빅뱅설도 마찬가지이다. 우주와 한 톨의 도토리가 無로부터 창조된 것이 아니라면, 현상계에서는 오직 有로부터의 발생만 있게 된다. 그래서 이런 원칙 구조를 뒷받침한 것이 바로 창조 역사이다. 창조 이전에 하나님이 창조를 실현할 수 있는 요건을 사전에 완비시켜 두셨다는 것이 현상계에서 창조의 시원 문제를 풀 수 있는 지혜이다. 창조는 有無를 가른 경계선이고 化된 차원 세계의 경계선이며 분별, 인식, 존재한 경계선이다. 하나님이 천지를 창조하기 위해 의도하신 것은 하나님이 지니신 자체 본체를 어떻게 유형화시킬 수 있는가 하는 것인데, 이 같은 뜻을 완벽하게 실현시킨 것이 곧 有한 존재 상태를 지속할 수 있게 만든 생성 시스템이

---

224) 창조 원리는 만상 가운데서 동시에, 동일하게 적용됨.

225) 『성경적 창조론』, 존 휘트콤 저, 최치남 역, 생명의 말씀사, 1993, p.101.

다. 원인과 결과, 알파와 오메가가 동시에 구족될 수 있도록 상응시킨 메커니즘이다. 이것을 이 연구에서는 통합성을 이룬 통체 본질로서 명시하는 바이거니와, 통합성은 잠재되어 있는 것까지 포함해서 창조된 실상을 빠짐없이 포괄한 무궁함을 지니고 있다. 하나님의 존재 본체를 근거로 해서 창조를 실현시킨 바탕체를 의미하며, 무형의 본질을 유형의 존재로 전환시킬 수 있게 한 스탠바이 상태이다.

통합성은 원인과 결과, 알파와 오메가가 함께해서 천지를 창조할 가능성을 충만하게 한 본질 상태이다. 여기서 유형적인 존재로 化했다는 것은 통합성이 양극성으로서 분열한다는 뜻으로, 분열함과 동시에 만물화됨이 가능하여졌다. 만유는 원래 하나인 본체 바탕에서 원인과 결과가 함께한 통합성 상태였고, 이것이 세상 위에서 존재하기 위해서는 유형의 실체를 갖춘 분열 운동이 불가피했다. 분열은 창조를 이룰 수 있게 한 결정적 조건이다. 이런 이유 때문에 현상계에서는 닭과 달걀의 선후 문제, 씨가 함축한 원인과 결과의 동시성 고를 풀 수 없었다. 그런데도 만물은 창조된 조건을 충족시킨 결과물이므로, 분열된 조건을 근거로 삼게 되면 만물과 생명 창조가 어떻게 해서 이루어진 것인지 판단할 수 있다. 조건대로 닭과 달걀은 동시에 창조된 것이며, 그렇게 되어야 존재로서의 有함성 상태가 완벽해진다. 영원하게 존재할 수 있다. 하나님이 지혜를 바친 창조 작품으로 창조는 처음부터 완전하고 구족된 상태에서 출발되었다.

하지만 통합성 상태를 인식할 수 있는 차원 문을 열지 못한 것은 현상계가 온통 분열 중이었기 때문이고, 구조상으로 알파와 오메가가 함께한 통합성 상태는 인식할 수 없었다. 더군다나 化된 차원성은 궁극성을 더해 無에 접해 있고 통합성도 본래 有한 하나님의 본체 안에 있어 有가 출발된 시점을 찾을 수 없었다. 완전한 조건을 갖춘 통합 본질이 창조를 실현시킨 알파이기 때문에, 분열하는 시공간 안에서는 분별할 수 없다. 현상계에서는 알파와 오메가가 함께할 수 없고 원인과 결과가 동시에 현현될 수 없는 것이 상식인데, 그것은 부여된 통합성이 분열하고 있기 때문이다. 통합적인 요인을 창조를 통해 구현시킨 것이 뭇 생명체가 지닌 근원 씨알이다. 씨는 창조 메커니즘을 집중시킨 결정체이다. 알파와 오메가를 함유한 통합성을 씨로서 존재할 수 있게(창조) 구조화시켰다. 그래서 창조된 확고한 근거가 씨 속에 남아 있다. 씨는 결과를 원인이 분열되기도 전에 함축하였다(시공간을 초월함). 창조 요인이 통합성으로부터 생성해서 존재하게 된 것이라면 생명 창조, 그리고 만물 창조의 시원은 어떻게 풀 수 있겠는가? 통합성에 근거한 하나님의 창조 역사가 그 해답이다. 생명 창조의 시원은 창조 이전에 모든 것을 구비한 통합성 안에 있다. 통합성은 온갖 존재의 시원이다. 약 100조 개에 달하는 세포로 구성된 사람의 몸도 처음에는 단 한 개의 수정란(통합성)으로부터 출발되었다. 有가 有를 낳은 것으로서 有할 조건을 통합성이란 창조 바탕이 시스템적으로 구축하였다.

동양의 선현들은 太極으로부터 만물이 생성하고 道로부터 만상이 분열하며 空이 만유를 이룬 바탕이라고 하였는데, 이것 역시 최초 출발은 통합성이다. 有한 본체로부터 有가 존재하게 된 것은 만사의 피할 수 없는 창조 법칙이다. 다만 有를 뒷받침한 메커니즘이 본질적이라 미스터리하였던 것이지만, 차원 門을 열어젖힌 길이 있다면(창조) 해명할 길도 반드시 있다. 시원이 차원성에 가려 있기는 하지만 차원적으로 창조되었기 때문에 해명할 길도 열린다. 이 같은 가능성을 가지고 하나님이 생명을 있게 한 有的 메커니즘을 작동시켰다는 사실을 알진대, 한 톨의 씨알을 통해서도 천지 우주가 향한 단면을 엿볼 수 있다. 집약된 통합성이 창조를 이룬 시원이고 만물을 존재하게 한 알파이고 인간을 생명되게 한 근원이다. 우주적 시원은 태초란 과거 속에 있는 것이 아니라 통합성이 분열되지 않은 미래 속에 있으며, 진정한 시원은 통합성조차 구축되기 이전인 시공간 밖에 있다. 그렇기 때문에 만유의 시원은 오히려 시공간 어디서도 뚫고 들어갈 수 있도록 차원 문으로 구조화되어 있다. 먼저 난 자가 나중 되고 나중 난 자가 먼저 되는 초월 문이다. 창조된 알파 문은 어디를 통해도 열려 있고 기점이 되므로,226) 창조는 태초에 이루어진 것이지만 하나님이 강림하신 지금은 본의를 밝힐 수 있게 되었다.

섭리를 완수한 이후 강림하셨다는 것은 분열된 세계가 통합되었다는 것이고, 전 우주가 차원적으로 맞이한 알파 상태, 즉 새로운 창조점이다. 먼 과거와 먼 미래의 창조 시점을 오늘날 동시에 맞이했다. 창조된 시원이 하나님이 본의를 밝힌 바로 이 순간이다. 창조는 만고에 걸쳐서 초월적이었다. 만물의 알파 시점이 그러하였듯, 하나님은 지금의 완수 시점을 後天 역사를 펼칠 문명 창조의 새로운 기점으로 삼으셨다.

3. 생명의 창조 원리

0에서 1이 나올 수 없는 것처럼 "무생물에서 생물이 탄생한다는 것

---

226) 始와 終이 따로 없음.

은 불가능하다."227) 생명의 창조 원리는 생명이 창조되었기 때문에 성립된 것이고, 생명이 있기 때문에 원리도 있다. 원리대로 생명이 존재하게 되었다는 것인데, '생물이 자연발생적으로 우연하게 생긴 것이라면'228) 어떤 경우에도 원리성을 도출할 수 없다. 미묘한 생명체가 근거도 없이 무작위적으로 생긴다고 말하는 것은 0에서 1이 나올 수 없는 것처럼 불가능하다. 파스퇴르가 실험을 통해서 내린 결론은 '생명은 생명에서 생겨난다'는 상식을 확인한 정도이다.229) 생명이 결정된 원리에 의해 창조된 것이라면 일체의 우연성은 불식된다. 그렇다면 정말 생명을 창조한 원리는? 어떻게 해서 원리가 성립될 수 있는가? 그 해답은 역시 가능성을 창출할만한 조건을 완비시킨 하나님으로부터이다. 자동차를 한 대 생산하기 위해서는 고도의 기술력과 산업적인 기반을 갖추어야 하듯, 생명 창조는 하나님과 같은 상위 체제의 시스템 조건이 필요하다. 이것을 진화론과 비교하면 더욱 확연해진다. 다재다능한 맥가이버도 철사 몇 토막으로는 자동차를 만들 수 없다. 조건 자체가 비가역적인 한계성이다. "생명은 물질을 초월해서 포함은 할 수 있을지 몰라도 역은 성립될 수 없다."230) 상위인 총화 시스템이 하위인 개체를 창조하는 것은 가능하나 역은 불가능하다. 간단한 것에서 복잡한 것으로, 유기 물질에서 생명체로 진행된다고 본 진화 경로는 이치에 역행된 비가역적 메커니즘이다.231)

---

227) 『21세기 과학 어떻게 오는가』, A. S. 그레고르 저, 과학세대 역, 우리시대사, 1996, p.138.

228) 『주체사상의 철학 원리』, 장길성 저, 서린당, 1991, p.53.

229) "파스퇴르는 비록 미생물이라 하더라도 생물에 의하지 아니하고는 생물이 생길 수 없다는 것을 증명하여 장구한 세월에 걸쳤던 생물의 발생 문제를 둘러싼 논쟁에 결론을 내렸다."- 『인간과 자연과학』, 앞의 책, p.85.

230) 『현대물리학과 신비주의』, 켄윌버 편저, 박병철·공국진 역, 고려원미디어, 1991, p.27.

231) 비가역적 메커니즘은 창조되었기 때문에 결정된 사물의 생성 진행 방식 루트임.

만유를 포괄한 하나님이 계시기 때문에 전체가 개체를 낳는 생명 원리가 창출되었다. 전체가 개체를 생산할 수 있는 조건을 완비함으로써 전체는 일체를 구비한 상태에서 최소한 자신과 동일한 방식인 존재를 본뜰 수 있게 되었다. 인류가 기술력을 쌓아서 우주 왕복선을 쏘아 올리게 된 것처럼, 하나님은 우주 가운데서 자체의 생명력을 본뜬 시스템을 구축했다. 그래서 생명체는 기관 하나하나가 우주의 전체성을 망라하고 있다. 생명 유지 기관인 폐는 인간의 지각 여부와 상관없이 대기 중의 산소를 받아들였다. 우주라는 전체성이 생명이란 개체 존재와 교감된 예이다. 보유한 전체성을 재현할 수 있도록 된 시스템적 기능이다. 전체자이기 때문에 가능한 창조 권능이다. 개체가 개체를 잇는 생명 유지 방식은 만물이 창조된 일단의 경험을 통해 동일한 창조 바코드를 재현할 수 있게 한 것이다. 알파와 오메가를 하나로 묶어서 창조 기관화시킨 생식이란 복제 기능이 그와 같다. 전체자인 창조 조건과, 전체성을 완비한 본뜸과, 창조를 직접 겪은 과정을 바코드화해서 원리적으로 구축했다.[232] 지구상에서 살아 있는 화석이라고도 불린 '시일라칸트'가 1938년에 마다가스카르 해협에서 잡혔는데, 그 모습은 수억 년 전의 화석 모습과 조금도 다르지 않았다.[233] 생명을 있게 한 유전 물질이 어떻게 불변할 수 있는가? 어떻게 충실하게 개체를 재생산하는가? 창조 본질의 영원성에 따른 시스템이다.

생명은 결정된 창조 원리를 따르기 때문에 외부의 선택이 생명의 존재 원리를 변화시키는 요건이 될 수는 없다. 하나님이 그냥 존재하지 않고 창조가 그냥 이루어진 것이 아니듯, 생명이 존재한 이면에는

---

232) 생명이 생명을 낳는 생명체의 생식 능력임.

233) 『진화론과 과학』, 마이클 덴턴 저, 임번삼·전광호·우제태 공역, 한국창조과학회, 1994, p.341.

심원한 본질성이 작용하고 있다. 지속 가능한 메커니즘이 생명체에 적용된 것은 생명 창조 원리의 기본 테두리로서, 전체인 하나님의 창조 本을 원리적으로 유형화시킨 것이다. 생명은 통합성이란 존재 본질을 바탕으로 한 것이므로, 이 같은 특성을 현상계에서 지속적으로 재창조할 수 있게 기관화시켰다(생식 기관). 통합성은 분열하는 시공간 안에서는 존재할 수 없는 차원적인 존재 양식이라고 하였거니와, 극(통합성)은 분화된 구조 안에서만 세상 위에 존재할 수 있다.[234] 그래서 분화된 양극성은 하나 됨으로써 창조 능력을 발휘할 수 있게 되었다는 것이 생명 창조의 핵심 원리이다. 생명은 창조를 기억하는 바코드를 자체 장착하고 있거니와, 이것은 양음이 서로를 지향함으로써 확인된다. 통극 상태로서는 현상화가 불가능하지만, 통극을 本으로 해서 양극화된 것이 창조이며, 통극 상태가 지닌 본질성을 그대로 본유한 것이 암수 교합에 의한 생명 탄생 원리이다.[235] 하나님은 化된 창조를 통해 본질 인자를 생명 인자로서 바코드화했고,[236] 생명을 총화시켜 창조 뜻을 구체화했다. 그래서 콩 심은데 콩 나고 팥 심은데 팥이 나는 만고불변의 창조 원리(유전 법칙)를 정형화했다. 세포가 핵분열하는 것은[237] 앞서 이룬 창조 경험을 동일하게 재현하여 법칙화시킨 것이다(창조 원리). 창조는 지속적인 생성 시스템의 본원이다. 효소는 오직 다른 효소에서만 만들어진다.[238] 창조를 경험한 삼라만

---

234) 창조가 실현됨.

235) 통극의 양분화 원리 상태 속에서 진화가 성립될 여지는 한 치의 간극도 없다. 처음부터 완전하지 못하면 창조될 수 없었고 창조되지 못했다면 존재할 수 없다. 존재가 변화하는 것은 생성함을 통해 분열하기 때문이다.

236) 물질은 곧 본질의 인자임.

237) "세포 분열에는 무사분열과 유사분열의 두 가지가 있고, 어떤 분열이든지 세포체의 분열 전에는 항상 핵분열이 선행된다."-『인간과 과학』, 앞의 책, p.240.

상이 존재하기 때문에 우리는 생명 창조 원리가 어떻게 적용되고 실현된 것인지 알 수 있다.

생명 창조 원리는 반드시 처음부터 완전하신 하나님이 존재하셨기 때문에 구축된 시스템인 것이며, 존재 상태를 본뜬 결과이다. 우주에 관한 정보라고는 하나도 모를 것 같은 미물들이 어떻게 창조 원리를 꿰뚫은 복제 시스템을 장착하였는가? 하나님이 창조주로서 이룬 조화로운 역사 때문이다. 반드시 최초의 모든 것이 만상보다 앞서 있어야 함에, 그렇게 선재된 지성이 창조이고 근원이 하나님이시다. 생명 존재의 오묘함, 그곳에 하나님의 창조혼이 깃들어 있다.[239] 하나님의 생령이 창조를 통해 발현된 것이 생명이다. 정신은 하나님의 거룩한 심령 상태를 본뜬 작용력이라고 해도 과언이 아니다.

4. 생명의 창조 증거

창조의 통합성은 하나님의 존재 본질을 변화시켜서 창조를 실현시킨 바탕체이지만 만물을 존재하게 한 시스템과 시원 면에 있어서도 접점을 이루고 있다. 통합성이 곧 온갖 존재 작용의 근거이다. 만유가 만상을 이루었는데도 동근이고 한 체성이라고 갈파한 것이 그것이다.[240] 우리는 인식할 수 없고 범위를 벗어나지 못하는 한계성을 가지고 있지만 본질은 그런 한계성을 초월해서 영원무구하다. 통합성은 창조된 대상에 대해서 바탕체로 존재하고 통하지 않는 바가 없다. 우

---

238) "효소는 오직 다른 효소에 의해서만 만들어질 수 있기 때문에 처음 생명이 어떻게 시작되었는지 알 수 있는 길은 전혀 없다(통합성 바탕, 창조를 요구함)."-『성경적 창조론』, 앞의 책, p.101.

239) 살아 계신 하나님의 영=성령으로서의 진리=생명의 창조 본질.

240) 各具 太極을 지님.

리는 뭇 사물의 현상을 목도하면서도 근원된 뿌리를 찾지 못해 미망을 벗어나지 못했는데, 통합성은 창조에 대해 일체 근거를 제공하는 지혜 박스이다.

무엇을 통해 천하 만물이 창조된 사실을 알 수 있는가? 만유는 분열 중인데 바탕된 본질은 선재 지각, 선재 존재, 선재 지혜를 함축하고 있다는 사실을 통해서이다. 이것은 천지가 창조된 것을 시사하는 부인할 수 없는 증거이거니와, 그 이유는 하나님이 사전에 모든 것을 완비시키신 때문이다.[241] 그것은 실로 불가사의한 일이거니와, 하나님은 우리의 존재보다 앞서 계시고 아직 도래하지도 않은 미래로부터 창조 역사를 주관하신 것이다.[242] 그런데도 인류는 통합적인 창조 바코드를 거꾸로 놓고 해독해 버려 실마리를 찾을 수 없었다. 동근됨을 분근으로 보았고, 미래 가운데 속한 시원을 과거 속에서 찾았으며, 통합성으로부터 만사가 분열된 사실은 꿈에서도 생각하지 못했다. 더군다나 만 실존에 앞서 문명 역사를 주관하신 하나님에 대해서랴? 하지만 이제는 우리도 하나님이 밝히신 본의를 깨우친 이상, 선재된 이유만 알면 천지가 창조된 사실을 입증할 수 있다. 동근인 통합성이 분열, 분화되면 특성 있는 만물이 되지만, 분열성이 극화되면 통합으로 이어져 우주의 조화로운 질서에 기여한다. 분열된 우주가 일순간에 동시 상응하여 원래 모습으로 환원된다. 이 같은 생성 운동이 생명의 완전한 분화에도 기여하였다. 한 생명체의 특성 분화는 생태계 전체가 조화를 이루는데 영향을 끼친다. 그렇게 만상이 분열한 것은

---

241) 만유와 통한 초월 지혜 상태와 모든 지성이 창조 이전에 앞서 구비된 선재 구조를 통해서 천지 창조가 증거됨.

242) 하나님이 현 시공간에 앞선 통합성 형태로 존재하시사 창조 역사를 밝히심.

세계를 구축한 원동력이 되어 통합성을 지향했던 것이다. 온 우주가 하나인 창조 본질의(통합성) 테두리 안에 있어 개개의 분화가 전체를 위한 요소로서 존재하였고 만발한 꽃이 창조의 통합성과 공통성을 드러내었다. 차원적인 조화로 고유한 자기 가치를 뽐내고 있다. 공통된 본질이 시공을 초월하여 뭇 생명 현상 가운데서 작용하였다.

한 줄기인 몸에서 수꽃과 암꽃이 함께 피고 있는 호박꽃은 통합성을 바탕으로 언제든지 암꽃과 수꽃으로 전환될 수 있는 가능성을 내포하였다. 창조 본질이 암수가 될 수 있는 통합적인 특성을 발현시킨 것이다. 결정되어 버린 상황에서는 일어날 수 없는 일이거니와, 창조를 이룬 원천 바탕은 항상 초월적인 요인을 내포하고 있다. 이것은 호박꽃이 통합성을 근거로 창조된 사실에 대한 분명한 증거이고, 완성된 창조 작품에 대한 인증이다. 호박꽃도 꽃인가? 그런 말은 하나님의 위대한 창조 역사를 모르는 사람들이 뇌까린 미적 기준일 뿐, 조화로운 가치를 안 벌들은 쉼 없이 찾아들어 아름드리 호박을 선사하였다. 악어 알도 양지의 방향에 따라 암놈이 되기도 하고 숫놈이 되기도 하는 등 통합성은(창조된 바탕 본질) 동시 상응하고 즉시 구족된 한통속, 한 울을[243][244][245] 이루었다.

한편 수정란 중에서는 발생 초기부터 장차 어떤 기관이 형성될 것인지 결정되어진 경우도 있는데, 만상 가운데서 결정성과 전환 가능성을 동시에 지닌 사례가 비일비재하다는 것은 생명이 통합성을 본질로 하지 않고서는 일어날 수 없는 일이다. 하나인 본체로부터 창조

---

243)『新人哲學』, 이대화 저, 천도교중앙총부, 1982, p.9.

244) 한 울: 우주 전체, 한 울타리, 통체, 한 본질, 무한한 울, 무궁한 울. "인내천주의에서는 전체, 즉 한 울이라 이름한다." - 위의 책, p.64.

245) 유한 테두리=창조=전체가 울이 있음.

되다 보니 각자가 개별화되어 존재는 해도 언제든지 전환될 수 있다. 시간을 되돌릴 수 있다는 말과도 같은데(타임머신), 어떻게 이런 일이 가능한가? 절단된 단면으로부터 복원(재생) 능력을 가진 세포는 부분이지만 전체성에 대한 정보를 가지고 있어 언제나 호환되고 통합될 수 있는 창조 본질을 본유하였기 때문이다. 개개 생명은 발생 때부터 전체 시스템(창조)에 대한 정보를 지녔다. 그렇게 해야 개체적 역할에 대한 분열 목적과 좌표를 알게 된다. 이미 앎, 미리 앎, 전체가 호환되는 네트워크가 구축되어 있어 생명 시스템이 원활하여진다. 창조된 만큼이나 치밀한 구조를 갖추었고, 동시 구족된 통체 상태를 근거로 했다. 발생 전부터 치밀하게 구조화 된 흔적이 뚜렷하다. 처음부터 완비된 통체 구조 시스템이다. 모든 것을 고려한 상태에서 구축되어진 창조 시스템이기 때문에 구조가 통체화 될 수 있었다. 만물이 창조되기 전부터 창조를 위한 모든 준비가 갖추어졌다. 통합적인 차원에서 완비되었기 때문에 생명 창조가 가능했다.

우리는 하나하나를 일일이 엮어야 겨우 열을 꾸릴 수 있는 형편인데, 창조는 첫 출발부터 모든 것을 완비한 상태에서 하나하나를 분열시킨 형태이다. 『정맥의 판막에 관하여(1603)』를 쓴 하아비는, "판막이 피가 폐로부터 심장의 왼쪽으로 가도록 하나, 반대 방향으로는 열리지 않게 되어 있는 것에 주목했다."[246] 생명의 전체 메커니즘 가운데서 판막이 지닌 놀라운 기능 상태! 이것은 확인된 기능 작용만으로는 볼 수 없는 창조의 선재 목적성이 있다. 제삼의 차원적인 존재자인 하나님이 사전에 총체적으로 프로그램을 설정하셨다. 어떻게 판막

---

246) 「동물의 심장과 피의 운동에 관한 해부학적 연구(1628)」-『과학사』, 김영식·박성래·송상용 공저, 전파과학사, 1992, p.106.

이 생명이 지닌 유기적인 네트워크 상황을 전부 알고 있었을까? 만물이 명백하게 창조를 경험했기 때문이지만, 통합적인 지성체로서 뜻을 구조화시킨 것은 하나님이시다. 모든 지각에 앞서서 모든 것을 통달한 전능한 지혜자이시다. 하나님이 존재하신 이와 같은 특성 기준만 확실하다면 만인은 뭇 생명 현상을 통해 하나님이 이루신 위대한 창조 역정을 읽을 수 있다.

남자와 여자는 독자적인 생명체이지만 구조와 역할 면에서는 완벽하게 짝을 이룬다. 이것은 통합성을 바탕으로 생명체가 창조된 것을 시사하는 것이고 통합성이 양극화로 분화되어 존재하게 된 명백한 증거이다. 씨는 뿌려져 생장하지 않은 상태에서도 일체의 잠재성과 성장 결과를 선재된 통합성 상태로서 구유하였다. 고도로 분화된 생체 기관의 하나인 귀는 인간의 지각 여부와 상관없이 물리적인 소리의 진동 원리를 알고 반응할 수 있는 기관으로서 이미 구조화되어 있었다.[247] 누가 소리에 대한 정체를 알고 귀를 그렇게 만든 것인가?[248] 통합성에 근거해 창조되었기 때문에 전체에 대한 정보를 가진 것이다. 생명체들이 호흡하고 있는 것도 알고 보면 동일한 맥락이다. '공기 중에서 산소라는 기체를 발견한 것은 1775년 J. 프리스틀리에 의해서인데',[249] 이 같은 지각이 있기 전부터 인체는 공기 중의 산소를 받아들일 수 있는 생명 메커니즘을 완벽하게 구축하였다. 미명인 생명체가 외부 환경에 적응해 나왔다고 본 진화 방식을 통해서는 도저히 설명할 수 없는,[250] 우주는 우주대로 생명의 본질을 완전하게 파

---

247) 『과학과 신앙』, 앞의 책, p.53.

248) 귓바퀴가 소리를 모으는 깔때기의 역할을 한다. 소리는 일종의 크고 작은 진동인데, 이 진동이 공기에 파장을 일으킴으로써 이것이 귓속으로 들어가 맨 먼저 고막을 때리도록 기관화됨.

249) 『21세기 과학 어떻게 오는가』, 앞의 책, p.144.

악하고 있었고, 생명은 생명대로 우주의 전체성을 안 동시 지각 상태를 지니고 있었다.[251] 생명체가 너무나 완벽하기 때문에 경이로움과 아름다움에 경탄하고 있는데,[252] 하나님의 존재 본질인 통합성을 기준으로 잡고 보면 창조로 인해 가능하게 된 것을 알 수 있다. 식물의 광합성은 처음부터 완전한 메커니즘이(통합성) 창출해 낸 분화 작용의 꽃이다. 최초 출발과 함께 우주의 전체 정보를 동시에 가동시킨 대역사이다(창조).[253]

그러므로 인류는 천지 만물이 창조로 인해 완벽하게 지어진 지혜 작품이란 사실을 분별해야 한다. 하나님처럼 만물도 우주에 대해 정보를 가진 총체적인 전지성, 전능성, 전체성, 선재성을 갖추고 있지 않은가? 물고기가 부력의 원리를 알아서 부레란 기관을 진화시킨 것이겠는가? 생체가 지닌 비밀을 풀어서 진화의 방향성을 결정한 것이겠는가? 무관한데도 완벽한 생명 시스템을 갖추고 굳세게 존재하였다. 인류는 하늘을 날기 위해 새처럼 팔을 날개로 진화시킬 필요를 느끼지 못했다. 하지만 뭇 새들은 어떻게 날 수 있는 원리를 알고 날개를 가지게 되었는가? 정말 어떻게? 비밀 아닌 비밀 일체를 알고 계신 분, 곧 창조를 실현시켰기 때문에 모든 비밀을 알고 계신 하나님이 존재하셨기 때문이다. 태초의 창조 역사가 생명의 단계에 이르러 최종적으로 완수된 만큼, 이 연구도 이제 생명의 총체성 장을 끝으로 문명 역사의 본말을 결론지으려 한다.

---

250) 우주를 알아야 진화도 가능함.

251) 『자연과학』, 앞의 책, p.26.

252) 『과학과 신앙』, 앞의 책, p.48.

253) 또한 물고기와 물과의 관계에 있어서 물고기가 지닌 부레가 시사하는 바도 마찬가지 예임.

제6편

결론

수없는 세월 동안 인류가 추진한 문명 역사의 본질 바탕은 무궁한 우주의 운행과 연관되고 유구한 시공의 생성과 연관되며 결국은 창조 문제와 神과도 연관된다. 우리의 인생과도 연관되지 않을 것인가? 그러므로 인생과 역사와의 관계성 측면에서 본다면 뭇 삶들이 펼쳐져 문명을 이루고 뭇 역사가 엮어져 인생 삶을 이루었다고 할 수 있다. 그래서 문명 역사의 본말을 밝혀 인류 역사가 어떻게 추진되고 있는가 한 향방을 알면 현재의 삶에 있어서도 큰 지표가 되리라. 문명 역사의 본말이 인생 삶에 던지는 메시지는 정착지를 알 수 없는 배를 타고 미래를 향해 여행을 하고 있는 손님과도 같은 것이며, 문명과 역사와 인생도 종국에는 일체를 이루리라. 누가 어떻게 생각하고 행동하든 우리는 문명이란 배가 도달할 최종 정박지를 향해 함께 나아가리라.

21

문명 역사의 일관성 원리

　태초에 하나님이 천지를 창조하셨다. 그렇지만 세상에 난무하는 것은 온갖 가설이고 전제들일 뿐, 아무도 창조된 사실을 진리로서 내세우지 못했다. 창조는 천만 년에 걸친 우주의 생성 역사를 축약시킨 블랙박스이다. 애써 풀어 헤쳐도 해독하기 어렵다. 연기를 다하고 분열을 다하고 원인이 다할 때까지 기다려야 했다. 이를 위해 인류가 쉼 없이 진리를 탐구하였고 문명을 개화시켰다. 그러므로 하나님의 창조 역사는 태초로부터 분열이 완료될 때까지이며, 창조 역사의 본말을 밝힌 오늘날이 되어서야 창조된 상태를 인식할 수 있는 근거를 확보하였다. 우리가 창조에 대해서 안다면 그것은 그렇게 판단한 총체적인 그 무엇이 있었기 때문이고, 총체적인 그 무엇이 있기 이전에 다시 그 무엇이 있었다. 연기 현상이 일어나기 직전(空)[1]이고 천지가 만개되기 이전부터이다. 창조되지 않은 상태에서 존재한 절대 有, 만물로서 생성하지 않은 상태인데 존재한 절대 진리, 인식과 상관없는 절대적인 존재 상태이다. 바로 그 자리, 삼라만상이 창조되기 이전에

---

1) 『인간의 종교』, 박병규 저, 아트 스페이스, 1993, p.88.

하나님이 계셨다.

어떻게 "主客의 분별이 있겠으며 主知, 主情, 主意적 차별이 있겠는가?"[2] 나와 산천초목과 시공간에 생멸이 있겠는가? 누가 하나님을 알 수 있겠는가? 無라고 할까, 有라고 할까, 虛하다고 해야 할까? 차라리 空하다고 할 만하며,[3] 만상이 분열되기 이전이므로 하나로서 일컬어졌다. 無하면서 만물을 이룬 원천이고 空하면서 만물을 낳은 근원이다. '하나'라는 말은 전체성을 망라한 포괄적인 개념이고 분열되지 않아 물질과 허공을 구분할 수 없는[4] 동일한 존재 상태이다. 나누면 삼라만상이고 합하면 근원체이다. 色卽是空,[5] 物心一如…… "동일체인데 운용 면에서 心이 體가 되고 物이 用이 되었다."[6]

일원론, 이원론으로 구분하기 이전의 절대 자리, 절대 有가 절대 無한 자리, 존재했는데도 인식할 수 없기 때문에 지성들은 그 실재성을 추정했고 신앙인은 따지지 않고 믿었다.[7] 一, 太極, 天이라고도 부르고(동양),[8] 道가 바로 천지 만물을 낳았다고 했다. 무형인 절대 창조 개념이 유형화되기 시작하였다. 太極은 창조 인자를 보유한 바탕체이다. 이 太極이 생성함으로써 온갖 이치가 생겼고, 인과율이 세계를 지배했다. 분별, 구분, 차별, 형상으로 존재한 것이 삼라만상이고 결정된 것

---

2) 위의 책, p.84.

3) "虛하다는 것은 陰과 陽이 뒤섞여 하늘과 땅이 아직 나누어지기 이전이며, 無極의 초기 상태이다. 이때는 하늘도 없고 땅도 없으며 산천초목과 사람마저 없어 萬象이 다 空한 것이다. 텅 비어 아무런 조짐이나 움직임의 기미마저 없는 것이니, 곧 본래의 성체(창조 본질)가 된다."-『선불합종』, 오충허 저, 허천우 역, 여강, 1995, p.19.

4) 위의 책, p.19.

5) "우주의 근본은 唯心도 아니요 唯物도 아니다. 본래 평등 一如한 한 울이다."-『신인철학』, 이대화 저, 천도교중앙총회, 1982, p.28.

6) 「역사이해에 관한 기론적 고찰」, 김도종 저, 원광대학교대학원 불교학과 철학박사학위논문, 1987, p.32.

7) 만 가지 생각이 하나인 자아 본체로부터 나왔다. 천지만물이 하나인 하나님의 본체로부터 창조되었다.

8) 위의 논문, p.141.

이 세상 법칙이다.[9) 無極而太極이다.[10) 無極(창조 이전)으로부터 太極으로 이행하게 된 것이 창조이다. 太極의 양극화(陰陽)로 만물이 존재했다. 과정을 제한다면 곧바로 萬物＝太極, 太極＝無極, 無極＝萬物이라 할 만하다. 무수하게 펼친 존재의 바탕으로서 무궁한 생성이 있기 이전의 '一'이다.

삼라만상을 존재하게 한 근원은 어디에 있는가, 현 시공간인가? 절대 無한 자리이다. 볼 수 없는 하나이고 一如이고 늘어뜨려지기 이전인 바탕체이다. 下가 없는 곳에는 上도 없다. 연기 관계로서 一如이다.[11) "上下 一如는 動靜一如이다."[12) 어떤 것이 主이고 어떤 것이 從인가? H_2와 O는 합해서 물이고 +전기와 -전기는 상대가 없으면 발화할 수 없다.[13) 동시 상응해야 존재할 수 있다. 천지는 만개되어 있지만 뿌리는 一이다. 空하면서 無하다. "一에 무량한 세계가 있다."[14) 一卽多 多卽一, 一切卽一 一卽一切이다. 道는 어느 곳에도 있다. 말미암아 이 것도 진리이고 저것도 진리이다. 만상 가운데 동시 공존한다. 만상은 창조된 그대로의 참 모습이다. 상대, 대립된 것이 만물을 존립시킨 조건이다. 주장된 진리들이 모두 하나이다. "나와 우주가 통일된다. 능소(能所)가 통합되고 主客이 통합된다."[15) 분열 이전과 통합된 결과가 하나이다. 물질, 虛, 時空이 일화(一和)함을 증득함으로써 생사를 해탈

---

9) 과학은 세계의 분열 법칙을 진리로서 인식한 것이다.

10) 주염계의 『太極圖說』

11) 『인간의 종교』, 앞의 책, p.82.

12) 위의 책, p.208.

13) 위의 책, p.19.

14) "一毛孔에 대세계가 있다. 一衆生에 광대한 여래의 지혜가 있다. 한 순간에 영원이 내포된다. 一에 世界海가 들어 있다."- 위의 책, p.92.

15) 위의 책, p.21.

한다(열반).16) 통합은 단순하게 원천으로 복귀하는 것이 아니다. 인류가 장차 맞이할 새로운 정신의 창조 역사이다.

창조는 만사에 걸쳐 존재하는 門이 있다. 생멸의 門이 그것이다. 생성을 통해 존재한 것이므로, 생성을 거두면 참으로 가합이고 일체가 무자성(無自性)이다. 여지 하나로 生하였고 거둔 즉시 멸한다. 절대 본연은 여여하고 만사는 천고 이래로 장구한데 여지, 그 하나가 생멸의 門을 주관한 권능을 지닌다. 뭇 현상을 존재하게 한 창조 門, 有無 간을 넘나든 초월 門, 분열과 생성을 일치시킨 차원 門이 있다. 하나님이 命하신 순간 만역사가 일시에 창조되었고, 거두신 순간 만역사가 한 순간에 終하리라. 생멸을 주관한 역사는 하나님이 창조주이기 때문에 가능한 능사이다.

억겁에 걸친 창조 세월도 지나고 보면 한 순간이다. 여지를 제한 순간, 무수한 생성 공간이 관통된다. 일체 법계가 하나이고 일체 관점이 한 의식이다. "天地之間이 一理일 뿐이다."17) 만 세월이 一以貫之하고 무궁한 창조 역사가 한 뜻, 한 의지, 한 섭리로 꿰뚫어졌나니, 이것이 이 연구가 세상의 분파된 연유를 가닥잡고 종국에 통합될 근거를 밝힌 핵심 관점이다. 천만 년에 걸쳐 분열된 창조 시공간을 하나님의 섭리 안에서 통찰한 대본말적 결론이다.

---

16) 위의 책, p.20.
17) 「역사이해에 관한 기론적 고찰」, 앞의 논문, p.132.

22

문명 역사의 본말 규정 의미

문명 역사의 본말을 규정하고 하지 못하는 차이는 선천과 후천을 가를 만큼 하늘의 질서를 구분 짓는다. 지성들이 그 의미를 알아야 오늘날이 하나님이 강림하시어 모든 진리를 밝힌 성령의 시대란 사실을 확인할 수 있다. 본체가 드러나지 못한 선천에서는 진리에 대한 생각이 구구할 수밖에 없었다. 전체가 개관되지 못한 상태에서는 어떤 영역도 부분이 처한 한계를 면할 수 없다. 극복하기 위해서는 본말을 보아야 하며, 그리해야 자체 진리가 전부가 아니란 사실을 알고 전체 가운데서의 역할을 배분받아 조화, 융화, 일체될 수 있다. 기계론과 목적론이 대립된 이유는? '기계론은 우주 만물을 수학적 법칙에 의해 지배되는 거대한 기계로, 목적론은 이미 주어진 계획의 실현'으로 본 것 때문이다.[18] 과거 원인이 현재를 결정한다고 본 기계론과 외부에서 주어진 목적이 현재를 결정한다고 본 목적론이 따로 놀았다. 사실은 하나일진대 일체되지 못해 독단론이 성행하였고, 대안책도 없이 강행되어 첨예하게 대립된 양상을 피할 수 없었다. 실재론

---

18) 『창조적 진화』, 베르그송 저, 윤원근 글, 이남고 그림, 김영사, 2008, p.94.

대 유명론, 경험론 대 합리론, 관념론 대 유물실재론, 이기이원론 대
기일원론, 진화론 대 창조론, 영혼불멸론 대 사멸론 등등 머리와 다리
는 한 존재인 구성체인데 분리되어 있다면 어떻게 되겠는가? 몸이 온
전할 자 없고 존재자로서도 역할을 다할 수 없다. 이것이 선천 하늘
이 처했던 문명 역사의 한계이다.

기독교는 창조된 진리 세계의 알파인 生에 대한 섭리 영역을 담당
하였고, 불교는 그 종착지인 無, 즉 생성하여 도래할 귀착지에 대한
섭리 역사를 담당하였다. 분담된 역사의 본말을 알아야 세계가 완성
된 진리성을 갖출 수 있다. 절대성만 주장하면 진리의 독단 상황을
헤어날 수 없다. 알파와 오메가, 本과 末이 일체되어야 하나니, 그리해
야 불교와 기독교가 처한 대립 상황을 극복할 수 있다. '서양인들이
역사를 대립과 투쟁으로 본 것은'[19] 세계관으로서 끝내 本을 밝히지
못했기 때문이니,[20] "일에는 근본이 있고 物에는 주체가 있다. 비록
길은 다르더라도 귀착점은 하나이며, 여러 가지로 생각하여도 그 결
과는 하나이다."[21] 본말을 보면 만상으로 나뉘었어도 일치될 수 있는
길을 찾는다.[22]

본말이 규정되기 이전에는 마치 아무런 관측기구도 없이 우주를
바라본 시대와 같다.

---

19) 『세계관으로서의 미술론』, 임두빈 저, 서문당, 1999, p.159.

20) 사실상 세상에는 진리가 진리 아닌 것은 없다. 단지 세계의 바탕 본질이 생성한 관계로 미완인 진리와 완
결된 진리 체제가 있을 뿐이다. 진화론도 유물론도 무신론도 범신론도 모두 진리성을 내포했다. 문제는 세
계의 생성 본질이 완료되지 못한 관계로 인식상 진리를 보는데 한계가 있는 것임(진리 세계를 판단하는
중요한 관점 포인트).

21) "事有宗而物有主 途雖殊而其歸同也 慮雖百而其致一也."-『노자주』, 47장, 왕필 저

22) 삼라만상이 창조되지 않았다면 그들이 근원으로 돌아갈 이유가 없다. 문명과 역사도 마찬가지이다. 창조
되었기 때문에 그렇게 시작된 바탕 본원으로 돌아가리라.

"밤하늘에는 새로운 별들이 나타나기도 하고, 모든 별의 위치는 끊임없이 변한다. 하지만 옛날 사람들은 그런 사실을 제대로 관측할 수 없었다. 그래서 하늘은 영원불변이라는 아리스토텔레스의 이론을 그렇게 오랫동안 믿어 왔다."[23]

억측이 있어도 벗어날 수 없었다. "우리는 존재라는 말을 사용하지만 정작 존재가 무엇인가 하고 물으면 정확하게 대답할 수 없다."[24] 神이란 무엇인가? 죽음이란? 역사, 시간, 진리란? 무엇 하나 대답이 궁한 것은 어떤 이유도 아닌 본말을 보지 못해서이다. 이런 차이는 인간의 생사관, 인생관, 세계관에도 영향을 미친다. 진리를 보지 못하면 어리석게 되고 삶의 가치를 그릇되게 판단한다. 감각적 쾌락을 추구하여 파멸과 허망을 자초하며 생사의 문을 찾을 수 없어 평생 동안 방황한다. 지혜를 가까이 두지 않아 생사를 해탈할 수 있는 길이 아득하기만 하다. 그래서 佛陀는 중생들이 진리와 본체를 볼 수 없는 욕망과 어리석음과 무명이란 장애에 가로 막혀 있는 사실을 지적했지만 이것을 깨우친 자는 소수에 불과했다.[25]

본말을 규정하기 이전은 생성된 과정과 단계를 판단한 것이고 본말을 규정한 것은 생성이 완료된 결과이기 때문에, 이런 측면에서도 진리를 보는 차이가 현저하다. 상식을 달리하거니와, 세계관을 혁신시키기 때문에 선천과 후천 하늘을 경계 지었다. 하나님은 약속이 걸려 있는 이삭을 제물로 바치도록 命하셨는데,[26] 그것은 정말 하나님

---

23) 『두 우주체계에 관한 대화』, 갈릴레이 저, 정창훈 글, 유희석 그림, 김영사, 2008, p.194.

24) 『존재와 시간』, 하이데거 저, 임선희 글, 최복기 그림, 김영사, 2009, p.199.

25) 본말을 보지 못하면 진리와 함께한 삶을 살지 못하고 감각적 쾌락의 욕망을 쫓아 허망한 삶을 자초하며, 눈앞에 있는 생사의 문을 찾지 못해 평생을 방황하게 된다.

26) "여호와께서 가라사대, 네 아들 네 사랑하는 독자 이삭을 데리고 모리아 땅으로 가서 내가 네게 지시하는 한 산 거기서 그를 번제로 드리라."- 창세기, 22장 2절.

의 뜻인가? 뜻은 뜻이지만 참 뜻이 아니었다. 참 뜻, 곧 본의는 이면에 숨겨져 있었던 것처럼 본말을 밝혀야 완전한 지혜에 도달한다. 본말을 모르면 얼마든지 잘못 판단할 수 있다. 이런 차이가 있기 때문에 본말 규정 의미가 정확하다. 본말 규정은 진리를 판단하는 기준과 여건 전체에 영향을 미쳐 이전에는 상식대로 판단하면 되었지만 이후로는 다르다. 성현의 말씀과 각자의 진언일지라도 재검토해서 재정립되어야 한다. 이전에는 말씀을 숙고해서 진리와 세계관 결정의 준거로 삼는 것이 지혜를 더한 행위였지만, 규정 이후는 이와 다르다. 이것을 만인은 알아야 한다. 그리고 이것은 인류가 구원되기 위한 조건이기도 하다. 하나님이 강림하시고 문명 역사의 본말을 규정한 시대를 살아가는 인류는 이전에 세워진 진리 기준을 그대로 받아들일 수 없다. 진리는 영원하지만 또한 끊임없이 생성하는 것이기도 하기 때문에 항상 새로운 각성이 필요하다.

시계만 보고 판단하면 시간은 시계처럼 그렇게 흘러가고 있는 것으로 보인다. 인류가 거쳐 온 문명 역사도 마찬가지이다. 본말을 보지 못해 지성들은 세계의 속성이 자연적인 것으로 여겼다. 판단에 있어 심대한 착오가 있었다. 이에 본말 규정 결과는 이런 잘못을 불식시키고 문명 역사를 한 목적 의지로 꿰뚫을 수 있는 공통분모(바탕 본질)를 추출시킨다. 문명 역사는 철저하게 파헤친다고 해서 규명될 수 없다. 본말을 밝혀야 인류역사가 새로운 문명 차원으로 업그레이드되리라.

23

문명 역사의 본말 규정 심판

인류는 지난날 거둔 문명 역사의 괄목할만한 발전성과를 자랑스러워하고 있지만 오늘날 직면하고 있는 문제들 예컨대 인종, 종교적 갈등, 온갖 범죄, 국가 간의 전쟁, 정치적 이데올로기의 대립에 대해서는 얼마 정도 설명할 수 있는가?[27] 원폭으로 폐허가 된 히로시마를 보면서[28] 자연 과학의 발달이 인류의 삶을 풍족하게 해 줄 것을 기대하기 이전에 평화를 위협하는 위험성을 저지시키기 위해서는 본말을 규정하는 것이 우선된 과제이다. 성업을 이루지 못하면 어떤 기대도 보장될 수 없다. 어떤 차원 세계도 맞이할 수 없고 끝없이 방황하다가 파멸하고 만다. 역사의 최후 종점은 인류가 새로운 문명 역사를 창달함으로써 맞이하게 된다. 혹자는 '자유민주주의가 인류의 이데올로기 진화의 종점이나 최후의 정부 형태가 될지 모르므로 자유민주주의가 역사의 종말이 된다'[29]고도 보았지만, 그것은 생성되고 있는 역사를 선

---

27) 『인류와 문화』, 이전 저, 경상대학교출판부, 1996, p.5.
28) 1945년 8월 6일, 일본 히로시마에 원자폭탄이 투하됨.
29) 『역사의 종말』, 프랜시스 후쿠야마 저, 이상훈 역, 한마음사, 1992, p.1.

불리 단정한 생각이다. 니체는 역사의 영원성을 노래하였다.

> "모든 것은 가고 모든 것은 되돌아온다. 존재의 수레바퀴는 영원히
> 회전한다. …… 존재의 원환(圓環)은 영원히 자기에게 충실하다. 모
> 든 찰나에 존재는 시작된다. 모든 여기를 둘러 저기의 공은 회전하
> 노라. 중앙은 도처에 있다. 영원의 길은 굽어져 있다."[30]

세계와 역사가 자체만으로 존재하고 있다면 그처럼 회귀될 수 있
다. 하지만 천지가 창조되었다는 것은 모든 지성을 더한 도래 시점이
있게 되므로 무작정 원환할 수 없다. 때가 되면 매듭짓고 결말을 이
루게 되므로 이것이 곧 본말 규정 역할이다. 개개의 인간사로부터 진
리, 역사에 이르기까지 예외란 없으며, 문명 역사 전체가 피할 수 없
게 된 시점에서의 역할을 바로 인류 심판이라고 말한다. 맹자는 '그
마음을 다하는 자는 그 性을 아니, 그 性을 알면 하늘을 알게 된다'[31]
는 도래 시점을 확신했다. 헤겔은 '역사의 과정에는 종점이 존재하고,
이 종점은 지상에서의 자유가 실현되는 때'라고 보았다.[32] 생성이 있
는 한 결말은 반드시 있다. 진리로 만 인류를 자유케 하기 위해 하나
님이 강림하셨다.

언젠가 거치게 되어 있는 종말과 구원과 심판 절차는 하나님이 일
방적으로 강행할 두려움에 찬 파멸 상태가 아니다. 이지적이고도 지
성적으로 만인이 심판성을 자인할 수 있도록 합당한 근거를 마련한
연후에 시행될 것이나니, 그 역사의 사전 예비 작업으로서 선천의 문

---

30) F. Nietzsche: Also sprach Zarathustra(Goldmann) S. 178.

31) "孟子曰盡其心者知其性也 知其性者知天矣."-『맹자』, 진심장구 상

32) 『역사의 종말』, 앞의 책, p.105.

명 역사와 인생의 전체 본말을 낱낱이 밝힌 절차를 거쳤다. 이것은 인류의 문명 역사를 합당하게 규명해야 인류 심판도 합당하게 이룰 수 있다는 뜻이다. 일체의 과정을 거친 이후이기 때문에 심판 작업은 명백하고 단호하다. 존재 이상의 저 너머에서 하나님이 관장하셨다. 헤겔은 자유가 실현된 때를 가장 완벽한 세상으로 여겼지만, 결말 없는 세계적 완성을 기대할 수 없고, 심판 없는 완전한 자유는 주어질 수 없다. 심판으로부터 자유로워야 만인은 그 무엇으로부터도 자유로울 수 있다. '인류 역사의 목표는 인간성의 달성에 있다'[33]고 보았다면 그것은 심판이란 절차를 통과한 결과로 주어지게 될 조건적인 도달 상태이다. 구원은 본말을 규정한 절차를 거치지 않는 한 이루어질 수 없다. 하나님이 유구한 세월 동안 창조 세계를 주관하시고 문명 역사를 매듭지으신 이유는 바로 본말 규정 절차를 통해 인류를 심판할 수 있는 일체 근거를 마련하시기 위해서이다. 그렇게 하여 제시하게 된 대 과제가 바로 제 영역 간의 한계성을 명시한 심판 절차이다. 성업을 바탕으로 기준을 세워야 선천의 문명 역사를 심판할 수 있다. 인류를 심판할 선결 조건에 문명 역사의 본말을 규정한 작업 절차가 있어야 했다.

> "악의 열매가 익기 전에는 악한 사람에게도 즐거움이 있다. 그러나 악의 열매가 익으면 악한 사람은 죄악을 받는다. 선의 열매가 익기 전에는 선한 사람에게도 괴로움이 있다. 그러나 선의 열매가 익을 때 선한 사람은 복덕을 받는다."[34]

---

33) 『역사철학강의』, 헤겔 저, 심옥숙 글, 배광선 그림, 김영사, 2009, p.102.
34) 『법구경』, 전재성 글, 마정원 그림, 김영사, 2009, p.102.

악한 사람에게도 즐거움이 주어지고 선한 사람에게도 괴로움이 안겨진 것은 심판 절차가 마련되지 못한 선천에서 횡행된 심대한 모순이다. 선한 자가 어리석게 보이고 악한 자가 복덕자로 보인 것은 그들이 저지른 선악의 열매가 아직 여물지 못해서이다. 여물면 모든 결과가 확실하여질 것인데, 그것이 본말이 규정된 때이고 선인과 악인이 심판받을 때이다. 오컴은 실체가 필요 이상으로 늘어나서는 안 된다고 했지만, 심판 역시 그 절차는 복잡하지 않다. 논란이 끊이지 않은 것은 본말이 규정되지 못했기 때문인데, 규정된 이후로는 즉각적이다.

오늘날 하나님이 본체자로 강림하신 것은 세계가 종말을 맞이한 우주적 변국 상황과 연관이 있다. 왜 어떻게 해서 이 연구가 오늘날 문명 역사의 본말을 규정할 수 있었는가? 인류 전체가 종말을 맞이한 때문이다. 현 문명 체제로서는 어떤 가능성으로도 희망이 없다. 인류가 겪고 있는 고통과 생사와 죄악의 문제를 해결할 수 없다. 과정은 단계로서 판단하는 것이고 본말은 결과로서 판단한다. 과정은 부분이고 본말은 전체이다. 콩트가 인류 역사를 가공적(신학적) 단계, 추상적(形而上學的) 단계, 실증적(과학적) 단계로 본 것은 본말을 규정하지 못한 한계적 인식이다. 그러니까 태아를 강제 유산시키는 무모함도 태연하게 저질렀다. 생성하는 세계에서는 씨가 곧 열매이고 열매가 곧 씨이다. 씨와 열매는 동시에 창조되었다. 열매만 창조된 것이 아니다. 씨를 생성을 통해 늘어뜨린 것이 나무이고 열매이다. 이 같은 본말의 동시성, 일체성을 무시하고 태아를 존재자로 보지 않은 것은 죄악이다. 기준이 명백하므로 흑백을 가리는 심판 절차도 단호할 수 있다. 낙태가 자기 핏줄을 존속 살해한 무서운 죄악이란 지적을 피할 자 아무도 없다.

심판의 칼날을 앞세운 본말 규정 작업에는 전체자로서 계신 하나님의 초월, 통합적인 지혜 관점이 함께한다. 본말을 이룬 전체는 그대로 神이다. 神적 지혜이고 식견이며 만상을 통관한 최상의 통찰이다. 섭리 의지를 꿰뚫고 만상이 말미암게 된 이치와 존재 이유와 생성된 비밀을 안다. 부분적이었을 때는 역사를 일반적인 것으로 판단했다. '인류 역사는 사람들이 자연 상태에서 벗어나 점점 이성의 능력이 커지는 것에 따라 발전해 가는 과정이다'[35]란 견해 속에서는 어떤 도전과 위기감도 찾을 수 없다. 헤겔은 '역사의 발전 기준을 정신의 성숙으로 보고, 얼마나 많은 사람들이 자유를 누리느냐에 따라 정신의 성숙 상태를 가늠하였는데' 여기서도 역시 어떤 두려움은 느낄 수 없다.[36] 그러나 본말을 규정한 절차는 이와 다르다. 만 영혼을 숙명적으로 심판대 위에 세우기 위한 초석 다짐이다. 인류를 심판하기 위한 강제 조항 신설 절차인 동시에 인류를 구원하기 위해 거쳐야 하는 필수 과정 절차란 이중적인 의도가 깔려 있다. 그렇기 때문에 더더욱 인류 앞에 가로 놓인 심판 절차는 피할 수 없다.

본인이 무언가를 보이기 위해 물이 든 유리 플라스크를 가열하였는데 큰 폭음과 함께 파열하고 말았다. 그런데 이것을 지켜본 한 연사도 플라스크를 가열시켰는데 열이 달아올라 큰 폭발이 일어날 것 같아 오금을 조린 찰나 플라스크는 터지지 않고 막아 놓은 마개가 퐁 하고 튀어 올랐다. 인류가 당면한 종말 심판과 구원 절차도 이와 같아야 한다. 저지른 죄악으로 인해 도래할 심판 절차는 아무도 피할 수 없다. 파멸의 조건이 가중되어 있어 터질 것은 끝내 터지고 만다.

---

35) 『역사철학강의』, 앞의 책, p.73.
36) 위의 책, p.29.

그러므로 우리가 취할 수 있는 최선을 다한 방책은 종말과 심판의 도래 역사를 기정사실로 받아들이고 진심과 지혜를 다하여 플라스크에 미리 구멍을 뚫어 놓는 대비책을 강구하는 것이다. 파멸대신 마개가 튀어 오르게 해서 일체 죄악을 해소시킬 수 있는 여기에 인류가 구원되는 길이 있다. 동서의 문명 본질을 꿰뚫고 문명 역사의 본말을 규정하는 것은 하나님이 인류를 심판하기 위한 준비 작업인 동시에 만 영혼을 구원하기 위한 지혜 방책이다.

하나님이 전지전능한 창조주란 주장만으로는 모든 사실을 명백하게 인정할 수 없다. 하나님이 이 땅에 강림하신 성업으로 문명 역사의 본말을 규정한 결과 비로소 세상 위에 등단할 수 있었고 강림하신 사실도 확인할 수 있게 되었다. 하나님이 창조주로서 보이신 실질적인 권능 역할, 곧 삼라만상을 주관, 주재, 일관, 귀일, 매듭, 결말, 규정한 사실을 증거할 수 있으며 통합, 심판하심으로써 만 영혼을 빠짐없이 구원의 세계로 인도하시리라. 새 역사를 창조하시리라. 새로운 차원의 문명 하늘을 여시리로다.

염기식(廉基植)

1957년 경남 진주 출생
진주고등학교 졸업(47회)
경상대학교 사범대학 체육교육과 졸업
ROTC(19기) 임관
서남대학교 교육대학원 졸업
1984년 교직에 첫발을 내디딤(현 교사)
자아와 세계에 대해 눈을 떴을 때부터 세상의 분파된 진리에 대해 의문을 품고 '길은 어디에 있는가'란 명제 하나로 탐구의 길에 나서 현재까지(56세) 다수의 책을 저술

『길을 위하여 Ⅰ』(1985)
『길을 위하여 Ⅱ』(1986)
『벗』(1987)
『길을 위하여 Ⅲ』(1990)
『세계통합론』(1995)
『세계본질론』(1997)
『세계창조론 서설』(1998)
『세계유신론』(2000)
『작은 날개를 펴고』(2000)
『환경은 언제나 목마르다』(2002)
『자연이 살아가는 동안』(2003)
『세계섭리론』(2004)
『세계수행론』(2006)
『가르침』(2008)
『세계도덕론』(2008)
『통합가치론』(2008)
『인간의 본성 탐구』(2009)
『선재우주론』(2009)
『수행의 완성도론』(2009)
『세계의 종말 선언』(2010)
『미륵탄강론』(2010)
『용화설법론』(2010)
『성령의 시대 개막』(2011)
『역사의 본질 탐구』(2012)
『세계의 섭리 역사』(2012)
「진로의사 결정유형과 진로의식 발달수준과의 관계」(2006)

문명 역사의 본말

초 판 인 쇄 | 2012년 9월 14일
초 판 발 행 | 2012년 9월 14일

지 은 이 | 염기식
펴 낸 이 | 채종준
펴 낸 곳 | 한국학술정보㈜
주   소 | 경기도 파주시 문발동 파주출판문화정보산업단지 513-5
전   화 | 031) 908-3181(대표)
팩   스 | 031) 908-3189
홈 페 이 지 | http://ebook.kstudy.com
E-mail | 출판사업부 publish@kstudy.com
등   록 | 제일산-115호(2000. 6. 19)

ISBN   978-89-268-3799-3 93230 (Paper Book)
           978-89-268-3800-6 95230 (e-Book)